RUDOLSTADT UND DAS MITTLERE SAALETAL

Institut für Länderkunde Leipzig
Abteilung deutsche Landeskunde

WERTE DER DEUTSCHEN HEIMAT

Band 58

RUDOLSTADT UND DAS MITTLERE SAALETAL

Ergebnisse
der landeskundlichen Bestandsaufnahme
im Raum Remda, Rudolstadt und Orlamünde

Herausgegeben von
Luise Grundmann im Auftrag des Instituts für Länderkunde Leipzig

Erarbeitet unter Leitung von
Heinz Deubler, Frank-Dieter Grimm und Luise Grundmann

Mit 76 Abbildungen und 2 Übersichtskarten

VERLAG HERMANN BÖHLAUS NACHFOLGER WEIMAR
1998

Prof. Dr. habil. Alois Mayr, Leipzig, Direktor des Instituts für Länderkunde e.V. Leipzig

Kommission für Sächsisch-thüringische Landeskunde bei der Sächsischen
Akademie der Wissenschaften zu Leipzig
(zugleich wissenschaftlicher Beirat der Schriftenreihe)

Prof. Dr. habil. Günter Haase, Leipzig, Kommissionsvorsitzender

Leitung der wissenschaftlichen Bearbeitung und Redaktion:
Dr. Luise Grundmann, Institut für Länderkunde e.V. Leipzig,
Abteilung deutsche Landeskunde
Schongauerstraße 9
04329 Leipzig

Die Deutsche Bibliothek – CIP-Einheitsaufnahme

Rudolstadt und das mittlere Saaletal: Ergebnisse der landes-
kundlichen Bestandsaufnahme im Raum Remda, Rudolstadt
und Orlamünde / hrsg. von Luise Grundmann im Auftr. des
Instituts für Länderkunde Leipzig. Erarb. unter Leitung von
Heinz Deubler . . . – Weimar: Verlag Hermann Böhlaus
Nachfolger Weimar, 1998
  (Werte der deutschen Heimat; Bd. 58)
  ISBN 3-7400-0934-9

ISBN 3-7400-0934-9
ISSN 0946-0527

Erschienen im Verlag Hermann Böhlaus Nachfolger Weimar GmbH & Co.
© 1998 by Verlag Hermann Böhlaus Nachfolger Weimar GmbH & Co.

Alle Rechte vorbehalten. Ohne schriftliche Genehmigung des Verlages ist es nicht gestattet, das Werk unter Verwendung mechanischer, elektronischer und anderer Systeme in irgendeiner Weise zu verarbeiten und zu verbreiten. Insbesondere vorbehalten sind die Rechte der Vervielfältigung – auch von Teilen des Werkes – auf photomechanischem oder ähnlichem Wege, der tontechnischen Wiedergabe, des Vortrags, der Funk- und Fernsehsendung, der Speicherung in Datenverarbeitungsanlagen, der Übersetzung und der literarischen oder anderweitigen Bearbeitung.
Dieses Buch ist aus säurefreiem Papier hergestellt und entspricht den Frankfurter Forderungen zur Verwendung alterungsbeständiger Papiere für die Buchherstellung.

Printed in Germany

Gesamtherstellung: Druckhaus „Thomas Müntzer" GmbH, Bad Langensalza

VORWORT

Das Institut für Länderkunde Leipzig und die Kommission für Sächsisch-thüringische Landeskunde bei der Sächsischen Akademie der Wissenschaften zu Leipzig streben an, die landeskundliche Inventarisierung verstärkt auch in Kulturlandschaften außerhalb Sachsens durchzuführen.

Diesem Anliegen kommt entgegen, daß bereits 1989 für den ostthüringischen Raum um Rudolstadt diesbezügliche Arbeiten abgeschlossen und für einen Band der Schriftenreihe „Werte der deutschen Heimat" aufbereitet waren. Herr Prof. Dr. Frank-Dieter Grimm vom damaligen Institut für Geographie und Geoökologie, jetzt Institut für Länderkunde in Leipzig, hatte gemeinsam mit dem Rudolstädter Prähistoriker und Heimatforscher Herrn Dr. Heinz Deubler das Konzept des Bandes aufgestellt und Bearbeiter aus Thüringen für einzelne Sachgebiete gewinnen können. Den zahlreichen Vorarbeiten und einem Grundmanuskript von Herrn Dr. H. Deubler sowie einschlägigen Aufsätzen in den „Rudolstädter Heimatheften" war die kurzfristige Fertigstellung des Manuskriptes vor allem zu danken. Wissenschaftler und Studenten der heutigen Bauhaus-Universität Weimar konnten zur Erfassung der baulichen und wirtschaftlichen Struktur der Siedlungen gewonnen werden, Frau Gabriele Deadelow lieferte im Rahmen einer Diplomarbeit viele Einzelinformationen. Aus den abschließenden gutachterlichen Stellungnahmen zum Manuskript flossen Hinweise zu Ergänzungen und Veränderungen ein: zu den Orts-, Flur- und Gewässernamen durch Herrn Prof. Dr. Hans Walther, Leipzig, zum Naturraum durch Herrn Prof. Dr. Hans Kugler, Halle, und zur Geschichte durch Herrn Dr. Peter Langhof, Rudolstadt.

Aus mehreren objektiven Gründen hat sich die Herausgabe des Bandes verzögert. Erst mit der Neugründung des Instituts für Länderkunde 1992, der Berufung der Kommission für Sächsisch-thüringische Landeskunde der Sächsischen Akademie der Wissenschaften und der Übernahme durch den Verlag Hermann Böhlaus Nachfolger Weimar waren die Voraussetzungen zur Fortführung der Schriftenreihe gegeben. Anregungen zur Neugestaltung brachten Fachkollegen aus landeskundlichen Institutionen ein – so wurde der Vorschlag aufgegriffen, Standorte auch zu Exkursionsrouten zu verbinden. Für den nun abgeschlossenen Band „Rudolstadt und das mittlere Saaletal" konnte das ältere Manuskript zugrunde gelegt werden. Die Strukturveränderungen nach 1990 erforderten allerdings eine grundlegende Neubearbeitung, eine Aktualisierung des Textes und der Karten, die vom herausgebenden Institut dank der Unterstützung durch die Autoren und zahlreicher Institutionen in Thüringen vorgenommen wurden.

Unterlagen dazu stellten insbesondere die Regionale Planungsgemeinschaft Ostthüringen, die Stadtverwaltungen Rudolstadt und Remda-Teichel, das Landratsamt Saalfeld-Rudolstadt, das Thüringische Landesamt für Denkmalpflege, die Stiftung Weimarer Klassik und das Staatsarchiv Rudolstadt zur Verfügung. Besonders Dr. Günter Heunemann, Dr. habil. Peter Lange, Dipl.-Geogr. Edgar Dally und Dr. Klaus Wolotka haben ergänzende Beiträge geliefert. Allen Autoren und Förderern des Werkes möchten wir hiermit unseren Dank aussprechen.

Prof. Dr. A. Mayr   *Prof. Dr. G. Haase*   *Dr. L. Grundmann*

INHALTSVERZEICHNIS

Verzeichnis der Suchpunkte IX

Abbildungsverzeichnis XI

Landeskundlicher Überblick 1
    Naturraum 2
    Historische Entwicklung 10
    Gebietsstruktur 1945–1996 19
    Landnutzung 25
    Trachten und Bräuche 31

Einzeldarstellung 33

Literaturverzeichnis 210

Anhang 223
    A. Einwohnerzahlen vom 18. bis 20. Jh. 223
    B. Gliederung des Buntsandsteins bei Rudolstadt (nach PUFF, 1961) . 226
    C. Gliederung des Muschelkalks in der Umgebung Rudolstadts (nach LANGE, 1990) 227
    D. Spätmittelalterliche Ortswüstungen (DEUBLER, 1989) 228
    E. Verzeichnis von Steinkreuzen (nach DEUBLER, KÜNSTER und OBST, 1976 und 1978, STÖRZNER, 1988) 229
    F. Herausragende, ausgewählte Kulturdenkmale im Raum Rudolstadt (nach Unterlagen des Thüringischen Landesamtes für Denkmalpflege, 1996) 231
    G. Herausragende Kulturdenkmale im Raum Orlamünde (nach Unterlagen des Thüringischen Landesamtes für Denkmalpflege, 1996) . 233
    H. Vorschläge für landeskundliche Exkursionen 234
    I. Autorenverzeichnis 237
    J. Namenverzeichnis 238
    K. Sachverzeichnis 244

VERZEICHNIS DER SUCHPUNKTE

Die Nummern entsprechen denen am Rande des Textes sowie denen auf der Übersichtskarte

A	1	Großer Kalmberg	33
	2	Breitenheerda	34
	3	Österöda	35
B	1	Tännich	36
	2	Kirchremda	37
	3	Heilsberg	38
	4	NSG Talgrube und Eichberg	39
C	1	Milbitz	40
	2	Teichel	41
D	1	Clöswitz	45
	2	Großkochberg	46
	3	Kleinkochberg	51
	4	Hummelsberg	52
E	1	Schmieden	54
	2	Spaaler Forst	55
	3	FND Löwichen	56
	4	Engerda	56
	5	Neusitz	59
F	1	Hexengrund	61
	2	Rödelwitz	62
	3	Burgruine Schauenforst	62
	4	Hohe Straße	64
	5	Martinsroda	65
	6	Dorndorf	65
	7	Heilingen	67
	8	Röbschütz	69
G	1	Zweifelbach	70
	2	Kleinbucha	71
	3	Dienstädt	72
	4	Orlamünde	73
	4.1	Historische Entwicklung	73
	4.2	Stadtfunktion und Stadtbild	76
H	1	Bibra	82
	2	Eichenberg	83
	3	Walpersberg	84
	4	Großeutersdorf	85
	5	Kleineutersdorf	86
	6	Freienorla	87
J	1	Ehrenstein	89
	2	Altremda	91
	3	Sundremda	92
	4	Schönes Feld	93
K	1	Remda	94
	2	Remdaer Rinne	99
	3	Eschdorf	100
	4	Riesenquelle	101
	5	Groschwitz	101
L	1	Teichröda	103
	2	Wüstung Hopfgarten	105

	3	Geitersdorf	106
	4	Ammelstädt	107
	5	LSG Hermannstal . .	109
M	1	Weitersdorf	110
	2	Haselbach und Raub-schloßwand	111
	3	Teichweiden	111
	4	Hohe Fahrt	113
	5	Pflanzwirbach	115
N	1	Kuhfraß	116
	2	Mötzelbach	117
	3	Waldgebiet Benndorf .	119
	4	Oberhasel	119
O	1	Kulmsen	120
	2	Partschefeld	121
	3	Uhlstädt	122
	4	Etzelbach	125
	5	Weißen	127
	6	Oberkrossen und Kleinkrossen	129
	7	Rückersdorf	129
P	1	Beutelsdorf	130
	2	Niederkrossen	131
	3	Zeutsch	132
	4	Wüstung Töpfersdorf .	133
Q	1	Orla, unteres Orlatal .	134
	2	Orlabahn	135
	3	Schimmersburg . . .	136
	4	Langenorla	136
R	1	Solsdorf	138
	2	Thälendorf	140
S	1	Lichstedt	141
	2	Keilhau	142
	3	Großgölitz	145
	4	Steiger und Gölitzwände	146
	5	NSG Dissau und Steinberg	148
T	1	Eichfeld	150
	2	Pörzquelle	151
	3	Schaala	152
	4	Mörla	154
	5	Hain	155
	6	Volkstedt	155
U	1	Rudolstadt	157
	1.1	Geschichtliche Entwicklung	157
	1.2	Entwicklung Ende des 19. Jh. bis 1945 . . .	163
	1.3	Rudolstadt zwischen 1945 und 1989 . . .	166
	1.4	Entwicklung 1990–1996	168
	1.5	Stadtbild und Stadtanlage	169
	1.6	Baudenkmale und Museen	173
	2	Schloßberg	179
	3	Naturdenkmal Braunkohlenquarzit	180
	4	Cumbach	180
	5	Galerieberge	183
V	1	Kirchhasel	184
	2	Saale	188
	3	Unterhasel	195
	4	Saale-Eisenbahn . . .	195
	5	Kolkwitz	196
	6	Oberer See	198
	7	Catharinau	198
	8	Mühlberg	199
	9	Naundorf	200
W	1	Weißenburg	201
	2	Weißbach	202
	3	NSG Uhlstädter Heide	203
X	1	Friedebach	205
Y	1	Hüttener Grund . . .	206
	2	Hütten	207
	3	Herschdorf	207
	4	Forstweg Pößneck-Orlamünde	208

X

ABBILDUNGSVERZEICHNIS

Abb.	1. Die geotektonische Gliederung des Rudolstädter Raumes	4
Abb.	2. Naturräumliche Gliederung	6
Abb.	3. Abfluß von Orla und Saale im Vergleich mit Wisenta und Werra	8
Abb.	4. Administrative Gliederung des Raumes Rudolstadt 1918/1920	18
Abb.	5. Wüstungen und fossile Wirtschaftsspuren im Raum Rudolstadt und Remda	26
Abb.	6. Breitenheerda	35
Abb.	7. Markt mit Rathaus in Teichel	42
Abb.	8. Pflanzenarten im Teichelner Talkessel und bei Schaala	44
Abb.	9. Großkochberg mit Schloß und Park	46
Abb.	10. Das Wasserschloß Kochberg	48
Abb.	11. Das Liebhabertheater am Wasserschloß Kochberg	50
Abb.	12. Blick auf Kleinkochberg und den Hummelsberg	52
Abb.	13. Luisenturm auf dem Hummelsberg	53
Abb.	14. Schmieden im Hexengrund	54
Abb.	15. Engerda im Hexengrund	58
Abb.	16. Der Hexengrund mit Heilingen	61
Abb.	17. Grundriß der Burgruine Schauenforst	63
Abb.	18. Kirche und Steinwölbbrücke in Dorndorf	66
Abb.	19 Heilingen, Ortsmitte mit Kirche	67
Abb.	20. Gehöft und Steinwölbbrücke in Röbschütz	70
Abb.	21. Orlamünde, obere Stadt mit Markt und Kemenate sowie untere Stadt im Saaletal	74
Abb.	22. Orlamünde, Altstadt	78
Abb.	23. Die Kemenate in Orlamünde	80
Abb.	24. Eichenberg	83
Abb.	25. Burgruine Ehrenstein	89
Abb.	26. Steinkreuz bei Altremda	91
Abb.	27. Kirche in Remda	97
Abb.	28. Anlagen zur Wasser- und Windkraftnutzung im 19. und 20. Jahrhundert	98
Abb.	29. Flugplatzgelände Groschwitz mit Kunitzberg, im Hintergrund das Rinnetal	102
Abb.	30. Gehöft Nr. 26 in Teichröda, Hof	103
Abb.	31. Lageplan des Gewerbegebietes Teichröda, 1996	105
Abb.	32. Wirtschaftsspuren der Wüstung Hopfgarten des 15. Jahrhunderts	106
Abb.	33. Lageplan des Gewerbegebietes Ammelstädt, 1996	108
Abb.	34. Im Landschaftsschutzgebiet Hermannstal	109
Abb.	35. Kapelle Weitersdorf	110
Abb.	36. Ortsgrundriß Teichweiden, 1988	112
Abb.	37. Gehöft in Teichweiden	113
Abb.	38. Profile des Unteren Buntsandsteins bei Teichweiden, Kirchhasel und Weißbach	114

Abb. 39.	Wirtschaftsspuren im Waldbezirk Hohe Fahrt.	115
Abb. 40.	Kuhfraß, Schloß Hirschhügel	117
Abb. 41.	Ortsgrundriß Mötzelbach, 1988	118
Abb. 42.	Grenzstein von 1740 zwischen Sachsen-Altenburg und Schwarzburg-Rudolstadt westlich von Oberhasel	120
Abb. 43.	Geologischer Schnitt von den Kulmsen zum Buchberg	121
Abb. 44.	Blick auf Uhlstädt	123
Abb. 45.	Pleistozäne und holozäne Bildungen im Buntsandsteingebiet des mittleren Saaletals bei Weißen	128
Abb. 46.	Zeutsch.	133
Abb. 47	Kirchenruine in der Wüstung Töpfersdorf	134
Abb. 48.	Wirtschaftsspuren im Waldbezirk Paulinzella (Tell)	139
Abb. 49.	Blick auf Keilhau.	143
Abb. 50.	Steiger und Gölitzwände mit Großgölitz und Baropturm	146
Abb. 51.	Am Aussichtspunkt Fröbelblick mit Denkmal	147
Abb. 52.	Pflanzenarten am Großen Kalmberg und im NSG Dissau und Steinberg	149
Abb. 53.	Rudolstadt-Schaala und Schaalbachtal	153
Abb. 54.	Rudolstadt, Altstadt mit Saaletal Richtung Norden, Heidecksburg und Hain	157
Abb. 55.	Stadtgrundriß von Rudolstadt 1843	162
Abb. 56.	Plan von Rudolstadt 1917	165
Abb. 57.	Flächennutzungsstruktur der Stadt Rudolstadt 1988, ergänzt 1996	170
Abb. 58.	Portale und Haustüren in der Altstadt Rudolstadt	172
Abb. 59.	Rudolstadt, Altstadt mit Markt	173
Abb. 60.	Heidecksburg, Hofseite	174
Abb. 61.	Grüner Saal in der Heidecksburg	175
Abb. 62.	Rudolstadt, Andreaskirche und Stadtschloß Ludwigsburg 1996	177
Abb. 63.	Altstadt Rudolstadt, Altes Rathaus Stiftsgasse	178
Abb. 64.	Cumbach, Ortsmitte mit Schulhaus und Kirche	181
Abb. 65.	Volkskundemuseum Thüringer Bauernhäuser in Cumbach, Hofansicht des Unterhasler Hauses	182
Abb. 66.	Galerieberge mit Marienturm in Richtung Saaletal, Rudolstadt	184
Abb. 67.	Kirchhasel.	185
Abb. 68.	Gewerbegebiet Kirchhasel 1996	186
Abb. 69.	Gehöft in Kirchhasel	187
Abb. 70.	Pleistozäne und holozäne Bildungen im Buntsandsteingebiet des mittleren Saaletals bei Kolkwitz	190
Abb. 71.	Aufschluß am Galgenberg bei Weißen in fluviatilen Ablagerungen der Saalekaltzeit, schematisiert	192
Abb. 72.	Saalehochwasser am 13. 4. 1994 bei Rudolstadt-Cumbach	193
Abb. 73.	Der Edelhof in Kolkwitz.	197
Abb. 74.	Geologischer Schnitt vom Mühlberg zum Hummelsberg	200
Abb. 75.	Die Weißenburg mit dem Interdisziplinären Therapiezentrum 1996	202
Abb. 76.	Die Waldkirche in Weißbach	204

Gestaltung der Abbildungsunterlagen:
Jens Borleis (Übersichtskarten, 2, 4, 5, 31–33, 39, 48, 57); Georg Eichhorn (10, 18, 20, 22, 26, 27, 38, 63); Dr. Jochen Helbig (Titelvignette); Institut für Länderkunde (Kartenredaktion Dr. Konrad Großer); Renate Bräuer (1, 17, 28, 37, 41, 43, 71, 74); Monika Zimmermann (3, 45, 70, 36); Britta Matthies (8, 32).

Bildnachweis:
Olaf Brunner (6, 9, 12, 14, 15, 19, 21, 24, 29, 46, 49, 50, 53, 54, 59, 62, 64, 66–68, 72, 75); Heinz Deubler (65); Volker Deubler (42); Wolfgang Grundmann (73); Gerhard Hertwig (7, 11, 51, 58, 60); Thüringisches Landesamt für Denkmalpflege (30); Thüringisches Staatsarchiv Rudolstadt (55, 56); Karl Rasche (13, 16, 23, 25, 34, 35, 40, 44, 47, 61, 69, 76).

LANDESKUNDLICHER ÜBERBLICK

Das mittlere Saaletal und die benachbarten Höhen zwischen dem Ilmtal im W und dem Orlatal im O umfassen einen charakteristischen Ausschnitt der Triaslandschaft am Südostrand des Thüringer Beckens. Die Ilm-Saale-Platte, die markanten Schichtstufen des Muschelkalks, das Buntsandsteinbergland und die Täler der Saale und Orla gliedern den Naturraum und bieten unterschiedliche Vorraussetzungen für die Landnutzung.

Einen ersten Eindruck vom Gebiet erhält der Besucher bei einer Fahrt durch das Saaletal (s. V 2) zwischen Rudolstadt und Orlamünde: Links der Saale erscheinen das von der Heidecksburg überragte Stadtbild von Rudolstadt (s. U 1.6), die Siedlungen Kirchhasel (s. V 1), Etzelbach (s. O 4), Uhlstädt (s. O 3) und Zeutsch (s. P 3) mit zahlreichen Fachwerkhäusern auf den hochwassersicheren Talterrassen und die Silhouette des auf der Höhe gelegenen Städtchens Orlamünde (s. G 4). Rudolstadt und Kirchhasel bilden ein Siedlungsband, das sich nach S bis nach Saalfeld bzw. Bad Blankenburg fortsetzt. Im Saaletal konzentrieren sich nicht nur die Siedlungen, sondern auch die Industrie, das Gewerbe (s. T 6, U 1.4, V 1) und die Hauptverkehrstrassen (s. V 4) des untersuchten Gebietes. Auch rechts der Saale reihen sich mehrere Siedlungen bis zur Einmündung der Orla (s. Q 1) bei Freienorla (s. H 6) aneinander. Südlich von Rudolstadt ragt der Marienturm aus den bewaldeten Galeriebergen (s. U 5) heraus, bei Weißen wird über der Saale die Weißenburg (s. W 1) sichtbar. Gemüsefelder und Grünland bedecken die Saaleaue, Gärten und Obstanlagen hüllen die Oberhänge ein, und gelegentlich treten felsige Steilhänge auf. Im SO schließt sich an das Saaletal das dichtbewaldete, von wenigen Rodungsinseln aufgelokkerte ostthüringische Buntsandsteinbergland an. Im NO verbirgt sich jenseits der Hänge des Saaletals die durch die steil abfallende Muschelkalkschichtstufe, die hochgelegenen Kalkplateaus und die Buntsandsteinberge und -täler gegliederte Ilm-Saale-Platte mit den teils land- teils forstwirtschaftlich genutzten Hochflächen, Bergen und Talgründen, die günstige natürliche Vorraussetzungen für den Tourismus und die Naherholung bieten. Das Wasserschloß Kochberg mit der Goethe-Gedenkstätte und dem Landschaftspark (s. D 2), die Stadt Remda-Teichel, zahlreiche Dörfer und Reste von Burganlagen (s. F 3, J 1) sind Zeugen einer langen kulturellen und wirtschaftlichen Entwicklung.

Der Werdegang dieser vielseitigen Kulturlandschaft ist seit Jahrhunderten mit der Stadt Rudolstadt eng verknüpft. Die einstige Residenzstadt wurde nach der Bildung des Landes Thüringen am 1. 10. 1922 Kreisstadt des gleichnamigen Kreises und übte diese Verwaltungsfunktion bis zur Kreisgebietsreform in Thüringen 1993 aus. Von den fast 45000 Bewohnern des Gebietes leben etwa

65% in Rudolstadt (Anhang A). Seit 1994 gehört der größte Teil zum neugebildeten Landkreis Saalfeld-Rudolstadt, einige Gemeinden gehören dem Ilm-Kreis, dem Saale-Holzland- bzw. dem Saale-Orla-Kreis an.

Naturraum

Das Gebiet zwischen Remda, Rudolstadt und Orlamünde wird g e o l o g i s c h hauptsächlich von den Gesteinen der Trias aufgebaut. Sandsteine der Unteren Trias (Buntsandstein) und Kalksteine der Mittleren Trias (Muschelkalk) bestimmen weithin die Formen der Berge und Talhänge. Als älteste geologische Formation stehen im Rudolstädter Stadtgebiet Gesteine des Zechsteins (Oberperm) an (s. U 2). Wesentlich jünger sind die tertiären und pleistozänen Schotter sowie die holozänen Kalktuff- und Auelehmbildungen.

Dank der eindeutigen Dominanz der Triasgesteine in Kombination mit den jüngeren Sedimentbildungen ist es möglich, wesentliche Grundzüge des Naturraumes um Rudolstadt bei Bezugnahme auf die geologische Folge der Trias und auf die Eigenschaften der dort vorkommenden wichtigsten Gesteine zu erfassen: Bohrungen bei Teichweiden und anderen Orten ergaben, daß die Zechsteinschichten unterhalb der Triasüberdeckung Anhydrit und Steinsalz führen, deren noch andauernde Auflösung zu Erdsenken bei Catharinau (s. V 7) und zum Austritt salzhaltiger Quellen in der Saaleaue bei Kirchhasel Anlaß gaben. Die paläozoische Schichtenfolge, wie sie vom Schwarzburger Sattel bekannt ist, setzt sich im Untergrund des Rudolstädter Gebietes nach NO fort. Gebunden an eine flache Aufwölbung, den Rudolstädter Sattel, treten die Dolomite und Letten des Zechsteins nur zwischen Mörla und Catharinau zutage.

Im S und O des Bearbeitungsgebietes steht meist der Untere Buntsandstein an, der im östlichen Thüringen Mächtigkeiten von 180 bis 380 m erreicht und im Rudolstädter Stadtgebiet an der Straße nach Pflanzwirbach aufgeschlossen ist. Die Sandsteine dieser Formation sind fein- bis mittelkörnig und bilden meist dünnplattige Bänke von roter, gelber oder weißlicher Färbung. Sie sind wasseraufnahmefähig und stellen daher ein gutes Wasserreservoir dar, was sich im ausgeglichenen Abflußgang der hier entspringenden Flüsse zeigt. Die beträchtliche Widerstandsfähigkeit der Schichten des Unteren und Mittleren Buntsandsteins führte oft zum Entstehen steiler Hänge, teilweise zu Felsbildungen.

Der Mittlere Buntsandstein, der im östlichen Thüringen 100 bis 250 m mächtig ist, bildet auf weiten Arealen links der Saale den Untergrund. Seine wichtigsten Schichten sind der Kaolinsandstein, die Rothensteiner Schichten und der Bausandstein. Im Rudolstädter Raum besteht die untere Lage aus grobkörnigen, dickbankigen Sandsteinen. Gesteine dieser Formation formen weithin die Hänge des Saaletales um Orlamünde und sind in zahlreichen Aufschlüssen zu beobachten (s. H 3, N 2, G 4.2).

Der wegen seiner roten Färbung als Röt bezeichnete Obere Buntsandstein besteht überwiegend aus tonigen Sandsteinen oder Ton. Er ist deshalb gegen Verwitterung weniger widerstandsfähig als die unter ihm lagernden Schichten des Bausandsteins und Chirotheriensandsteins sowie die darüber befindlichen Schichten des Wellenkalks. Er ist wasserundurchlässig und bildet dadurch einen

Stauhorizont für das über ihm im Kalk versickernde Wasser. Dieses tritt dann entlang der Grenze Röt–Muschelkalk in Schichtquellen oder auf Naßflächen wieder zutage. Aufgrund günstiger Bodenverhältnisse und reichlicher Wasserzufuhr ergeben sich im Bereich des Röts gute Voraussetzungen für eine landwirtschaftliche Nutzung und für den Obstbau. Andererseits besteht dadurch eine Neigung zu Rutschungen an der Muschelkalksteilstufe, die sich über den durchfeuchteten Rötschichten erhebt (s. B 4). Vereinzelt treten in der Schichtfolge des Röts Gipsbänke auf, die auch in den Oberflächenformen erkennbar sind (Anhang B).

Schroff und steil steigt über die sanfteren Hänge des Röts die Mauer des Wellenkalks (Unterer Muschelkalk) auf, der im östlichen Thüringen etwa 100 m mächtig ist. Der Wellenkalk ist ein graues, kleinklüftiges und deshalb brockig zerfallendes Gestein, das vor allem durch die eingelagerten festen Bänke der Oolithzone, der Terebratulazone und der Schaumkalkzone einen erstaunlichen Widerstand gegenüber der natürlichen Verwitterung besitzt (Anhang C). Die kärglich bewachsenen oder gar kahlen Steilhänge am Hexengrund und an den Gölitzwänden gestatten einen unverhüllten Einblick in den Aufbau der Schichtenfolge (s. F 1, S 4). Infolge der Wasserlöslichkeit des Kalks entstanden im Unteren Muschelkalk zahlreiche unterirdische Spalten und Klüfte, was zur raschen Versickerung des Wassers und seinem weit entfernten Zutagetreten in Schicht- und Karstquellen führen kann (s. K 4, T 2).

Der Mittlere Muschelkalk ist mit Mergel- und Plattenkalk, teils auch mit Gips vertreten. Ihn überragt der Obere Muschelkalk, der oft durch die an seiner Basis befindliche morphologisch widerstandsfähige und an der Oberfläche auffällige Schicht des Trochitenkalks angezeigt wird. Beide Formationen bilden den Untergrund der hochgelegenen, teilweise bewaldeten, meist aber landwirtschaftlich genutzten Kalkplateaus (Anhang C).

Völlig abweichend von den anstehenden Gesteinen der Trias setzen sich die Schotterkörper der Saaleterrassen (s. V 2) hauptsächlich aus Schiefern, Grauwacken, Quarzen und Quarziten zusammen, die dem Herkunftsgebiet der oberen Saale und Schwarza entstammen, vor allem dem Thüringer Schiefergebirge. Der Anteil der Buntsandsteingerölle ist wegen der geringeren Widerstandsfähigkeit demgegenüber gering und beträgt beispielsweise in den altpleistozänen Terrassenschottern bei Weißenburg und bei Etzelbach kaum mehr als 1%.

Die Großformung der Landoberfläche im östlichen Teil der Thüringer Triasmulde wird durch die Lagerung und die unterschiedliche Widerständigkeit der von SO nach NW regelmäßig aufeinanderfolgenden Schichten des Zechsteins, Buntsandsteins und Muschelkalks bestimmt und durch einige herzynisch verlaufende Störungen modifiziert. Die triassische Schichtenfolge lagert flach und fällt mit 1° bis 3° nach NW zum Zentrum des Thüringer Beckens hin ein. Sie ist an WNW–OSO streichenden Zonen gestört, die zur saxonischen Bruchtektonik gehören, die weite Teile Mitteleuropas während der Jura- und Kreidezeit erfaßte. An den größten dieser Störungen, wie der Harznordrand- und Kyffhäuser- sowie der Nord- und Südrandstörung des Thüringer Waldes, wurden Hochschollen herausgehoben. Innerhalb der Hoch- und Tiefschollen entstanden weitere Störungen, an denen kleinere Höhenverschiebungen der Schollen eingetreten sind.

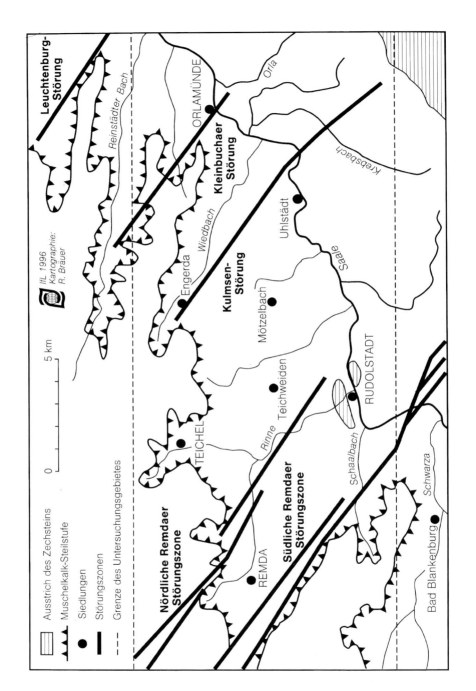

Im hier betrachteten Gebiet gehören die Kleinbuchaer Störung (s. G 2), die Kulmsenstörung (s. O 1), die Nördliche und Südliche Remdaer Störungszone und der Greifensteingraben zu diesen herzynisch streichenden Verwerfungszonen (Abb. 1). Es handelt sich um Zerrungs- bzw. Ausweitungsstrukturen, an denen vielfach grabenförmige Einbrüche der Schichtenfolge eintraten. Im unmittelbaren Bereich der Störungen und in den abgesenkten Grabenschollen sind die Schichten vielfach verkippt und weisen ein meist mittelsteiles Einfallen auf (s. G 2). Mehrfach sind an diesen Störungen auch spätere Pressungserscheinungen und engräumige Schichtenverfaltungen zu beobachten. Außerhalb der Störungszonen hat die Spannung in der Erdkruste lediglich zur Bildung ganz flacher Aufsattelungen geführt, zu denen der Rudolstädter Sattel gehört.

Die Reliefunterschiede, die entlang der saxonischen Störungen durch die Höhenverstellung der einzelnen Blöcke und Schollen eingetreten waren, sind durch die intensiven Verwitterungsvorgänge am Ende der Kreidezeit und im Alttertiär schon wieder ausgeglichen worden, so daß sich im Jungtertiär eine weitgehend ebene Landoberfläche gebildet hatte, die noch heute im Landschaftsbild erkennbar ist. Auf den Plateaus des Muschelkalks ist diese alte Landoberfläche noch erhalten, vor allem am Schönen Feld, zwischen dem Vorwerk Tännich und dem Kretzberg bei Teichel sowie nördlich der Linie Teichel–Großkochberg–Schmieden.

Die mechanische Auflockerung entlang der saxonischen Störungszonen führte zusammen mit der chemischen Auflösung des Kalkes zu Karsterscheinungen. Entlang von Klüften und Spalten entwickelten sich unterirdische Karstwassergerinne von erheblicher Länge. Die Karstwasserquellen haben im Pleistozän und Holozän Anlaß für die Bildung von Kalktufflagern gegeben. Da die Karstbildung auch salzführende Schichten des Mittleren Muschelkalkes, des Oberen Buntsandsteins und des Zechsteins betroffen hat, treten im Rudolstädter Gebiet vereinzelt auch gering konzentrierte Salzquellen auf (s. V 1).

Bereits während des Tertiärs bildete sich an der Grenzlinie von Muschelkalk und Buntsandstein eine markante Schichtstufe heraus mit einer nach S bis SO gerichteten Front, die das Bearbeitungsgebiet in west-östlicher Richtung quert, bei Orlamünde einen Verlauf nach N nimmt und sich bei Göschwitz und Jena-Neulobeda auf dem rechten Saaleufer fortsetzt (Abb. 1). Die Steilstufe dürfte sich schon am Ende des Tertiärs im wesentlichen in ihrer jetzigen Lage befunden haben, seither hat sie sich bei zunehmender Versteilung vermutlich nur wenige Dekameter nordwärts verlagert. Die Schichtstufe trennt die 400 m bis 500 m ü. NN (maximal 546 m) gelegenen und zur Ilm-Saale-Platte gehörenden Kalkplateaus des nordwestlichen Bearbeitungsgebietes von den südöstlich anschließenden niedrigeren Bergen und Tälern der Saale-Elster-Sandsteinplatte, die ihrerseits wiederum bei Pößneck eine Schichtstufe zum Zechstein in der Orlasenke bildet. Das regelmäßige Schema der Schichtstufen der Randplatten der Thüringer Triasmulde modifizieren NW–SO verlaufende Störungen, die

◁
Abb. 1. Die geotektonische Gliederung des Rudolstädter Raumes (Entwurf P. LANGE)

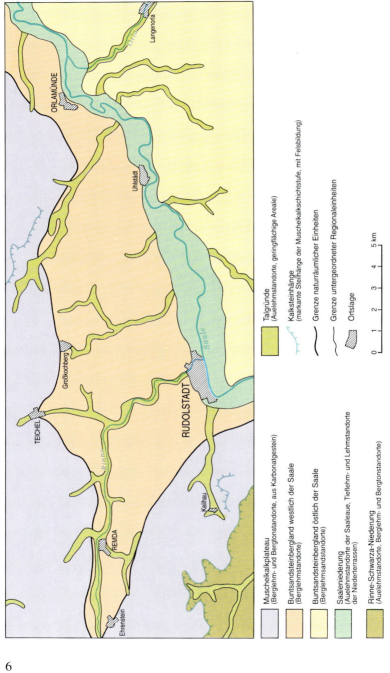

Abb. 2. Naturräumliche Gliederung (Entwurf F. GRIMM nach: Mittelmaßstäbige landwirtschaftliche Standortkartierung 1978, 1979)

westlich von Rudolstadt zur Herausbildung einer zusätzlichen Steilstufe führten (s. S 4, S 5, R 2). Sie begünstigten vermutlich auch die Entstehung des unteren Orlatales.

Eine vergleichsweise geringe Einmuldung der tertiären Landoberfläche im Buntsandsteingebiet, die von einem aus dem Schwarzagebiet kommenden Fluß durchflossen wurde, bildete den Ansatzpunkt für die pleistozäne Eintiefung der Saale und ihrer Zuflüsse, deren Entstehungsgeschichte man anhand der deutlich modellierten Terrassen gut ablesen kann (s. V 2). Das um mehr als 200 m in das umgebende Bergland eingeschnittene Saaletal und die schroffe Front der am Hexengrund und an den Gölitzwänden ebenfalls um mehr als 200 m aufragenden Schichtstufe des Muschelkalks bilden heute die Grenzen von Naturraumeinheiten des Rudolstädter Raumes und lassen anhand der Oberflächenformung eine Gliederung in folgende Teilräume zu (Abb. 2): Die zur Ilm-Saale-Platte gehörenden Muschelkalkplateaus des nordwestlichen Bearbeitungsgebietes; die als Teil der Umrandung der Thüringer Triasmulde west-östlich verlaufende Muschelkalkschichtstufe einschließlich der Stufe westlich von Rudolstadt; das im Hain bei Rudolstadt beginnende und nach W ausgedehnte linkssaalische Buntsandsteinbergland als Teil der Saale-Elster-Sandsteinplatte; das bis zu 1,5 km breite Tal der Saale einschließlich der pleistozänen Terrassen; das zwischen Saaletal und Orlasenke gelegene rechtssaalische Buntsandsteinbergland der Rudolstädter und Uhlstädter Heide als Teil der Saale-Elster-Sandsteinplatte.

Peter Lange

Das Klima weist die für große Teile Thüringens und Sachsens charakteristischen Mittelwerte und jahreszeitlichen Änderungen der Lufttemperaturen und Niederschläge auf: Die höchsten Lufttemperaturen liegen im Juli und August und die niedrigsten im Januar und Februar, das Jahresmittel beträgt 8,1 °C; die höchsten Niederschläge fallen im Juli und die niedrigsten in den Monaten November bis März bei einer jährlichen Niederschlagssumme von 540 mm; an 36 Tagen wird Schneefall registriert, am häufigsten im Dezember. Die auffällige Schneearmut wie auch die Zeugnisse jahrhundertelangen Weinbaus weisen darauf hin, daß das mittlere Saaletal und die südexponierten Kalkhänge und der Rötsockel im Hexengrund zu den klimatisch begünstigten Regionen des thüringisch-sächsischen Raumes zählen.

Das Rudolstädter Lokalklima ist milder und niederschlagsärmer als das der benachbarten Buntsandsteinberge und Kalkplateaus. Die mittlere jährliche Lufttemperatur des Saaletals liegt um 1,5 °C höher als auf den Hochflächen. Diese Temperaturunterschiede bestehen sowohl im Sommer als auch im Winter: Julimittel im Saaletal 17,5 °C, auf den Höhen 16 °C; Januarmittel im Saaletal −0,5 °C, auf den Höhen −2 °C. Die jährlichen Niederschlagssummen betragen in Rudolstadt nur 540 mm gegenüber 550–600 mm im übrigen Gebiet und auf exponierten Lagen 600–650 mm. Die Vegetationsperiode, die Periode sichtbarer Pflanzenentwicklung, währt in Rudolstadt mehr als 220 Tage, in mittleren Höhenlagen 210–220 Tage und in Hochlagen 200–210 Tage. Ähnlich liegt der Termin der Winterroggenernte (28. 7.) im Saaletal bereits 14 Tage früher als auf den umgebenden Hochflächen. Als lokalklimatische Besonderheit sind die süd- und westexponierten Kalkhänge bemerkenswert, die den natürlichen

Raum für eine Trockenrasenvegetation mit mediterranen Elementen darstellen. Die klimatische Gunst wird verstärkt durch Leewirkungen der südlich benachbarten Gebirge, einschließlich föhnartiger Erscheinungen. Bei bestimmten Wetterlagen kommt es durch Effekte der kesselartigen Umgrenzung des Saaletals zur Ansammlung von Kaltluft oder zur Ausbildung von Smog.

Die h y d r o l o g i s c h e n Verhältnisse widerspiegeln sich am anschaulichsten in den Abflußganglinien der autochthonen kleinen Flüsse und Bäche. Die Pegel an Orla (s. Q 1) und Roda zeigen für das Buntsandsteingebiet eine gute Wasserversorgung bis in den Spätsommer an. Demgegenüber wirkt die Saale

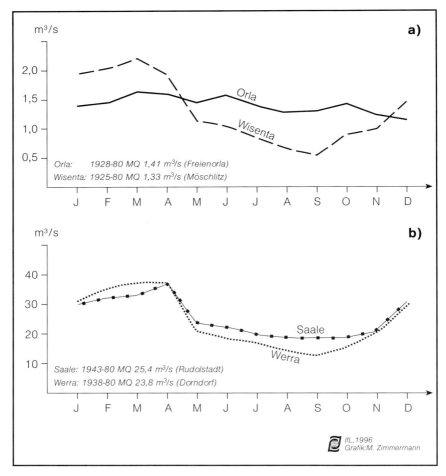

Abb. 3. Abfluß von Orla (a) und Saale (b) im Vergleich mit Wisenta und Werra (Entwurf F. GRIMM nach: Gewässerkundliches Jahrbuch 1980)

(s. V 2) mit ihrem durch die Schneeschmelze im Gebirge bestimmten spätwinterlichen Abflußmaximum als ein Fremdlingsfluß, der in seinem Abflußverhalten den Jahresgang des Wasserhaushalts an oberer Saale und Schwarza anzeigt (BAUER 1961; Abb. 3). Geologisch bedingte Modifikationen des Wasserhaushalts ergeben sich durch die umfangreiche Speicherkapazität des Buntsandsteins, durch die Karsterscheinungen mit Versickerungen und Karstquellen im Muschelkalk sowie durch die an den Rötsockel gebundenen zahlreichen Schichtquellen (s. K 2, K 4, S 5, T 2).

Die anstehenden Gesteine des Buntsandsteins und Muschelkalks mit ihren Verwitterungsprodukten und die Schotter der Saaleterrassen bildeten das Ausgangsmaterial für die B ö d e n, die der großen Gruppe der auf Verwitterungsmaterial und Umlagerungsdecken aus Felsgesteinen im Berg- und Hügelland entstandenen Bodengesellschaften zuzuordnen sind. Auf den Hochflächen des Kalkplateaus sind vor allem Bergton-Braunerde-Rendzina-Böden verbreitet, im Buntsandsteinbergland Bergsand-Braunerde-Böden oder in den Tälern Bergsand/Bergsalm-Braunerde-Böden. Flächenmäßig gering, aber von besonderem wirtschaftlichen Interesse, sind die davon völlig abweichenden Böden der Saaleniederung, deren Ausgangsmaterial der Auelehm bildet und die erst seit der Saaleregulierung einer intensiven landwirtschaftlichen Nutzung zugänglich sind.

Frank-Dieter Grimm

Die natürliche Vegetation, die zumindest an Reliktstandorten noch vorzufinden ist, widerspiegelt die räumliche Differenzierung der Klima-, Wasser- und Bodenbedingungen. Für das Buntsandsteinbergland, das im Rudolstädter Raum die größten Flächen einnimmt, stellen mittlere und arme Buchenwälder sowie mittlere und arme Eichenwälder die standortgerechte natürliche Vegetation dar, vor allem Hainsimsen-Eichen-Buchen-Wälder, Hainsimsen-Traubeneichen-Wälder und Kiefern-Eichen-Wälder. Noch erhaltene standortgerechte Buchenwälder sind bei Lichstedt anzutreffen, naturnahe bodensaure Eichenmischwälder an Reliktstandorten in der Uhlstädter Heide (s. W 3). Eichen-Hainbuchen-Wälder, teils auch mit Rotbuche, bilden die den Standortbedingungen der Kalkhochflächen entsprechende natürliche Vegetation und sind teilweise noch bei Tännich erhalten. Trockenwälder und Trockenrasen kennzeichnen die kargen, trockenen Standorte des Muschelkalks, auf denen sie noch verhältnismäßig oft naturnah erhalten sind. Demgegenüber zeichnen sich die gut durchfeuchteten Orchideen-Kalkbuchen-Wälder im Kontakt mit Platterbsen-Buchen-Wald durch eine üppige Vielfalt seltener kalkliebender Pflanzen aus. Die noch vorhandenen Relikte der natürlichen Vegetation des Muschelkalk- und Buntsandsteinberglandes werden in den Naturschutzgebieten des Rudolstadt-Remdaer Raumes sorgfältig bewahrt und der Forschung sowie der Beobachtung durch naturkundlich interessierte Besucher zugänglich gemacht (s. B 4, S 5). Die ökologische Sonderstellung der Saaleniederung gegenüber den umgebenden Buntsandstein- und Muschelkalkregionen findet ihre Entsprechung in einer daran angepaßten natürlichen Vegetation der Erlen- oder Erlen-Eschen-Wälder kollin-submontaner Flußauen, die sich in einigen wenigen kleinen Restbeständen erhalten hat.

Heinz Breitrück

Die Lage im Tal der Saale am Fuß des Thüringer Schiefergebirges und die abwechslungsreichen ökologischen Verhältnisse bei gleichzeitig relativ mildem Klima sind die Ursachen dafür, daß sich eine reichhaltige F a u n a entwickeln konnte. Mehr montan verbreitete Arten, wie die Sumpfspitzmaus, erreichen bei Schwarza ihre nördliche Verbreitungsgrenze, andererseits stoßen Formen der wärmeren, tieferen Lagen bis in dieses Gebiet vor. Hierzu zählt die Nachtigall, die, von ihrem Verbreitungsschwerpunkt im Thüringer Becken ausgehend, in einer schmalen Zunge über Remda–Rudolstadt bis in das Gebiet um Pößneck brütend angetroffen werden kann. Ähnliche Beobachtungen liegen auch für Insekten vor, von denen die Berg-Singzikade genannt sei. Nachweise dieser größten einheimischen Zikadenart, sie besitzt eine Spannweite von 45–52 mm, gelangen in der Umgebung von Rudolstadt seit über 100 Jahren. Erst in jüngster Zeit konnte sie wieder bei Groß- und Kleingölitz wie auch bei Zeigerheim nachgewiesen werden (MEY u. STEUER 1985).

Sehr bemerkenswert und in ihrer Herkunft bis heute nicht geklärt sind die Funde der Felsenschnecke *(Chilostoma achates)*. Sie ist auch unter dem Synonym *Helicigona ichthyomma* bekannt geworden. DUFT (1869) berichtet über den Fund leerer Schalen in Mauerritzen an der Südseite des Rudolstädter Schloßberges. Diese ostalpin verbreitete Schneckenart, deren flache, auffallende Gehäuse einen Durchmesser von 17–29 mm erreichen, lebt heute zwischen Felsen und Geröll in Höhen von 900 bis 2300 m ü. NN. Ihre Verbreitung erstreckt sich über die östlichen Alpen, die Berchtesgadener Alpen bis in das Unterengadin in der Ostschweiz. Weit ab von diesem Verbreitungsgebiet konnte sie bisher nur hier, jedoch ausschließlich im abgestorbenen Zustand, sowie in der Umgebung von Saalfeld am Bohlen, dem Roten Berg wie auch in den steinzeitlich besiedelten Höhlen von Ranis zusammen mit spätpleistozänen Tierresten gefunden werden (EHRMANN 1956; GOLDFUSS 1900).

Dietrich von Knorre

Historische Entwicklung

Das Gebiet weist vielfältige Zeugnisse u r - u n d f r ü h g e s c h i c h t l i c h e r B e s i e d l u n g auf. Neben Gerätefunden der frühen Jungsteinzeit, wohl der bandkeramischen Kultur, liegt zahlreiches spät- und endneolithisches Fundmaterial vor, das größtenteils von Siedlungsstellen und Grabanlagen der Schnurkeramik bei Orlamünde und Rudolstadt sowie von einem Siedlungsplatz eines von der Glockenbecherkultur beeinflußten Mischhorizontes bei Zeigerheim, nahe bei Rudolstadt, stammt. Der für die schnurkeramische Kultur typische facettierte Axthammer und das bei den Glockenbecherleuten beliebte Spitznackenbeil sind allgemein verbreitete Fundstücke.

Während die frühe und mittlere Bronzezeit nur spärliche Spuren hinterließen, ist der Kulturnachlaß der jüngeren Bronze- oder Urnenfelderzeit bedeutend. Die starke Besiedlung wurde offenbar durch klimatische Veränderungen, aber auch durch die nahen Erzlagerstätten bei Saalfeld und im Raum Bad Blankenburg–Königsee begünstigt. Von O her gelangte seit dem 13./12. Jh. v. Chr. die Lausitzer Kultur bei räumlicher Berührung mit der aus der Hügelgräberkultur des Thüringer Beckens hervorgegangenen Unstrutgruppe in die Orlamünder Gegend, hier als Ostländische Gruppe bezeichnet. Fundplätze dieser Zeit gibt es in Eichenberg, Freienorla, Orlamünde, Großeutersdorf, Heilingen und Dorndorf. Einflüsse der süddeutschen Urnenfelderkultur blieben gering, sie zeigen sich im Fundnachlaß der Höhensiedlung auf dem Preilipper Weinberg bei Rudolstadt.

Grab- und Siedlungsfunde der älteren vorrömischen Eisenzeit, 8. bis 5. Jh. v. Chr., dieser als „Dreitzscher Horizont" bezeichneten Spätblütezeit der Urnenfelderkultur, liegen aus Rudolstadt (Volkstedt, Schaala, 2. Flutgraben), Uhlstädt und Heilingen—Röbschütz vor.

Im Gegensatz zu den reichen Bodenfunden der von den Kelten getragenen Latènekultur im Nachbarraum Saalfeld—Ranis—Pößneck beschränkt sich die keltische Kulturhinterlassenschaft des vorgestellten Gebietes auf Graphit- und Scheibenkeramik sowie Glasschmuck in den Spätlatènesiedlungen Remda und Solsdorf (s. K 1, R 1). Dabei dürfte es sich um Importe handeln, obwohl die Übernahme fortgeschrittener Produktionsverfahren der Kelten in Germanensiedlungen bekannt ist. Bemerkenswert ist der Fund einer Bronzedrahtfibel mit Frühlatènetradition bei Sundremda. Wie die Siedlungsfunde von Remda und Rudolstadt-Volkstedt gehen Grabfunde bei Freienorla (s. H 6) und Rudolstadt-Schwarza auf den saale- und ilmaufwärts erfolgten Vorstoß von Elbgermanen zurück, der im 1. Jh. v. Chr. die Rudolstädter Gegend erreichte und den Hermunduren zugeschrieben wird. Dagegen sind Grabfunde des 2. Jh. n. Chr. in Großeutersdorf und Keramikfunde in einer etwa zeitgleichen Ansiedlung bei Altremda weser-rhein-germanisch. Einige römische Kaisermünzen des 2. bis 4. Jh. wurden bei Rudolstadt und Remda gefunden.

Es ist ungewiß, wie weit das Rudolstadt—Remdaer Gebiet in das alte Thüringerreich eingegliedert war, doch sind gewisse Beziehungen anzunehmen. Das gilt auch für die staatliche Organisation des merowingischen Königtums, die nach dem fränkischen Sieg im Jahre 531 nördlich des Thüringer Waldes nur allmählich wirksam wurde. Die archäologischen Quellen setzen aus, abgesehen von wenigen Einzelfunden in der Völkerwanderungs- und Merowingerzeit.

Dagegen läßt das reich vertretene frühgermanische und frühmittelalterliche N a m e n g u t auf eine fortdauernde, wenn auch nur dünne Besiedlung schließen. Sehr alt sind die Flußnamen Saale und Orla, ebenso Ortsnamen wie Heilingen, Engerda, Remda, Teichel und Strumpilde, eine Ortswüstung bei Orlamünde. Auch die auf -aha = fließendes Gewässer, -stedt und -hausen endenden Namen wie Hasel, Bibra, Rudolstadt, Volkstedt, Lichtstedt, Ammelstädt, Uhlstädt, Dienstädt und Mandelhausen, ein Flur- und Wüstungsname bei Teichel, gehören zum alten Namengut. Das trifft auch bei einem Teil der Ortsnamen mit den Grundwörtern Feld, Bach, Berg und Dorf zu. Bei der Namendeutung darf allerdings nicht übersehen werden, daß zuweilen ältere Örtlichkeits- und Gewässerbezeichnungen übernommen wurden, auch könnten Ortsnamen von außen her, etwa vom Nachbardorf, geprägt worden sein.

Die G e s c h i c h t e dokumentiert, daß es die Karolinger besser als die durch innere Machtkämpfe geschwächten Merowinger verstanden, Thüringen an den fränkischen Staat zu binden und das Saalegebiet in ihr Markensystem einzubeziehen. Mit reichen Bodenfunden verknüpfen sich früheste schriftliche Nachrichten.

Beides, ebenso die namenkundlichen Quellen, machen eine gemeinschaftliche germanisch-slawisch-frühdeutsche Besiedlung vom 8., möglicherweise bereits vom 7. Jh. an deutlich. Die fränkischen Reichsklöster Fulda und Hersfeld erhielten wiederholt Schenkungen, meist Land, das von Slawen bewirtschaftet wurde. Eine Fuldaer Quelle der Zeit zwischen 750 und 779 spricht von drei Weilern namens Remda, in *tribus villulis Remnidi* (s. J 2, J 3, K 1), eine andere aus der Zeit um 860 vermerkt Landschenkungen von Slawen auch in Engerda = *Engride*. Das Güterverzeichnis des Klosters Hersfeld *Breviarium St. Lulli* enthält unter dem von KARL DEM GROSSEN 775 oder 776 vermachten Besitz 7 Hufen in Remda, Rudolstadt und Mulnhusun „*et Slaui manent in illis*". Im 9. Jh. erhielt Fulda in Rudolstadt und *Habechesberge* (Heilsberg?) Land, später in Teichel.

Ein Friedhof bei Sundremda mit mehr als 300 Bestattungen enthielt Waffen, Gerät und Schmuck des 8. und 9. Jh. westlicher, fränkisch-thüringischer, außerdem etwa 50 Gräber des 10. und 11. Jh. Beigaben östlicher, slawischer Herkunft (s. J 3). Weitere Begräbnisplätze mit westlichen Beigabentypen sind Rudolstadt (Brückengasse und Schaala), Remda, Heilsberg, Engerda, Röbschütz und Orlamünde (Naschhausen), mit östlichen Typen Rudolstadt-Volkstedt, Kolkwitz, Weißen und Heilingen. Auch in den älteren Gräbern können Sorben bestattet worden sein, zumal die Verstorbenen der einheimischen, schon christlichen Bevölkerung damals meist ohne Grabbeigaben und nach Möglichkeit auf den Kirchhöfen gebettet wurden. Die Gräber bei Sundremda und Remda zeigen eine bereits fortgeschrittene soziale Differenzierung. Sorgfältige Grabanlagen sowie die Grabmitgift von Reiterzubehör, Waffen und Schmuck lassen auf eine gehobene Stellung der Toten zu Lebzeiten schließen.

Ethnische Hinweise auf diese Zeit bieten auch die Orts- und Flurnamen. Früh erwähnte, an der Saale und in ihren fruchtbaren Nebentälern liegende Orte mit slawischen Namen, wie Kolkwitz, Krossen, Zeutsch, Röbschütz und Rödelwitz, dürften auf die ältere slawische Besiedlung zurückgehen. Später erwähnte und vorwiegend in weniger fruchtbarem Gelände entstandene Siedlungen, wie Gölitz, Cursitz (Korsitz), Groschwitz, Milbitz, Clöswitz und Lositz, sind Gründungen des inneren feudalen Landesausbaus, in dessen Verlauf slawische Helfer seßhaft wurden. Viele dieser Rodungsdörfer mit slawischem, auch mit deutschem Ortsnamen wurden später wieder verlassen. Nicht selten enthalten die Flurnamen über das Mitsiedeln von Slawen deutlichere Hinweise als die Ortsnamen. Namen slawischer Herkunft häufen sich um Rudolstadt und im Hexengrund bei Heilingen (s. F 2, F 8). In den Gemarkungen Eichfeld, Lichstedt und Schaala hatten sie im 16. Jh. einen Anteil von 29%, und bis zur Gegenwart sind viele dieser Namen bekannt geblieben. Es gibt auch slawische und deutsche Bezeichnungen für den gleichen Flurteil, beispielsweise Schirme und Roter Hügel bei Eichfeld, Röbitze und Tiefer Graben bei Altremda, Pißke und Sandfleck bei Dorndorf. Bei Heilingen war schon im Jahre 1481 der Name am Sorbenholz bekannt. Wie die Slawen der frühfeudalen Siedlungsperiode im westlichen Kulturkreis aufgingen, so verschmolzen die im 10. Jh. am Landesausbau beteiligten slawischen Bauern und Landarbeiter mit der deutschen Bevölkerung und nahmen an der regionalen Entwicklung teil. Die Abhängigkeit vom Grundherrn, weniger das Volkstum, bestimmte die

Lebensverhältnisse. Der fast ausnahmslos deutsche Grundadel setzte deutsche und slawische Bauern ohne Unterschied zu harter Fronarbeit ein.

Von großer siedlungsgeschichtlicher Bedeutung waren die kirchlichen Verwaltungseinrichtungen, die Sprengel der Urpfarreien als Teile der Sedes oder Erzpriesterbezirke. Die Sedes bieten wichtige Hinweise auf den fortschreitenden Landesausbau. Wenn sie auch erst gegen Ende des 11. Jh. schriftlich erwähnt werden, gehen sie wahrscheinlich auf eine frühere Zeit zurück.

Der Urpfarreibezirk Orlamünde hatte eine große territoriale Ausdehnung. Um 1083 erhielt er den Zehnten aus dem gesamten einstigen Burgbereich Orlamünde mit den meisten Ortschaften im Nordosten des späteren Kreises Rudolstadt und im angrenzenden Teil des heutigen Saale-Holzland-Kreises. Das Pfründenregister des Jahres 1378 nennt noch 29 Orte, in denen die Pfarrei begütert war. Ähnlich verhielt es sich in den Burgbezirken Rudolstadt, Blankenburg und Schwarzburg, die beiden letztgenannten mit den Sprengeln Quittelsdorf und Allendorf, zum überwiegenden Teil bereits außerhalb des Bearbeitungsgebietes gelegen. Am Ausgang des Mittelalters gehörten die Pfarreien zu den Sedes Alkersleben, Remda, Oberweimar und Pößneck des Archidiakonates *Beatae Mariae Virginis* Erfurt.

Nach der Königswahl des Sachsenherzogs HEINRICH I. im Jahre 919 verlagerte sich der Schwerpunkt der Reichspolitik nach N. Das umfangreiche Königs- und Kirchengut an Saale und Ilm gelangte schrittweise an den Adel oder in geistlichen Besitz. Der südwestliche Teil des Gebietes Rudolstadt–Orlamünde gehörte zum Reichsgut Saalfeld, dem meist Orlagau genannten Güterkomplex, der durch Schenkung des letzten sächsischen Kaisers HEINRICH II. vor dem Jahre 1014 an den lothringischen Pfalzgrafen EZZO und von dessen Tochter RICHEZA im Jahre 1056 an das Erzstift Köln gekommen war. Erzbischof ANNO II. stattete mit einem Teil die von ihm 1074 gegründete Benediktinerabtei Saalfeld aus, andere Teile erwarben später die Grafen von Weimar-Orlamünde und von Käfernburg-Schwarzburg, zwei der einflußreichsten Adelsgeschlechter Thüringens.

Die Schwarzburger waren das älteste, die Orlamünder das zeitweilig mächtigste Geschlecht. Der seit 949 bekannte WILHELM I. († 963) hatte Grafenrechte im Gau Husitin (im Gebiet des heutigen Weimar) und im Altgau (in Nordthüringen). WILHELM II. († 1002) wird als erster mit Weimar, einer seiner Nachfolger, OTTO I. († 1067), als erster mit Orlamünde in Verbindung gebracht. Seit der Teilung der Grafschaft 1248 in die Osterländische Linie Orlamünde und die Thüringische Linie Weimar verloren die Grafen an Einfluß und unterlagen schließlich der Machtpolitik der wettinischen Land- und Markgrafen. 1344 verkaufte Graf HEINRICH IV., nachdem er seinen Sohn HEINRICH V. mit der Burg und Herrschaft Schauenforst abgefunden hatte, Orlamünde und Weißenburg an Landgraf FRIEDRICH II. und verschärfte dadurch den seit zwei Jahren geführten Thüringer Grafenkrieg, in dessen Ergebnis die Orlamünder ihre Selbständigkeit verloren.

Das zweite, ebenfalls in Mittel- und Nordthüringen begüterte Geschlecht, das mit großer Wahrscheinlichkeit bis ins 8. Jh. zurückreichte, besaß Grafenrechte im Gau Languizza, der Landschaft an der oberen Ilm und Gera. Wohnsitze waren die Käfernburg bei Arnstadt und die Schwarzburg. Nach beiden

Burgen nannten sich nach dem Tode SIZZOS III. (1160) die getrennten Linien, deren eine, die käfernburgische, im Jahre 1385 erlosch. Wie den Grafen von Orlamünde gelang es den Schwarzburgern, ihre Macht durch Landesausbau zu steigern. Aus dem Kerngebiet bei Arnstadt dehnten sie ihre Herrschaft bis zur Saale und darüber hinaus aus. 1208 erwarben sie Saalfeld, 1334 brachten sie durch Erbschaft und Kauf das orlamündische Rudolstadt an sich. Der Versuch, ihr vom Rennsteig bis zur Orla und von der Gera bis zum Frankenwald nahezu geschlossenes Territorium entlang der Saale nach N zu erweitern und mit ihrem Besitz in Nordthüringen zu verbinden, scheiterte im Thüringer Grafenkrieg 1342–1345. Doch während die Orlamünder Grafen zu Vasallen der Wettiner und einfachen Grundherren absanken, vermochten die Schwarzburger ihre Eigenständigkeit weitgehend zu behaupten. Durch das zeitweilige Königtum GÜNTHERS XXI. im Jahre 1349 gewannen sie sogar neues Ansehen. Ein weiteres Erstarken ihrer Territorialherrschaft blieb ihnen dagegen versagt, nicht zuletzt wegen häufiger Erbteilungen. 1389 mußten sie Saalfeld aufgeben, doch blieben sie im Raum Rudolstadt–Orlamünde neben den Wettinern bestimmend. Außer den Schwarzburgern erreichten nur die Grafen von Gleichen-Blankenhain durch den Erwerb von Remda 1432 und Ehrenstein 1460 Einfluß.

Mittelpunkt der Territorialbildungen waren die Burgbereiche Blankenburg, Ehrenstein, Remda, Rudolstadt, Orlamünde und Weißenburg, die im 14. Jh. teilweise als Pflegen, später als Ämter fortbestanden. Das Amt vereinigte die Gerichts-, Finanz-, Militär- und Güterverwaltung der Landesherrschaft. Innerhalb der Amtsbezirke bestanden neben den Lehensrechten auswärtiger weltlicher und geistlicher Herren bei oft strittigen Verhältnissen Sonderrechte des einheimischen oder benachbarten Grundadels und örtlicher kirchlicher Stellen, beispielsweise der ausgedehnten Pfarrei Orlamünde. Im 14. und 16. Jh. setzte im Gebiet ein Wüstungsvorgang ein (s. Seite 27).

Erbzwistigkeiten bedrohten um die Mitte des 15. Jh. die Stellung der Schwarzburger Grafen als Territorialherren. GÜNTHER XXXII. aus der Linie Wachsenburg, seit 1407 Hausherr der Schwarzburg, versuchte entgegen der Erbverträgen die Reichslehen Schwarzburg und Ehrenstein seinen Schwiegersöhnen zuzuwenden und verkaufte im Jahre 1448 Schloß und Amt Schwarzburg an Kurfürst FRIEDRICH VON SACHSEN. Dadurch lebte der seit zwei Jahren zwischen FRIEDRICH und seinem Bruder Herzog WILHELM geführte Sächsische Bruderkrieg (1446–1451) neu auf. Die Grafen HEINRICH VON ARNSTADT und HEINRICH VON LEUTENBERG verbanden sich mit WILHELM und erlangten im Schwarzburgischen Hauskrieg Vorteile über den Kurfürsten, der bei Friedensschluß seine schwarzburgischen Erwerbungen aufgab. Nur Ehrenstein fiel an GÜNTHERS Schwiegersohn LUDWIG VON GLEICHEN.

Zur wirtschaftlichen Entwicklung des über die Epoche der vollen Entfaltung des Feudalismus vom 11. bis 15. Jh. hinaus überwiegend agrarischen Gebietes zwischen Saale und Ilm trugen die Langholzflößerei (s. V 2) auf der Saale mit den Zentren Uhlstädt und Orlamünde, das in den Städten Rudolstadt, Orlamünde und Remda ansässige Handwerk und der Handel bei. Nürnberger Kaufleute zogen auf der sogenannten Kupferstraße (s. Bd. 46, Abb. 12) nach dem Mansfelder Kupfergebiet, auf einer Abzweigung im Saaletal nach Leipzig. Die Kupferstraße verlief von Rudolstadt nach Teichröda, über den Salzenberg nach Teichel, von hier steil hinauf nach Hochdorf, wo sie sich mit der von Orlamünde nach Mittelthüringen führenden Hohen Straße kreuzte (s. F 4). Die Herzöge von Sachsen besaßen das Straßengeleit. Weniger befahren war eine Straße vom Saaletal über das Schöne Feld nach dem Ilmtal und Erfurt. Um den schwarzburgischen Geleitzoll auf der Saaletalstraße zu vermeiden, bogen die Kaufleute auch in Saalfeld trotz ungünstiger Wege über die Heide nach Uhlstädt ab. 1654 beteiligten sich Nürnberger Kaufleute deshalb an den Baukosten der Krossener Saalebrücke.

Handwerkerinnungen bestanden in Rudolstadt seit Beginn des 16. Jh. (s. U 1.1). Viele Meister betrieben nebenbei eine kleine Landwirtschaft; in Remda und Teichel war die Landwirtschaft Haupt-, das Handwerk Nebenerwerb. Bannmeilenrechte privilegierten die Städte beim Brauen, Mälzen und Schenken, begünstigten aber auch die Zünfte und Innungen sowie den Handel. In Orlamünde sind diese Rechte seit dem 14. Jh. nachweisbar (s. G 4.1).

Wenn auch verzögert und in weniger radikalen Bahnen als anderswo verlaufend, verschärfte sich der Klassenkampf in den Städten und führte zur frühbürgerlichen Revolution mit Reformation und Bauernkrieg. Orlamünde war Mittelpunkt einer durch den Reformer ANDREAS BODENSTEIN, genannt KARLSTADT, im Saalegebiet ausgelösten Volksbewegung. LUTHER trat vergeblich dagegen auf; 1524 wurde KARLSTADT ausgewiesen. Trotz dieser Ereignisse scheinen die Bewohner der Orlamünder Gegend beim Bauernkrieg 1525 wenig hervorgetreten zu sein, ganz im Gegensatz zum Rudolstädter Gebiet, wo sich Stadt und Amt dem Aufstand in der schwarzburgischen oberen Herrschaft anschlossen. Ihre Mannschaft zog am 27. April nach Stadtilm, wo sich gegen 8000 Aufständische versammelten und dem in Arnstadt residierenden Grafen GÜNTHER XXXIX. ihre Forderungen überbrachten. Diese wurden zwar bewilligt, doch vom Oberlehnsherrn, Herzog JOHANN VON SACHSEN, nicht bestätigt. Nach dem Scheitern des thüringischen Bauernaufstandes wurden am 17. Juni in Arnstadt 9, am 21. Juni in Rudolstadt weitere Bauernführer hingerichtet.

Im Schmalkaldischen Krieg zog das in der Schlacht bei Mühlberg 1547 siegreiche kaiserliche Heer unter dem spanischen Herzog VON ALBA saaleaufwärts. Im Schlosse zu Rudolstadt kam es zu dem von SCHILLER wieder bekanntgemachten Auftritt, als die verwitwete Gräfin KATHARINA VON SCHWARZBURG dem von ihr bewirteten Herzog energisch entgegentrat, weil er trotz gegebener Zusage das Plündern durch seine Soldaten nicht verhindern wollte.

Die für die spätfeudalistische Zeit typische territoriale Zersplitterung traf auch auf das Gebiet Rudolstadt–Orlamünde zu. Die bei der Wittenberger Kapitulation von 1547 sachsen-ernestinisch gebliebenen Orte um Orlamünde kamen bei den folgenden Landesteilungen zu Gotha-Altenburg, die Dörfer Friedebach, Hütten und Herschdorf zu Coburg-Saalfeld, die den Grafen von Gleichen gehörende Herrschaft Ehrenstein kaufte Schwarzburg-Rudolstadt im Jahre 1610 zurück, die Herrschaft Remda fiel nach dem Erlöschen des gleichenschen Grafenhauses 1631 an Sachsen-Altenburg und Sachsen-Weimar gemeinsam, schließlich an die Weimarer Linie. Die oberkranichfeldischen Orte Großkochberg, Rödelwitz, Milbitz, Geitersdorf, Pflanzwirbach und Mörla gelangten 1615 aus dem Besitz der Reußen von Plauen an Sachsen-Weimar, 1620 an Schwarzburg-Rudolstadt und 1663 an Sachsen-Gotha, schließlich wurden die vier letztgenannten bei einem Gebietsaustausch 1825 schwarzburg-rudolstädtisch. Alle übrigen Ortschaften waren alter schwarzburgischer Besitz und gehörten seit 1571 zur Linie Rudolstadt. Die Territorialhoheit war mehr oder weniger durch Lehens- und sonstige Rechte eingeschränkt. Die Landbevölkerung wurde meist von mehreren Seiten zu Zins und Fron herangezogen.

Im Dreißigjährigen Krieg blieben die Dörfer nicht von Opfern und Verlusten bei Einquartierungen verschont. Bei Remda (1643) und Freienorla (1647) kam es zu kleineren Kampfhandlungen. 1697 wurden die Grafen von Schwarzburg Reichsfürsten; die Rudolstädter Linie machte jedoch erst nach einer zweiten kaiserlichen Verleihung 1710 von der neuen Würde Gebrauch, was der Bevölkerung zusätzliche Lasten brachte und zur sogenannten Untertanenklage vor den Reichsgerichten in Wien und Wetzlar führte. Auch hatten die beiden Fürstentümer Rudolstadt und Sondershausen vermehrt Truppen zu stellen.

Die wirtschaftliche Entwicklung verlief im Vergleich zu anderen Gebieten zögernd. Ausnahmen machten die Waldwirtschaft, seit 1736 die Fayenceproduktion und seit 1762 die aufstrebende Porzellanindustrie in Rudolstadt und seinen Nachbarorten sowie einige kleinere Unternehmungen, Handwerksbetriebe und Handelseinrichtungen in Rudolstadt (s. U 1.1). Handwerk und Handel waren, wenn auch in geringerem Maße, ebenfalls in Orlamünde, Remda und Teichel angesiedelt. Im geistigen und kulturellen Bereich nahm die Residenzstadt Rudolstadt im 18. und 19. Jh. eine bevorzugte Stellung ein (s. U 1.1).

In den Natur- und Geisteswissenschaften, in der Literatur und bei den Künsten waren bemerkenswerte Leistungen zu verzeichnen. Die Rudolstädter Schloßbauten des 18. Jh. (s. U 1.6) stellen Meisterwerke von Architekten, Bildhauern und Malern dar. Zur Hofkapelle gehörten befähigte Musikschöpfer. Am 1792/93 gegründeten, von 1794 bis 1803 von GOETHES Weimarer Ensemble bespielten Theater fanden bekannte Schauspieler eine Wirkungsstätte. Enge Beziehungen zum klassischen Weimar begünstigten das Rudolstädter Kulturleben; die Stadt konnte sich rühmen, zahlreiche bedeutende Mitbürger hervorgebracht und namhafte Gäste empfangen zu haben. FRIEDRICH VON SCHILLER und WILHELM VON HUMBOLDT hatten eine Vorliebe für Rudolstadt, JOHANN WOLFGANG VON GOETHE besuchte die Stadt, mehr noch das nahe Großkochberg (s. D 2).

Von der nach den Befreiungskriegen in Deutschland beginnenden industriellen Umwälzung war das Rudolstädter und Orlamünder Gebiet zunächst kaum betroffen. Jedoch sind in diesem Zeitraum einzelne Mühlen und Gutshäuser in andere gewerbliche Anlagen umgewandelt worden, so 1839 die ehemalige Obermühle in Freienorla in eine Spinnfabrik. Die Röbschützer Mühle und der Schaalaer Obere Hof sind zu Massemühlen, das sind Mühlen zur Aufbereitung des für die Porzellanherstellung benötigten Materials, umfunktioniert worden. Die patriarchalischen Verhältnisse im Staatswesen, die überwiegend landwirtschaftliche Struktur mit mittelbäuerlichen Betrieben und einer Sonderstellung der Rittergüter sowie die für Handel und Industrie wenig verkehrsgünstige Lage wirkten sich hemmend aus. Fortschritte im öffentlichen Leben waren die im Deutschen Bund vorgesehenen „Landständischen Konstitutionen", die Schwarzburg-Rudolstadt als erster Staat am 8. 1. 1816, Sachsen/Weimar am 5. 5. 1816 verordneten. Der Rudolstädter Landtag trat allerdings erst 1820 zusammen. 1827 reformierte Schwarzburg-Rudolstadt seine Dorfordnungen. Einen allmählichen Aufschwung nahm in Rudolstadt das in Innungen organisierte Handwerk (s. U 1.1).

Von den 6066 Einwohnern Rudolstadts gehörten im Jahre 1846 neben den 3867 Familienangehörigen des Hofes 338 zum Hofstaat und zur Beamtenschaft, 67 waren Akademiker, Kaufleute und Fabrikanten, 368 Handwerksmeister, 1068 Gesellen, Lehrlinge, Tagelöhner und Handarbeiter. Zu den Betrieben waren nur die Wollkämmerei und die Maschinen-Spinnerei F. Strickrodt & Sohn hinzugekommen. Auf dieser Basis vollzogen sich die revolutionären Vorgänge der Jahre 1848 und 1849. Am gleichen Tage wie in den Residenzen Weimar und Altenburg (8. März) versammelten sich in Rudolstadt zahlreiche Bürger und erhoben die allgemeinen, durch regionale und lokale Wünsche ergänzten Forderungen. Initiator war der Jurist und Staatsbeamte FRIEDRICH KARL HÖNNIGER (s. U 1.1). Auch in Uhlstädt und Remda kam es zu revolutionären Aktionen, die in Remda durch weimarisches Militär unterdrückt wurden.

Im preußisch-österreichischen Krieg 1866 unterstützten Sachsen-Altenburg und Coburg-Gotha Preußen, Schwarzburg-Rudolstadt folgte verspätet, Sachsen-Weimar versuchte neutral zu bleiben. Nach dem Krieg 1870/71 und der Gründung des deutschen Kaiserreiches waren in Rudolstadt und seinen Vororten zunächst nur einige kleinere Betriebe, darunter eine Zigarrenfabrik und Gerbereien, neu entstanden (s. U 1.2). Zu größeren Betriebsgründungen kam es erst nach der Eröffnung der Eisenbahnlinie Großheringen–Jena–Saalfeld 1874 (s. V 4). Die meisten Ansiedlungen des Saaletales blieben trotz der nunmehr guten Verkehrslage zunächst gänzlich auf die Landwirtschaft ausgerichtet. Außerhalb des Tales waren sämtliche Ortschaften reine Bauerndörfer, teilweise mit etwas Waldgewerbe. Eine bemerkenswerte Rolle spielten nach wie vor die großen Güter. Inmitten der ausschließlich agrarischen Region nahmen die kleinen Landstädte nur eine bescheidene industrielle Entwicklung. In Remda hatten sich seit dem Ende des 18. Jh. einige Gewerbe entwickelt (s. K 1). Orlamünde besaß kleinere Betriebe der Spielwaren- und der Zigarrenproduktion. Porzellanfabriken gab es auch in Beutelsdorf, Uhlstädt und Freienorla.

Die Rudolstädter Porzellanarbeiter, die anfangs mit der linksbürgerlichen Freisinnigen Partei sympathisierten, schlossen sich gegen Ende des 19. Jh. der Sozialdemokratie an. Im Fürstentum Schwarzburg-Rudolstadt stieg die Zahl der „Porzelliner", vorwiegend durch Zuzug aus dem Lande, von 353 im Jahre 1847 auf 3384 im Jahre 1895 an. Der weitaus größte Teil wohnte und arbeitete in Rudolstadt und seinen Nachbarorten, deren Einwohnerzahlen anstiegen (Anhang A).

Nachdem im Jahre 1903 der Reichstagswahlkreis Schwarzburg-Rudolstadt an die Arbeiterpartei gefallen war, errang die SPD bei den Landtagswahlen 1911 die absolute Mehrheit. Der Rudolstädter Landtag war das einzige deutsche Landesparlament vor 1919 mit einer Arbeitermehrheit. Andererseits war GÜNTHER VON SCHWARZBURG-RUDOLSTADT und SONDERSHAUSEN der letzte Fürst im Deutschen Reich, der abdankte. Die bisherigen konstitutionellen Monarchien Thüringens wurden im November 1918 Freistaaten (Abb. 4). 1920 schlossen sie sich zum Land Thüringen zusammen, blieben aber bis 1922 selbständige Verwaltungsgebiete. Am 1. 10. 1922 entstand der Kreis Rudolstadt, dessen Fläche von 587 km^2 größer als das spätere Kreisgebiet mit einer Fläche von 468 km^2 war. Der nördliche Teil war vor allem landwirtschaftlich strukturiert.

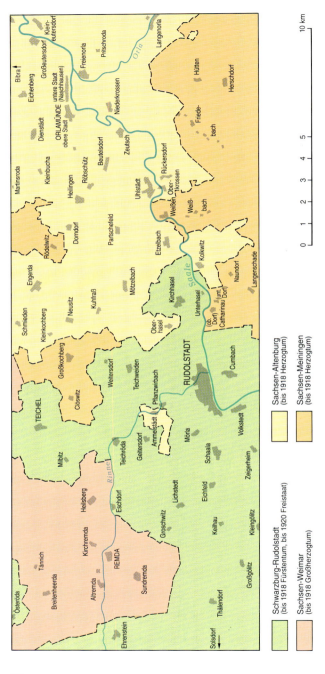

Abb. 4. Administrative Gliederung des Raumes Rudolstadt 1918/1920 (Entwurf H. DEUBLER)

Beim Kapp-Lüttwitz-Putsch 1921 verstanden es die Rudolstädter Arbeiter, das Reichswehr-Bataillon in der Kaserne zu isolieren und sein Eingreifen in die Kämpfe bei Gotha und Suhl zu verhindern. Während der Maßnahmen gegen die Linksregierungen Sachsens und Thüringens 1923/24 waren in Rudolstadt Reichswehr-Einheiten aus Goslar und Hannover stationiert; 123 Arbeiter aus den Kreisen Rudolstadt und Saalfeld wurden verhaftet, davon 40 aus der Stadt Rudolstadt, 5 aus Remda. Doch schon die Wahlen im neugebildeten Landkreis Rudolstadt kündigten ein Erstarken der Rechtskräfte an. Bürgerliche Parteien und der Landbund erhielten 49% der Stimmen, in der Kreisstadt und ihrer Umgebung waren sie in der Mehrheit. Rudolstadt wurde ein Zentrum des „Jungdeutschen Ordens", dem der rechtsbürgerliche Bund „Stahlhelm" folgte. Die NSDAP und ihre Gliederungen gewannen erst seit 1929/30 an Bedeutung.

Der Vorbereitung auf den Zweiten Weltkrieg diente der Bau von Kasernen in Rudolstadt und des Zellwollwerkes in Schwarza in den dreißiger Jahren. Die Produktion bereits bestehender Betriebe, wie die der 1919 gegründeten Röntgenröhrenfabrik und der Isolierflaschenfabrik 1920, wurde in den Dienst der Aufrüstung gestellt. Während des Zweiten Weltkrieges entstanden das Torpedo-Arsenal Mitte in Rudolstadt und der Rüstungsbetrieb REIMAHG (Reichsmarschall Hermann Göring) bei Großeutersdorf (s. H 3). Tausende ausländischer Zwangsarbeiter und viele Kriegsgefangene wurden unter härtesten Bedingungen eingesetzt. Der Krieg endete mit der Bombardierung des Rudolstädter Stadtteils Volkstedt, einem Tieffliegerangriff auf den D-Zug Berlin–Stuttgart bei Rudolstadt mit großen Menschenverlusten und der Sprengung aller Saalebrücken kurz vor Einrücken der amerikanischen Truppen am 12. und 13. April 1945.

Durch Artillerie- und Panzerbeschuß entstanden größere Schäden vor allem in Remda und den Nachbarorten sowie in Rudolstadt. Nach dem Abzug der amerikanischen Besatzung übernahm am 3. Juli die Rote Armee Rudolstadt. Auf Befehl Nr. 2 setzte die Sowjetische Militäradministration die Verwaltungs-, Schul- und Bodenreform durch.

In den folgenden Monaten wurden die ersten Kriegsschäden beseitigt, über die Saale Behelfsbrücken gebaut (s. O 3) und die ebenfalls zerstörte Eisenbahnbrücke bei Schwarza ausgebessert, so daß seit dem 12. 10. 1945 der Zugverkehr nach Saalfeld eingleisig wieder möglich war. Der Schulunterricht hatte am 25. 8., der Postverkehr am 1. 10. 1945 wieder begonnen. In 93 Betrieben des Kreises Rudolstadt konnte wieder voll, in 197 teilweise gearbeitet werden. In den folgenden Jahren entwickelte sich die Stadt Rudolstadt zu einem industriellen Schwerpunkt in Ostthüringen.

Heinz Deubler

Gebietsstruktur 1945 bis 1996

Nach dem Zweiten Weltkrieg verstärkte man die Industrieansiedlung im Saaletal zwischen Saalfeld und Jena. Auch die damalige Kreisstadt Rudolstadt wurde zu einem industriellen Schwerpunkt im Kreisgebiet ausgebaut. Durch die Eingemeindung von Schwarza im Jahre 1950 kam mit dem Chemiefaserkombinat (CKF) der damals größte Industriebetrieb zur Stadt. Zusammen mit dem weiteren Ausbau der nunmehr verstaatlichten Porzellanfabriken in Volkstedt, dem Ankerwerk, dem Röntgenwerk, den Baubetrieben und der Lederfabrik am östlichen Stadtrand entwickelte sich Rudolstadt zu einem Industriestandort mit über 10 000 Industriebeschäftigten, von denen zwei Drittel im CKF Schwarza beschäftigt waren (s. U 1.3).

Mehr und mehr bebaute man die freien Areale des durch Eingemeindungen erweiterten Stadtterritoriums zwischen Volkstedt und Schwarza sowie die Schwarzaniederung bis Bad Blankenburg. Es entstand ein verstädtertes, industriedurchsetztes Gebiet, das von der Kirchhaseler Gemarkungsgrenze über Volkstedt und Schwarza bis nach Bad Blankenburg reicht und in dem etwa 40 000 Menschen wohnen. Zusammen mit dem unmittelbar südlich angrenzenden Saalfeld und Umgebung kommt das Rudolstädter Stadtgebiet der Bewohnerzahl einer Großstadt nahe und bildet neben Gera und Jena den dritten wirtschaftlichen und siedlungsstrukturellen Schwerpunkt in Ostthüringen. Industriell-gewerbliche Betriebe produzierten weiterhin in Uhlstädt, Oberkrossen, Langenorla, Niederkrossen und in den Kleinstädten Remda und Teichel (s. C 2, K 1, G 4.2). Nach der Auflösung der Länder 1952 kam das verkleinerte Territorium des Kreises Rudolstadt zum Bezirk Gera, dem es bis 1990 angehörte. Der Kreis hatte eine Bevölkerungsdichte von 137 Ew/km^2.

Die Kleinstädte Remda, Teichel und Orlamünde sowie die Dörfer des Rudolstädter Raumes unterlagen in den letzten Jahrzehnten einer mehrfachen Umwandlung, bedingt durch die Konzentrations- und Spezialisierungsprozesse in der Landwirtschaft und durch die Ausdehnung der Pendlereinzugsbereiche der Großindustrie bis Ende der achtziger Jahre, danach durch den Strukturwandel in der Landwirtschaft.

Nach der politischen Wende 1989/90 hatten die ehemals großen volkseigenen Betriebe, wie auch die meisten kleineren Betriebe innerhalb des Gebietes, trotz weitgehender Privatisierung große Schwierigkeiten beim Übergang in die Marktwirtschaft. Das Chemiefaserkombinat in Rudolstadt mit rund 6000 Beschäftigten wurde 1990 als Thüringische Faser AG Schwarza mit 1200 Beschäftigten weitergeführt, die 1994 von der landeseigenen Landesentwicklungsgesellschaft zur Sanierung und Vermarktung übernommen wurde (s. U 1.4). Auch anderen Betrieben, wie dem Phönix Röhrenwerk GmbH, jetzt Siemens Röntgenwerk GmbH, oder der Ankerpharm GmbH, scheint der Übergang in die Privatwirtschaft gelungen zu sein, obwohl sich die meisten mit veralteten Technologien, verschlissener Bausubstanz, überhöhtem Arbeitskräftebesatz sowie Einbrüchen in den Binnen- und Außenmärkten auseinandersetzen mußten.

Neugründungen von Klein- und Handwerksbetrieben und die seit 1991 neu erschlossenen und belegten Gewerbegebiete in Kirchhasel (s. V 1), Teichröda (s. L 1) und Ammelstädt (s. L 4) sowie die umfangreichen Erweiterungen der bestehenden Gewerbeflächen am Stadtrand von Rudolstadt tragen zur wirtschaftlichen Neuorientierung bei. Auch ehemals militärisch genutzte Flächen sollen als Gewerbegebiete ausgebaut werden (s. T 3). Insgesamt sind noch immer nahezu alle Branchen vertreten, wenn auch oft nur mit sehr geringen Kapazitäten. Entsprechend der Anzahl der Betriebe treten Stahl- und Leichtmetallbau wie auch die Herstellung und Montage von elektrischen Ausrüstungen sowie Rundfunk-, Fernseh- und Nachrichtentechnik in den Vordergrund. Aber auch die Gewinnung von Kies und Sand, die Herstellung von Porzellan, von Glas und Keramik, die Holzverarbeitung und Möbelherstellung sowie die Produktion von Lebensmitteln müssen hervorgehoben werden. Den größten Aufschwung hat bisher das Baugewerbe genommen mit zahlreichen Mittel-, Klein- und Handwerksbetrieben mit den Branchen Hoch- und Tiefbau, Ausbau und sonstigen Baugewerken.

Wirtschaftliche Bedeutung erlangten Forschungs- und Innovationseinrichtungen wie das Thüringer Institut für Textil- und Kunststoff-Forschung (TITK) in Rudolstadt-Schwarza auf den Gebieten der Herstellung, Veredlung und Prüfung von Fasern, Textilien und Kunststoffen, der Umweltschutztechnik und Verfahrenstechnik, die Ostthüringer Materialprüfgesellschaft für Textil- und Kunststoffe mbH sowie das Innovations- und Gründerzentrum (IGZ) des Landkreises Saalfeld–Rudolstadt. Der Verkehrslandeplatz Rudolstadt-Groschwitz wird mit Unterstützung des Freistaates Thüringen zur Verbesserung der Verkehrsinfrastruktur auch für kommerzielle Flüge eingerichtet. Dem weiteren Ausbau des sogenannten „Städtedreiecks" Rudolstadt–Saalfeld–Bad Blankenburg wird in der regionalen Entwicklungskonzeption Beachtung geschenkt.

In der Landwirtschaft wurden im Kreisgebiet im Rahmen der Verordnung der Bodenreform nach 1945 insgesamt 3000 ha Land enteignet und an 400 Neusiedler und landarme Bauern vergeben. Das betraf vor allem die Güter in Breitenheerda, Remda, Groschwitz, Großkochberg, Kuhfraß, Lichstedt, Niederkrossen, Solsdorf, Weitersdorf, Weißen und Zeutsch. Das Gut in Groschwitz wurde nicht aufgeteilt, sondern als sogenanntes Volkseigenes Gut (Staatsgut) fortgeführt. Zu Beginn der fünfziger Jahre begann die Kollektivierung der Landwirtschaftsbetriebe, 1952 bereits in Clöswitz, Cumbach, Niederkrossen und in Kuhfraß. Bis 1960 gab es im Kreisgebiet 134 meist kleinere Landwirtschaftliche Produktionsgenossenschaften, die später zu größeren Einheiten zusammengeschlossen und in spezialisierten Betrieben der Pflanzen- bzw. Tierproduktion fortgeführt wurden.

Ende der achtziger Jahre war die landwirtschaftliche Produktion in 10 Genossenschaften der Tier- und in 4 der Pflanzenproduktion organisiert, die im Rahmen der landwirtschaftlichen Kooperation zusammenarbeiteten. Im nördlichen Teil des Kreises Rudolstadt bestanden die Kooperationen Saaletal, Teichel und Remda. Daneben gab es mehrere landwirtschaftliche Produktions- und Handelsbetriebe wie den Gartenbau Rudolstadt-Schwarza, den Kreisbetrieb für Landtechnik Großkochberg, den Betrieb Getreidewirtschaft Rudolstadt und andere.

Die Kooperation Saaletal mit Sitz in Kirchhasel (s. V 1) bewirtschaftete eine landwirtschaftliche Nutzfläche von mehr als 5300 ha und war auf Gemüseanbau und Milchproduktion spezialisiert. Die Schwerpunkte der Erzeugung lagen in Kirchhasel, Neusitz, Catharinau und Teichweiden; letzteres war Standort für Geflügelproduktion. Die Kooperation Remda mit Sitz in Remda verfügte über eine Fläche von mehr als 2600 ha, baute Futterpflanzen, Getreide und Kartoffeln an und orientierte sich hauptsächlich auf die Schweinehaltung. Ihre wichtigsten Standorte waren neben Remda Groschwitz und Schaala. Die Kooperation Teichel mit Sitz in Teichröda bewirtschaftete fast 2400 ha, erzeugte

Futterpflanzen, Getreide und Kartoffeln sowie als Spezialprodukte Arzneipflanzen und betrieb vorzugsweise Rindermast. Hauptstandorte der Kooperation waren Teichel, Teichröda und außerhalb des hier behandelten Gebietes die Dörfer Haufeld und Neckeroda. Die im damaligen Kreis Jena-Land gelegenen Flächen mit Ausnahme von Freienorla bewirtschaftete die Kooperation Kahla, die von Freienorla und den Gemeinden im einstigen Kreis Pößneck die Kooperation Orlatal, Sitz Oppurg. Die Flächen um Solsdorf, Klein- und Großgölitz gehörten zur Kooperation Rinnetal in Rottenbach. Es entstanden Stützpunkte der Landtechnik, wie in Großkochberg und Engerda, sowie große Stallanlagen in Neusitz, Groschwitz, Eichenberg und Kleineutersdorf. Die Pflanzenproduktion wurde zunehmend auf die Futterversorgung der Tiere ausgerichtet, davon ausgenommen blieb die intensive Nutzung des Saaletals für den Anbau von Gemüse und weiteren Spezialkulturen. In den Ortschaften, die sich als Sitze bedeutender Landwirtschaftsbetriebe herausgebildet hatten, wurden große Stallanlagen am Dorfrand errichtet.

Obwohl durch die starke Konzentration und die industriemäßige Produktion schon damals Arbeitskräfte aus der Landwirtschaft freigesetzt wurden, kam es zu keinen größeren Abwanderungen. Ein erheblicher Teil der Dorfbevölkerung fand als Pendler Arbeit in der Kreisstadt Rudolstadt und weiteren Industriestandorten. Damit änderte sich die soziale Struktur in den Gemeinden, es verstärkte sich die Wohnfunktion. Arbeitspendlerbeziehungen hatten sich in der ersten Hälfte unseres Jh. nur auf die Ortschaften an der Eisenbahn beschränkt, die Mehrzahl der Dörfer war davon unberührt geblieben. In den fünfziger und sechziger Jahren wurde das Omnibusnetz ausgebaut, die großen Betriebe in Unterwellenborn und Schwarza unterhielten eigenen Werkverkehr.

Nach der Auflösung der Landwirtschaftlichen Produktionsgenossenschaften nach 1990 ist der erhoffte Übergang zur ehemals einzelbäuerlichen Wirtschaft nicht eingetreten. Nur wenige Wiedereinrichter im Haupt- oder auch im Nebenerwerb sind vorhanden. Im gesamten Kreis Rudolstadt gab es 1992 erst 57 landwirtschaftliche Privatbetriebe, sie bewirtschafteten insgesamt 988 ha, das sind durchschnittlich 17 ha pro Betrieb. Mehr als 90% der landwirtschaftlichen Flächen werden weiter genossenschaftlich genutzt. Dabei wurden allerdings die ehemals voneinander getrennte Pflanzenproduktion und Tierhaltung in kleineren Betrieben wieder zusammengefaßt. Gegenwärtig gibt es Agrargenossenschaften in Remda/Sundremda, Teichel/Teichröda, Neusitz/Engerda, Lichstedt und Catharinau, die auch Pachtland mit bearbeiten. Zahlreiche Gemarkungen werden von Genossenschaften bewirtschaftet, die ihren Sitz außerhalb des betrachteten Gebietes haben. Die in der Öffentlichkeit viel diskutierte Reduzierung der landwirtschaftlich genutzten Flächen läßt sich gegenwärtig weder statistisch noch in der Landschaft erkennen. So ist im gesamten damaligen Kreis Rudolstadt die landwirtschaftliche Nutzfläche von 1972 mit insgesamt 19 500 ha bis 1992 mit 19 700 ha nahezu unverändert geblieben. Der Anteil des Ackerlandes hat dabei allerdings um 6% abgenommen. Ein erheblicher Rückgang ist bei den landwirtschaftlichen Arbeitsplätzen festzustellen. 1994 waren noch rund 900 Personen in der Landwirtschaft tätig, das entspricht etwa 3% der Gesamtbeschäftigten bzw. einem Rückgang auf ein Viertel gegenüber 1989.

Wegen der abwechslungsreichen landschaftlichen Ausstattung gewannen im Rudolstädter Raum nach 1950 das Kur- und Erholungswesen und der Tourismus an Bedeutung. Ausgebaut wurden die Goethegedenkstätte und der Landschaftspark in Großkochberg als Ziele des Tourismus, die Sprachheilschule in Keilhau, die Sanatorien in Etzelbach, Kuhfraß, Weißenburg und Hütten, Schulungs- und Ferienheime in Kolkwitz, Weißen und Langenorla, der Campingplatz in Friedebach und die Jugendherberge Freienorla. Für eine Reihe von Kleinstsiedlungen bildeten solche Kur- und Erholungseinrichtungen sogar die wichtigste wirtschaftliche Basis, vor allem in Tännich, Kossau, Pritschroda und Schimmersburg. Vielerorts entstanden einzelne Bungalows und Freizeitsiedlungen zur Wochenend- und Ferienerholung, so bei Rückersdorf, Kleingölitz, Orlamünde und Freienorla.

Der Übergang in die Marktwirtschaft hatte auch im Kur- und Erholungswesen einen großen Umbruch zur Folge. Die meisten gewerkschaftlichen, betrieblichen und unterschiedlichen Organisationen gehörenden Einrichtungen wurden privatisiert oder anderen Trägerschaften übereignet. Das ganze war mit einer starken Verringerung der Kapazitäten verbunden, die ihre Ursachen im schlechten Bauzustand und in der ungenügenden technischen Ausstattung der meisten Objekte hatte. Für zahlreiche Einrichtungen konnten nicht sofort neue Eigentümer oder Investoren gefunden werden. Jedoch entstanden auch einige neue Anlagen, so in Friedebach (s. X 1) und Weißen (s. W 1). In vielen Ortschaften werden Fremdenzimmer und Ferienwohnungen angeboten. 1990 wurde der Fremdenverkehrsverband Rudolstadt gegründet, er soll dazu beitragen, die Region Rudolstadt noch besser in Freizeit und Tourismus einzubeziehen. Ebenfalls neu ist die Organisation und Propagierung von touristischen Straßen. Durch das Gebiet verlaufen vier davon: die Bier- und Burgenstraße, die Klassikerstraße, Porzellanstraße und die Deutsche Alleenstraße.

Auch in der administrativen Zuordnung und in der Ausstattung der Siedlungen sind nach 1990 Veränderungen eingetreten. Nach Inkrafttreten des Gesetzes zur Neugliederung der Landkreise und kreisfreien Städte in Thüringen (Thüringer Neugliederungsgesetz) vom 16. 08. 1993 wurden am 1. 07. 1994 die Landkreise Rudolstadt und Saalfeld mit weiteren Gemeinden angrenzender Kreise zu einer neuen administrativen Einheit zusammengeschlossen, die zunächst als Schwarza-Kreis bezeichnet wurde, jetzt Landkreis Saalfeld-Rudolstadt heißt. Der Verwaltungssitz befindet sich in Saalfeld. Die Gemeinden im damaligen Landkreis Jena gehören dem Saale-Holzland-Kreis, die im Landkreis Pößneck dem Saale-Orla-Kreis und die im Landkreis Arnstadt dem Ilm-Kreis an.

Gegenwärtig leben im Gebiet über 44 000 Einwohner, ihre Anzahl ist 1995 gegenüber 1988 um knapp 5000 zurückgegangen. Eine Bevölkerungskonzentration zeigt sich im Saaletal, hier wohnen 80% der Bevölkerung des darzustellenden Gebietes, während außerhalb davon die Siedlungs- und Bevölkerungsdichte geringer ist. Die vielerorts bis 1990 bestehenden Gemeindeverbände lösten sich auf, einige Gemeinden schlossen sich danach bis 1996 zu 3 größeren Verwaltungsgemeinschaften zusammen: Verwaltungsgemeinschaft Remda (s. K 1) mit Breitenheerda, Eschdorf, Heilsberg, Lichstedt, Remda, Sundremda; die Verwaltungsgemeinschaft Teichel (s. C 2) mit Ammelstädt, Geitersdorf,

Haufeld, Neckeroda, Teichel, Teichröda, Treppendorf sowie die Verwaltungsgemeinschaft Uhlstädt (s. O 3) mit Beutelsdorf, Dorndorf, Engerda, Großkochberg, Heilingen, Niederkrossen, Rödelwitz, Schmieden, Teichweiden, Uhlstädt, Zeutsch, Schloßkulm, Unterpreilipp und Oberpreilipp. Am 1. 1. 1997 löste sich die Verwaltungsgemeinschaft Remda auf, alle zugehörigen Gemeinden bilden seitdem die Stadt Remda-Teichel.

Im Zusammenhang mit der Gebietsreform kam es 1993 und verstärkt 1994 zu Eingemeindungen, so daß sich die Zahl der Gemeinden im Untersuchungsgebiet verringerte (Anhang A). 1993 wurde Keilhau mit dem Ortsteil Eichfeld sowie 1997 Lichstedt in das Stadtgebiet Rudolstadt und die Gemeinde Gölitz (Groß- und Kleingölitz) in das von Bad Blankenburg integriert. 1994 kamen 5 Gemeinden nach Kirchhasel, für das ab 1. 1. 1997 die Stadt Rudolstadt die Aufgaben einer Verwaltungsgemeinschaft wahrnimmt. Im zentralörtlich gestuften Siedlungssystem Thüringens bildet die Stadt Rudolstadt zusammen mit dem benachbarten etwa gleich großen Saalfeld ein funktionsteiliges Mittelzentrum mit Teilfunktionen eines Oberzentrums. Als Unterzentren sind Bad Blankenburg und Kahla außerhalb des betrachteten Gebietes eingestuft, und Remda-Teichel und Uhlstädt vertreten die Kategorie von Kleinzentren, die für ihr jeweiliges Umland zentralörtliche Funktionen geringeren Umfangs ausüben und vor allem Wohnfunktion haben.

Luise Grundmann, Günter Heunemann

Die Ortsbilder widerspiegeln sowohl die Unterschiede des historischen Werdegangs und der Naturbedingungen als auch die differenzierte Umwandlung und Anpassung gemäß den wirtschaftlichen und sozialen Erfordernissen der Gegenwart. Die Städte Rudolstadt, Remda-Teichel und Orlamünde besitzen eine regelmäßige, auf den zentral gelegenen Marktplatz ausgerichtete Stadtanlage, die selbst in dem mehrfach umgestalteten Stadtkern Rudolstadts gut erkennbar ist, mehr noch in den Kleinstädten, die kaum über die ursprünglich konzipierte Größe hinausgewachsen sind. Neue Wohnviertel in den Stadtteilen Rudolstadts in Schwarza, Volkstedt, Cumbach, Mörla und das Industriegelände am östlichen Stadtrand führten schon seit den siebziger Jahren zu einer Bebauungsverdichtung im Saaletal. Mit der Erschließung und Bebauung eines 44 ha großen Gewerbegebietes auf der Flur Kirchhasel (s. V 1) erweitert sich gegenwärtig das Siedlungsband zwischen der Bundesstraße 88 und der Saale.

Die Dörfer des Rudolstädter Raumes stellen nach ihrem Grundriß vorwiegend Haufendörfer und nicht selten auch Angerdörfer dar. Die Häuser scharen sich meist um eine die Silhouette bestimmende, schiefergedeckte kleine Kirche. Bei den Wohn- und Wirtschaftsgebäuden mischen sich traditionelle mit neuzeitlichen Bauformen. In zahlreichen Dörfern haben sich Zeugen der Volksbauweise erhalten.

Über frühgeschichtliche Bauformen informieren archäologische Arbeiten im Raum Remda der Jahre 1953 und 1974 (s. K 1). Einer der drei ermittelten Siedlungsplätze enthielt mehrere Hausgruben von rechteckiger Form, etwa 3 m × 4 m groß. Ähnliche Einraumhäuser dürften noch im 8. Jh. üblich gewesen sein, aus dem die ersten schriftlichen Nachrichten über die Remda-Dörfer vorliegen, als dort an der Stelle germanischer Wohnplätze drei Weiler entstanden waren (s. J 2). Diese frühe Dorfform entwickelte sich im 12. und 13. Jh. bei Rudolstadt zum Zweiraumhaus und im 15. Jh. zum Wohnstallhaus mit drei Räumen: Stube, Herdraum und Stall. Später verbesserten die Mittel- und Kleinbauern die beengten Wohnverhältnisse. Mit der Scheune bildete das größer gewordene mehrstöckige Wohnstallhaus den Zweiseithof, mit dem nunmehr separaten Stall den Dreiseithof. Dabei herrschte der Fachwerkbau vor (s. D 1, D 3). Einen Einblick in die Volksbauweise, so das Haus eines Mittelbauern, über die bäuerlichen Haus- und Arbeitsgeräte sowie Trachten der Rudolstädter Gegend vermittelt das Ensemble des Volkskundemuseums Thüringer Bauernhäuser in Rudolstadt (s. U 1.6). Nur noch vereinzelt sind die einst vorherrschenden Dreiseithöfe unverfälscht erhalten. Oft verblieben von ihnen nur die giebelseitig zur Straße stehenden Wohnhäuser. Es sind meist zweigeschossige Bauten mit steilem Satteldach, wobei das Fachwerkobergeschoß auf einem massiven Erdgeschoß aufsitzt. Das einstmals um Rudolstadt uneingeschränkt dominierende Fachwerk wurde bei Modernisierungs- und Umbaumaßnahmen der letzten Jahrzehnte oft verputzt, teilweise entstanden verbreiterte Fenster. In den letzten Jahren machte sich wieder eine höhere Wertschätzung der traditionellen Fachwerkfassaden bemerkbar. Prächtig erhaltenes Fachwerk ziert das Dorfbild in Engerda (s. E 4), Milbitz bei Teichel (s. C 1), Heilingen (s. F 7), Teichweiden (s. M 3) und Mötzelbach (s. N 2). Eigenheime am Dorfrand fügen sich mehr oder weniger gut an die traditionellen Bauensembles an, einige völlig untypische mehrgeschossige Wohnblöcke sind auf wenige Dörfer beschränkt. In einigen Orten haben landwirtschaftliche Großanlagen das Ortsbild und den Grundriß verändert (Abb. 15, 36, 41).

Heinz Deubler, Frank-Dieter Grimm

Landnutzung

Die natürlichen Bedingungen von Geologie, Geomorphologie, Klima, Wasserhaushalt, Boden und Vegetation bildeten den Rahmen für die Erschließung, Nutzung und Umgestaltung des Rudolstädter Raumes zu einer spezifischen Kulturlandschaft.

Zweifellos waren bereits die bis zur Völkerwanderungszeit nachgewiesenen Siedlungen des Rudolstädter Raumes mit Formen der Landnutzung verbunden, doch blieben diese menschlichen Wirkungen auf die natürliche Umwelt insgesamt recht bescheiden. Demgegenüber setzte in den letzten Jahrhunderten des ersten Jahrtausends n. Chr. ein Aufschwung der Produktivkräfte ein, der im mittleren Europa zur Ausweitung und Intensivierung des Getreideanbaus, zur Einführung bestimmter Fruchtfolgen (Weizen oder Gerste – Roggen – Hirse) auf kontinuierlich genutzten Äckern, zur Entstehung größerer Bauerndörfer und zum Ansteigen der Bevölkerungszahlen führte. Er war in Thüringen mit dem Landesausbau und einer Ausdehnung der Siedlungsgebiete verbunden. Eine umfangreiche Rodungstätigkeit und zahlreiche Dorfgründungen führten im Rudolstädter Raum zur erheblichen Ausweitung des Offenlandes und zu einer starken Zurückdrängung des Waldes. Die meisten der heute bestehenden Siedlungen wurden in dieser Zeit gegründet. Desgleichen bildeten sich die im we-

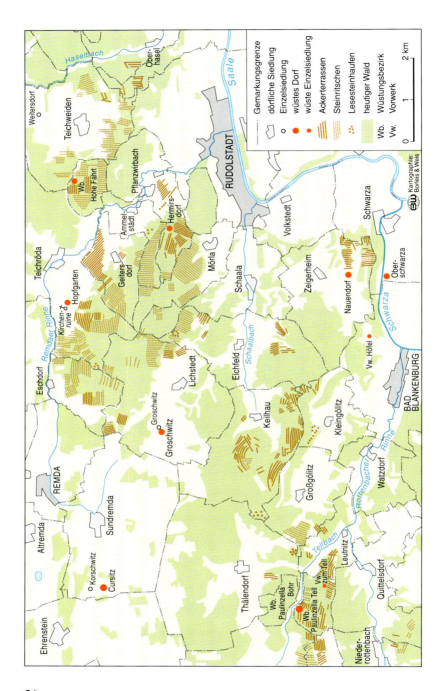

sentlichen bis zur Gegenwart vorhandenen Grundproportionen von Wald und Offenland heraus. Beispielsweise entstanden in der von Saaletal, Orlasenke und unterer Orla umgrenzten Rudolstädter Heide, die noch um das Jahr 1000 völlig bewaldet war, in den folgenden beiden Jahrhunderten fast alle heute existierenden Siedlungen und ihre Fluren. Das Waldareal wurde auf einen Gesamtanteil von 65% reduziert, das entspricht auch der heutigen Verteilung. In der Hochphase des Landesausbaus waren die landwirtschaftlich genutzten Flächen sogar etwas größer und dementsprechend die Waldareale kleiner als heute, auch die damalige Vielzahl von Siedlungen wurde im Rudolstädter Land später nicht wieder erreicht.

Die großflächigen Waldrodungen und die anschließende Ackernutzung hatten eine verstärkte Abspülung des Bodens von den Hängen und eine zunehmende Überschwemmungsgefahr und Sedimentation in den Tälern zur Folge. In den Talniederungen kam es teilweise sogar zur Einschränkung oder Auflassung früherer Kulturflächen. Weitere Nutzungsbeeinträchtigungen ergaben sich aus den weitflächigen Vernässungen in den Talauen als Folge der zahlreichen Wasserstaue bei der Anlage von Mühlen. Ein von JÄGER (1961) ausgewertetes holozänes Profil südlich von Remda belegt diese Entwicklung: Der Aufschluß zeigt umfangreiche Reste einer germanischen Siedlung, die vom 2. Jh. v. Chr. bis zum 2. Jh. n. Chr. in der Talaue bestanden hatte. Die Existenz einer solchen beständigen Siedlung beweist, daß an dieser Stelle vor zwei Jahrtausenden keine ernsthafte Hochwassergefährdung vorhanden war. Die Siedlungsreste werden aber von einer 60–150 cm mächtigen Auelehmschicht überlagert, die dort nur durch zahlreiche Überschwemmungen mit starker Sedimentführung entstanden sein kann. Das veränderte Wasserregime des Baches war hier zweifellos die Folge der nachweislich sehr umfangreichen Rodetätigkeit auf der Flur des oberhalb gelegenen Dorfes Sundremda, das mit einer solchen Hochwassergefahr verbunden war, daß später an dem untersuchten Standort in der Talaue keine Siedlung bestehen konnte.

In den nachfolgenden Jahrhunderten erbrachten nicht wenige Rodeflächen nur ungenügende landwirtschaftliche Erträge, manche neu gewonnene Ackerböden erschöpften sich rasch und fielen der Bodenerosion anheim. So wurden im 14. bis 16. Jh. zahlreiche kleine Ortschaften (s. L 2) von einem dem inneren Landesausbau entgegengesetzten Strukturwandel in der Landwirtschaft betroffen, dem Wüstungsprozeß (Abb. 5). Die Bauern zogen in die Nachbarorte, das Land wurde von dort aus oder im Vorwerksbetrieb der Landesherrschaft bzw. des Grundadels weiter bearbeitet, in einigen Fällen auch aufgeforstet. Beispiele für ersteren Vorgang sind die Wüstungen Bunstal, Cursitz, Hopfgarten, Lositz, Mandelhausen, Nauendorf, Salzworgel, Strumpilde, Wüsteborn und Wüstenbuch. Vorwerke, Schäfereien oder Waldaufsichten bei teilweise wechselnder Funktion waren Benndorf, Clöswitz, Groschwitz, Martinsroda, Pritschroda, Spaal, Weitersdorf und Winzerla. Ganz unter Waldnutzung gelangten die ehemaligen Fluren Neuendorf, Tell, Hermirsdorf, Töpfersdorf und Würzbach (An-

◁ Abb. 5. Wüstungen und fossile Wirtschaftsspuren im Raum Rudolstadt und Remda (nach: Historischer Führer 1977)

hang D). Gelegentlich kam es zur erneuten Aktivierung einer wüst oder teilweise wüst gefallenen Ortschaft. Die Spuren des mittelalterlichen Ackerbaus auf den Fluren einstiger Siedlungen sind dort am besten erhalten, wo das Gelände nachfolgend bewaldet wurde, z.B. im Tellbachtal (Abb. 48), im Hermannstal (s. L 5) oder in den Wäldern um Keilhau (HEUNEMANN 1959). Gleichzeitig mit der Preisgabe von Dörfern stabilisierten sich andere Siedlungen und die von dort ausgehende Landnutzung längs der Handelsstraßen und in den von Klima und Boden begünstigten Räumen, vor allem in der unmittelbaren Umgebung von Rudolstadt.

Die im Ergebnis der Rodeperiode und der anschließenden Wüstungsvorgänge entstandene räumliche Verteilung von Wald und Offenland blieb im wesentlichen bis in unsere Zeit erhalten. Nur einzelne Neurodungen sowie die Wiederaufforstung abgelegener, wenig ertragreicher Weideflächen kamen dazu.

Bei einer insgesamt ziemlich gleichbleibenden Gesamtfläche vollzog sich aber in den folgenden Jahrhunderten ein tiefgreifender innerer Wandel des Waldes und seiner Nutzung. Beginnend im Mittelalter, wurden die Dörfer zu Ausgangspunkten eines Holzeinschlages und der Weidenutzung in den Wäldern, außerdem der Gräserei (Grasgewinnung im Walde), der Streuentnahme, der Zeidlerei (Waldbienenzucht), des Sammelns von Waldfrüchten und der Leseholznutzung, seit etwa 1700 verstärkt auch der Köhlerei, des Pechsiedens, des Kienrußbrennens, der Pottaschenbrennerei und des Schälbetriebes (Rinden für die Gerberei). Diese vielfältigen und umfangreichen Nutzungsarten führten schließlich dazu, daß im ausgehenden 18. Jh. die meisten Wälder des Rudolstädter Gebietes in einem schlechten Zustand waren. Weithin bedeckten Sträucher die Flächen, die aufwachsenden Bäume wurden jung geschlagen und erreichten nur noch eine mittlere Lebensdauer von 25 Jahren. Angesichts der Krise des Waldes forderten landesherrliche Verordnungen seit den siebziger Jahren des 18. Jh. eine langfristig orientierte, geordnete Forstwirtschaft. Es gelang, innerhalb weniger Jahrzehnte bis zur Mitte des 19. Jh. eine Forstwirtschaft mit langen Umtriebszeiten durchzusetzen, die das Aufwachsen eines Hochwaldes ermöglichte. Diese Hochwaldwirtschaft, die auch heute in ähnlicher Weise fortgesetzt wird und seit nunmehr 150 Jahren das Bild der Wälder um Rudolstadt bestimmt, war verbunden mit einer Zunahme der Nadelhölzer, dabei in den Buntsandsteingebieten mit einer weitgehenden Umstellung auf Nadelholz-Monokulturen bei Vorherrschen der Kiefer. An die vorher ebenfalls häufigen Laubbäume Eiche, Linde, Birke, Espe und Erle erinnern in den heute von Kiefern und Fichten beherrschten Waldgebieten der Rudolstädter Heide oft nur noch alte Flurbezeichnungen.

Veränderungen der Holzartenverteilung für das Revier Zeutsch
(nach HEINEMANN 1959)

Jahr	Laubhölzer	Fichte	Kiefer
1764	15,4%	67,5%	17,1%
1839	1,1%	27,8%	71,1%
1919	0,5%	26,7%	72,7%

Einen bemerkenswerten Umfang erreichte im Rudolstädter Gebiet der Weinbau, der im 12. Jh., vereinzelt sogar noch früher, aus Rhein- und Mainfranken an die Saale kam. Älteste Berichte bezeugen ihn für Rudolstadt für das Jahr 1071 als „alten Weinbau", für die Umgebung von Orlamünde für das Jahr 1194. In 28 Gemarkungen des Kreises Rudolstadt ist noch heute die Flurbezeichnung Weinberg erhalten, andernorts erinnern Frankensteige und Frankenberge an den aus Franken eingeführten Weinbau. Auch der Ortsname Winzerla bei Orlamünde geht auf diese Wirtschaftsform zurück. Bei Rudolstadt zog sich in einer Länge von etwa 9 km vom Spansberg im N bis zur Kirchhaseler Gemarkungsgrenze eine Kette von Weinbergen hin, ebenso von der Heidecksburg bis Mörla längs des Südhanges des Hains. In der Gemarkung Rudolstadt bedeckten Weinberge eine Fläche bis zu 200 Acker, das sind etwa 50 ha, und fast ebenso umfangreich war die Weinbaufläche der damals selbständigen Nachbarorte Pflanzwirbach, Volkstedt, Mörla und Schwarza. Insgesamt nahm der Rebanbau auf dem heutigen Rudolstädter Stadtterritorium eine Fläche von etwa 120 ha ein. Weitere Weinbaugebiete befanden sich im Hexengrund (1511: 86 Weinberge, s. F 1), um Orlamünde, im Tal der Remdaer Rinne und im Schaalbachtal, auch Weintal genannt (s. T 3). Der Weinbau um Rudolstadt erreichte seine Blütezeit vor dem Dreißigjährigen Krieg. Er hielt sich hier erheblich länger als in den meisten anderen einstigen thüringischen Weinbaugebieten und wurde noch bis zum 18. bzw. 19. Jh. betrieben. Zahlreiche terrassierte Hänge um Rudolstadt und Orlamünde wie auch in den anderen genannten Gebieten zeugen auch heute von dieser anspruchsvollen Spezialkultur, die für Jahrhunderte der Rudolstädter Umgebung ein spezifisches Gepräge verliehen hatte. Auf den Standorten einstigen Weinbaus folgten oft Obstkulturen, Gartenfrüchte und Arzneikräuter. In den letzten Jahren entstanden an vielen dieser Hänge Bungalows als Zielpunkte der Naherholung, wie auch andernorts im Rudolstädter Raum beträchtliche Flächen von Gärten und Wochenendhäusern eingenommen werden.

Die auffälligsten Wandlungen der Landnutzung im ausgehenden 19. und 20. Jh. vollzogen sich in der Saaleniederung, die bis dahin wegen der zahlreichen Überschwemmungen nur teilweise und extensiv genutzt werden konnte. Die Saaleaue war ein von mehreren Flußarmen durchzogenes, von Baumgruppen, Sträuchern, Weideland und Schotterflächen bedecktes Areal, wo selbst in den angrenzenden Ortschaften wegen des hohen Grundwasserstandes die Häuser nicht unterkellert werden konnten. Der Bau der beiden Saaletalsperren, der Bleilochtalsperre 1926–1933 und der Hohenwartetalsperre 1935–1939, bewirkte einen entscheidenden Hochwasserschutz für die Siedlungen und Verkehrswege längs des Flusses und ermöglichte die intensivere landwirtschaftliche Nutzung der vorher oft überfluteten Niederungen. Da die Stauräume der Sperren während des Zweiten Weltkrieges wegen der Gefahr der Zerstörung mit anschließendem Hochwasser nur zum Teil gefüllt werden konnten, wurde ihre regulierende Wirkung erst nach 1945 voll wirksam.

Die Errichtung der Bahn- und Straßendämme, die Regulierung der Saalewasserführung und die Beseitigung der meisten Saalewehre schufen die Voraussetzungen, die bis dahin weithin brachliegenden oder gering genutzten Auelehmböden besser zu bewirtschaften. Es wurde bald möglich, in der Saaleaue eine ertragreiche Landwirtschaft mit hochwertigen Spezialkulturen wie Gemüse einzuführen.

Die heutige Landnutzung wird in ihrer räumlichen Struktur gekennzeichnet durch den Gegensatz zwischen der durch dichte Besiedlung, Verkehr und Industrie geprägten Saaleachse und den großen Landwirtschafts- und Forstflächen der Hochplateaus, Berge und Täler außerhalb des Saaletales. Das im NW des Rudolstadt–Remdaer Gebietes gelegene Muschelkalkplateau bietet der Landwirtschaft nur mäßige Bedingungen. Die vorhandenen Ackerflächen dienen dem Anbau von Rüben, Roggen, Kartoffeln und Luzerne, weniger dem von Weizen. Trockene unbewaldete Berghänge wurden als Weiden vorzugsweise für die Schafe genutzt. Kiefern- und Fichtenforsten nehmen die Waldareale ein, daneben kommen Buchenwälder vor, in denen Wildschwein, Rothirsch und Damhirsch leben. Das günstige lokale Klima geschützter Täler läßt den Anbau anspruchsvoller Kulturen zu.

Das beiderseits des Saaletals anschließende Buntsandsteinbergland ist mit Kiefern- und Fichtenforsten bedeckt, wodurch auch die geringe Bodengüte signalisiert wird. Auf kärglichen Böden über dem Sandstein gedeihen Kartoffeln, Hafer, Roggen und Sommergetreide, dabei erzielt man nur bescheidene Erträge. Verbreitet trifft man Wiesen an. Zunehmend bedeutsam wurde die Nutzung des Buntsandsteinberglandes als Erholungsraum, wobei traditionelle Landnutzungen überlagert und in manchen Fällen sogar verdrängt wurden. Ertragreiche Areale für Ackerbau und Obstpflanzungen befinden sich demgegenüber in dem von Röt (Oberer Buntsandstein) gebildeten Übergangsbereich des Sandsteinberglandes zur steil aufsteigenden Schichtstufe des Muschelkalks. Nördlich von Rudolstadt, auf den Debrabergen, ist in den achtziger Jahren ein ausgedehntes Obstanbaugebiet auf einer Fläche von etwa 35 ha entstanden.

Frank-Dieter Grimm

Zur Rohstoffnutzung fanden von den über Tage anstehenden Gesteinen des Zechsteins, der Trias, des Pleistozäns und Holozäns vor allem die zur Baumaterialproduktion geeigneten Gesteine vom Mittelalter an Verwendung. Hinsichtlich der Werksteinproduktion betrifft das die kleinklüftig brechenden Kalke und Dolomite des Zechsteins in Rudolstadt, verschiedene großblockig brechende Bänke des Unteren und Mittleren Buntsandsteins in Cumbach, Clöswitz, Großgölitz und rings um Orlamünde und Kleinbucha sowie die Terebratulabänke des Unteren Muschelkalks bei Teichel, Orlamünde und Kleinbucha.

Als Ziegelrohstoff haben neben Tonen und tonigen Sandsteinen des Oberen Buntsandsteins bei Teichel und Remda vor allem kleine Lößlehmvorkommen bei Cumbach und Orlamünde und der Auelehm des Saaletales bei Volkstedt gedient. Zur Produktion von ungebrannten, lufttrockenen Tuffziegeln fanden die holozänen Kalktuffablagerungen reichlich Verwendung. Die Produktion bei Remda, Schaala und Dienstädt wurde um 1960 eingestellt. In geringem Umfang sind die Kalksteine des Muschelkalks zur Branntkalkproduktion herangezogen worden wie in Thälendorf, Teichel, Dienstädt und Orlamünde.

Als Rohstoff für die Porzellanproduktion erfolgte bei Orlamünde, Großeutersdorf, Langenorla und Hütten ein reger Abbau kaolinisierter Feldspatsandsteine. In weit geringerem Maße wurde der Rötgips zu Düngezwecken abgebaut, wie bei Milbitz und Teichel. Diese Rohstoffgewinnung, die im 18. und 19. Jh. örtlich, teilweise auch regional bedeutsam war, ist heute stark zurückgegangen. Die Kies- und Sandgewinnung, die mit der Betonbauweise zu Beginn des 20. Jh. in stärkerem Maße begonnen hatte und noch bis 1975 um Freienorla, Orlamünde und Großeutersdorf betrieben wurde, erfolgt noch bei Langenorla, Cumbach und Catharinau.

Peter Lange

Trachten und Bräuche

Als Zeugen der Volkskultur des Rudolstädter Raumes gelten Trachten und Bräuche. Die alte T r a c h t bestand aus Bänderhaube oder Kopftuch, buntem Brustlappen, bauschigen weißen Ärmeln, Faltenröcken mit gemusterter Kante, seidener Schürze und weißen Strümpfen. Der schwere dunkle Kirchenmantel wurde nicht nur im Winter, sondern auch im Sommer getragen. Bei den Mädchen der Rudolstädter Altstadt waren weiße und bunte Mieder beliebt, die Bürger bevorzugten noch zu Beginn des 19. Jh. ihre Festtagstracht mit niedrigem Zylinderhut oder Dreispitz, kurzer und offen getragener Jacke, roter oder weißer Weste und dunkler, unter dem Knie gebundener Hose.

Viele alte B r ä u c h e und Traditionen waren mit Geburt und Tod, Liebe und Ehe, Aussaat und Ernte verbunden oder betrafen einzelne Berufsgruppen wie Bauern, Fischer und Flößer. Die größten Feste auf dem Lande waren das Erntedankfest und die Kirmes, bei Rudolstadt Kirmse genannt, die auch heute noch auf den Dörfern gefeiert wird. Die Kirmes wies manche örtlichen Besonderheiten auf. Bei Orlamünde veranstaltete man früher das Straußschießen. Man zog durch das Dorf, angeführt von einem mit Stroh umhüllten Bär und einigen ebenfalls verkleideten Bärenführern. Ein Teilnehmer trug eine Fichte mit einem Strauß bunter Blumen, um den anschließend geschossen (gekegelt) wurde. In einigen Dörfern, so um Solsdorf, begrub man die Kirmes in Gestalt einer gefüllten Schnapsflasche, mit deren feierlichem Ausgraben und gemeinschaftlichem Austrinken die Kirmes des folgenden Jahres eröffnet wurde. Die Arbeiterfamilien der Rudolstädter Altstadt feierten ihre eigene Altstädter Kirmse, die Volkstedter Porzellanarbeiter im Sommer an den Berghütten des Flurteils Greunze oder Greinze die Greinzenkirmse, im Winter im Ort die Görgelstädter Kirmse.

Am Uhlstädter Saaleufer fanden Flößerfeste statt, die in jüngster Zeit wieder aufgelebt sind (s. V 2). Rosenfeste gab es in Lichstedt und Dorndorf, ein Tulpenfest in Eichfeld. In den letzten Jahren sind neue Volksfeste entstanden, so das Burgfest auf der Ruine Schauenforst, das Waldfest am Bieler-Aussichtsturm bei Orlamünde, das Engerdaer Kirschfest und das Fest der 1000 Lichter bei Groß- und Kleinkochberg. Eine lange Tradition besitzt das Rudolstädter Vogelschießen, ein seit 1722 veranstaltetes Schützenfest, das einst auch SCHILLER, GOETHE und RICHARD WAGNER besuchten, und das bis heute Besucher aus nah und fern anzieht.

Zum Maisprung oder Flurzug traf sich die Dorfbevölkerung meist am 30. April oder am 1. Mai. Man wollte gemeinsam den Sonnenaufgang erleben, man zog die Flurgrenze entlang, überprüfte die Grenzsteine der Dorfflur und begutachtete den Stand der Saaten. Die ersten Heilkräuter wurden gesammelt. Das Maibaumsetzen, noch heute in den Dörfern um Rudolstadt gebräuchlich, ist alter Brauch und wurde oft mit dem Tanz der Kinder um den Maibaum verbunden. Ein Mädchen schmückte man zur Maikönigin. Zu Pfingsten ersetzte die Birke den Nadelbaum des 1. Mai. Jetzt wurden die Brunnen gereinigt, eine notwendige Arbeit, an die sich ein frohes Treiben anschloß. Zu den ältesten Brunnenfesten Thüringens gehört das noch heute übliche Mörlaer Butzelmannsfest, benannt nach dem Wassergeist Butz (s. T 4). Dagegen wird das ebenfalls alte Rosenquellfest in Großkochberg, das auch GOETHE einmal erlebte, nicht mehr begangen. Höhepunkte des dörflichen Lebens waren die Hochzeiten. Eine „große" Hochzeit dauerte in den Bauerndörfern bei Remda oftmals acht Tage. Dem Hochzeitszug ritt oder schritt der Hochzeitsbitter voraus. In der guten Stube des Bauernhauses umtanzte er mit lustigen Einlagen die Festtafel, in jeder Hand eine brennende Kerze, je eine für den Bräutigam und für die Braut. Die länger brennende Kerze verriet, wer in der Ehe das Sagen haben würde. Erhalten hat sich bis heute der Polterabend, bei dem durch Lärmen Böses ferngehalten werden sollte.

Viele Bräuche, die sich mit Weihnachten und Ostern verbinden, werden um Rudolstadt ähnlich wie im übrigen Thüringen begangen, andere, die sich mit dem Beisammensein in der allwöchentlichen Spinnstube oder mit dem Vogelfang verbanden, gerieten mit der Änderung der Lebensformen in Vergessenheit. Lange erhielt sich der Drachenglaube im Hexengrund und um Orlamünde, der das Vertreiben der Hexen und Drachen am Walpurgisabend (30. April) im Ort durch Peitschenschlag und in der Flur durch lodernde Feuer erforderlich machte.

Heinz Deubler

EINZELDARSTELLUNG

Großer Kalmberg A 1

Die Ilm-Saale-Platte (s. Seite 7) erreicht am Kalmberg mit 546 m ü. NN ihre größte Höhe. Dieses Muschelkalkmassiv bildet nach S hin eine Steilstufe. Der Kalmberg gehört einer 1,5 bis 2,5 km breiten Leistenscholle an, die im NO von der Nördlichen und im SW von der Südlichen Remdaer Störungszone begrenzt wird (s. Seite 5) Die Nördliche verläuft von Dienstedt an der Ilm in OSO-Richtung über Österöda, Breitenheerda, Kirchremda, Heilsberg, Eschdorf nach Geitersdorf und kann bis südlich von Ammelstädt nachgewiesen werden. Entlang der Störungszone sind Schichten des Oberen Muschelkalks, teilweise auch des Keupers, grabenförmig eingesunken. Innerhalb des maximal 1,7 km breiten Grabens haben die Schichten meist eine muldenförmige Lagerung. Im Kern der Mulde, beispielsweise im Bereich der Ortslage Breitenheerda, treten tonige Gesteine des Keupers auf.

Den steinigen Südwesthang des Großen Kalmberges besiedelt eine wärme- und trockenheitsliebende Pflanzengesellschaft, deren Vertreter überwiegend aus Süd- und Südosteuropa stammen, wie Kuhschelle *(Pulsatilla vulgaris)*, Steppenwindröschen *(Anemone sylvestris,* Abb. 52), Echte Kugelblume *(Globularia elongata)*, Österreichischer Lein *(Linum austriacum)*, Schmalblättriger Lein *(Linum tenuifolium)*, Berglauch *(Allium senescens)*, Wimperperlgras *(Melica ciliata)*, Zwergsegge *(Carex humilis)*, Silber- und Golddistel *(Carlina acaulis* und *C. vulgaris)*, Kleine Wiesenraute *(Thalictrum minus)*.

Einige dieser Steppenpflanzen, wie der Feldmannstreu *(Eryngium campestre)* und das Graue Sonnenröschen *(Helianthemum canum)*, erreichen bei Hettstedt und am Kalmberg ihre mitteldeutsche Verbreitungsgrenze. Zwischen den Orten Ehrenstein und Altremda liegt am Fuße des Berges auf wasserundurchlässigen Tonschichten des Oberen Buntsandsteins ein Gürtel kleiner Hangquellmoore mit einer bemerkenswerten Flora: Stinkender Armleuchteralge *(Chara vulgaris)*, Fettkraut *(Pinguicula vulgaris)*, Maikuckucksblume *(Dactylorhiza majalis)*, Echtem Sumpfwurz *(Epipactis palustris)*, Natternzunge *(Ophioglossum vulgatum)*, Sibirischer Schwertlilie *(Iris sibirica)* und Schmalblättrigem Wollgras *(Eriophorum angustifolium)*. 1993 errichtete die Telekom einen 189 m hohen Sendemast. Es ist vorgesehen, den südlichen Kalmberg als NSG unter Schutz zu stellen, ein Teil ist als Flächennaturdenkmal ausgewiesen.

A 2 Breitenheerda, seit 1997 Ortsteil von Remda-Teichel (Abb. 6)

An der Grenze des Kreises Saalfeld-Rudolstadt zum Ilm-Kreis erstreckt sich in N-S-Richtung in einer Einsattelung zwischen den steil aufsteigenden Muschelkalkhängen des Kalmberges und des Tännichsberges das Straßendorf Breitenheerda in einer Höhenlage von 410–415 m ü. NN. Es bildete den Hauptort einer Gemeinde innerhalb der Verwaltungsgemeinschaft Remda, die den kleinen Ortsteil Tännich einschloß und deren Gemarkung ausgedehnte Waldareale der Forstbezirke Tännich und Ziegenleite umfaßt. Am 1. 1. 1997 kam Breitenheerda zur Stadt Remda-Teichel.

Schon in fränkischer Zeit überwanden Straßen vom Saaletal nach dem mittleren Thüringen an dieser Stelle die Höhenzüge der Ilm-Saale-Platte. Den Kern des Straßendorfes bildete ein durch Wall und Graben geschützter Adelshof, der schwarzburgisches Lehen war. Breitenheerda wird im Jahre 1294 zum ersten Male erwähnt, die Ortsnamenform weist auf eine ältere Gründung hin und bedeutet die Siedlung auf dem ebenen, festen Platz bzw. einer Bodenplatte; eventuell auch am Vogelherd.

Um 1350 erhielten der Graf von Schwarzburg wie auch der Markgraf Zinsen aus dem Ort. 1707 wurden Johann Siegfried und Heinrich Wilhelm von Schönfeld mit dem Rittergut und den zugehörigen 22 Untertanen belehnt, doch erfolgte schon 1711 die Aufteilung der Ländereien unter 6 Bauern. Das Gutshaus mit Braurechten und dem Vogelfang sowie zwei Fünftel des Landes bestanden als Freigut weiter. 1811 gelangte das damals 25 Wohnhäuser zählende schwarzburg-rudolstädtische Dorf im Tausch zu Sachsen-Weimar. 1922 kam Breitenheerda zum Landkreis Rudolstadt. Bei der Bodenreform 1945/46 wurde das ehemalige Freigut mit 194 ha Land enteignet und an 8 Neubauern aufgeteilt; 1953 entstand die LPG Neues Leben; sie wurde 1959 mit der LPG Fortschritt Remda zusammengeführt, die vor allem Tierhaltung betrieb (Schafe, Schweine, Mastbullen). Gegenwärtig werden die Felder von der Agrar-GmbH Remda bewirtschaftet. Ein Schäfer hat einen landwirtschaftlichen Betrieb eingerichtet.

Der ehemalige Gutshof, der aus einem geschlossenen Bauensemble mit U-förmigem Grundriß und mit schlicht gestaltetem Fachwerk bestand, ist heute noch teilweise erhalten. Die Fachwerkhäuser des Ortes wurden in der Mehrzahl mit Putzfassaden überdeckt, und nur wenige Gebäude zieren mit erhaltenem Fachwerk das Ortsbild. Sie stehen zumeist giebelseitig zur Straße und sind durch Hofauffahrten und schmale Gartengrundstücke voneinander getrennt. Veränderte Fensterformen in den Fachwerkbauten und neue Eigenheime in ehemaligen Baulücken veränderten das vormals einheitliche Dorfbild. Breitenheerda verfügt über eine der Ortsgröße entsprechende infrastrukturelle Grundausstattung, und weitere Versorgungsaufgaben werden vom Landstädtchen Remda wahrgenommen. Ein Handwerksbetrieb arbeitet am Ort. Am östlichen Ortsrand entstanden vor 1989 zwei Wohnblöcke mit je 40 Wohnungen und einem Garagenkomplex.

Am nördlichen Rand des Dorfes befindet sich der an die östliche Straßenbebauung anschließende Kirchhof mit einer kleinen, durch ihren Standort fast unauffälligen Kirche, ein Bau von 1896, der einen älteren ersetzte. Die Kirche enthält einen Altar vom Jahre 1484.

A 2

Abb. 6. Breitenheerda

Österöda, seit 1950 Ortsteil von Dienstedt-Hettstedt   A 3

Nordöstlich der Straße von Breitenheerda nach Dienstedt erblickt man die Häusergruppe von Österöda. Die in den Jahren 1296, 1329 und 1363 genannte Siedlung bestand bis zum 17. Jh. aus einem schwarzburgischen Vorwerk und 5 Hintersättlerhäusern. Der Name bedeutet die nach O zu – von Dienstedt aus gesehen – gelegene Rodungssiedlung. Zur Fronarbeit waren außer den Ortsbewohnern von Österöda 10 auswärtige Anspänner und 4 Handfröner verpflichtet, im Vorwerk hielt man 25–30 Rinder und etwa 700 Schafe. Um die Mitte des 19. Jh. wohnten 12 Familien im Ort, doch nur eine davon lebte ausschließlich von der Landwirtschaft. Die übrigen Bewohner gingen auf Tagelohn zur Arbeit. Im 18. und 19. Jh. war Österöda Sitz eines Försters. 1887 kam das Revier zur Försterei Griesheim/Ilm und 1895 zu Rudolstadt. Bis zum Ende des 17. Jh. bestand eine kleine, mit Stroh gedeckte Dorfkirche. Die Gemeinde Österöda gehörte bis 1922 zu Schwarzburg-Rudolstadt und bis 1952 zum Kreis

A 3 Rudolstadt. 1992 schloß sich Österöda als ein Ortsteil von Dienstedt-Hettstedt im Ilm-Kreis der Verwaltungsgemeinschaft Ilmtal an, die ihren Sitz in Griesheim hatte und 1996 wieder aufgelöst wurde. Zusammen mit Dienstedt-Hettstedt gehört Österöda seit 1997 der neugebildeten Gemeinde Ilmtal an. Die Dorfflur grenzt an drei Seiten an die Waldgebiete der Ziegenleite und des Tännichs an.

Obwohl die landwirtschaftlichen Flächen von Österöda nicht mehr vom Ort aus bewirtschaftet werden, gibt es keine Anzeichen einer Aufgabe der Wohnfunktionen, wie Renovierungen an bestehenden Gebäuden und bauliche Erweiterungen erkennen lassen. Im Ort gibt es eine Försterei und einen ambulanten Speiseeishersteller und -verkäufer. Das einstige Herrenhaus diente bis 1989 als Kinderferienlager.

B 1 **Tännich,** Ortsteil von Breitenheerda

Nahe der Wasserscheide zwischen Ilm und Saale in 480 m ü. NN befindet sich die höchstgelegene Siedlung des Rudolstadt-Remdaer Gebietes, das allseits von Wald umgebene kleine Dorf Tännich mit 10 Wohngebäuden und etwa 30 Einwohnern (1989). Vorgänger der heutigen Ansiedlung war das im Jahre 1407 erwähnte, nach dem Lindenberg genannte Rodungsdörfchen *Lymberg*. Am Ende des 15. Jh. verließen es seine Bewohner, und der größte Teil des Acker- und Weidelandes wurde aufgeforstet. Um 1550 begannen erneute Waldrodungen, und 1587 errichteten die Inhaber des Breitenheerdaer Adelssitzes ein Vorwerk, bei dem sich einige Gutsarbeiter und Hintersättler ansiedelten. Neben dem alten Ortsnamen *Limberg* setzte sich allmählich der neue, vom umgebenden Wald abgeleitete Name Tännich durch und übertrug sich auch auf den vormaligen Lindenberg, den heutigen Tännichsberg (499,2 m ü NN).

Zusammen mit Breitenheerda kam Tännich 1811 von Schwarzburg-Rudolstadt an Sachsen-Weimar. Das Vorwerk gelangte am Ende des 18. Jh. in Privatbesitz, und 1871 übernahm es der Staat Sachsen-Weimar. Im Stil eines Landschlosses entstand im 18. Jh. ein Gutshaus, das sogenannte Schloß, ein fast quadratischer Bau, der einen Hof umschließt. Westlich davon fügt sich ein kleiner Park an, den eine flache Mauer aus Muschelkalksteinen umgibt. Kurz nach dem Ersten Weltkrieg erwarb die Sozialdemokratische Partei Deutschlands das Gutshaus und unterhielt hier nach Beseitigung erheblicher Bauschäden eine Schulungsstätte und Jugendherberge. 1933 wurde die Einrichtung geschlossen. 1945 war das Gebäude zunächst ein Lager für Umsiedler, später diente es als Kinderheim und Jugendherberge. Nach umfangreichen Umbauten nutzte es bis zur gesellschaftlichen Wende 1989 der VEB Weimar-Werk mit einer Kapazität von 220 Übernachtungsmöglichkeiten als Ferienheim und Schulungsstätte. Die nördlich vorgelagerte dörfliche Zeilenbebauung erinnert an die ehemalige Vorwerksfunktion und an das einst größere Dorf auf dem Tännichsberg. Die kleinen früheren Tagelöhnerhäuser sind baulich erneuert. Tännich ist Sitz eines Revierförsters. Im gleichnamigen Forst liegen die im 15. Jh. von ihren Bewohnern verlassenen Wüstungen *Ramstal* (1407 *Ramstall*) und *Nauendorf* (Anhang D).

Auf dem Muschelkalkmassiv um Tännich ist in 490 bis 520 m ü. NN eine **B 1**
Verebnungsfläche ausgebildet, die der ehemaligen tertiären Landoberfläche entspricht. Darauf ist eine dünne Decke von Verwitterungslehm vorhanden, so daß östlich von Tännich nur waldwirtschaftliche Bodennutzung möglich ist. In den ausgedehnten Waldungen des Forstes Tännich dominiert die durch forstliche Maßnahmen eingebrachte Fichte. Auf Schlägen und Lichtungen wachsen Pflanzen, die eine etwas höhere Luftfeuchtigkeit lieben und im atlantischen Klimabereich oder im höheren Bergland beheimatet sind, wie Tollkirsche *(Atropa belladonna),* Fuchskreuzkraut *(Senecio fuchsii),* Hirschholunder *(Sambucus racemosa)* und Rote Heckenkirsche *(Lonicera xylosteum).* In älteren moosigen Waldbeständen leben Grünblütiges Wintergrün *(Pyrola chlorantha),* Moosauge *(Moneses uniflora),* Fichtenspargel *(Monotropa hypopitys),* Korallenwurz *(Corallorhiza trifida),* Netzblatt *(Goodyera repens),* Grünliche Waldhyazinthe *(Platanthera chlorantha),* Nestwurz *(Neottia nidus-avis),* Bleiches Waldvöglein *(Cephalanthera damasonium)* und Leberblümchen *(Hepatica nobilis).*

Nur an wenigen, meist nach S geneigten Standorten hielten sich einige Reste der ursprünglichen, lichten Eichenmischwälder. Sie wurden früher in einem etwa zwanzigjährigen Umtrieb zur Gewinnung von Gerberlohe genutzt und zeichnen sich durch eine bunte, wärmeliebende Bodenflora aus. Hier wachsen Seidelbast *(Daphne mezereum),* Maiglöckchen *(Convallaria majalis),* Salomonsiegel *(Polygonatum officinale),* Blauroter Steinsame *(Lithospermum purpurocaeruleum),* Rotfrüchtige Steinbrombeere *(Rubus saxatilis),* Weidenblättriger Alant *(Inula salicina),* Hirschwurz *(Peucedanum cervaria),* Breitblättriges Laserkraut *(Laserpitium latifolium),* Frauenschuh *(Cypripedium calceolus)* und Mannsknabenkraut *(Orchis mascula).*

Kirchremda, seit 1957 Stadtteil von Remda **B 2**

In einer kleinen Talsenke zwischen Muschelkalkhügeln liegt das 70 Bewohner zählende kleine ehemalige Gassendorf Kirchremda. Es gehörte zu den im 8. Jh. erwähnten drei Weilern der Gruppensiedlung *Remnidi* (s. J 2). 1326 wird *Kyrchremda* von den übrigen Remda-Orten unterschieden. Die namengebende Kirche mit dem Langhaus von 1756 enthält einen aus Teilen verschiedener Schnitzaltäre des 15./16. Jh. gefertigten Kanzelbau von 1713.

Eine seit 1818 betriebene Brauerei wurde 1877 vergrößert und 1886 auf Dampfbetrieb umgestellt. Sie war bis 1990 ein Betriebsteil des VEB Brauhaus Saalfeld und diente vor allem der Abfüllung von Bier und alkoholfreien Getränken. Heute ist hier ein Getränkevertrieb. Die Bauern Kirchremdas wurden 1954 zu einer LPG zusammengeschlossen, die 1959 der LPG Fortschritt Remda angegliedert wurde, in der die Mehrzahl der Berufstätigen des kleinen Dorfes tätig war. Im Ortsbild fällt die nach der Wende in Angriff genommene umfangreiche Erneuerung der Wohngebäude auf, die sich, wie auch die Stallanlagen, in einem schlechten Bauzustand befanden. Nordwestlich des Ortes wurde ein Stauweiher für die landwirtschaftliche Bewässerung angelegt.

B 3 Heilsberg, seit 1997 Ortsteil von Remda-Teichel,

erstreckt sich in einem kleinen Seitental der Remdaer Rinne am Fuße des Viehberges (507 m ü. NN), der das Dorf um mehr als 200 m überragt. Heilsberg zählt neben den Remda-Dörfern zu den ältesten Siedlungen im nördlichen Teil des Raumes Rudolstadt; vermutlich ist die Ortschaft bereits mit dem im 8. und 9. Jh. als Besitz des Klosters Fulda genannten *Habechesberg* gemeint. Auch das Kirchenpatrozinium Bonifatius spricht für eine frühe Gründung und Fuldaer Einfluß. *Heil* wurde offenbar um 1470 aus kirchlicher Sicht eingedeutet. Die territoriale Zugehörigkeit entsprach vom 14. Jh. an der der Remda-Orte (s. K 1).

Weltlicher Mittelpunkt war der Gutshof einer nach dem Dorf benannten Adelsfamilie. Seit dem 15. Jh. besaßen ihn weitere Familien des heimischen Grundadels, im 19. Jh. gelangte er in bürgerliche Hand. Am Gebäude sind Inschrift-Tafeln mit Wappen angebracht.

Durch die Kollektivierung entstanden 1956 die LPG Heidecksburg und 1958 die LPG Edelweiß, die sich später der Remdaer LPG anschlossen. Die Ställe der ehemaligen LPG, die in einem Wasserschutzgebiet liegen, werden heute nicht mehr genutzt. Ein ehemaliger Milchviehstall wurde für Gewerbezwecke verkauft. Im Ort gibt es neuerdings eine private Schäferei mit 3 Arbeitskräften im Haupterwerb und einen Wiedereinrichter im Nebenerwerb, dazu kommen noch eine Schlosserei und eine Tischlerei. Der Grundriß des Dorfes mit einem verzweigten Netz von Gassen läßt das ursprüngliche Gassendorf kaum noch erkennen. Das Dorfbild wird beherrscht von der erhöht am östlichen Ortsrand stehenden Kirche, deren Turm 1718 und deren Langhaus 1764 erneuert wurden. Im Inneren der Kirche waren ein reicher Altarschmuck und wertvolle Holzplastiken aus der Zeit um 1500 bemerkenswert. Der Altarschmuck wurde 1816 auf Veranlassung GOETHES nach Weimar gebracht; einige Heiligenfiguren sind inzwischen zurückgeführt. Eine Steintafel enthält eine nicht genau deutbare Inschrift, wahrscheinlich entstammt sie dem 14. Jh. und weist auf die in Heilsberg abgehaltenen Gerichtstage hin.

Der Gebäudebestand des Dorfes umfaßt vor allem Wohnstallhäuser, einige Dreiseithöfe und einzelne Teile ehemaliger Hofanlagen. Das einst dominierende Fachwerk wurde vielerorts durch Verputzen verdeckt, häufig wurden in vorhandene Gebäude größere Fenster eingesetzt. In den letzten Jahren entstand eine bemerkenswerte Anzahl von Eigenheimen. Die Gemeinde verfügt neben den etwa 80 Wohnungen über eine von Dorfbewohnern und auswärtigen Ausflüglern frequentierte Gaststätte, die um Fremdenzimmer erweitert wurde. Am Ortsrand befindet sich ein Sport- und Spielplatz.

Karsthydrologisch bemerkenswert ist die Quelle nördlich des Viehberges, die als Heiliger Born oder Bonifatiusquelle bezeichnet wird. Sicher nachgewiesen ist ihre Verbindung mit der Ilmversickerung an der Klunkermühle bei Dienstedt sowie mit einer weiteren Versickerung am Felsenkeller bei Barchfeld. Das dort in 325 m bzw. 318 m ü. NN aus der Ilm versinkende Wasser strömt in Karstgerinnen unterirdisch entlang der Nördlichen Remdaer Störungszone ins tieferliegende Einzugsgebiet der Remdaer Rinne (Wüstebach) und tritt nach einem Lauf von 22 Stunden in 295 m ü. NN bei Heilsberg wieder aus.

Naturschutzgebiet Talgrube und Eichberg B 4

Das etwa 20 ha große NSG liegt etwa 2 km nördlich der Siedlung Heilsberg (s. B 3) auf einem Sporn, der von der stark zerlappten und zertalten Hochfläche nach SSW keilförmig vorspringt und nach W und SO sehr steil abfällt. Es umfaßt einen charakteristischen Ausschnitt aus dem südlichen Randbereich der Muschelkalkplatten (s. Seite 7) mit folgendem, hier immer wiederkehrendem Profil: Über dem flacheren Rötsockel liegt der Muschelkalksteilhang, an dieser Stelle nur der Untere Muschelkalk. Als geomorphologische Besonderheit weist das NSG einen Bergrutsch auf. Am Oberhang ist eine etwa 150 m lange Wellenkalkscholle abgerissen und über den gleitfähigen Tonen und Mergeln des Oberen Buntsandsteins hangabwärts gerutscht, so daß ein 20–25 m breiter und 5–12 m tiefer Graben entstand, von dem der Name Talgrube abgeleitet wurde. Die abgerutschten Kalkmassen sind kaum verstürzt, wie es sonst häufig der Fall ist, so auch am Südhang des Spornes. Die etwa senkrechte bergseitige Abrißwand ist durch Nischen, Simse und Vorsprünge untergliedert, und an ihrem Fuße lagert eine Blockhalde. Die eigentliche Talgrube weist ein relativ kühles und feuchtes Lokalklima mit zeitweiliger Kaltluftansammlung auf, während im Gegensatz dazu die Süd- und Südosthänge trocken und warm sind. Auch in hydrologischer Hinsicht ist das Gebiet charakteristisch für diese Landschaft: Das Kalkgebiet ist verkarstet, und am Westfuß des Berges liegt auf dem Rötsockel eine Quellplatte, die jedoch aufgrund des kleinen Einzugsgebietes nur zeitweilig einen geringen Abfluß besitzt.

Entsprechend den Standortverhältnissen an den östlich, südlich und westlich exponierten Hängen mit verschiedenen Formen der Rendzinareihe, von der Syrosem-Rendzina bis zur Mullartigen Rendzina, gestaltet sich auch das Vegetationsinventar recht abwechslungsreich: Am Südhang überwiegen Blaugras-Trockenrasen, in denen neben Kalkblaugras *(Sesleria varia)* Arten wie Braunrote Sitter *(Epipactis atrorubens)*, Ästige Graslilie *(Anthericum ramosum)*, Hügelmeier *(Asperula cynanchica)* und Echter Gamander *(Teucrium chamaedrys)* kennzeichnend sind. Randlich davon treten Kontaktgesellschaften auf, wie Fiederzwenken-Graslilienflur, Zwergmispel-Felsenbirnengebüsch und großflächig ein Storchschnabel-Haarstrangsaum. Von der letztgenannten Gesellschaft ist die submontane Form in einer Subassoziation von Blutstorchschnabel *(Geranium sanguineum)* ausgebildet.

Im südöstlichen Plateaubereich stockt ein Eichen-Elsbeerenwald mit größeren Beständen von Blaurotem Steinsamen *(Lithospermum purpurocaeruleum)*. In der schluchtartigen Talgrube sind Waldreben-Haselgebüsch sowie forstlich eingebrachte Laubgehölze vertreten, die zu Linden-Ahorn-Blockhaldenwäldern tendieren. Das kühlere und feuchtere Sonderklima bedingt eine farnreiche Bodenvegetation mit Ruprechtsfarn *(Gymnocarpium robertianum)*, der hier eine charakteristische Kalkschuttflur aufbaut. Floristisch bemerkenswert sind das Vorkommen des Flaumeichenbastards *Quercus pubescens* und *Qu. petraea* (KATTE 1966), weiterhin des Schmalblättrigen Leins *(Linum tenuifolium)*, der Bergkronwicke *(Coronilla coronata)* und der Gemeinen Felsenbirne *(Amelanchier ovalis)*.

Seinen besonderen Wert erhält das NSG dadurch, daß es ein seit über 100 Jahren bekanntes Brutgebiet des Uhus ist. Von den Besuchern wird daher

B 4 ein diszipliniertes Verhalten erwartet, um diese vom Aussterben bedrohte Tierart nicht zu stören. Aber auch viele andere geschützte Tiere, wie eine artenreiche Kleinvogelwelt mit Garten-, Mönchs-, Dorn- und Zaungrasmücke, Heckenbraunelle, Neuntöter und Goldammer, Reptilien mit Blindschleiche, Zaun- und Waldeidechse sowie Glattnatter und viele Insekten, besitzen hier gute Lebensmöglichkeiten. Durch die besondere Naturausstattung erfüllt das NSG wichtige Funktionen im zoologischen und botanischen Artenschutz sowie als geomorphologisches Demonstrationsobjekt.

C 1 **Milbitz** bei Teichel, seit 1997 Ortsteil von Remda-Teichel

Fast allseitig von schützenden Kalkbergen umgeben, liegt das kleine Dorf Milbitz in einem Tal südlich des 522 m ü. NN aufragenden Kretzberges. Im Unterschied zu Milbitz bei Rottenbach wird die Gemeinde als Milbitz bei Teichel bezeichnet. Nach diesem Dorf nannte sich die seit dem 13. Jh. in Erfurt wohnende Patrizierfamilie von Milwitz, an deren Milbitzer Adelssitz noch Kelleranlagen erinnerten, die um die Jahrhundertwende am oberen Ortsausgang bei der sogenannten tausendjährigen Eibe aufgefunden wurden. Auch ein in die Kirchhofsmauer eingefügter Inschriftenstein, wohl ein Grabstein aus dem Jahre 1374, wird auf diese Familie bezogen. Die erste urkundliche Erwähnung des Dorfes *Milwitz* liegt aus dem Jahre 1350 vor. Der Name bezieht sich auf den Ort eines *Mil(a)*. Zu jener Zeit bestand in enger Nachbarschaft das Dörfchen *Salzworgel*, das im 15. Jh. wüst wurde, dessen Name wohl auf eine frühere salzhaltige Quelle hindeutet. Die Dorfstelle war im 16. Jh. Tagungsstätte eines bäuerlichen Rügegerichts. Eine alte aus dem Saaletal kommende Straße, noch als tief ausgefahrener Hohlweg erkennbar, zog sich von Milbitz steil zur Ilmplatte hinauf. An deren südexponierten Muschelkalkhängen wurden bis zum 18. Jh. Weingärten bewirtschaftet. Milbitz gehörte als kochbergisches Adelsdorf zur Herrschaft Oberkranichfeld und mit dieser zu Sachsen-Gotha. Bei einem Gebietsaustausch im Jahre 1825 kam es zu Schwarzburg-Rudolstadt.

Die Einwohner des Dorfes lebten in der Vergangenheit überwiegend von der Landwirtschaft. Im 17. Jh. gab es 6 Anspann- und 11 Handfrönergüter. 1960 entstand die LPG Zur Eibe, die sich 1974 der Teichröder Genossenschaft anschloß. Die Berufstätigen des Dorfes sind heute kaum noch in der Landwirtschaft beschäftigt. Sie fahren als Pendler zur Arbeit nach Teichröda und Teichel bzw. Rudolstadt.

Die 1995 nur 85 Einwohner zählende, damals noch selbständige Gemeinde ist mit Gaststätte, Lebensmittelverkaufsstelle und Kinderspielplatz ausgestattet, ansonsten werden weitere Versorgungsfunktionen in Teichel oder Teichröda wahrgenommen.

Infolge seiner abseitigen Lage hat das Dorf viele Züge früherer Jahrhunderte bewahrt. Fast ursprünglich zeigt es sich in seiner baulich-räumlichen Gestalt als kleines Haufendorf mit überwiegend gut erhaltenem Fachwerk an Wohn- und Nebengebäuden in teilweise noch bestehenden Dreiseithöfen. Blumenbeete und Schmuckpflanzungen runden das Dorfbild ab. Die Bausubstanz ist dank kontinuierlicher Instandhaltungsmaßnahmen in gutem Zustand. Die Fachwerk-

häuser gruppieren sich um die 1696 an der Stelle einer älteren erbauten Dorf- C 1
kirche, deren schlichter Hauptbau mit vorgesetztem vierkantigen Turmteil ein
Satteldach und eine schiefergedeckte Turmspitze trägt. Ein Steinkreuz aus
Sandstein in der Milbitzer Flur (lateinische Kreuzform) wurde 1996 als Boden-
denkmal unter Schutz gestellt.

Teichel, seit 1997 Stadt Remda-Teichel, Landkreis Saalfeld-Rudolstadt C 2

Umgeben von steilen Kalkbergen, nimmt das Städtchen Teichel den oberen
Teil des zur Remdaer Rinne entwässernden Gornitzbachtales ein. Das Rathaus
liegt 314 m ü. NN hoch. Teichel war mit 543 Bewohnern (1994) neben Neu-
mark (Landkreis Weimarer Land) und Ummerstadt (Landkreis Hildburghausen)
eine der kleinsten Städte Thüringens (Anhang A). Am 1. 1. 1997 wurde Teichel mit 11 weiteren Gemeinden zur Stadt Remda-Teichel zusammengeschlossen.

Teichel zählt zu den ältesten Ansiedlungen im Nordteil des ehemaligen Kreises Rudolstadt. Funde am nördlichen Stadtrand belegen einen Siedlungsplatz
bereits in der späten Hallstattzeit (5. Jh. v. Chr.). Der Flurname Mandelhausen
westlich des Ortes läßt ebenfalls auf ein hohes Alter schließen, wenn auch die
erwogene Identität mit dem im 8. Jh. genannten *Mulnhusun* nicht bewiesen
werden kann. Die in einer in das Jahr 1076 datierten Fuldaer Urkunde erfolgte
Erwähnung von *Tucheldi* wird allgemein auf Teichel bezogen. Dieser Ortsname
geht auf *tiuchel* = Röhre zurück und bezeichnet einen Ort, dessen Brunnen
aus Röhren gespeist wird (ROSENKRANZ 1982). Auf ein Mitsiedeln von Slawen
beim Landesausbau weisen Flurnamen wie Deber, Gorlitz, Gornitz, Kretz,
Lotschke, Poritz, Lensche, Lassenberg und Punschgraben hin.

1417 wird Teichel als Stadt bezeichnet. Bis zum 16. Jh. war der Ort eine
Rast- und Vorspannstation an der von Nürnberg über Gräfenthal und Saalfeld
nordwärts bis Mansfeld und Eisleben führenden Kupferstraße (s. Bd. 46,
Abb. 12). Die nördlich des Städtchens steil zur Ilmplatte hinaufführende Han-
delsstraße bot den Bewohnern Teichels Erwerbsmöglichkeiten durch Vorspanndienste, brachte aber keine weiteren wirtschaftlichen Impulse, so daß Teichel
ein ausgesprochenes Ackerbürgerstädtchen blieb. Im 18. Jh. werden 14 Handwerksmeister bezeugt, Mitte des 19. Jh. lebten in Teichel 34 Meister und mehrere Gesellen. 1904 entstand eine Dampfmolkerei, deren Gebäude später die
Drahtwarenfabrik Rudolstadt nutzte. Dieser kleine Betrieb mit damals 25 Beschäftigten erhielt 1983 eine neue Produktionshalle und stellte u.a. Möbelbe-
schläge und Hydraulikschläuche her. Jetzt ist dieser Betrieb wieder privatisiert.

Teichel gehörte bis 1918 zur Grafschaft bzw. zum Fürstentum Schwarzburg-
Rudolstadt, kam mit diesem dann zum neugebildeten Land Thüringen und
1952 als Stadt im Kreis Rudolstadt zum neu gebildeten Bezirk Gera. An der
Gemarkungsgrenze mit Neckeroda steht ein Denkmal mit einem plastisch gestalteten Löwen, der zugleich schwarzburgisches und Teicheler Wappentier ist.

Die verhältnismäßig große Stadtflur von 900 ha Größe belegt die gegenüber
den Nachbardörfern hervorgehobene historische Stellung. Teichel besaß noch
im 18. Jh. eine vollständige Stadtbefestigung mit Stadtmauer, vorgelagertem

Graben und zwei Toren. Reste dieser ehemaligen Anlage sind vereinzelt noch erkennbar. Ein großer Teil der einst in der Stadtbefestigung enthaltenen Steine wurde nach Stadtbränden zum Bau der Häuser verwendet und ist heute vielfach in den Grundmauern von Gebäuden wiederzufinden.

Der Grundriß der Stadt geht auf ein seit Jahrhunderten bestehendes Straßennetz zurück. Bestimmend ist die den Ort durchquerende heutige Bundesstraße 85 von Rudolstadt nach Weimar, von der in westlicher Richtung einige Nebengassen abzweigen. Östlich der Bundesstraße münden die Nebenstraßen in eine parallel zu ihr verlaufende schmale Gasse. In den dazwischenliegenden Arealen drängen sich kleine Gehöfte dicht aneinander. Viele Gebäude zeigen neue Putzfassaden zur Straßenseite hin, teilweise ist das alte Fachwerk noch gut sichtbar. Die überwiegend zweigeschossigen Gebäude stehen meist traufseitig zur Straße und schließen oft direkt aneinander an, was dem Ort ein kleinstädtisches Gepräge gibt. Dennoch verbirgt sich hinter den die Straßen säumenden Gebäuden oft ein bäuerliches Gehöft.

Bemerkenswert und im Verhältnis zu den umgebenden zweigeschossigen Häusern als monumental zu bezeichnendes Bauwerk ist das von 1863 bis 1867 nach Entwürfen des Architekten WILHELM ADOLPH VON BAMBERG errichtete Rathaus, das mit dem kleinen Marktplatz das Zentrum Teichels bildet (Abb. 7). Das aus Sandsteinquadern gefügte Haus ist ein Beispiel des Eklektizismus aus der 2. Hälfte des 19. Jh.: halb italienischer Palazzo, halb englische

Abb. 7. Markt mit Rathaus in Teichel

Burg mit vielen kleinen Rundtürmen, mit Fensterformen, die der deutschen C 2
Romanik entlehnt wurden. Das sanierungsbedürftige Gebäude beherbergt heute
Büros, eine Gaststätte und einen für festliche Anlässe nutzbaren Saal. Am östlichen Stadtrand erhebt sich die neugotische Stadtkirche aus dem Jahre 1848
mit einem erhaltenen Turm aus dem Jahre 1438.

Östlich der kompakten Bebauung, am Ausgang des Wolfstales, schließen sich die Stallanlagen der ehemaligen LPG (T) Neckeroda an, die hier bis zu ihrer Auflösung Schafe, Milchvieh und Kälber hielt. Die agrarischen Flächen bewirtschaftete die LPG (P) Teichel, Sitz Teichröda. Die Kollektivierung der Bauern begann 1958 mit der Bildung der LPG Roter Berg, der 1960 die LPG Hohe Warte folgte. Nach 1990 wurden die Pflanzen- und die Tierproduktion in der Agrargenossenschaft Teichel mit Sitz in Teichröda zusammengeführt. Mit der Haltung von Jungrindern, Milchvieh und Mastrindern scheint die an Arbeitskräften stark reduzierte Genossenschaft einen Eintritt in die Marktwirtschaft gefunden zu haben. Sehr hängige Flächen wurden aus der landwirtschaftlichen Nutzung herausgenommen. In der Stadt gibt es bisher zwei Nebenerwerbslandwirte als Wiedereinrichter (1995).

Teichel übt bis heute einige der historisch gewachsenen zentralörtlichen Funktionen aus. 1975 entstand der Gemeindeverband Teichel, dem neben der Stadt weitere 7 Gemeinden angehörten. 1991 wurde die Stadt Sitz der gleichnamigen Verwaltungsgemeinschaft mit den Gemeinden Ammelstädt, Geitersdorf, Haufeld, Milbitz bei Teichel, Neckeroda, Teichröda und Treppendorf, die 1996 wieder aufgelöst wurde.

In Teichel gibt es Gaststätten, einige Handwerker und Händler sowie Arzt, Krankenpflegestation, Grund- und Regelschule, Kindergarten, Bibliothek, Poststelle und Bankfiliale, Sportplatz und Kegelbahn als Versorgungsangebot für die Bevölkerung der Stadt und der umliegenden Orte. Am Nordostrand entsteht das Wohngebiet „Unterm Steinberg". 1993 wurde innerhalb der Stadt die Bundesstraße 95 ausgebaut.

Neben dem erwähnten Spezialbetrieb zur Herstellung von Hochdruckschläuchen und Möbelbeschlägen bestehen einige Betriebe der Bauwirtschaft. Ein größerer Abbau von Kalksteinen erfolgt jetzt westlich der Stadt. Im Anschluß an das Gelände der Agrargenossenschaft östlich von Teichel entstand ein kleines Gewerbemischgebiet für örtliche Betriebe. Dank einer guten infrastrukturellen Ausstattung, der reizvollen Umgebung und der vorteilhaften Verkehrslage zu Rudolstadt bzw. Weimar entwickelte sich Teichel zu einem bevorzugten Wohnort.

Wärmegünstige Muschelkalkhänge der Umgebung, auf denen in der Vergangenheit Wein angebaut wurde, tragen heute oft Kirschplantagen. Bei Teichel treffen die von Haufeld und Neckeroda herabkommenden Täler sowie das Wolfstal zusammen. Diese gliedern die Muschelkalksteilstufe in einzelne Berge, die Teichel halbkreisförmig umgeben: Kretzberg, Eichberg, Steinberg und Roter Berg. Nördlich der Stadt an der Straße nach Neckeroda befindet sich an der Ostseite des Eichberges ein ehemaliger Steinbruch, in dem die Sedimentstrukturen des Unteren Wellenkalks gut aufgeschlossen sind. Prielausfüllungen, Wellenrippeln und Strömungsmarken auf den Schichtflächen sowie Spurenfossilien beweisen, daß der Muschelkalk in einem Flachmeer mit Gezeiten abgelagert wurde.

C 2

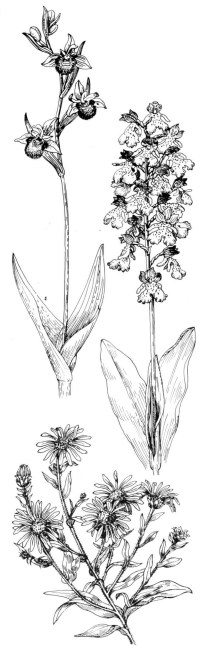

Der unter dem Muschelkalk anstehende Röt, der hier eine größere Gipslinse enthält und charakteristische Rinnen aufweist, ist am Roten Berg östlich von Teichel gut zu erkennen. Die darunterliegenden Chirotheriensandsteine des Mittleren Buntsandsteins sind westlich vom Ort sowie zwischen Rotem Berg und Clöswitz anzutreffen. Unter ihnen lagert der rotbraun gefärbte dickbankige Bausandstein, der von einem ehemaligen Steinbruch unmittelbar bei Clöswitz an der Straße nach Teichel aufgeschlossen wird. Dieser Steinbruch lieferte das Baumaterial für zahlreiche Bauten, so für die Richtersche Villa in Rudolstadt und das Rathaus von Teichel. Dessen Steinquader sind aber auch zum Teil der ehemaligen Stadtmauer entnommen worden.

Bei der Vegetationsdecke des Teicheler Talkessels fallen die dürftig bewaldeten Wellenkalkhänge auf. Im Oberteil des Stein- und des Kirschberges siedelt eine Kalkfelsengesellschaft mit den gleichen Vertretern wie am Kalmberg (s. A 1). Außerdem sind hier erwähnenswert Mauerpfeffer *(Sedum acre)*, Berg- und Echter Gamander *(Teucrium montanum* und *T. chamaedrys)*, Schwalbenwurz *(Cynanchum vincetoxicum)*, Wacholder *(Juniperus communis)* sowie die alpine Felsenbirne *(Amelanchier ovalis)* an der Grenze ihres inselartigen Verbreitungsgebietes im Raum Saalfeld – Bad Blankenburg – Rudolstadt.

Abb. 8. Pflanzenarten im Teichelner Talkessel und bei Schaala
Bienenragwurz (oben)
Purpurknabenkraut (mitte)
Bergaster (unten)

Hangabwärts schließen sich geröllreiche Blaugrasfluren an. Neben dem namengebenden Blaugras *(Sesleria varia)* enthalten sie Ästige Graslilie *(Anthericum liliago)*, Händelwurz *(Gymnadenia conopsea)*, Braunroten Sitter *(Epipactis atrorubens)*, Rotes Waldvöglein *(Cephalanthera rubra)* sowie stellenweise Purpurknabenkraut *(Orchis purpurea)* und Fliegenragwurz *(Ophrys insectifera)*. In manchen Jahren tritt auch die Bienenragwurz *(Ophrys apifera)* auf (Abb. 8). Vor wenigen Jahren wurde hier an einer Stelle der Spinnenragwurz *(Ophrys sphecodes)* entdeckt. An den Bergfüßen sind im Bereich des Oberen Buntsandsteins stellenweise Halbtrockenrasen mit eingestreuten Hecken und Laubgehölzen ausgebildet. Vorherrschende Grasart ist die Aufrechte Trespe *(Bromus erectus)*. Im Gebüsch stehen Blasses Knabenkraut *(Orchis pallens)*, vereinzelt Helmknabenkraut *(Orchis militaris)* und reiche Bestände des Mannsknabenkrautes *(Orchis mascula)*, das auch auf benachbarten Wiesen auftritt. Das Brandknabenkraut *(Orchis ustulata)* ist, wie viele andere Wiesenorchideen, durch die Intensivnutzung der Bergwiesen in der Umgebung von Teichel verschwunden.

Clöswitz, Ortsteil von Großkochberg   D 1

Die im Jahre 1378 erstmals erwähnte Rodungssiedlung *Kloskewicz*, das heutige Clöswitz, gruppiert sich in einer nach W abfallenden Talsenke (380 m ü. NN) nahe der Straße Rudolstadt–Teichel–Weimar. Der Ortsname beruht auf einem altsorbischen Personennamen *Klos(e)k* = Ort des Klosek.

Im 14. oder 15. Jh. verlor das ursprüngliche Bauerndorf an Bedeutung und wurde im 15. Jh. zu einem Vorwerks- und Schäfereibetrieb des Rittergutes Großkochberg. Im Jahre 1455 wird es als *furbrigk Kloswitz* bezeichnet. Das Dorf Clöswitz – teilweise ist auch die Schreibweise Clößwitz üblich – lebte nach 1945 als Neubauernsiedlung wieder auf. 1952 wurde die LPG Aufbau gebildet, die in den fünfziger und siebziger Jahren zusätzlich zu den wenigen alten Wohn- und Stallgebäuden neue Stallanlagen errichtete. Sie liegen etwas erhöht nördlich des breiten, durch Löschteich und Grünanlagen ausgestalteten Straßenraumes. An der ansteigenden Südseite stehen sechs ehemalige Neubauernhäuser, die inzwischen um- und ausgebaut wurden. Die ehemaligen LPG-Ställe werden teilweise noch von der Agrarproduktion GmbH Engerda-Heilingen für die Schweinehaltung genutzt. 1993 ist am westlichen Ortsrand ein neues Wohngebäude dazugekommen, in dem die für die hiesige Gegend gänzlich neuartige Schlittenhundehaltung untergebracht ist. Ein Tierarzt ist im Ort tätig, ein Getränkestützpunkt eingerichtet.

Mit der Clöswitzer Flur bildete der hinter dem Blassenberg liegende Flurteil Wüstes Buch eine gemeinsame Gemarkung innerhalb des Großkochberger Gemeindegebietes. Nachrichten aus dem 17. und 18. Jh. berichten von einem ehemaligen Dorf *Ratzdorf* im Wüstenbuch. Von 1850 bis 1945 bestand hier die Schäferei Studnitz, deren Gebäude abgetragen wurden.

Südlich der Landstraße Teichel–Engerda stehen zwischen Clöswitz und Neusitz Schichten des Mittleren Buntsandsteins, des Chirotheriensandsteins, an.

D 2 Großkochberg, Landkreis Saalfeld-Rudolstadt

Zwischen den Muschelkalkhängen der Wache (525 m ü. NN) und des Hummelsberges (s. D 4) im N und dem aus Buntsandstein bestehenden Heidenberg (399 m ü. NN) im S entwickelte sich ein stattliches Haufendorf, das sich bis zur Ersterwähnung im Jahre 1125 zurückverfolgen läßt. Der Ortsname enthält den Begriff *koch* = Erdhügel, vermutlich bezogen auf den Standort der Burg. Großkochberg war Stammsitz eines seit 1274 bekannten, zweifellos aber schon lange vorher hier ansässigen Rittergeschlechts. Als Lehensleute der Grafen von Orlamünde und von Schwarzburg, später auch der wettinischen Landesherren, der Reußen von Kranichfeld und der Äbte von Saalfeld, waren die von Kochberg reich begütert und einflußreich. Im späten Mittelalter bezogen sie Zinseinkünfte aus mehr als 50 Ortschaften. Burg und Dorf waren Ausgangspunkte bei der Besiedlung der Ilm-Saale-Platte. Zu Großkochberg gehörten vier Mühlen, eine seit 1650 bekannte Ziegelhütte, ein Brauhaus und zwei Gasthöfe. Alljährlich fanden im 17. und 18. Jh. ein Woll- und Jahrmarkt, ein Krammarkt und das Schützenfest, das Vogelschießen, statt, außerdem die von weither besuchte „Kirmse" und ein Brunnenfest (s. Seite 31).

Das Dorf entwickelte sich südlich der Burg (Abb. 9) und ist durch wenige Gassen und eng aneinanderliegende kleine Anwesen gekennzeichnet. Innerhalb dieser kompakten dörflichen Bausubstanz findet man die dicht umbaute Kirche des Dorfes, die befestigt war. Sie besitzt einen frühbarocken Westbau und ein-

Abb. 9. Großkochberg mit Schloß und Park

zelne Bauelemente, die bis in das 12. bis 13. Jh. zurückreichen. Wertvollstes D 2
Inventar mit überregionaler kunstgeschichtlicher Bedeutung ist ein Schnitzaltar (Flügelaltar) der Saalfelder Schule, der um 1500 entstand. Der vierkantige Kirchturm ist im oberen Teil mit Schiefer gedeckt und trägt eine Schweifkuppel. Ein Waidmühlenstein mit einem Durchmesser von ca. 150 cm auf dem Goetheplatz erinnert an die im 13. bis zum 16. Jh. durchgeführte Verarbeitung des Färberwaids aus der Umgebung. Die traditionelle ländliche Fachwerkbauweise wird in Großkochberg vorbildlich bewahrt. Gegenüber dem historisch gewachsenen Dorfbild heben sich einige neuerbaute Wohnblöcke, Eigenheime und Bungalows am Ortsrand an der Straße nach Teichel ab.

Die Gemeinde Großkochberg war bis 1990 ein wichtiges Nebenzentrum im Gemeindeverband Uhlstädt. Gegenwärtig gehört es keiner Verwaltungsgemeinschaft an, hebt sich aber als ein Siedlungsschwerpunkt heraus. Wirtschaftliche Grundlage bildete bis 1990 die Landwirtschaft, wobei dem Kreisbetrieb für Landtechnik, hervorgegangen aus der 1949 gegründeten Maschinen-Ausleihstation (MAS), mit seinen 160 Arbeitsplätzen und einer großen Lehrlingsausbildungsstätte besondere Bedeutung zukam. Östlich des Dorfes befinden sich Stallanlagen der damaligen LPG (T) Engerda für Jungrinder, die Gewerbe für den örtlichen Bedarf aufnehmen sollen.

Strukturelle Veränderungen ergaben sich nach 1990 aus den Wandlungen der Landwirtschaft. Jetzt werden die Felder und ein Jungrinderstall durch die Agrarproduktion GmbH Engerda/Heilingen mit Sitz in Neusitz bewirtschaftet. Private Landwirtschaftsbetriebe sind nicht entstanden. Auf dem Gelände des ehemaligen Kreisbetriebes für Landtechnik arbeitet die Technikzentrum GmbH mit Unimog-Generalvertretung der Mercedes-Benz AG, die insgesamt den Verkauf und die Reparatur von land- und kommunaltechnischen Maschinen betreibt und als der stärkste Wirtschaftsfaktor in der Umgebung angesehen wird. Weitere Gewerbebetriebe sind Hydewa-Bau, ein Autohaus und ein Getränkegroßvertrieb. Ein Schlosser, ein Tischler sowie Versorgungseinrichtungen des Handels, der Dienstleistung sowie Gesundheitseinrichtungen und sechs Gaststätten, davon ein Neubau von 1993, sind im Ort vorhanden. Sportplatz, Kegelbahn und Freibad dienen der allgemeinen sportlichen Betätigung. Während der 60 Mitglieder zählenden leistungsstarken Sektion Pferdesport eine Reithalle zur Verfügung steht, benötigt der landesweit einzige Trucker-Club Großkochberg e.V. für seine Veranstaltungen nur eine große Wiese. Im Ort gibt es eine Zentralbibliothek und ein Gemeinschaftshaus mit einem Saal für Veranstaltungen der Vereine. Neuerdings werden auch schon einige Fremdenzimmer angeboten.

Wichtige Ausbildungsfunktionen haben der Betriebsteil Großkochberg der Staatlichen berufsbildenden Schule Rudolstadt und die Berufsschule für Hauswirtschaft mit jeweils großen Internatskapazitäten. Während die Erweiterungen der Wohnsubstanz bis heute am westlichen Ortsrand erfolgten, wird zusätzlich am südlichen weiteres Wohnbauland erschlossen.

Nationalen und internationalen Ruf hat Großkochberg wegen der im nördlichen Dorfbereich gelegenen kulturhistorisch bedeutsamen Schloß- und Parkanlagen, die jährlich von etwa 100000 Gästen aus dem In- und Ausland besucht werden. Das Wasserschloß Kochberg ist den Freunden der deut-

D 2

Abb. 10. Das Wasserschloß Kochberg

schen Klassik durch den wiederholten Aufenthalt JOHANN WOLFGANG VON GOETHES von 1775–1788 bei CHARLOTTE VON STEIN gut bekannt; es ist in die deutsche Kultur- und Kunstgeschichte eingegangen. Die Besucher können heute die Goethe-Gedenkstätte und den Schloßpark kennenlernen oder an Aufführungen im Liebhabertheater teilnehmen.

Nach der Enteignung durch die Verordnung der Bodenreform 1945–47 des im Besitz der Familie von Stein befindlichen, 1942 an WOLDEMAR VON SCHWERIN übertragenen Schlosses wurde 1949 zunächst durch den Rat des Kreises Rudolstadt eine kleine Goethe-Gedenkstätte eingerichtet. Schloß und Park betreuten seit 1954 die Nationalen Forschungs- und Gedenkstätten der klassischen deutschen Literatur in Weimar, seit 1991 gehört das Ensemble zur Stiftung Weimarer Klassik.

Die Schloßanlage ging aus einer Wasserburg der Herren von Kochberg hervor. In einer Höhenlage von 400 m sind Wasserburgen außergewöhnlich – die wasserundurchlässigen Schichten des Röt boten hier günstige Bedingungen für die Anlage eines schützenden Wassergrabens. In einer Urkunde aus dem Jahre 1380 ist von einem *Purgstall* die Rede, 1455 wird es als *Freier Wasserhoff* und 1487 als *Sedelhoff zu grossen Kuckpergk* bezeichnet. 1577 gelangte das Rittergut in den Besitz der Familie von Schönfeld, 1733 an den Freiherrn CHRISTIAN FRIEDRICH LUDWIG VON STEIN. Zum Gut gehörten die Lehen zu Kleinkochberg, Meckfeld, Geitersdorf, Spaal, Benndorf u.a. 1938 starb der letzte Nachkomme CHARLOTTE VON STEINS, FELIX VON STEIN. Alle Ländereien des Gutes Kochberg mit einer Fläche von 451 ha wurden ebenfalls durch die Bodenreform enteignet und an 17 Neusiedler und 67 landarme Bauern aufgeteilt.

Der älteste Teil des auch heute noch rings von einem Wassergraben umgebenen Gebäudeensembles ist das fünfstöckige kemenatenartige Hohe Haus mit spätgotischen Teilen im Sockelgeschoß (Abb. 10). Die übrigen zweigeschossigen Bauten, um den kleinen Hof gruppiert und dabei die Südwestecke in Richtung Wirtschaftshof freilassend, entstanden ab 1580. Im Jahr 1577 erwarb das Geschlecht derer von Schönfeld die Burg, die sie in den folgenden Jahrzehnten bis zur Mitte des 17. Jh. schloßartig ausbauen ließen. West- und Ostflügel zeigen Rundbogengiebel der Spätrenaissance, am Nordflügel ist ein Portal in die Zeit um 1600 zu datieren. Schloßbesitzer CHRISTIAN FRIEDRICH LUDWIG FREIHERR VON STEIN beauftragte den Weimarer Landbaumeister G. H. KROHNE 1733/34 mit dem Ausbau von Räumen im ersten Obergeschoß des Hauptbaus. Eine letzte Veränderung am Schloßkomplex brachte der Anbau einer steinernen Laube in Formen der Neugotik an den Südgiebel des Westflügels um 1800. Ein überdachter Holzsteg führt von diesem Flügel über den Wassergraben zum sogenannten Liebhabertheater, das um 1795 aus einem barocken Gartenhaus entstand (Abb. 11).

Nach umfangreichen Rekonstruktionsarbeiten zwischen 1968 und 1975 wurde 1975 in elf Räumen des Schlosses ein Museum mit der Goethe-Gedenkstätte eingerichtet. Im Erdgeschoß werden die Baugeschichte des Schlosses und die Geschichte der Herrschaft Kochberg dargestellt. Eine niedrige Steintreppe im ehemaligen Treppenturm führt zu den Museumsräumen im Obergeschoß mit Ölgemälden aus dem 18. Jh., die Mitglieder und Vorfahren der Familien von Stein und von Schardt zeigen. In den folgenden Räumen werden GOETHES

D 2

Abb. 11. Das Liebhabertheater am Wasserschloß Kochberg

Beziehungen zum Schloß Kochberg und zu CHARLOTTE VON STEIN lebendig. Zu sehen ist unter anderem ein Schreibsekretär CHARLOTTE VON STEINS aus dem Jahre 1757, auf dessen Platte GOETHE das Datum seines ersten Besuches (6. Dec. 75) notiert hat. In den ehemaligen Wohnzimmern der Frau VON STEIN vermitteln erlesene Möbel, Gemälde und Zeichnungen die Wohnatmosphäre in einem ländlichen Adelssitz. Das Liebhabertheater erhielt am Eingang zum Schloßpark durch die Rekonstruktion das Aussehen aus der Zeit um 1800. In den letzten Jahren des 18. Jh. wurde es in ein vorhandenes Gartenhaus eingebaut, die Vorhalle wurde nach dem Beispiel des Römischen Hauses in Weimar gestaltet. Seit 1975 finden hier Aufführungen von Schauspielen, Kammerkonzerten, kleinen Opern usw. statt. 70 Besucher finden hier Platz (FÖRSTER 1988).

Unmittelbar an den Schloßkomplex schließt sich nördlich ein Landschaftspark am Berghang mit romantischen und klassizistischen Kleinarchitekturen an. CARL VON STEIN, der älteste Sohn CHARLOTTE VON STEINS, ließ den ursprünglich barocken großen Garten nach eigenen Plänen zu einem Landschaftspark ab Ende des 18. Jh. umgestalten. 1968 begann die Wiederherstellung des etwa 6 ha großen Parkes nach einem Katasterplan von 1869 und nach Abbildungen aus der ersten Hälfte des 19. Jh. Die Wege verlaufen über verschiedene Treppen zu Parkarchitekturen, Ruhe- und Aussichtsplätzen. Der Hauptweg führt vom Liebhabertheater zum Blumengarten und weiter zum oberen Parkausgang. Von einem Badeteich mit einem klassizistischen Badehäuschen aus verläuft eine 140 m lange Sandsteinrinne an einem weiteren Teich vorbei zu einem Brunnen am Vorplatz des Liebhabertheaters und von da aus in den Wallgraben. Der Blumengarten kann vom sogenannten Leinwandhäuschen überblickt werden. Ein Pfad führt zur Grotte, in der ein Grabmahl die Aufschrift „Alles ist vergänglich" trägt. Als Ruheplatz ist auch eine weiter bergwärts gelegene künstliche Ruine angelegt.

D 2

Fast hektargroße, natürlich vorkommende, bodendeckende Flächen mit Efeu und Waldmeister unter hohen Rotbuchen- und Feldahornbeständen bilden zusammen mit dem Türkenbund *(Lilium martagon)* die Besonderheiten der Vegetation (FÖRSTER 1988). Solche Parkanlagen mit ihren alten Baumbeständen stellen in der heute durch großflächige Monokulturen gekennzeichneten Landschaft Oasen mit einer oft bemerkenswerten Vielfalt an Vogelarten dar. Im Ergebnis von Bestandserfassungen der Jahre 1977 und 1979 ermittelte HÖPSTEIN 1982 sieben dominante Vogelarten, die 65% des gesamten Brutvogelbestandes stellten: den Star, die Amsel, den Buchfink, die Kohlmeise, den Zilpzalp, den Grünfink und den Haussperling. Insgesamt konnten in den beiden Jahren zusammen 33 verschiedene Vogelarten, einige jedoch nur in jeweils einem Jahr, als Brutvögel für den Park nachgewiesen werden. Die absolute Zahl der 1979 beobachteten 24 Arten betrug 59 Brutpaare. Bemerkenswert ist, daß 1977 noch die Dohle als Baumbrüter auftrat und alle vier großen Spechte – Schwarz-, Grün-, Grau- und Buntspecht – zu den Brutvögeln zählten. Diese Befunde unterstreichen den hohen landschaftskulturellen Wert derartiger Parkanlagen für die Erhaltung einer mannigfaltigen Vogelwelt.

Kleinkochberg, seit 1994 Ortsteil von Großkochberg D 3

Wenige Kilometer nordöstlich des größeren und bekannteren Dorfes Großkochberg lehnt sich Kleinkochberg an den Fuß der steil ansteigenden Muschelkalkhänge des Hummelsberges (s. D 4) an. Im Oktober 1975 wurden im Südteil der Dorfflur 10 Grabstätten eines frühmittelalterlichen, vermutlich slawischen Friedhofs aufgefunden.

Im Unterschied zu dem älteren Großkochberg wird der Ort im Jahre 1378 *Kocheberg minor*, 1481 *Wenigenkochberg* und 1528 *Klein Kochperg* genannt. Im 14. Jh. waren die Adligen von Kochberg mit dem Dorfe Kleinkochberg belehnt, doch blieben die Rechtsverhältnisse zwischen ihnen und der Landesherrschaft lange Zeit verworren und strittig. 1496 wurden 11 Kleinkochberger Bauern zur Türkensteuer veranschlagt (Türkensteuer bedeutete eine Abgabe, die zur Bewaffnung anläßlich der befürchteten türkischen Invasion am Ende des 15. Jh. und im 16. Jh. verwendet wurde). 1842 bestanden 10 Bauernwirtschaften. Kleinkochberg gehörte bis 1922 zu Sachsen-Altenburg und kam damals zum Kreis Rudolstadt. Mit der Gründung der LPG Heimatscholle begann 1960 die Kollektivierung der Bauern. Heute gibt es einen Landwirt im Haupterwerb, der am südlichen Ortsrand einen Reiterhof mit Gaststättte einrichtete. Außerdem existieren eine Fahrschule, ein Kosmetikstudio und ein Getränkestützpunkt. Im Ort ist auch der Sitz des Luisenturm-Vereins (s. D 4). Da in Kleinkochberg nur wenige Arbeitsplätze vorhanden sind, fahren die meisten Berufstätigen als Pendler nach auswärts.

D 3

Abb. 12. Blick auf Kleinkochberg und den Hummelsberg

Die Bebauung des Dorfes besteht aus dicht nebeneinanderliegenden, wenigen großen Gehöften (Abb. 12) in Fachwerkbauweise. Nur zwei Gebäude wurden später mit Außenputz versehen. Typisch für diese fast allseitig umschlossenen und nur noch selten erhaltenen Vierseithöfe sind die überbauten Toreingänge. Das kleine Dorf hat über Jahrhunderte die alte Baustruktur bewahrt, die gut saniert ist. Die Dorfkirche wurde aus einer romanischen Kapelle um 1464 gotisch umgebaut. Eine schlanke, mit Schiefern gedeckte Spitze bildet den Abschluß des vierkantigen Turmes von 1683.

D 4 Hummelsberg

Unmittelbar nördlich der Ortslage von Kleinkochberg beginnt die fast 100 m hoch aufragende Schichtstufe des Unteren Muschelkalks. Sie ist hier in modellhafter Weise ausgebildet, da sie kaum durch Quertäler gegliedert ist. Am Wege von Kleinkochberg zum Hummelsberg ist die gesamte Schichtfolge des Unteren Muschelkalks bis zur Terebratulabank aufgeschlossen. Diese nimmt nördlich des 526 m hohen Blassenberggipfels und auf dem gesamten Hummelsberg östlich des Luisenturmes weite Flächen ein, so daß hier die charakteristischen Fossilien dieser Bänke (*Coenothyris vulgaris, Lima lineata* u. a.) leicht aufgefunden werden können.

Unterhalb der Muschelkalksteilstufe zieht sich der Obere Buntsandstein (Röt) entlang. Da er tonig ausgebildet ist und Dolomitgips- und Mergelbänke enthält, liefert er einen relativ nährstoffreichen Boden, der sich gut für den Obstbau eignet. Die bei Kleinkochberg besonders zahlreichen Kirsch- und Pflaumenbäume sind ein Beispiel für den Obstbaumreichtum, der vielerorts im Bereich des Rötausstriches anzutreffen ist.

Wie rings um den Roten Berg bei Teichel (s. C 2) finden sich auch westlich von Großkochberg und östlich von Kleinkochberg die für den Rötausstrich typischen Rinnenbildungen. Diese hangabwärts laufenden Vertiefungen sind mit Büschen und Bäumen bestanden, so daß sie günstige Aufenthaltsorte für das Wild, insbesondere das Niederwild, darstellen.

Auf dem 515 m hohen Hummelsberg bei Kleinkochberg ließ der Goethe-Verehrer JAMES PATRICK VON PARRY zum Andenken an seine verstorbene Frau LUISE, eine Enkelin CHARLOTTE VON STEINS, im Jahre 1864 einen viergeschos-

Abb. 13. Luisenturm auf dem Hummelsberg

D 4 sigen, runden Steinturm errichten, den Luisenturm. Über dem spitzbogigen Tor befindet sich das Wappen der Familie von Parry. Die Aussichtsplattform ruht auf neugotischen spitzbogigen Arkaden, um den Turm verläuft eine zinnenbewehrte Mauer (Abb. 13). Alljährlich findet am Luisenturm das vielbesuchte Fest der tausend Lichter statt.

E 1 **Schmieden,** Landkreis Saalfeld-Rudolstadt

Mit 52 Einwohnern (1994) ist das im oberen Teil des Hexengrundes (s. F 1) in der geschützten Tallage zwischen den bewaldeten Muschelkalkhängen des Günthersberges und des Hummelsberges gelegene Dörfchen Schmieden die kleinste Gemeinde des Landkreises (Anhang A). Der Ortsname, im Jahre 1083 zum ersten Male als *Smiden* erwähnt, weist darauf hin, daß hier eine Schmiede stand. Eine Landstraße führte direkt durch die Wälder in Richtung Spaal und auf der Hohen Straße nach Neckeroda. Schmieden war eine Anspannstelle für Fuhrwerke und Raststätte für die Reisenden. Seine Obrigkeit, Gerichte und Frone gehörten der Pfarrei Orlamünde, die auch den Zehnten erhielt und die niedere Jagd ausübte. Zinsen und Zoll, ebenso das Lehngeld von einigen auswärtigen Adligen, standen im 15. und 16. Jh. dem Amt Orlamünde, später

Abb. 14. Schmieden im Hexengrund

Leuchtenburg zu. Das Dorf war stets ein Bauerndorf. 1958 und 1960 wurden E 1
die Bauern in 2 Genossenschaften zusammengeschlossen, die in den sechziger
Jahren in den LPG Pflanzenproduktion Kirchhasel sowie Tierproduktion Engerda-Heilingen aufgingen.

Das Dorf ist nach seinem Grundriß ein Haufendorf und besteht aus einigen dicht nebeneinanderliegenden Gehöften, meist Dreiseithöfen (Abb. 14). Fast alle vorwiegend zweigeschossigen Fachwerkgebäude sind erhalten und befinden sich wie die Nebengebäude in gutem baulichen Zustand. Die kleine Schmiedener Kirche, in ihrer heutigen Gestalt 1734 erbaut, erhielt 1980 eine neue Schieferbedeckung, 2 Jahre später wurde das Kircheninnere rekonstruiert, und 1984 wurde die neue Kirchenglocke eingeweiht.

Schmieden bildet heute die nördlichste und peripher gelegene Siedlung in der Verwaltungsgemeinschaft Uhlstädt und hat keine Arbeitsplätze mehr im Ort. Trotzdem führen die Bewohner umfangreiche Erhaltungs- und Ausbaumaßnahmen an den Gebäuden durch. Die in Schmieden endende asphaltierte Ortsverbindungsstraße führt als Fußweg weiter in den Spaaler Forst.

Spaaler Forst E 2

Auf der Muschelkalkhochfläche im nördlichen Teil der Flur von Schmieden befand sich das Dorf Spaal, das erstmals im Jahre 1378 bezeugt ist, vermutlich aber bereits um 1200 bestand. Der Name bezeichnet den Ort einer Brandrodung, zu altsorbisch = spal. Es wurde zu Beginn des 16. Jh. aufgegeben. Im Jahre 1618 berichtet man über „den Spaal, welcher vor Zeiten ein ziemlich dorff gewesen". Später errichtete hier das Gut Großkochberg ein Vorwerk. 1910 gaben die Bewohner den Ackerbau im Spaal auf und verließen das Vorwerk. Einen Teil der Gebäude baute man in den letzten Jahrzehnten erneut aus und richtete zeitweise ein Kinderferienlager ein. Heute unterhält dort die Jagdgemeinschaft Teichel ein Haus zur gelegentlichen Unterkunft.

Die Wüstung Spaal mit dem Spaaler Forst und den im NO angrenzenden Wäldern sind beliebte Wanderziele. Die sogenannte Spaalwanderung führt von Neckeroda auf der Hohen Straße nach Orlamünde (s. F 4). Eine Lindenallee verbindet den alten Höhenweg mit der wenige 100 m nördlich gelegenen Dorfstelle Spaal. Rechts im Unterholz bemerken wir alte Steinkreuze (Anhang E) sowie das Spaalhaus, auch die Darre genannt, ein im 19. Jh. errichtetes Rasthaus für Waldarbeiter. Rechts davon liegen die Trümmer der vor mehr als 450 Jahren verlassenen Häuser. Sie standen um einen Teich, der noch vorhanden ist, und dessen Ufer altes Mauerwerk schützt. Ein erhöhter ebener Platz zwischen dem Teich und der Darre gilt als Standort der früheren Kirche. Nördlich davon können die Grundmauern weiterer Häuser ermittelt werden. Auffälliger als die Relikte des wüsten Dorfes sind die jüngeren Mauerreste des einstigen Vorwerks Spaal.

Im Spaaler Forst wechseln Nadelholzforsten mit ausgedehnten buchenreichen Laubwäldern. Letztere sind durch ihren Orchideenreichtum bemerkenswert, sie beherbergen 24 verschiedene Orchideenarten. Die Südhänge besiedeln wärmeliebende Pflanzenarten. Einige davon erreichen hier die Grenze ihres

E 2 mitteldeutschen Verbreitungsgebietes, so die Flaumeiche *(Quercus pubescens)* am Teufelsberg, der Diptam *(Dictamnus albus)* im Schauenforst, der Spitzkiel *(Oxytropis pilosa)* am Mordberg und die Steppenkresse *(Hornungia petraea)* im Kessel. Im Herbst fallen durch leuchtende Farben im lichten Waldbild der Hochflächen und Südhänge unsere heimischen Vogelbeerarten auf. Neben der Eberesche *(Sorbus aucuparia)* wachsen die Elsbeere *(Sorbus torminalis)*, die Mehlbeere *(Sorbus aria)* und vereinzelt der Speierling *(Sorbus domestica)*. Nördlich von Dorndorf und Heilingen hat sich als beständiger Bastard zwischen Mehlbeere und Elsbeere eine neue Kleinart, die Heilinger Eberesche *(Sorbus heilingensis)*, herausgebildet. Am Mordberg steht auch ein prächtiges Exemplar des Bastards zwischen Mehlbeere und Wildbirne, die Hahnenbutterbirne *(Sorbopyrus pollveria)*. In den letzten beiden Jahrzehnten bürgerte sich im Spaaler Forst das Damwild stärker ein, dessen ursprüngliche Heimat Kleinasien und der Mittelmeerraum sind und das in Mitteleuropa sonst vorzugsweise im Flachland und in den unteren Lagen des Hügellandes lebt.

E 3 Flächennaturdenkmal (FND) Löwichen

Von der Straße zwischen Engerda und Schmieden aus, etwa 0,5 km vor Schmieden, erkennt man im obersten Teil des Hexengrundes am Fuße des Hanges zwischen einem Eichen-Hainbuchenwald-Streifen und dem Wiedbach eine 200 m lange und etwa 50 m breite Naßfläche. Das ehemals als Wiese genutzte Areal wird heute sehr stark von Schilf *(Phragmites australis)*, Gemeiner Pestwurz *(Petasites hybridus)*, Großem Mädesüß *(Filipendula ulmaria)* und Kohlkratzdistel *(Cirsium oleraceum)* beherrscht. Von der ehemaligen sehr artenreichen Mähwiese blieben noch Fragmente erhalten, die durch Mahd wieder ausgebreitet werden sollen. Waldstreifen und Naßfläche stehen deshalb unter Schutz, da diese Wald- und Wiesengesellschaften zu den ehemals verbreiteten Charakteristika der Muschelkalk-Buntsandstein-Landschaft gehören. Sie gehen auf die hier verbreiteten hydrologischen und standörtlichen Gegebenheiten zurück: Stau des im Muschelkalk versickerten Wassers über dem Röt, punkt- und flächenhafter Austritt, Quellbildung, Versumpfung und Ablagerung von Kalktuff. Die meisten derartigen Stellen sind melioriert. Hier im Flächennaturdenkmal Löwichen wird dieses Phänomen als Anschauungs- und Studienobjekt erhalten. Das Gebiet ist nicht zu betreten, sehr gut jedoch vom Hang her zu überblicken.

E 4 Engerda, Landkreis Saalfeld-Rudolstadt (Abb. 15)

Das von altersher in Oberende und Unterende geschiedene stattliche Angerdorf liegt im oberen Teil des Hexengrundes (s. F 1). Es gehört zu den ältesten Siedlungen zwischen Saale und Ilm und wird bereits in den Jahren 860 als *Engridi* und 918 als *Engride* erwähnt. Der Ortsname ist von *anger* — die Siedlung am Wiesenland, Anger — abzuleiten. Aus der Flur stammen mehrere jungsteinzeitliche Gerätefunde und ein frühmittelalterlicher Grabfund.

In die 886 ha große Gemarkung von Engerda ist ein Teil der Wüstungsflur E 4 Lositz einbezogen worden. Die um 1100 erstmals genannte Dorfstelle *Losicz* verließen die Bewohner im 15. und 16. Jh. und siedelten nach Engerda und Neusitz über. Zwei Keller der wüsten Siedlung wurden 1975 gefunden; die Dorfkirche war noch 1702 erhalten. Lehnsleute der Mark- und Landgrafen in der *villa Losicz* waren um 1350 die Familien von Altenberga, Flans, Jungen und von Milda. Auch die Grafen von Schwarzburg vergaben dort Lehen. Die Flurnamen der Gemarkung Engerda Diebitze, Gaber, Klautsch, Lausnitz, Püritz, Schlettwen, Schlöben, Schmerlitz und vielleicht auch Kummel sind slawischer Herkunft.

Wie die Nachbarorte gehörte Engerda im 12. und 13. Jh. zur Urpfarrei Orlamünde. Obwohl in jener Zeit aus dem Ort stammende Adlige genannt werden, war Engerda zu allen Zeiten überwiegend ein Amtsdorf. 1457 zahlten 44 Bauern Zins ins Amt, 1496 wurden 36 Hausbesitzer zur Türkensteuer herangezogen, 1525 gaben 36 Engerdaer ihre Waffen auf der Leuchtenburg ab, und die Verzeichnisse des 17. Jh. enthalten 53 Hofbesitzer. Neben Anspannfron hatten sie Handfron in den Weinbergen zu leisten. Ein bäuerliches Rügegericht am Thingstein unter der Gerichtslinde, das sogenannte Burggericht, erhielt sich bis zur Mitte des 19. Jh. Trotz einiger Handwerksbetriebe (Maurer, Tischler, Stellmacher, Schmied) und einer Ziegelei blieb Engerda in der Grundstruktur ein Bauerndorf.

Mit der Bildung der LPG Blühendes Tal im Jahre 1958 und der LPG Vereinte Kraft im Jahre 1960 setzte in Engerda die genossenschaftliche Entwicklung der Landwirtschaft ein. Das Dorf bildete einen Schwerpunkt der landwirtschaftlichen Produktion im Bereich der Kooperation Saaletal zwischen Großkochberg und Niederkrossen. Die LPG(T) Engerda hatte hier ihren Verwaltungssitz und verfügte über große Stallanlagen. Außerdem war das Dorf mit einem Stützpunkt zur Wartung der Landtechnik, einer Lagerhalle für Obst- und Gemüseerzeugnisse, einer Hackfruchtaufbereitungsanlage und einem polytechnischen Zentrum für die Ausbildung landwirtschaftlicher Fachkräfte ausgestattet. Südöstlich des Dorfes wurde ein 9,5 ha großes Speicherbecken zur Brauchwasserversorgung der Landwirtschaft angelegt. Im Unterschied zu den meisten Gemeinden der Umgebung war Engerda Zielort zahlreicher Einpendler.

Nach 1990 ist die Bedeutung der Landwirtschaft für den zur Verwaltungsgemeinschaft Uhlstädt gehörenden Ort stark zurückgegangen, obwohl sich im Dorf eine Agrargenossenschaft bildete, die sowohl Pflanzenproduktion als auch Schafhaltung betreibt und am südwestlichen Ortsrand den ehemaligen Technikstützpunkt der LPG übernommen hat. Weitere Arbeitsplätze gibt es in Engerda bei einer Elektro-Handel-Installation- und Reparaturservice GmbH, bei einem Land-, Kommunal- und Gartentechnik-Vertrieb, einer Tischlerei, einer Kunst- und Bauschlosserei und in einem Transportunternehmen. Zur Ausstattung der Gemeinde gehören zwei Gaststätten, einige Fremdenzimmer, eine Lebensmittel-Verkaufsstelle, ein Getränkestützpunkt, eine Kinderbetreuungseinrichtung, ein Sportplatz und in der Gemarkung ein neu eingerichteter Startplatz für Drachenflieger.

Die Häuser ordnen sich um den Anger am Wiedbach, wo auch die Dorfkirche steht. Die den Ort nach N abschließende Bebauung setzt sich aus giebel-

E 4

Abb. 15. Engerda im Hexengrund

seitig zur Straße stehenden Wohn- und Nebengebäuden zusammen, die als kleine schmale Hofanlagen beieinanderliegen. Entlang dem Wiedbach in Richtung NW befinden sich neuere Gehöfte. Eindeutig bestimmt das Fachwerkhaus das bauliche Bild der Gemeinde, vereinzelt sind die Fassaden verputzt. Bemerkenswert sind die mit reich verziertem Fachwerk ausgestatteten großen Wohngebäude, die sich außerdem durch Krüppelwalmdächer von den schlichteren kleineren Fachwerkgebäuden mit Satteldach unterscheiden. Hinzu kommen einige in den siebziger Jahren errichtete Eigenheime, die sich gut in das alte Ortsbild einfügen.

Die Kirche weist romanische, gotische und Bauteile aus jüngerer Zeit auf. Das Langhaus stammt aus dem 17. Jh. und ist mit einem Chor versehen, der bereits um 1400 entstand und ein wertvolles Kreuzgewölbe aufweist. Die Kirche enthält einen bedeutenden Saalfelder Schnitzaltar (Schrein- und Flügelaltar) vom Ende des 15. Jh. (Anhang F) und mehrere Inschriftsteine, darunter einen Stein von 1419. Der vierkantige Kirchturm fällt auf durch eine hohe schiefergedeckte Helmspitze, die an allen vier Eckpunkten mit kleinen Turmspitzen versehen ist. Ein Steinkreuz steht am nordwestlichen Dorfrand an der Straße nach Schmieden. Nachdem es lange Zeit am Boden lag, wurde es 1966 hier wieder aufgerichtet (Anhang E).

In der Umgebung von Engerda ist die von O nach W verlaufende Muschel- E 4
kalksteilstufe nach N hin versetzt. Diese Einbuchtung liegt in Richtung der
nordwestlichen Fortsetzung der Kulmsenstörung und ist möglicherweise tektonisch vorgeprägt (s. Seite 5). Die oberhalb von Schmieden austretenden Quellen, die den Wiedbach speisen, lagerten zwischen Schmieden und Engerda ein
großes Vorkommen von Kalktuff ab. Es dürfte sich deshalb um Karst- und
nicht um einfache Schichtquellen handeln. Im Bereich zwischen Schmieden
und Rödelwitz ist die Muschelkalksteilstufe stärker in einzelne Kuppen zerlegt.
Kleinkuppiges Gelände unterhalb der Stufe deutet auf die zahlreichen, meist in
prähistorischer Zeit erfolgten Bergrutsche hin. Unterhalb der Steilstufe, vor allem nördlich von Engerda, findet man im Röt wieder die charakteristischen
Rinnenbildungen (s. D 4).

Im Raum Engerda gelten einige auf wasserstauenden Tonen des Röt stokkende Feldgehölze als botanisch wertvoll. Der wechselfeuchte Untergrund bewahrte sie vor Rodungen und Urbarmachung, und so blieben sie als naturnahe
Reste des ehemaligen Laubwaldbestandes erhalten. Zwei von ihnen stehen
heute als Flächennaturdenkmale unter Schutz – FND Löwichen (s. E 3) und
Lohholz. Sie zeichnen sich durch einen hohen Artenreichtum aus. Ab März
bietet die Bodenflora bis in den Sommer hinein eine große Blütenfülle: Buschwindröschen *(Anemone nemorosa)*, Gelbes Windröschen *(Anemone ranunculoides)*, Märzenbecher *(Leucojum vernum)*, Hohler Lerchensporn *(Corydalis cava)*, Aronstab *(Arum maculatum)*, Einbeere *(Paris quadrifolia)*, Waldgeißbart
(Aruncus sylvestris), Wolfseisenhut *(Aconitum vulparia)*, Türkenbund *(Lilium
martagon)* und Purpursitter *(Epipactis purpurata)*.

Neusitz, seit 1994 Ortsteil von Kirchhasel E 5

Das auf dem Buntsandsteinplateau in etwa 350 m ü. NN gelegene Dorf wurde
1140 erstmals erwähnt. Die frühesten Bezeichnungen *Nuwesecen, Nuwesezen*
und *Nuwensessen* wie auch der seit 1512 belegte Ortsname *Neussitz* bezeichnen einen neuen Wohnsitz. Ein Brand im Jahre 1610 vernichtete den Großteil
des Dorfes. 1496 wohnten in Neusitz 14 Hausbesitzer, 1669 betrug die Zahl
der Hofinhaber 16, und 1842 gab es 27 Bauernwirtschaften verschiedener
Größe.

Der bauliche Ursprung des Dorfes ist auf einen ehemaligen Rundling zurückzuführen, dessen Grundriß in der bogenförmigen Anordnung der Gebäude
rund um die Kirche erkennbar ist. Später erweiterte man das Dorf an einer
nach S gerichteten breiten Straße, an der sich die Bauernhöfe aneinanderreihen. Die meist mit dem Giebel zur Straße gestellten Gebäude weisen teilweise
noch gut erhaltenes Fachwerk auf. Viele Dreiseithöfe haben ihre Grundstruktur
erhalten, sind jedoch durch Um- und Ausbauten verändert worden. An einigen
Wohn- und Nebengebäuden überdeckt ein Außenputz das Fachwerk.

Die Dorfkirche wurde in ihrer heutigen Form 1732 gebaut und seither mehrfach restauriert. Das hell verputzte Gebäude besitzt ein Langhaus, teilweise mit

E 5 Rundbogenfenstern; der aufgesetzte kurze Kirchturm trägt ein geschwungenes Schieferdach mit Zinnen. Bemerkenswert ist der als bedeutendes Kulturdenkmal ausgewiesene Schnitzaltar, ein Werk des Saalfelder Bildschnitzers HANS GOTTWALT VON LOHR, eines Schülers von TILMANN RIEMENSCHNEIDER. Er dürfte um 1508 bis 1510 entstanden sein, einer Inschrift am Rahmenwerk zufolge wurde er *in Salfelt* gefertigt. Der Neusitzer Altar gilt als das reifste Werk der Saalfelder Schnitzaltäre. Typisch für diese Altäre ist, daß im erhöhten Mittelteil Maria mit dem Kind als Mondsichelmadonna steht und von Heiligen flankiert wird. In Neusitz sind dies Markus und Wenzel sowie Blasius und Erasmus als Assistenzfiguren. Im linken Schreinflügel stehen Katharina und Anna selbdritt sowie Barbara. Der rechte Flügel enthält Laurentius, Sebastian und Cyriakus. Die Außenseiten der Flügel sind bemalt: links ist die Verkündigung, rechts die Geburt Christi dargestellt. Christus und die 12 Apostel erscheinen als Halbfiguren auf der Predella. Der Reihenflügelaltar folgt im architektonischen Aufbau, der Anordnung der Figuren und der Bildszenen innerhalb des Gesamtwerkes älteren Vorbildern der Saalfelder Schnitzerschule vom Ende des 15. Jh. Die Figuren stehen unter phantasievoll geformten Laubwerkvorhängen, die mit Weintrauben und Vögeln bereichert sind.

Die in Neusitz 1960 gegründete LPG Heimat schloß sich später wie auch die benachbarten Genossenschaften der LPG Heilingen an. Es bestanden enge arbeitsteilige Verbindungen zu den landwirtschaftlichen Produktionsstätten in den Nachbargemeinden Großkochberg und Engerda. Neusitz nahm durch die östlich der Dorflage im Jahre 1976 fertiggestellte Milchviehanlage mit 2000 Kuhplätzen eine besondere Stellung hinsichtlich der landwirtschaftlichen Produktion ein. Die Anlage der LPG (T) Engerda-Heilingen gehörte mit 110 Beschäftigten zu den größten Einrichtungen dieser Art in Ostthüringen. Allein der Stallkomplex umfaßte etwa 1,1 ha Fläche unter einem Dach. Auf der insgesamt 6 ha großen Fläche entstanden weitere Anlagen, darunter 6 Hochsilos, ein Futterhaus, Wasserversorgungsanlagen, ein Güllestapelbecken und ein Sozialgebäude. Die weithin sichtbare ehemalige Milchviehanlage wird von der Agrarproduktion GmbH Neusitz mit etwa der Hälfte der ursprünglichen Kapazität betrieben und ist damit der größte Arbeitgeber in der Umgebung, ergänzt durch zwei Elektroinstallationsbetriebe. Unmittelbar am südlichen Dorfrand befand sich ein weiterer Stall für 250 Kälber. Wegen der in Neusitz konzentrierten Kapazitäten der Tierproduktion war der Ort auch Verwaltungssitz der LPG(T) Engerda-Heilingen.

Nördlich der alten Ortslage entstanden mehrere Eigenheime. Dort wurde 1950 auch eine Schule in Fachwerkkonstruktion errichtet, die sich gut der dörflichen Bebauung anpaßt. Die heute als Baudenkmal ausgewiesene ehemalige Juri-Gagarin-Oberschule ist der zentrale Schulstandort für die Dörfer zwischen Clöswitz und Rödelwitz, Schmieden und Kirchhasel geblieben und ist kürzlich um eine Turnhalle erweitert worden. Weit über die Region hinaus bekannt ist das Blasorchester des Musikvereins Neusitz.

Zur Gemarkung von Neusitz gehört ein Teil der Wüstungsflur Lositz. Ein Tanast (in der Mundart: Taanst) genanntes, ein von einem Graben umzogenes Feldgehölz zwischen der Ortslage Neusitz und der Dorfstelle Lositz, gilt als ehemaliger befestigter Einzelhof.

Hexengrund (Abb. 16)　　　　　　　　　　　　　　　　　　　　　　　　　　F 1

Von der als Kupferborn bezeichneten Quelle bei Schmieden strebt der Wiedbach, örtlich auch Wieda-, Weira-, Wohrau- oder Heilinger Bach genannt, in einem fast geradlinig vor dem Steilhang der Muschelkalkberge nach SO verlaufenden Tal zur Saale, das sich abseits von großen Verkehrsachsen seinen natürlichen Landschaftscharakter bewahren konnte. Die das Tal im N jäh um 200 m überragenden Erhebungen schützen es vor kalten Nordwinden; nach S steigen die Hänge allmählicher auf 100 bis 200 m über der Sohle an. Vom NW bis zur Einmündung des Baches in die Saale reihen sich die Dörfer Schmieden, Engerda, Rödelwitz, Dorndorf, Heilingen, Röbschütz, Beutelsdorf und Zeutsch aneinander, eine Landstraße verbindet die Dörfer mit dem Saaletal.

Das fruchtbare Tal trägt seit Anfang des 19. Jh. und wohl auch bereits in früherer Zeit im Volksmund die Bezeichnung Hexengrund. Meist wurde und wird dieser Name auf den bei der Bevölkerung lange verbreiteten Aberglauben bezogen, doch dürfte eine Mißdeutung des Wortes Heckergrund vorliegen. Als Hecker oder Häckersleute bezeichnete man die Bearbeiter der bis zum 18. Jh. an den südexponierten Berghängen zahlreich vorhandenen Weingärten. Bei

Abb. 16. Der Hexengrund mit Heilingen

F 1 Heilingen im sogenannten Kessel ist Weinbau bereits seit dem Jahre 1279 nachgewiesen. 1511 gab es im Hexengrund 86 Rebanlagen, im Jahre 1675 wurden 108 bearbeitete und 61 wüstliegende Weinberge gezählt. Der Rebbau kam in der zweiten Hälfte des 19. Jh. zum Erliegen. Die sogenannten vier W, die Abkürzung für Waid, Wald, Wein und Weizen, bildeten die Grundlage des Reichtums der in dieser Region begüterten Grundherren von Schönfeld zu Großkochberg. In den Hexengrunddörfern erhielten sich altes Brauchtum und alte Volkstrachten besonders lange (s. Seite 31). In den siebziger Jahren wurde südlich von Engerda ein Staubecken zur Wasserentnahme für die Landwirtschaft angelegt.

F 2 Rödelwitz, Landkreis Saalfeld-Rudolstadt

Das kleine, am Fuße des Kirchberges gelegene Angerdorf wird erstmals im Jahre 1083 als *Rodelewicz* erwähnt. Der Ortsname enthält den slawischen Personennamen *Radlo* oder *Rodlo*. Rödelwitz war lange Zeit Hauptort, zuletzt einziges Dorf der kleinen Herrschaft Schauenforst (s. F 3). Mittelpunkt des Dorfes bildete ein Vorwerk mit Schäferei, Forsthaus und einem Kelterhaus für die im Hexengrund bis zum 17. Jh. verbreiteten Reben (s. F 1). 1663 kam Rödelwitz mit dem Schauenforst zu Sachsen-Gotha, 1826 zu Sachsen-Meiningen, und seit 1922 gehörte Rödelwitz zum Kreis Rudolstadt. Von 1950 bis 1990 war es ein Ortsteil von Dorndorf, danach wieder eine selbständige Gemeinde. Wenige Bauerngehöfte, meist zweigeschossige Fachwerkgebäude, gruppieren sich in lockerer Bebauung und in wechselnder Trauf- und Giebelstellung um den Dorfanger mit einem Teich und einer gepflegten Grünanlage. Die Kirche mit einem kleinen schiefergedeckten Turm enthält eine seltene sogenannte Abc-Glocke aus dem 12./13. Jh., die vermutlich von der ehemaligen Kapelle der Burg Schauenforst stammt. Die meisten Berufstätigen sind Arbeitspendler. In Rödelwitz hat sich nach der Wende noch kein einzelbäuerlicher Betrieb entwickelt, die Felder werden in Pacht durch die Agrargenossenschaft bewirtschaftet.

Oberhalb von Rödelwitz ist an der Kuppe des Kirchberges Rötgips, teilweise in Form von Fasergips, aufgeschlossen. Am Knorzelberg bei Rödelwitz wird in den Jahren 1688/89 eine Grube Hilfe Gottes beurkundet. Man hatte wohl eine 13 m unter den strohgelben Kalken liegende 20 cm mächtige glaukonitische Kalkbank im Röt für ein kupfererzführendes Gestein gehalten und einen vergeblichen Bergbauversuch unternommen.

An den Hängen um Rödelwitz haben sich vielfach Reste der Wildpflanzen des ehemaligen Weinbaus erhalten: Deutsche Schwertlilie *(Iris germanica)*, Osterluzei *(Aristolochia clematitis)*, Judenkirsche *(Physalis alkekengi)*, Ysop *(Hyssopus officinalis)* und Weinraute *(Ruta graveolens)*.

F 3 Burgruine Schauenforst

Die als das Wahrzeichen des Hexengrundes bezeichnete Burgruine Schauenforst, unweit der Dörfer Dorndorf und Rödelwitz gelegen, ist eine orlamündische Gründung des 13. Jh. Berichte aus den Jahren 1222/23 erwähnen bei

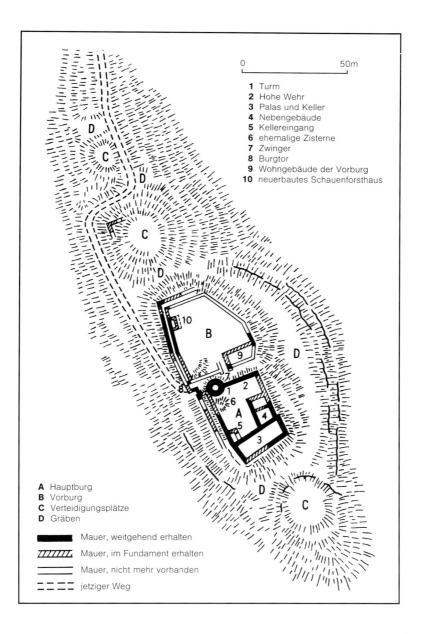

Abb. 17. Grundriß der Burgruine Schauenforst (nach H. DEUBLER und A. KOCH 1980)

F 3 Kämpfen des Landgrafen LUDWIG VI. von Thüringen mit dem Grafen HERMANN II. von Orlamünde einen Berg *Scowinvorst*, womit offenbar die Ringwallanlage am Rand der Buchberge und nahe der Hohen Straße gemeint ist. Die größere Burg in vorteilhafter Spornlage des Burgberges dürfte, was auch Bodenfunde bestätigen, kurz nach der Teilung der Grafschaft Orlamünde im Jahre 1248 entstanden sein. Sie war bis 1431 Residenz einer Grafenlinie von Orlamünde und Mittelpunkt einer kleinen Herrschaft. Ende des 15. Jh. erwarben Reußen von Plauen und Herren von Kranichfeld den Schauenforst. Die Burg blieb noch einige Zeit Amtssitz, war aber bereits verlassen und im Verfall begriffen, als sie 1615 Herzog JOHANN ERNST VON SACHSEN-WEIMAR und 1620 Graf CARL GÜNTHER VON SCHWARZBURG-RUDOLSTADT erwarben. 1662 wird sie als wüst bezeichnet. Seit 1663 gehört der Schauenforst zum Dorf Rödelwitz (s. F 2).

Auf dem schmalen, nur 5 bis 35 m breiten Rücken des Bergsporns, der an den Längsseiten steil abfällt, sind zwei Burgbereiche noch heute gut zu erkennen (Abb. 17): die größere Vorburg mit teilweise doppelter Ringmauer und die sich anschließende, durch einen Zwingergraben getrennte und früher mit einer Zugbrücke zu erreichende Hauptburg. Den Zugang vermittelt ein Tor in der Hohen Wehr, einer mächtigen Schildmauer, die zudem durch den eingebauten hohen Rundturm geschützt wird. Südlich lagen im Bereich der Hauptburg der unterkellerte Palas und ein Küchengebäude. Neben dem Turm verrät eine Vertiefung die Stelle, an der sich ursprünglich eine Zisterne befand.

Die Burg wurde aus Werksteinen des Muschelkalks erbaut, der in der Umgebung gewonnen wurde. 1963 übernahm ein Freundeskreis Schutz und Pflege des Baudenkmals und seiner Umgebung. Zu den seither geleisteten Arbeiten gehören der Bau eines Rasthauses, die Reparatur des Tores in der Hohen Wehr und der Ausbau des Burgturmes für Aussichtszwecke. Seit 1964 werden vielbesuchte Burgfeste veranstaltet.

F 4 Hohe Straße

Der alte, von der Saale nach Mittelthüringen verlaufende Verkehrsweg führt von Orlamünde steil hinauf zu den Buchbergen und auf der Höhe weiter nach Neckeroda und Haufeld, dem einstigen Kreuzungspunkt mit der Nürnberg-Mansfelder Kupferstraße. Die Hohe Straße ist ein beliebter Wanderweg mit mehreren Sehenswürdigkeiten, so dem Bieler-Aussichtsturm, dem Kleinbuchaer Steinkreuz, dem Ringwall über der Burgruine Schauenforst (s. F 3) und der Wüstung Spaal (s. E 2) mit ihren Steinkreuzen. Nach kurzen Abzweigungen sind die günstigen Ausblickspunkte vom Mordberg bei Heilingen, Meißners Ruhe und vom Teufelsberg bei Dorndorf in 426 m ü. NN zu erreichen. Ein tiefer Muschelkalkabrißgraben am Steilhang des Teufelsberges trägt den Namen Teufelsschanze. Weitere Gesteinsabrisse weisen auch die nach NW folgenden Berge auf.

Martinsroda, Wohnplatz von Eichenberg F 5

Inmitten der weiten Waldareale zwischen Kleinbucha, Reinstädt und Geunitz liegt versteckt auf einer allseits von Wald umgebenen Rodungsinsel die kleine Häusergruppe Martinsroda. Die Ansiedlung wird erstmals im 15. Jh. erwähnt, ist aber sicherlich älter. Bei der Erbteilung zwischen den Grafen SIGISMUND, OTTO und WILHELM VON ORLAMÜNDE im Jahre 1414 entfielen auf WILHELMS Anteil unter anderem Güter in dem zur Herrschaft Schauenforst gehörenden Dorf Martinsroda. Es ist anzunehmen, daß bereits zu diesem Zeitpunkt das Dörfchen von den meisten Bewohnern verlassen war. 1491 hatte HANS VON GEUNITZ die „Wüstung zu Martinsroda hart über Geunitz gelegen" als markgräfliches Lehen inne. Wie auch in vielen anderen Fällen lebte die Siedlung als Vorwerk fort; sie war bis 1990 ein Betriebsteil des ehemaligen VEB (Z) Tierzucht Eisenberg und wurde von diesem erhalten und ausgebaut. Gegenwärtig nutzt ein landwirtschaftlicher Wiedereinrichter die dazugehörigen Flächen für Rinderhaltung.

Dorndorf, Landkreis Saalfeld-Rudolstadt F 6

Auf eine vorgeschichtliche Besiedlung verweist ein im Jahr 1884 aufgefundener Grabhügel, der Beigaben der bronzezeitlichen Lausitzer Kultur enthielt.

Das Dorf im Tale des Wiedabaches (s. F 1) gehörte zu den im Jahre 1083 verzeichneten Ortschaften, deren Bewohner alljährlich in Orlamünde ein Opfer überbringen mußten. Ortsnamen mit dem Grundwort -dorf lassen in dieser Gegend auf Gründungen des 10. und 11. Jh. schließen. Er wird als „ein mit einer Dornenhecke geschütztes Dorf" gedeutet (ROSENKRANZ 1982). Auf das Mitsiedeln von Slawen weisen die Flurnamen Buße, Jammertal (zu *jama* = Grube, Bodenvertiefung), Löske (Haselstaude oder Wald), Lotschke (Wiese), Piske (Sand), und Zettlitz (Siedlung) hin. Dorndorf war Bestandteil der Grafschaft Orlamünde und trotz einiger Besitzungen des in der Umgebung begüterten Grundadels vorwiegend Amtsdorf. Im Jahre 1703 wurden in Dorndorf zwei Mühlen betrieben, und in der Ortschaft wohnten 20 Familien. Der lange Zeit sachsen-altenburgische Ort kam 1922 zum Kreis Rudolstadt. Bis 1930 arbeitete in Dorndorf eine Sattlerei, bis 1932 eine Stellmacherei und bis 1975 eine Schmiede.

1958 entstand die LPG Der Neuerer und 1960 die LPG Am Buchberg. Beide wurden später mit der Genossenschaft in Heilingen zusammengeschlossen. Wirtschaftliche Grundlage bildete bis 1990 die Landwirtschaft; 70% der Berufstätigen waren in diesem Zweig tätig, meist außerhalb des Dorfes in der ehemaligen Kooperation Saaletal, teils auch in den nahe gelegenen Kirschplantagen der LPG (P) Kirchhasel (s. V 1). Die LPG (T) Engerda-Heilingen nutzte einen Stall mit 75 Plätzen zur Milchproduktion. Es bestand außerdem eine Produktionsstätte des VEB Elektrogerätewerk Bad Blankenburg. Von 1950 bis 1990 gehörte die Ortschaft Rödelwitz (s. F 2) zu Dorndorf. Gegenwärtig ist Dorndorf Bestandteil des Gemeindeverbandes Uhlstädt. Die Landwirtschaft spielt keine Rolle mehr. Ein Fenster- und Türenbetrieb, eine Gaststätte, etwas Fremdenverkehr und eine Revierförsterei bilden die heutige Gewerbestruktur.

F 6   Die Gebäude des Haufendorfes Dorndorf gruppieren sich im Talgrund, vorzugsweise an der linken Uferseite des Wiedabaches (Wiedbach), den eine etwa 200 Jahre alte, wieder erneuerte Steinwölbbrücke überquert. Gut erhaltene Fachwerkhäuser, die Bestandteil einiger noch vorhandener Dreiseithöfe sind, prägen das Bild des Ortes. An der Wölbbrücke steht ein Fachwerkgebäude, das auch Drachenhaus genannt wird. Entlang dem Wiedbach schufen die Bewohner eine Grünanlage mit Springbrunnen und Freikegelbahn, die zu einem Zentrum des dörflichen Lebens in Dorndorf geworden ist. Die Dorfkirche aus dem 17. Jh. besitzt einen quadratischen Chor, auf dem der Turm steht (Abb. 18).

Abb. 18. Kirche und Steinwölbbrücke in Dorndorf

Die Wetterfahne in Form eines Drachenkopfes weist auf den Roman „Die aus dem Drachenhaus" von MARTHE RENATE FISCHER hin, der in Dorndorf spielt.

F 6

Ein alter Volksbrauch, das im Zeitraum von 1898 bis 1957 alljährlich gefeierte Rosenfest, soll wieder aufleben.

Heilingen, Landkreis Saalfeld-Rudolstadt (Abb. 19)

F 7

Im N überragt von den steil ansteigenden Hängen des Ritschenberges und des Mordberges und im S von den bewaldeten Buntsandsteinhöhen der Kulmsen, erstreckt sich das Dorf beiderseits des im Talgrund mäandrierenden Wiedbaches. Wie die meisten Nachbarorte wird auch Heilingen in der Schenkungsurkunde des Mainzer Erzbischofs SIEGFRIED von 1083 erwähnt, eine ältere Beurkundung gilt als zurückdatierte Fälschung. Trotzdem besteht kein Zweifel, daß Heilingen eine alte Ortsgründung ist, worauf auch der frühdeutsche Name *Heldinge* hinweist, der als *„Leute des Helid"*, von einem Personennamen Held, zu verstehen ist. Bodenfunde und die Flurnamen Bußecke, Culmsen, Deltzkau, Kollnitz, Lausnitz sowie ein schon 1481 genanntes Sorbenholz deuten auf den Anteil von Slawen bei der Besiedlung hin. Außer den frühmittelalterlichen Grabfunden liegen Zeugnisse der Lausitzer Kultur vor.

Heilingen entwickelte sich um mehrere Siedlungskerne: die befestigte Dorfkirche und zwei Adelssitze, der Siedelhof südlich und das Rittergut nördlich

Abb. 19. Heilingen, Ortsmitte mit Kirche

F 7 des Baches. Urkunden des 13. und 14. Jh. erwähnen mehrfach Angehörige einer im Dorfe ansässigen und nach ihm benannten Adelsfamilie. 1328 hatte die Familie von Kochberg die beiden Adelssitze im Besitz. Die bekannteste Persönlichkeit dieser Heilinger Linie war BERNHARD VON KOCHBERG († 1484), einflußreicher Ratgeber des Kurfürsten FRIEDRICH und seines Bruders Herzog WILHELM VON SACHSEN. An die adlige Gerichtsbarkeit erinnert der Thingstein unter der Gerichtslinde vor der Kirche.

Der Ort blieb stets von bescheidener Größe: 1525 wurden aus Heilingen und dem benachbarten Röbschütz 36 Männer entwaffnet, 1669 zählten beide Orte, die schon damals als Verwaltungseinheit angesehen wurden, zusammen 39 Hausbesitzer. Der Kessel vor den steilen südexponierten Muschelkalkbergen war lange Zeit das Zentrum des ausgedehnten Weinanbaus im Hexengrund (s. F 1). Auch der Hopfenanbau war um Heilingen verbreitet. Das Dorf gehörte, zunächst mit Ausnahme des ehemaligen Siedelhofes, bis 1922 zu Sachsen-Altenburg, danach zum Kreis Rudolstadt.

Seit jeher dominierte in Heilingen die Landwirtschaft, deren Kollektivierung mit der Bildung der LPG Schauenforst 1957, der LPG Fortschritt 1960 und der LPG Eintracht 1960 eingeleitet wurde, die 1975 zur LPG Ernst Thälmann Engerda-Heilingen zusammengeschlossen wurden. Die landwirtschaftlich tätige Bevölkerung arbeitete in dieser LPG(T) und in der LPG(P) Kirchhasel bis zu deren Auflösung. Heilingen hat sich der Verwaltungsgemeinschaft Uhlstädt angeschlossen. Neben der Weiternutzung eines Stalles zur Milchviehhaltung durch die Agrargenossenschaft Engerda richteten einige Nebenerwerbslandwirte neue Betriebe ein. Mit Gaststätte, Verkaufsstelle, Friseur und Kindertagesstätte gehört Heilingen zu den gut ausgestatteten Orten des Hexengrundes, was sich auch in der Existenz einer Transportgenossenschaft, eines Maler- und eines Fleischerhandwerksbetriebes ausdrückt.

Über Jahrhunderte sind die Dorfanlage sowie die gebietstypische Fachwerkbauweise erhalten geblieben. Lange Zeit stagnierte die Bautätigkeit in der Gemeinde. Das letzte Haus war 1938, das vorletzte 1898 errichtet worden. Ab 1956 setzte die Erstellung neuer Eigenheime ein. Die dörfliche Bausubstanz besteht heute meist aus einzelnen Wohnstallhäusern, seltener findet man Dreiseithöfe. Die Gebäude ordnen sich an einem Netz strahlenförmig verlaufender schmaler Gassen. Mittelpunkt ist der gut gestaltete Angerbereich, um den sich schöne Fachwerkhäuser, darunter das Gebäude der Gemeindeverwaltung, sowie die Dorfkirche gruppieren. Die Kirche war im 12. Jh. als Wehrkirche entstanden, erhielt im 16. Jh. einen neuen Chor und verfügt über einen Turmbau mit aufgesetztem Kuppeldach und Laterne. Am Turm erkennt man die für Wehrkirchen charakteristischen Schießscharten. Neben der Kirche befindet sich unter einer alten Gerichtslinde ein steinerner Gerichtstisch. Auf dem Friedhof ist das Grab des Pfarrers und Kunsthistorikers HEINRICH BERGNER (1863–1918) bemerkenswert.

Mehrere Häuser tragen Inschriften mit Hinweisen auf die Erbauungszeit der Gebäude. Nennenswert ist das Wohnstallhaus Nr. 46 aus dem 17. Jh. Es ist an den Traufseiten auf Bruchsteinmauerwerk, an der Giebelseite zur Straße hin auf einem Sockel aus behauenen Steinen errichtet. Die vordere Giebelseite und das Obergeschoß in Fachwerkbauweise zeigen Schmuckformen des 17. Jh., wie sie ähnlich an den Bauernhäusern im Rudolstädter Volkskundemuseum zu finden sind (s. U 4). Das Fachwerk der Giebelseite ist symmetrisch angeordnet, in der Spitze kreuzen sich Balken rhombenförmig. An den Traufseiten erscheint das Fachwerk in Form einer Leiter durch eine Reihung kurzer Stiele zwischen Schwelle und Brustriegel.

F 7

Am Ausgang des Dorfes in Richtung Engerda, im NW der Ortslage, entstanden in den siebziger Jahren ein genossenschaftlicher Milchvieh- und ein Kälberstall, die gegenwärtig teilweise die Agrargenossenschaft nutzt.

Röbschütz, seit 1950 Ortsteil von Heilingen

F 8

Das kleine Dorf im Hexengrund zwischen Heilingen und Beutelsdorf hat eine Gemarkung von 195 ha Größe. Es liegt zu beiden Seiten des Wiedbaches, der größte und ältere Teil am linken und ein ehemaliges, seit 1483 zum kochbergischen Siedelhof Heilingen (s. F 7) gehörendes Freigut mit einigen Gebäuden am rechten Ufer. Die Ersterwähnung datiert wie bei den Nachbardörfern aus dem Jahre 1083. Der Ortsname, in der ältesten Schreibweise als *Robesiz* überliefert, bedeutet Leute des *Robis*, *Robes*. Der slawische Personenname enthält das Zeitwort *robiti* = arbeiten. Vom Flurteil Teufelsgraben liegen späthallstattzeitliche und frühmittelalterliche Grabfunde vor.

Auch in Röbschütz übte der Grundadel lange Zeit erheblichen Einfluß aus, doch galt der Ort im Gegensatz zu Heilingen als Amtsdorf. 1960 wurden die Röbschützer Bauern zur LPG Am Wiedbach und zur LPG Frieden zusammengeschlossen, die dann in die größeren Genossenschaften übergingen. Später gehörten sie zur Kooperation Saaletal. Im Ort bewirtschaftete die LPG(T) Engerda-Heilingen lediglich 40 Tierplätze. Anstelle des Weinanbaus früherer Jahrhunderte und der einst verbreiteten Weidewirtschaft waren um Röbschütz Obst und Gemüse angebaut worden. Heute gibt es keine nennenswerte landwirtschaftliche Produktion mehr. Ein Malerbetrieb und ein Taxiunternehmen arbeiten am Ort.

Das Ortsbild zeichnet sich durch gepflegte Fachwerkhäuser aus, die zum großen Teil vor 1870 erbaut worden sind. Die im Jahre 1823 aus Buntsandstein-Werkstein errichtete einbogige Steinwölbbrücke über den Wiedbach (Abb. 20) ist ähnlich der Brücke in Dorndorf charakteristisch für den Steinbrückenbau, wie er vom Mittelalter bis zur Mitte des 19. Jh. üblich war. Sie steht als Denkmal der Verkehrsgeschichte unter Schutz. Der Brückenbogen hat eine Spannweite von 5,50 m und eine Höhe von 2,75 m, das Tonnengewölbe ist 4 m breit. Die Fahrbahnbreite im mittleren Teil beträgt 3 m, an den beiden Auffahrten ist sie größer. Die Stirnwand bachaufwärts trägt einen Stein mit der Jahreszahl 1823.

Nahe der Brücke steht das ehemalige Gemeindehaus, auch Schäferhaus genannt, das im Jahre 1787 im thüringisch-fränkischen Fachwerkstil entstand. Auf seinem Wappenstein ist ein Lamm abgebildet, das Symbol des damaligen Gemeindesiegels. Der gegenüberliegende Hof des ehemaligen Freigutes mit Wohn- und Wirtschaftsgebäuden ist noch vollständig in Fachwerkbauweise er-

F 8

Abb. 20. Gehöft und Steinwölbbrücke in Röbschütz

halten. Mehrere Häuser tragen Inschrifttafeln. An der Gemarkungsgrenze mit Orlamünde steht ein Steinkreuz, das vermutlich als Sühne für einen Totschlag im Jahre 1514 gesetzt wurde.

G 1 Zweifelbach, seit 1970 Ortsteil von Reinstädt

Eine kurze Straße schließt das kleine, im Reinstädter Grund gelegene Dorf an die Landstraße Reinstädt–Kahla an. Die ersten Beurkundungen gehen auf das 14. Jh. zurück. Der Ortsname Zweifelbach wird als *Zwiefaltbach* gedeutet und bezeichnet einen zweigeteilten Bach. Um 1350 gaben JOHANNES KREUWEL und weitere Lehensleute Zins für Güter in Zweifelbach, die Adligen von Eichenberg hatten das Burglehen inne. 1414 gehörten Einkünfte aus Zweifelbach zur Herrschaft Schauenforst, 1447 gaben 11 Hausbesitzer aus Zweifelbach Erbzins ins Amt Leuchtenburg. Die sogenannten Rüstungsverzeichnisse der Jahre 1540 und 1583 enthalten jeweils 12 Leute. Ober- und Niedergerichte in Dorf und Flur Zweifelbach lagen beim Amt Leuchtenburg.

Lange erhielt sich die landwirtschaftliche Struktur des Dorfes, wobei die Bauern die Tallagen als Grün- und Ackerland, die Hanglagen für die Weidewirtschaft nutzten. Im Ort selbst betrieb bis zu ihrer Auflösung die LPG (T) Eichenberg Viehwirtschaft, und die landwirtschaftlichen Nutzflächen bewirtschaftete die LPG (P) Kahla. Gegenwärtig arbeitet im Ort ein Schäfer als Wiedereinrichter im Landwirtschaftsbereich, und die Felder werden von der

Agrargenossenschaft Reinstädter Grund bewirtschaftet. Ein Formenbau- und Kunststoffverarbeitungsbetrieb produziert in ehemaligen landwirtschaftlich genutzten Gebäuden. Die nur zum Teil gut erhaltenen Fachwerkhäuser bewahren die naturfarbene Lehm- oder Ziegelausfachung und vermitteln dadurch den ursprünglichen Gebäudezustand.

Kleinbucha, seit 1968 Ortsteil von Eichenberg G 2

Eine kommunale Fahrstraße, die am westlichen Dorfende beginnt und nach dem östlich benachbarten Dienstädt führt, ist die einzige Verkehrsverbindung des Dörfchens, dessen wenige Häuser sich beiderseits der Straße in einem engen Kerbtal aneinanderreihen. In den Jahren 1349 und 1350 hatte HERMANN VOM TOR das Dorf mit Zubehör vom Markgrafen zu Lehen. 1457 entrichteten 12 Hausbesitzer Berngeld ins Amt, eine früher verbreitete Steuer; in den späteren Steuer- und Rüstungsverzeichnissen fehlt der Ort. Seit spätestens 1443 gehörte Kleinbucha in die Gerichte und Botmäßigkeit derer von Eichenberg.

1967 wurde Kleinbucha nach Dienstädt und mit diesem 1968 nach Eichenberg eingemeindet. Ackerbau wird heute nicht mehr betrieben, Kleinbucha hat in der Gegenwart ausschließlich Wohnfunktion.

Am kleinen Dorfplatz steht die im Jahre 1768 unter Einbeziehung älterer romanischer Teile errichtete Dorfkirche. Ein Brunnen unter einer alten Buche vor der Kirche liefert Quellwasser. Die Wohngebäude der in Kleinbucha vorherrschenden Dreiseithöfe sind durchweg in gutem Bauzustand, während die zugehörigen einstigen Ställe und Scheunen verfallen, da sie kaum noch genutzt werden. Hinter den Gehöften schließen sich steil ansteigende Wiesengrundstücke an. Die Hänge oberhalb der Wiesen sind dicht bewaldet. An der Straße zwischen Dienstädt und Kleinbucha nutzt ein landwirtschaftlicher Wiedereinrichter den ehemals zur LPG gehörenden Stall für die Schafhaltung.

Das Gebiet zwischen Kleinbucha, Martinsroda, Geunitz und der Burgruine Schauenforst ist Teil eines aus Muschelkalk bestehenden Höhenrückens, der von Neckeroda (500 m ü. NN) bis zum Buchberg bei Orlamünde (409 m ü. NN) reicht. Die Verebnungsfläche über den zum Hexengrund (s. F 1) und zum Reinstädter Grund abfallenden charakteristischen Muschelkalksteilhängen ist ein Teil der ehemaligen tertiären Landoberfläche (s. Seite 5). Sie ist mit einem fruchtbaren Verwitterungslehm bedeckt, so daß hier Buchen gut gedeihen können.

Die Verebnungsfläche mit ihren geringen Reliefunterschieden wurde im Mittelalter von der Hohen Straße passiert, einer der damals typischen Höhenstraßen (s. F 4). Dicht nördlich von dieser ist am Fahrweg zwischen Kleinbucha und Martinsroda mittelsteil einfallender Muschelkalk zu sehen. Es sind Schichtenverkippungen entlang der Kleinbuchaer Störungszone, die als südöstliche Fortsetzung der NW–SO streichenden Erfurter Störungszone gilt (PUFF 1966). Die Kleinbuchaer Störungszone ist wie die Leuchtenburg-Störung bei Kahla und die Remdaer Störungszonen (s. Seite 5) in ihrem Mittelteil als Grabenbruch ausgebildet, wobei die eingesunkene Scholle direkt bei Kleinbucha bis zu 60 m gegenüber den Randschollen abgesenkt ist. An die Kleinbuchaer Stö-

G 2 rungszone sind starke Quellen bei Geunitz und am östlichen Ortsausgang von Kleinbucha gebunden. Sie zeigen, daß es entlang der Störung zu Verkarstungserscheinungen kam, die an der Erdoberfläche allerdings nicht bemerkbar sind. Vom Umfang der Kalklösung zeugen aber die an solche Quellen gebundenen Kalktuffausscheidungen.

G 3 Dienstädt, seit 1968 Ortsteil von Eichenberg

Im N überragt vom bewaldeten Kugelberg und im S vom ebenfalls waldbedeckten Buchberg, erstreckt sich Dienstädt in dem 150 m tief eingeschnittenen Tal des zur Saale fließenden Dehnabaches. Die Ersterwähnung Dienstädts geht auf das 14. Jh. zurück. Der Ortsname bedeutet Siedlung eines *Diedo*, *Dedo* oder ähnlich.

Zwei Gutshöfe, einen Weinberg und weitere Güter besaßen in den Jahren 1350 und 1378 mehrere Lehensleute des Markgrafen, einige Güter gehörten zur Herrschaft Schauenforst. 1457 wohnten in Dienstädt 45 Hauswirte, 1525 lieferten 41 Amtsuntertanen und 14 Untertanen der Orlamünder Pfarrei ihre Waffen auf der Leuchtenburg ab. Im 16. Jh. zählte Dienstädt zu den volkreichsten Dörfern des Amtes Leuchtenburg. Im 19. und 20 Jh. jedoch blieb die Einwohnerentwicklung Dienstädts gegenüber den verkehrsgünstiger gelegenen Orten im Saaletal zurück.

Dienstädt war stets ein Bauerndorf. Durch die Kollektivierung wurden 1953 die Bauern in der LPG Thomas Müntzer zusammengeschlossen, und die LPG(T) Neuer Weg Eichenberg hielt im Ort in mehreren Stallanlagen Kühe, Jungrinder und Schweine. Außerdem befand sich in Dienstädt ein Technikstützpunkt der LPG, dessen Gelände jetzt durch die Einrichtung eines Autoabschleppdienstes und der Autoverwertung genutzt wird. Die landwirtschaftliche Produktion übernahm nach der Auflösung der Genossenschaften die Agrargenossenschaft in Eichenberg. Die ehemaligen Ställe werden aber nicht mehr landwirtschaftlich genutzt. Als Wiedereinrichter gibt es einen Schäfer.

Die Häuser gruppieren sich um den Dorfanger, der mit seinem Springbrunnen und den Grünanlagen ein ansprechendes dörfliches Zentrum bildet. Es überwiegen Zweiseit- und Dreiseithöfe. Die meist modernisierten Wohnhäuser stehen giebelseitig zur Straße, die Nebengebäude sind Fachwerkbauten in unterschiedlichem Erhaltungszustand. Zur Ausstattung des Ortes gehören eine kleine Gaststätte mit Fremdenzimmern und eine Verkaufsstelle. Am Dorfrand entstanden in den letzten Jahren einige Einfamilienhäuser.

Die denkmalgeschützte Dorfkirche, eine Wehranlage aus dem 15. Jh., wurde im 18. Jh. erneuert (Anlage G). Sie enthält einen wertvollen spätgotischen Flügelaltar. Die um 1520 geschnitzten Figuren, im Mittelschrein die Madonna, begleitet von Katharina und Barbara, auf den Flügeln Anna und Elisabeth sowie Sebastian und Erasmus, entstanden in einer obersächsischen Werkstatt. Bei der Figur der Maria folgte der unbekannte Schnitzer dem Vorbild einer Madonna des sächsischen Meisters HANS WITTEN, der die Freiberger Tulpenkanzel schuf.

Die Berge um Dienstädt bestehen aus dem Bausandstein des Mittleren Bunt- G 3
sandsteins, dem Chirotheriensandstein und den darüberlagernden Schichten des
Oberen Buntsandsteins, dem Röt. Diese Schichtenfolge nimmt die gesamte
Nordflanke des Dienstädter Kessels zwischen Eichenberg, Dienstädt und dem
Kugelberg ein. Vereinzelt treten in der Schichtenfolge des Röt Gipsbänke auf.
Diese linsenförmigen Gipseinlagerungen machen sich auch in der Formung der
Oberfläche bemerkbar, beispielsweise in dem kleinkuppigen Gelände zwischen
Eichenberg und dem Weg von Dienstädt nach Gumperda. Die tonigen Gesteine
des Röt, die in der ehemaligen Ziegeleigrube in Gumperda als Ziegelrohstoff
abgebaut wurden, wirken als Wasserstauer, so daß an der Untergrenze des dar-
überliegenden Muschelkalks Schichtquellen auftreten, ebenfalls am Wege zwischen Dienstädt und Gumperda zu beobachten. An den Quellaustritten konnte
sich der im Wasser gelöste Kalk in Form von Kalktuffen absetzen und Kalktufflager bilden, wie man gegenüber der Stallanlage zwischen Dienstädt und Kleinbucha sehen kann. Dieses Vorkommen wurde bis in die fünfziger Jahre des 20.
Jh. für die Produktion von Kalktuffziegeln ausgebeutet.

Orlamünde, Saale-Holzland-Kreis, G 4

besteht aus zwei Teilen: der weithin sichtbaren, auf einem Bergsporn 70 m
über dem Saaletal gelegenen oberen Stadt mit Marktplatz, Rathaus, Kirche,
Schule und Kemenate als Rest der ehemaligen Grafenburg und der unteren
Stadt im Saaletal am Fuße des Steilhanges (Abb. 21). Der untere Ortsteil wird
wie bei der Stadt Dornburg auch hier Naschhausen genannt, was jeweils mit
einem Versorgungshof der Burg, dem Naschhaus, zusammenhängen dürfte oder
als „nahe am Haus" erklärt wird. Als Stammsitz der Grafen von Orlamünde
hatte die Stadt im Hochmittelalter eine besondere Bedeutung in der thüringischen Geschichte (s. Seite 13).

Historische Entwicklung G 4.1

Neben zahlreichen meist neolithischen Einzelfunden verweisen Siedlungs- und
Grabfunde auf den Aufenthalt des Menschen am Ende der Jungsteinzeit und
zu Beginn der Urnenfelderzeit in diesem Gebiet. Im Tal fand man ein Grab mit
Ringschmuck aus dem 8. bis 10. Jh. Schriftliche Nachrichten über den Ort, bei
dem die Orla in die Saale mündet (Namenerklärung bei Q 1), sind aus dem
11. Jh. bekannt. Als Erzbischof ANNO II. VON KÖLN 1071 beurkundete, von
der Königin RICHEZA von Polen das Land Orla erhalten zu haben, wird unter
den Grenzpunkten Orlamünde genannt. Möglicherweise hat bereits in karolingischer Zeit ein befestigter Platz gegenüber der Mündung der Orla in die
Saale bestanden, der schon frühzeitig Mittelpunkt eines großen kirchlichen
Sprengels mit 30 meist links der Saale gelegenen Ortschaften war. Um 1083
übergab Erzbischof SIEGFRIED VON MAINZ dem Altar St. Pankratius außer der
villa Orlamünde 22 Dörfer mit ihren Zehnten, und um 1200 mußten alljährlich
die Bewohner der Umgebung nach Orlamünde ziehen und ein Opfer darbringen.

G 4.1

Abb. 21. Orlamünde, obere Stadt mit Markt und Kemenate sowie untere Stadt im Saaletal

Weltliche Herren des Ortes waren zunächst die Grafen von Weimar, später die Askanier. SIEGFRIED II. (geb. 1124) aus der pfalzgräflichen Linie Ballenstedt nannte sich zuerst Graf von Orlamünde. Nach Erlöschen dieser Linie erhielt Markgraf ALBRECHT DER BÄR den Besitz. Seine Nachkommen bauten die 1115 erstmals als solche erwähnte Orlamünder Burg zur Residenz aus. 1248 erfolgte eine Teilung der Grafschaft in die osterländische Linie Orlamünde und die thüringische Linie Weimar. Graf HEINRICH IV. stiftete 1331 das Wilhelmiterkloster am Neumarkt und fand seinen Sohn HEINRICH V. mit der kleinen Herrschaft Schauenforst (s. F 3) ab, ehe er im Jahre 1344 seinen Territorialbesitz dem Land- und Markgrafen FRIEDRICH II. verkaufte, wodurch Orlamünde in den wettinischen Machtbereich überging. Der neue Landesherr erhob die ummauerte Burg-Markt-Siedlung zur Stadt (1344: *stat*). Orlamünde blieb

weiterhin kirchliches Zentrum und wurde nunmehr Sitz einer Pflege, seit 1451 G 4.1
eines Amtes als Inbegriff der Justiz-, Finanz-, Militär- und Domänenverwaltung. Um 1468 kam es zum Amt Leuchtenburg.

Eine Bannmeile begünstigte die Handwerker der Stadt, indem den Nachbarorten Einschränkungen beim Mälzen, Brauen, Backen und Schänken auferlegt wurden. Von Bedeutung war der Weinbau, an den der Name des ehemaligen Vorwerks Winzerla, im 11. Jh. *Winzurle*, erinnert. Eine nahe der Stadt gelegene Winzersiedlung *Strumpilde* wurde wüst. Die Quelle des Ortes diente schon im 16. Jh. der Wasserversorgung der Stadt Orlamünde.

Im 15. Jh. begann die Burganlage zu verfallen, die bereits im Thüringer Grafenkrieg 1345 Schäden davongetragen hatte. Die Kemenate der Burganlage wurde in der Folgezeit meist als Getreidespeicher, auch Kornhaus genannt, genutzt. Die reichen Einkünfte der Pfarrei Orlamünde konnten 1502 bei Gründung der Universität Wittenberg für deren Unterhalt bereitgestellt werden. Deshalb spielte Orlamünde in der Reformation eine nicht unbedeutende Rolle. Wegen dieser Beziehung konnte der in Wittenberg als Bilderstürmer und radikaler Reformer vertriebene ANDREAS BODENSTEIN, genannt KARLSTADT, nach Orlamünde ausweichen und knapp zwei Jahre als Ortspfarrer wirken. Seine Auseinandersetzungen mit LUTHER setzte er jedoch fort, so daß er 1524 ganz aus dem wettinischen Territorium ausgewiesen wurde.

In der zweiten Hälfte des 16. Jh. bemühte sich der Orlamünder Stadtrat um eine Erweiterung der städtischen Rechte, vor allem der Gerichtsbarkeit, die der Landesherr beanspruchte. Das schon im Jahre 1278 als *burchtinck* bezeichnete Orlamünder Burg- und Rügegericht, dessen Laube für die Tagungen auf dem Markt errichtet wurde, bestand bis zum Jahre 1855. Beutelsdorf, Röbschütz, Heilingen, Dorndorf und Engerda waren die ersten Gerichtsorte, zu denen im 16. Jh. Freienorla, Zeutsch, Dienstädt, Wüstenbibra und die Wüstung Neschnitz hinzukamen. Im Oktober 1806 besetzten französische Truppen die Stadt, preußische und sächsische Gefangene wurden in der Kemenate festgehalten.

Frühzeitig ist auch die Existenz einer mit der Stadt und Burg Orlamünde eng verbundenen Ansiedlung am Fuße des Berges im Saaletal belegt. Mit dieser Naschhausen genannten Siedlung bildete die obere Stadt Orlamünde stets eine rechtliche Einheit, doch unterschied man im 14. Jh. zwischen der *civitas* auf dem Bergrücken und der *villa sub castro dicta Naschusin* im Tale. Die Einwohner beider Ortsteile genossen gleiche Rechte und Pflichten, doch waren in Naschhausen Angehörige des Grundadels mit 8 Höfen belehnt. Ende des 15. Jh. einigte sich der Rat mit den Nachbarorten über das Bierbrauen und unterhielt im unteren Ortsteil eine freie Schankstatt. Die schon 1194 erstmals erwähnte Saalmühle gehörte dagegen zum Amt. 1518 wohnten in Naschhausen 14 hausbesitzende Bürger. Bis zur Mitte des 19. Jh. blieb der untere Ortsteil im Saaletal klein, erst mit dem Bau der Landstraße, der Saale-Eisenbahn von 1871 bis 1874 (s. V 4) und der Bahnlinie Orlamünde–Pößneck (s. Q 2) gewann der Ortsteil Naschhausen, nunmehr immer häufiger als untere Stadt bezeichnet, zunehmend an Bedeutung. Die am Ende des 19. und zu Beginn des 20. Jh. in Orlamünde aufkommenden Gewerbe der Spielwaren- und Zigarrenproduktion, Porzellanmalerei, eine Kunsttischlerei und mehrere Handwerksbetriebe wählten

G 4.1 als ihre Standorte überwiegend das eisenbahnnahe Naschhausen, in dem sich auch viele Pendler ansiedelten. Die obere Stadt behielt mit Ausnahme der Post die wichtigsten Verwaltungs- und Dienstleistungseinrichtungen.

G 4.2 Stadtfunktion und Stadtbild

Auch in der Gegenwart hält diese Funktionsteilung an, wenngleich durch die Errichtung eines Kindergartens, einer Sparkassenfiliale sowie je einer Versandhandels- und Versicherungsagentur Dienstleistungsfunktionen jetzt auch im unteren Ortsteil angesiedelt sind. Die wichtigsten Produktionsstätten Orlamündes befinden sich im unteren Ortsteil, beispielsweise die Orba-Bau GmbH, die aus einer von mehreren Bauhandwerkern gegründeten Produktionsgenossenschaft des Handwerks hervorgegangen ist. Als Teil des Kreisbaubetriebes hatte dieses Unternehmen vor der Reprivatisierung seine juristica Selbständigkeit verloren. Die aus der PGH Elektrotechnik entstandene Elektroanlagenbau GmbH und ein privater Transformatorenbaubetrieb sind ebenfalls in der Unterstadt angesiedelt. Die am Beginn des 20. Jh. bedeutsame Gemüse- und Spargelproduktion wird seit dem Bau der Ortsumgehungsstraße in den Jahren 1966 bis 1969 (heutige B 88) nicht mehr auf gewerblicher Basis durchgeführt. Auch die zeitweilig angesiedelten verschiedenen Gewerbe in unmittelbarem Umkreis des Bahnhofes wie Holzausformungsplatz, Betonteileproduktion, Kiesgruben, Zweigbetrieb eines Pößnecker Plastikbetriebes, hatten nur begrenzte Daseinsdauer.

Die historisch gewachsene Versorgungsfunktion, die Orlamünde für sein unmittelbares Umland und die Dörfer des Hexengrundes hatte, ist durch die Zugehörigkeit dieser Orte zum Kreis Rudolstadt, später zum Landkreis Saalfeld-Rudolstadt, bzw. zum Saale-Holzland-Kreis sowie durch die wachsende Zentralortfunktion der Stadt Kahla permanent gesunken. Zunächst hatte sich eine Verwaltungsgemeinschaft Orlamünde gemeinsam mit den umliegenden Dörfern gebildet, 1994 schloß sich die Stadt Orlamünde der Verwaltungsgemeinschaft „Südliches Saaletal" mit Sitz in Kahla an, der größten derartigen Einrichtung im Land Thüringen.

Der schon lange andauernde Rückgang der Zentralortfunktionen Orlamündes zeigte sich auch an der Entwicklung des Handwerks, denn am Anfang der achtziger Jahre waren im unteren Ortsteil nur noch eine Schmiede, ein Klempner- und ein Tischlerbetrieb sowie ein Friseur vorhanden. Auch in der Oberstadt blieben von ehemals zahlreichen Gewerken nur noch je ein Dachdecker-, Steinmetz-, Elektroinstallations- und Nähmaschinenreparaturbetrieb übrig. Durch die Neueröffnung von Heizungs- und Elektroinstallationsbetrieben und durch Wiederinbetriebnahme einer Fleischerei ist das Handwerk neuerdings etwas verstärkt worden. Dagegen ist seit 1989 ein starker Wandel im Handel und im Gaststättengewerbe festzustellen. Von den ehemals von der Konsumgenossenschaft Ostthüringen unterhaltenen Geschäften wird nur noch die im unteren Ortsteil seit 1905 bestehende Konsum-Lebensmittelverkaufsstelle betrieben. Neu eröffnete Geschäfte, Gaststätten, Eiscafés in der Ober- und Unterstadt tragen dazu bei, daß sich in Orlamünde der Tourismus verstärkt. Dazu entstanden nicht nur zwei Wochenendsiedlungen in den Flurstücken Klinge und Auf dem Forst, sondern auch einige Privatpensionen und das städtische Fremdenverkehrsbüro.

Die Versorgungsfunktion Orlamündes für die umliegenden Orte erstreckt sich nur noch auf die staatliche Regelschule, den Kindergarten, die Arzt- und Zahnarztpraxis sowie die Sparkasse. Während vor 1989 nahezu 600 Auspendler, das waren mehr als zwei Drittel der Berufstätigen, nach Kahla, Jena und Rudolstadt, z. T. sogar bis zur Maxhütte Unterwellenborn und nach Weimar zur Arbeit gefahren sind, hat sich die Pendlerzahl jetzt stark abgeschwächt. Allerdings fährt eine größere Schülerzahl zum Besuch des Gymnasiums nach Kahla. Die Schulkinder aus Hummelshain, Groß- und Kleineutersdorf, Freienorla, Eichenberg, Dienstädt und Kleinbucha kommen in die Regelschule nach Orlamünde.

Die seit Jahren sinkende Einwohnerzahl Orlamündes verminderte sich in den letzten Jahren infolge der schwachen wirtschaftlichen Basis noch stärker, trotz des Neubaus von Wohnungen am Hausberg. Durch den Anschluß der Unterstadt an das Erdgasnetz im Jahre 1993, den Bau einer Telekom-Zentrale als Ersatz für die Telefonvermittlung aus dem Jahre 1923 neben der Schule sowie durch umfangreiche Erneuerungsarbeiten am Wasser-, Abwasser-, Elektroenergie- und Straßennetz verbesserte sich die Wohnqualität.

Die O r t s b i l d e r der beiden Stadtteile unterscheiden sich wesentlich: Die obere Stadt (Abb. 22) wahrt den Charakter einer historisch gewachsenen Kleinstadt, deren Altstadtgrundriß, eine ehemals ummauerte Fläche von 50 m × 500 m Größe, sowie die Grundstücksgrößen noch auf mittelalterliche Zeit zurückgehen. In der Burgstraße und am Markt sind mehrere herausragende Gebäude unter Denkmalschutz gestellt (Anlage G). Der langgestreckte Marktplatz in der Form eines nach O zeigenden spitzen Dreiecks ist in dieser Unregelmäßigkeit für vorstaufische Städtegründungen charakteristisch und steht insgesamt als Kulturdenkmal unter Schutz. Seine heutige Bebauung setzt sich jedoch überwiegend aus jüngeren, traufseitig zum Platz orientierten zweigeschossigen, durchweg verputzten Fachwerkgebäuden zusammen, die erst nach den letzten Stadtbränden 1734 und 1761 entstanden sind. Nach dem Dreißigjährigen Krieg lagen in der Stadt 43 Häuser wüst (1670). Von ihnen waren im Jahr 1735 erst 7 wieder aufgebaut.

Auf die ältere Zeit weisen nur das obere Tor, ein vor 1442 errichtetes, mit einem Fachwerkgeschoß überbautes Stadttor, sowie das Gebäude des ehemaligen, 1331 gegründeten Wilhelmiter-Klosters hin, das 1521 abbrannte und 1525 säkularisiert wurde. Das heutige Klostergebäude, an dessen Südfassade die Reste der ehemaligen gotischen St. Jacobskirche zu sehen sind, stammt größtenteils aus der Reformationszeit und weist im Erdgeschoß einen größeren Raum auf.

Das durch einen Nürnberger Erker auffallende große Gebäude zwischen Stadttor und Kloster ist erst im 19. Jh. im Neurenaissancestil als Wohnhaus entstanden, enthält aber im Erdgeschoß ältere Epitaphe. Ein durch eine Gedenktafel gekennzeichnete Gebäude, in dem ein Streitgespräch zwischen LUTHER und KARLSTADT (s. G 4.1) stattgefunden hat, stammt ebenfalls erst aus späterer Zeit.

G 4.2

Abb. 22. Orlamünde, Altstadt

Das Rathaus, das den Marktplatz im O begrenzt, ist ein repräsentativer, dreigeschossiger und rechteckiger Bau mit unregelmäßiger Achsenverteilung. Ab 1493 entstanden, wurde das mit spätgotischen Bauelementen verzierte Haus im ersten Jahrzehnt des 16. Jh. vollendet. In der zweiten Hälfte des 17. Jh. erfolgte ein Umbau, 1864 eine Restaurierung und Erweiterung. Die Hauptschauseiten sind die Ostwand und der Südgiebel. Das gewölbte Erdgeschoß hat ein spitzbogiges Portal mit profilierten Gewänden. Die Fenster an der Nordseite stammen aus dem 19. Jh. Im ersten Obergeschoß fallen zwei große spätgotische Vorhangbogenfenster mit durchkreuzten Stäben auf, dahinter liegt das Sitzungszimmer mit einer Balken-Bretter-Decke. Die Fenster des zweiten Obergeschosses stammen von 1864. Alle Geschosse sind durch profilierte Gesimse getrennt, hier zeigt sich bereits die Gestaltungsweise der Renaissancezeit. Gaupen

und ein achteckiger schiefergedeckter Dachreiter mit geschweiftem Spitzhelm G 4.2
beleben die Dachzone. An der Südseite ist am ersten Obergeschoß ein Doppelwappen – das der Stadt Orlamünde und das mit der sächsischen Raute – angebracht. Ein Eckstein mit der Jahreszahl 1690 wurde an der Südwestecke vor wenigen Jahren bei Restaurierungsarbeiten freigelegt. Im Rathaus wurden Ratssitzungen abgehalten, es diente auch dem Verkauf von Tuchen sowie Fleischwaren.

Östlich des Rathauses beginnt die Burgstraße, die im westlichen Teil ebenfalls marktähnlich erweitert ist. In diesem Teil befindet sich, wie auch auf dem Markt, ein Wasserbecken, in beiden Fällen sind das Zisternen, die für die Wasserversorgung und Brandbekämpfung im hochgelegenen und stets wasserarmen Orlamünde notwendig waren, bevor der Ort 1904 mit einer Hochdruckwasserleitung aus der Saaleaue versorgt wurde.

In Häusern der Burgstraße und am Markt, vereinzelt auch in Gebäuden außerhalb der ummauerten Stadt, findet man häufig romanische Säulen eingebaut. Sie stammen mit großer Wahrscheinlichkeit vom ehemaligen Palas der Burg. In der Mitte der Burgstraße zweigt ein gepflasterter Weg ab, der durch das ehemalige Hohe Tor zur unteren Stadt steil hinunter führt. Dieses Tor ist ebenso verschwunden wie das in der Nähe des Rathauses an der Straße nach Dienstädt gelegene, das 1893 abgebrochen worden ist.

Am Ende der Burgstraße stand das dritte Schulgebäude der Stadt, ein Fachwerkhaus aus dem Jahre 1839 mit einem Ziegelanbau von 1900. Die erste Schule war 1337 an das Kloster gebunden. Nach der Reformation diente das Diakonatsgebäude gegenüber der Kirche als zweite Unterrichtstätte. An seiner Stelle steht jetzt ein Wappenstein, der an den ehemaligen Edelhof im Stadtteil Naschhausen erinnert. Östlich des ehemaligen Schulgebäudes beginnt hinter einem noch erkennbaren Graben das Burggelände, in dessen westlichstem Teil der alte Friedhof und die Stadtkirche St. Marien liegen. Diese Kirche weist einen gotischen Turm mit barockem Dachaufbau auf. Das Langhaus wurde 1767/68 in einem schmucklosen Spätbarockstil errichtet. Im Innern birgt die Kirche als nahezu einzigen Schmuck ein Reliefbild des Herzogs JOHANN FRIEDRICH DES GROSSMÜTIGEN, des Gründers der Universität Jena. Vor der Südseite des Kirchenschiffes erinnert neuerdings ein Gedenkstein an das Wirken ANDREAS VON BODENSTEINS in Orlamünde (s. G 4.1).

Im Gelände des Pfarrhofes beginnen die Mauern der ehemaligen Vorburg der Grafenburg, die den sogenannten Himmelsgarten einschließen. Im Bereich des Grabens zwischen Vor- und Hauptburg wurde 1922/24 eine Freilichtbühne geschaffen, die noch heute gelegentlich genutzt wird. Dahinter erhebt sich die Mauer der Hauptburg mit gotischer Pforte und romanischem Tor. Wenige Meter von dieser Schildmauer entfernt steht die Kemenate als einziger erhaltener Baukörper der ehemaligen Grafenburg, die den Mauerresten entsprechend den gesamten übrigen Bergsporn zwischen Saaletal und Haingraben eingenommen hatte. Die in der ersten Hälfte des 11. Jh. erbaute Kemenate und 1115 urkundlich bezeugte Kemenate ist der älteste Profanbau im Gebiet und das älteste Beispiel dieses Bautyps in Thüringen (Abb. 23). Die Kemenaten, mehrstöckige massive Wehr- und Wohnbauten, sind eine Sonderform des Wohnturms in der mittelalterlichen Burganlage, die eine Mittelstellung zwischen Bergfried und Palas

G 4.2

Abb. 23. Die Kemenate in Orlamünde

einnehmen. Das 6 Stockwerke hohe Bauwerk hat Seitenlängen von 24,9 m und 11,9 m, die Mauerstärke der Untergeschosse beträgt 2,4 bis 2,6 m. Ursprünglich befand sich der Eingang, über eine Holztreppe zu erreichen, an der Ostwand im 3. Stockwerk 9,5 m hoch über der unteren Ebene. Der äußerlich ungegliederte Baukörper bildete einen mächtigen Sperriegel an der Hauptangriffsseite der Burg. Seit der Reformationszeit ist die Kemenate unbewohnt. Ein Plan zu ihrer Umgestaltung in ein Jagdschloß wurde nicht verwirklicht, lediglich das Burggelände erhielt eine parkähnliche Gestaltung. Seit 1979 konnten das Keller- und Erdgeschoß der Kemenate zeitweilig für Veranstaltungen genutzt werden.

Im 19. und 20. Jh. dehnte sich die obere Stadt nach W hin aus. In diesem Gelände befindet sich der um 1600 angelegte neue Friedhof mit einer als Kulturdenkmal geschützten Gottesackerkirche von 1718, die im Inneren eine tonnenförmige Holzdecke zwischen den Emporen aufweist. Am Hausberg erhebt sich das neueste Schulgebäude, die 1973 eingeweihte ehemalige Polytechnische Oberschule Werner Seelenbinder, heute die Regelschule der Stadt.

Oberhalb von Orlamünde auf dem Buchberg befindet sich in 409 m Höhe der 1895 erbaute Kaiser-Wilhelm-Gedächtnisturm, der seit 1964 unter dem Namen Bieler-Turm Treffpunkt für die Einwohner der umliegenden Orte beim

Buchbergfest ist, das jeweils am ersten Septembersonntag mit Chorgesang und Blasmusik vom Heimatverein ausgerichtet wird.

G 4.2

Der untere Stadtteil erstreckt sich entlang der ehemaligen Straße Rudolstadt–Jena über 3 km Länge im Saaletal. Zwischen Steilhang, ehemaliger Mühllache und den Eisenbahnanlagen ist zum Teil nur eine einseitige Bebauung möglich gewesen. Nur im Bereich der Einmündung des Hainbaches, wo sich ein kleiner Schwemmfächer gebildet hat, ist das Zentrum der unteren Stadt entstanden. Hier befand sich bis 1970 der Edelhof, der ehemalige Wirtschaftshof der Burg. An seiner Stelle wird durch den Neubau eines Wohn- und Geschäftshauses durch die Sparkasse Jena der Unterstadt jetzt wieder eine städtebauliche Dominante gegeben, ähnlich wie sie der Edelhof einst darstellte. Am sogenannten Mittelkreis befinden sich die meisten Gaststätten und Geschäfte des unteren Stadtteiles. Von hier zweigt die Straße nach Pößneck ab, die über die 1950 errichtete Eisenbetonbrücke über die Saale führt. Diese ersetzte die 1890 erbaute, aber 1945 gesprengte Stahlfachwerkträgerbrücke. An dieser Stelle ist ein Saaleübergang schon seit dem 12. Jh. nachweisbar. Seine Holzpfahlgründung ist am Saaleufer wenig oberhalb der jetzigen Brücke noch deutlich sichtbar.

Am östlichen Ortsausgang von Naschhausen liegt oberhalb des Bahnhofes auf der Saalehauptterrasse der Ortsteil Siedlung, seit 1938 mit Einfamilienhäusern bebaut. Durch eine Umgehungsstraße in unmittelbarer Nähe der Eisenbahn ist nicht nur die Verkehrssituation bei der Ortsdurchfahrt seit 1970 verbessert worden, sondern mit diesem Bau ist auch die ehemalige Mühllache verfüllt worden, so daß fast alle Häuser der Rudolstädter Straße Gärten zwischen Hausgrundstück und jetziger Bundesstraße erhalten haben. Das Ortsbild hat sich damit erheblich verbessert.

Rechts der Saale in dem Areal „Zwischen den Brücken" befinden sich die Gebäude des Orba-Baubetriebes, eine Kleingartenanlage und weiter in Richtung Freienorla der Sportplatz mit einer Kegelbahn und eine weitere Kleingartenanlage. Das etwa 1,5 km westlich von Orlamünde gelegene ehemalige Vorwerk Winzerla, vor der Wende zur Jungrinderaufzucht genutzt, dient heute nur noch als Wohnplatz.

Etwas entfernt vom westlichen Rand der unteren Stadt liegen die Gebäude der ehemaligen Saalmühle, deren Wehr und Mühlgräben nach 1965 beseitigt wurden, die Gaststätte Mühlbergschänke, die aus dem 1919 erbauten Elektrizitätswerk Orlamünde hervorging, und das Orlamünder Wasserwerk. Direkt an der Straße nach Zeutsch steht an der Einmündung des Petzlartales in das Saaletal die im Jahre 1872 eröffnete Ziegelhütte. Auf ihrem Gelände befindet sich der einzige in den neuen Bundesländern erhaltene Einkammerofen, ein aus Ziegeln gemauertes Tonnengewölbe von 6,30 m Länge und 2,35 m Höhe als ein technisches Denkmal. Der eigentlich für die Technik des frühen 19. Jh. charakteristische Einkammerofen wurde vermutlich erst im Jahre 1906 errichtet. Als Rohstoffe nutzte die Ziegelei Schwemmlöß, der sich am Ausgang des Petzlar- bzw. Lindigtales abgelagert hatte. Der Ofen erzeugte mehr als 300 000 Steine jährlich, letztmalig wurden in ihm 1924 Ziegel gebrannt.

An den maximal 80 m hohen Hängen des Saaletals bei Orlamünde sind Teile der Schichtenfolge des Unteren und Mittleren Buntsandsteins aufge-

G 4.2 schlossen. Besonders instruktiv ist das als geologisches Naturdenkmal ausgewiesene Profil am Stadtberg Orlamünde, wo die Grenzzone zwischen beiden Schichten unverhüllt ansteht. Der Untere Buntsandstein setzt sich hier aus rotgefärbten Tonsteinen und tonigen Sandsteinen zusammen, denen rötliche bis gelbliche, häufig kreuzgeschichtete Sandsteinbänke eingeschaltet sind. In diese Schichten sind in der Ortslage der unteren Stadt zahlreiche Keller gegraben worden, da die meisten Häuser in der Saaleaue wegen des hohen Grundwasserstandes und der einstigen Überschwemmungsgefahr nicht unterkellert sind.

Darüber folgen weiße Sandsteine des Mittleren Buntsandsteins, feldspatführende dickbankige Sandsteine, die sich gut als Werksteine brechen lassen und daher seit dem Mittelalter bei Orlamünde abgebaut wurden, besonders im Petzlartal und am Forstberg. Die Kemenate und andere Gebäude in Orlamünde bestehen vorwiegend aus diesem Material. Der große Steinbruch im Lindig bei Orlamünde diente allerdings nicht vorrangig der Werksteingewinnung, sondern wurde zwischen 1837 und 1955 hauptsächlich zum Abbau von Feldspatsand für die Porzellanproduktion betrieben.

Von den zahlreichen ehemaligen Weinbergen in der Umgebung Orlamündes, hauptsächlich am Südhang des Forstberges und nördlich von Winzerla, sind die Terrassen, teilweise mit noch vollständig erhaltenen Trockenmauern dazwischen, gut zu erkennen.

H 1 Bibra, Saale-Holzland-Kreis,

liegt im unteren Abschnitt des Reinstädter Grundes. Der Ort, mundartlich *bewer* genannt, und in der ältesten Schreibweise als *Bibera* überliefert, ist nach dem gleichnamigen Biberbach bezeichnet, das ist der frühdeutsche Name des Reinstädter Baches. Eine weitere Siedlung namens Bibra wird im Jahre 1350 als wüstliegend *(deserta bibra)* bezeichnet und bestand damals nur noch aus einer zwischen Geunitz und Wittersroda gelegenen, 1414 zur Herrschaft Schauenforst gehörenden Mühle.

Im Jahre 1335 nennen die Urkunden einen HERMANN VON BIBRA als Dechant des Marienstiftes Erfurt. Diese Angabe wird als der erste Hinweis auf Bibra gewertet, denn es ist anzunehmen, daß er aus diesem Dorfe stammte oder hier begütert war. Seit dem 14. Jh. ist in schriftlichen Unterlagen eine Trennung des Ortes in ein der Pflege Leuchtenburg eingeordnetes Amtsdorf und ein dem Grundherrn von Eichenberg unterstehendes und zu Orlamünde gerechnetes Adelsdorf zu erkennen. 1457 gehörten 7 Männer ins Amt und 5 Männer zur Pflege Orlamünde. 1511 hatte das Amt Leuchtenburg alle Gerichte inne.

In der kleinen, mehrfach umgebauten Kirche ist in der romanischen Apsismauer ein Achtpaßstein erwähnenswert, eine seltene und wertvolle Steinmetzarbeit. Die Glocke wurde in der ehemaligen Rudolstädter Glockengießerei JOHANN MEYER 1768 gegossen.

Trotz der Nähe zur Stadt Kahla prägte die Landwirtschaft das Dorf; die ehemalige LPG (T) Reinstädt hielt hier Schweine und Jungrinder. Nach 1990 verlor die Landwirtschaft als Produktionsbasis an Bedeutung. Es gibt keinen Wiedereinrichter, die Felder werden von der Agrargenossenschaft Kahla bewirtschaftet. Begünstigt durch die Nähe der Stadt Kahla, haben sich einige kleinere Gewerbebetriebe des Bauwesens angesiedelt. Gasthof, Verkaufsstelle und Fleischerei ergänzen das Arbeitsplatzangebot. Das Ortsbild bestimmen Dreiseithöfe. Die Wohnhäuser sind größtenteils verputzt, die zugehörigen Gebäude sind Fachwerkbauten. Am Ortsausgang in Richtung Kahla entstanden einige Einfamilienhäuser.

H 1

Eichenberg, Saale-Holzland-Kreis (Abb. 24)

H 2

Auf der Eichenberger Flur wurden am Rennerweg Brandgräber der Lausitzer Kultur vom 12. bis 10. Jh. v. Chr. aufgefunden. In der 1194 erstmals erwähnten *villa Eicheneberg* waren im Jahre 1350 HERMANN SCHIEK, THEODORICH VON BLANKENBERG und andere vom Markgrafen mit Zinsen belehnt. Vor allem war das einflußreiche Grundadelsgeschlecht von Eichenberg im Dorf begütert und hatte im 15. und 16. Jh. hier sowie in Niederkrossen und weiteren Ortschaften Lehen des Markgrafen, der Äbte von Saalfeld sowie der Grafen von Schwarzburg und von Gleichen inne. WOLF VON EICHENBERG stellte im zweiten Viertel des 16. Jh. 25 Bewaffnete und gemeinsam mit seinem Niederkrossener Vetter BALTHASAR 6 Ritterpferde. Nach den Trank- und Türkensteuerregistern unterstanden ihm in seiner Stellung als Kanzleischriftsasse die Dörfer Eichenberg

Abb. 24. Eichenberg

H 2 und Kleinbucha. Gegen Ende des 18. Jh. gelangte das große Rittergut nach mehrmaligem Besitzwechsel in die Hand anderer adliger und bürgerlicher Familien, 1823 an die Familie Löber. 16 Wappen der Eichenbergschen Verwandtschaft zeigt der Herrschaftsstand der Kirche, die im Jahre 1194 zur Pfarrei Orlamünde gehörte.

Eichenberg ist der Hauptort der Gemeinde, zu der auch die Nachbarorte Dienstädt und Kleinbucha sowie die Wohnplätze Martinsroda und Dehnamühle am Dehnabach gehören. Bis zur Wende war Eichenberg Mitglied des Gemeindeverbandes Kahla. Im Dorf befand sich der Verwaltungssitz der LPG (T) Neuer Weg, die sich vorzugsweise mit der Rindermast befaßte. Schon in den fünfziger Jahren entstanden größere Landwirtschaftsbauten. Zwei Drittel der in Eichenberg wohnenden Werktätigen arbeiteten damals in der Landwirtschaft. Heute werden die Pflanzen- und Tierproduktion von der Agrargenossenschaft Neuer Weg betrieben. Sie bewirtschaftet Flächen von Orlamünde, Dienstädt, Großeutersdorf und Kleinbucha und nutzt die vorhandenen Stallanlagen am östlichen Ortsrand zur Rinder- und Schweinehaltung. Einzelbäuerliche Wiedereinrichter existieren nicht.

In seiner räumlichen Anlage ist der am Hang liegende Ort ein aufgeweitetes Rundplatzdorf. Sein Zentrum wird vom Dorfplatz gebildet, der von zweigeschossigen Gebäuden in Dreiseit- und Winkelhöfen sowie einigen einzelstehenden Wohngebäuden umgeben ist. Viele Wohnhäuser in Eichenberg sind verputzte Fachwerkhäuser mit oftmals großformatigen Fenstereinbauten. In der Nähe der Dorfkirche sind einige wenige Wohn- und Wirtschaftsgebäude mit den traditionellen Laubengängen erhalten. Der Ort ist mit einer Gaststätte mit einigen Fremdenzimmern, einer Getränkeverkaufsstelle und einer Gemeindebücherei ausgestattet. Bauflächen am westlichen Ortsrand sind dem Wohnungsbau vorbehalten.

In einem Steinbruch ist die Schichtenfolge des Bausandsteins des Mittleren Buntsandsteins aufgeschlossen. Dieser grobbankige rotbraune Sandstein lieferte bis ins 19. Jh. Werksteine, die vor allem für Fenster- und Türgewände benutzt wurden. In der Ortsflur von Eichenberg nordwestlich des Dorfes ist es 1991 zu einem Erdfall nach Auslaugung des Röt-Gipses gekommen. Bei seiner Untersuchung stellte sich heraus, daß im gleichen Gebiet fossile Erdfälle vorhanden sind, die mit pleistozänem Saaleschotter der Hochterrasse gefüllt sind.

H 3 Walpersberg

Der Raum zwischen Kahla, Bibra, Eichenberg und Großeutersdorf wird vom Walpersberg eingenommen, der sich etwa 150 m über der Saaleaue erhebt. Abgesehen von den Schichten am Bergfuß, die dem Unteren Buntsandstein angehören, wird der Walpersberg vom Mittleren Buntsandstein aufgebaut. Wie auch zwischen Kahla und Altendorf, wo heute Feldspatsandstein als Rohstoff für die Porzellanproduktion abgebaut wird, befindet sich am Walpersberg ein Sandstein mit besonders hoher Feldspatführung. Der Gehalt beträgt rund 25%, d. h. ein Viertel der Sandkörner besteht aus Orthoklas, den Rest bilden im wesentlichen Quarzkörner. Solche Feldspatsandsteine oder Arkosen entstanden in einem ariden, d. h. trockenen wüstenhaften Klima, so daß chemische Verwitterungsvorgänge, bei denen Wasser beteiligt ist, den Feldspat nicht zersetzen konnten.

H 3

Im Jahre 1900 begann der ehemalige KAHLA-Konzern am Walpersberg mit dem Untertageabbau auf Feldspatsandstein, der bis 1939 andauerte. Danach baute die Rüstungsindustrie die Abbaukammern zu einem unterirdischen Flugzeugwerk aus. In diesen Produktionsanlagen des REIMAHG-Konzerns mußten Zwangsarbeiter aus vielen europäischen Ländern, darunter viele Belgier, unter schwersten Bedingungen arbeiten. Das Andenken an die damals gequälten Menschen hielt ein Gedenkstein im Dehnagrund wach, der später in den Leubengrund östlich von Kleineutersdorf umgesetzt wurde. Der Rüstungsbetrieb hatte bis 1945 seine geplante Produktionskapazität noch nicht erreicht und wurde nach Kriegsende durch die damalige Rote Armee demontiert. Ende der siebziger Jahre wurde ein Teil der Stollen erneut für militärische Zwecke nutzbar gemacht. Nach der Wiedervereinigung übernahm die Bundeswehr das Objekt.

Das südlich des Dehnabaches anschließende Gebiet zeigt die für die oberen Schichten des Unteren Buntsandsteins charakteristische engräumige Zertalung. Da diese Gesteine relativ wasserundurchlässig sind, konnte in einem der bei Großeutersdorf ins Saaletal einmündenden Gründe die zentrale Mülldeponie des Kreises eingerichtet werden.

Großeutersdorf, Saale-Holzland-Kreis,

H 4

liegt 2 km südlich der Stadt Kahla an der Einmündung des Dehnabaches in die Saale an der Bundesstraße 88. Der Ort ist im Jahre 1194 als *Oudenesdorf* oder *Oydesdorf*, Ort eines *Eudwin*, erwähnt. Über ein nach dem Dorf benanntes Landadelsgeschlecht berichten im 13. und 14. Jh. wiederholt die Chroniken. Am Platz des ehemaligen Rittersitzes entstand später die Pfarrei. Die Register des 15. Jh. verzeichnen 36 bis 41 Hausbesitzer. Spätestens im Jahre 1511 standen dem Amt Leuchtenburg alle Gerichte, die Folge und die Steuern zu, doch waren nur 10 Einwohner zur Fron ins Amt verpflichtet. Erbherren waren 1533 die von Eichenberg, MATTHES VON DÖLZIG sowie der Rat zu Kahla. Die Schaftrift am Walpersberg, der sich massiv hinter dem Dorfe erhebt (s. H 3), nutzten die von Eichenberg und die Gemeinden Großeutersdorf und Eichenberg gemeinsam. 1542 zählte Großeutersdorf 42 Bauernhöfe und gehörte damals zu den einwohnerreichsten Ortschaften des Amtes Leuchtenburg.

Vor 1990 war Großeutersdorf Mitglied des Gemeindeverbandes Kahla und hauptsächlich Wohnort für Auspendler, die in erster Linie im benachbarten Kahla arbeiteten. Die örtliche Landwirtschaft beschränkte sich auf einige Viehställe der LPG (T) Eichenberg und ein Kalklager des Agrochemischen Zentrums; die Ackerflächen bestellte die LPG (P) Kahla, und nach deren Auflösung gibt es keine landwirtschaftlichen Betriebe im Ort. Die Felder werden von der Agrargenossenschaft Kahla bewirtschaftet.

Die Bebauungsstruktur widerspiegelt den Übergang eines einstigen Bauerndorfes zu einem Arbeiterwohnort. Es existieren sowohl Dreiseit- und Winkelhöfe als auch Einzelgebäude, die fast alle zweigeschossig sind. Entlang der

H 4 Bundesstraße reihen sich verputzte ältere Fachwerkhäuser und Wohngebäude aus Klinkern. Die zwischen der Bundesstraße und der Eisenbahnlinie gelegenen Häuser sind wegen des hohen Grundwasserspiegels meist ohne Keller und weisen Nässeschäden auf. Nördlich der Hauptstraße erhebt sich auf einer Anhöhe die Kirche, deren erste Erwähnung 1184 datiert und die in den Jahren 1819 und 1842 restauriert und 1986 renoviert wurde. Unterhalb davon ist das alte Gemeindebrauhaus erhalten. Im Versorgungs- und Dienstleistungsgewerbe hat der Ort, wohl auch wegen seiner Lage zwischen den Städten Kahla und Orlamünde, nur eine Mindestausstattung: Gaststätte, Kindereinrichtung und Getränkestützpunkt. Zusätzlich haben sich einige Handelseinrichtungen niedergelassen, die auch überörtlich gefragt sind, wie Autohandel, Teppichwarenhandel, Getränkevertrieb. Ein Fuhrbetrieb und einige Ferienunterkünfte ergänzen das örtliche Arbeitsplatzangebot. Außerdem wird eine kleine gewerbliche Baufläche für den örtlichen Bedarf zur Verfügung gestellt.

Bei Großeutersdorf überquert die sogenannte Schaukelbrücke die Saale, eine im Jahre 1908 erbaute Stahlseilhängebrücke. Diese Fußgängerbrücke ersetzte eine vorherige Kahnfähre bzw. eine Furt. Sie ist 1,50 m breit und überspannt zwischen den beiden Pylonen eine Distanz von 56,50 m. Das 48 mm starke Stahlseil liegt auf 9,20 m hohen Stahlfachwerkpylonen auf. Die Gesamtlänge des Bauwerkes beträgt 90 m. Als am Ende des Zweiten Weltkrieges viele Saalebrücken gesprengt worden waren, blieb die Schaukelbrücke bei Großeutersdorf der einzige passierbare Verbindungsweg zwischen Saalfeld und Jena. Seit 1972 führt unmittelbar neben ihr eine neue Brücke über die Saale, die alte wird als technisches Denkmal erhalten.

Aus Großeutersdorf liegen zahlreiche bemerkenswerte Bodenfunde vor. Ein Gräberfeld der Lausitzer Kultur, das vom Ende des 11. bis zum 9. Jh. v. Chr. etwa 250 Jahre hindurch mit Unterbrechung belegt worden war, wurde in den Jahren 1962−1966 und 1972 am Nordwestrand des Dorfes untersucht. Fundstellen mit Kulturrelikten der Spätlatène- und der römischen Kaiserzeit verteilten sich in der gesamten Ortslage von Großeutersdorf.

H 5 Kleineutersdorf, Saale-Holzland-Kreis

Die Bezeichnungen *Windischen-Eudisdorf* im Jahre 1350 und *Windischen Oydesdorf* 1378 lassen auf slawische Beteiligung an der Besiedlung des rechts der Saale gegenüber Großeutersdorf gelegenen Dorfes schließen (Namenerklärung s. H 4). Kleineutersdorf befand sich in jener Zeit in Lehensabhängigkeit der Burggrafen von Altenberga, die Oberherrschaft besaß jedoch der Markgraf. 1457 gaben 26 Leute Berngeld und Bernhafer ins Amt. 31 Mann waren 1496 zur Türkensteuer veranschlagt, die Harnischregister der Jahre 1511 und 1518 nennen 26 bzw. 30, das Entwaffnungsverzeichnis nach Scheitern des Bauernaufstandes 33, das Rüstungsverzeichnis von 1543 für das Dorf 35 Hauseigentümer. In die Erbgerichte, Zinsen und Frone teilten sich im 16. Jh. die von Eichenberg und der Rat zu Kahla. Obergerichte, Folge und Steuer nahm der Landesherr in Anspruch. Die Kleineutersdorfer Mühle war früher Vertragspartner der Flößerkommune Kahla. Bis zum 19. Jh. blieb Kleineutersdorf fast ausschließlich ein Bauerndorf. Die Kirche, aus Buntsandstein-Quadermauerwerk 1831 errichtet, besitzt ältere Glocken aus der ehemaligen Rudolstädter Glockengießerei.

H 5

Mit der Industrieentwicklung im benachbarten Kahla wandelte sich das Dorf zunehmend zum Auspendlerort. Das Ortsbild widerspiegelt verschiedene Stadien dieser Veränderung: erhaltene Zweiseithöfe, als Wohnhäuser genutzte Fachwerkbauten mit Natursteinsockel sowie Nebengebäude in unterschiedlichem Erhaltungszustand. Am Dorfplatz befindet sich die bis 1972 genutzte alte Schule. An der Lobschützer Straße entstanden einige Einfamilienhäuser.

Die Nähe zur Stadt Kahla wirkt sich auch heute noch günstig auf die Gemeinde aus: Es siedelten sich überörtlich wirksame Gewerbebetriebe an, Wohnungen werden gebaut. Mit zwei Gaststätten und zwei Verkaufsstellen sind Dienstleistungseinrichtungen vertreten.

Auch die Landwirtschaft hat durch Wiedereinrichter im Haupt- und Nebenerwerb, wozu auch eine Gärtnerei zählt, noch Bedeutung. Die übrigen Felder werden von der Agrargenossenschaft Kahla bewirtschaftet, die auch den Rinderstall der ehemaligen LPG am nördlichen Ortsrand nutzt.

Zur Gemeindeflur gehört das Jagdrevier Rieseneck mit seiner auf einer Anhöhe gelegenen, 1712–1727 entstandenen, bemerkenswerten Jagdanlage, mit einem System von Schützenständen, Gräben und Gängen: Vom sogenannten Blasehaus führen überwölbte Stollen und oben offene Gänge, beide sorgfältig gemauert, nach W und N zu Jagdschirmen, von denen aus ein unbemerkter Abschuß des Wildes möglich war. Der Freundeskreis Rieseneck e.V. restaurierte die Anlage und pflegt sie. Zu erwähnen ist auch das erst 1915–1917 unter Herzog ERNST II. VON SACHSEN-ALTENBURG südlich der Jagdanlage errichtete Jagdschlößchen Herzogstuhl, welches vor 1990 vom damaligen VEB Carl-Zeiß Jena genutzt und auch erhalten wurde.

Im nahegelegenen Leubengrund befindet sich eine Gedenkstätte für 6000 Menschen, die in den Jahren 1944/45 als Zwangsarbeiter des Konzentrationslagers Großeutersdorf im REIMAHG-Rüstungs-Konzern arbeiteten und (s. H 3) ihr Leben lassen mußten. An ihr Schicksal erinnert eine mauerartige Wand mit Inschriften und Symbolen des antifaschistischen Widerstandskampfes, umgeben von den Fahnen der 9 Herkunftsländer der Opfer.

Freienorla, Saale-Holzland-Kreis H 6

Bodenfunde der Spätlatènezeit im Flurteil Hahnborn bekunden die Anwesenheit von Elbgermanen im Bereich der Mündung der Orla in die Saale kurz vor der Zeitenwende. Die schriftlichen Nachrichten über das hier gelegene Dorf Freienorla beginnen im 14. Jh. Um 1350 vergab der Markgraf Lehen zwischen *Vrynorla* und *Langenorla*, 1378 bezog er selbst Zinsen und Naturalabgaben aus dem Ort, der im Jahre 1396 von der Pflege Orlamünde zur Pflege Leuchtenburg kam. Der Ortsname Freienorla (Namenerklärung s. Q 1) diente der Unterscheidung zum nahegelegenen Langenorla und weist darauf hin, daß das Dorf unmittelbar dem Orlamünder Burggericht unterstand, das benachbarte Langenorla hingegen einem ortsansässigen Rittergeschlecht (s. Q 4). Im Jahre 1457

H 6 wohnten 26 Hausinhaber in Freienorla, das stets ein Amtsdorf war, obwohl 17 von ihnen denen von Eichenberg zu Niederkrossen zinsten. Die Freienorlaer Spannfröner leisteten Fuhren in die Heide und nach Weimar, bei Bauvorhaben in Orlamünde sowie gegen Erlaß des Brückenzolls bei der Unterhaltung der Saalebrücke. Im 16. und 17. Jh. gab es wiederholt Streit mit der Stadt Orlamünde wegen des Mälzens, Brauens, Backens und Schänkens (s. G 4.1).

Im 19. Jh. wandelte sich das Wirtschaftsprofil des Bauerndorfes in Zusammenhang mit der Entwicklung der Textilindustrie in Neustadt/Orla. Die Firma Gottlob Christoph Schwabe wandelte 1840 die Freienorlaer Obermühle in eine Spinnfabrik mit 900 Spindeln um. 1843 ist dieser Betrieb abgebrannt, wurde aber sofort wiedererrichtet. Nach der Einstellung der Spinnerei dienten die Gebäude kurzfristig einer Holzschuhproduktion, bevor in ihnen 1895 eine Porzellanfabrik eröffnet wurde. In dem dreigeschossigen Fachwerkgebäude wurde Geschirrporzellan hergestellt. Mit maximal 170 Arbeitskräften und 3 Etagenrundöfen war dieser Betrieb bis zu seiner Stillegung 1970 ein wichtiger Arbeitsort für viele Einwohner aus Orlamünde, Freienorla und Niederkrossen. Anschließend diente zwischen 1972 bis 1990 die ehemalige Porzellanfabrik als Obst-, Gemüse- und Speisekartoffellager, und jetzt haben sich ein Autohändler und eine Polsterei niedergelassen. Zu den Handwerksbetrieben (Kunststein- und Terrazzoherstellung, Tischlerei, Kfz-Elektrik) haben sich neuerdings weitere Betriebe wie Bauschlosserei, Heizungsbau und Reinigungstechnik angesiedelt. Ein in dem ehemaligen Sägewerk untergebrachter Betriebsteil Freienorla des Kreisbetriebs für Landtechnik wird jetzt als Filiale der ROTRAK Landtechnik GmbH Rothenstein weitergeführt. Die aus der Untermühle hervorgegangene Pension Demuth mit 18 Betten, das seit 1826 in Familienbesitz befindliche Gasthaus des Ortes sowie die Jugendherberge im Vorwerk Pritschroda binden Freienorla in das Tourismus- und Naherholungsgebiet mittleres Saaletal ein.

Die nach einem Brand 1895 wiedererrichtete Untermühle mit einem unterschlächtigen Wasserrad von 5 m Durchmesser als Antriebsaggregat ist ein bemerkenswertes technisches Denkmal. Die technische Einrichtung der Mühle mit Schrotgang und Walzenstühlen ist charakteristisch für Handwerksmühlen der ersten Hälfte des 20. Jh. Die Mühleneinrichtung ist noch funktionsfähig und zu besichtigen.

Die ehemals von der Kooperation Orlatal bewirtschafteten Flächen des unteren Orlatales dienten auch rings um Freienorla zu einem bedeutenden Anteil dem Gemüseanbau, der auch auf privater Basis erheblichen Umfang hatte. Seit 1990 wird ein Teil der landwirtschaftlichen Nutzfläche von der Agrargenossenschaft Kahla, von einem Privatbauern im Haupterwerb und von zwei landwirtschaftlichen Wiedereinrichtern im Nebenerwerb bewirtschaftet.

Das Dorf weist in seinem Ortsbild die charakteristischen Merkmale eines in Umformung begriffenen ehemaligen Bauerndorfes auf: Hofanlagen mit Fachwerkhäusern in unterschiedlich gutem Bauzustand und Umbauten früherer Bauernhäuser in Anpassung an städtische Bauformen stehen nebeneinander. Der kleine Vorplatz an der mit einer Kirchhofsmauer umgebenen spätgotischen Kirche ist ein Kommunikationszentrum.

Von Freienorla aus bietet sich eine eindrucksvolle Aussicht auf die Bergkuppe über dem Dohlenstein bei Kahla mit der weithin sichtbaren, den Gipfel krönenden Leuchtenburg. In 1,2 km Entfernung von Freienorla liegt 140 m hoch über der Saaleaue das ehemalige Vorwerk Pritschroda, das als Jugendherberge ausgebaut wurde und heute 50 Plätze und 5 Fremdenzimmer vorweisen kann. Es geht auf ein Rodungsdörfchen zurück, das erstmals im Jahr 1062 als *Predesrod* erwähnt wird. Der Ortsname enthält den slawischen Personennamen *Pred*. Pritschroda zählte zu den Ortschaften, deren Zehnt der Pfarrei Orlamünde eingeräumt worden war. 1434 erwarb es die Stadt Orlamünde. Im 14./15. Jh. entstand anstelle des Dörfchens ein Vorwerk, dessen Ackerland 34 ha umfaßte. Außerdem gehörten ihm drei Waldparzellen mit einer Größe von 84 ha an.

Ehrenstein, seit 1996 Ortsteil von Ilmtal

J 1

Unmittelbar über den wenigen Bauernhäusern von Ehrenstein erheben sich auf einem Bergkegel (s. J 4) die Ruinen einer wohl im 12. Jh. gegründeten und einst stattlichen Grafenburg, deren Namen, 1346 als *Ernstein* erwähnt, an den ritterlichen Begriff der *êre* = Achtung, Ehre, anknüpft. Die in wesentlichen Teilen im 14. Jh. errichtete Anlage weist eine bemerkenswerte, bei deutschen Feudalburgen seltene Regelmäßigkeit der Baukörper auf. Das 36 m lange und 11 m breite, im W sogar nur 8 m breite Bauwerk aus Muschelkalkstein wird

Abb. 25. Burgruine Ehrenstein

J 1 westlich und östlich von Türmen mit abgerundeten Außenkanten begrenzt. Der östlich gelegene Hauptturm ist 30 m, der westliche Mantelturm 18 m hoch (Abb. 25). Zwischen beiden blieben die noch etwa 13 m hohen Außenmauern des dreigeschossigen Hauses erhalten. Der in der Mitte stehende Hauptbau wird am Rande des Bergplateaus südlich, westlich und östlich von einer mit Schießscharten versehenen Ringmauer umgeben, deren Ecken ebenfalls abgerundet sind. Nördlich des Hauptbaus, wo das Gelände nur mäßig abfällt, lag der Wirtschaftshof, und in der Vorburg standen meist Holzgebäude. Hier ist die Ringmauer durch Bastionen verstärkt. Ein tiefer und breiter Halsgraben schützte die Burg nach der östlichen Richtung, wo der Buchenberg ansteigt (s. J 4). Die beiden Wohntürme mit dem dazwischenliegenden Haus gehören einem Kastelltyp an, den die Grafen von Schwarzburg im 13. und 14. Jh. entwickelten, und der sich an der Burg Liebenstein im Geratal und an der Ehrenburg bei Plaue wiederfindet.

Die Burg war Mittelpunkt einer kleinen reichsunmittelbaren Herrschaft, zu der außer Teichmannsdorf die Orte Groß- und Kleinliebringen, Döllstedt, Nahwinden, Kleinhettstedt und Österöda sowie die später wüst gewordenen Dörfer Bunstal, Westendorf und Korsitz gehörten. Die im Jahre 1133 erwähnte Ortschaft *Cursitz (Korsytz)* lag 1417 wüst. Die Dorfflur wurde den Gemeinden Teichmannsdorf und Sundremda zugeteilt. In der Burg residierten zeitweise Grafen von Schwarzburg, ab 1448 die Grafen von Gleichen. 1610 erwarben die Schwarzburger die Herrschaft Ehrenstein zurück. Die bereits verfallende Burg wurde als Amtsmannssitz erneuert. Am Ende des 17. Jh. wurde sie, in der bis 1692 eine schwarzburgische Amtsverwaltung tätig war, für immer als Wohnsitz aufgegeben.

Die Ortsgeschichte ist eng mit der Geschichte der Burg verbunden. Auch der Name übertrug sich im 16. Jh. auf die bis dahin *Teichmannsdorf*, 1217: *Tichmannestorph*, genannte Ortschaft, ein mit dem Namen des Dorfältesten verknüpfter Namen *Teichmann* = Deichaufseher oder Teichanwohner. Einige Flurnamen tragen slawische Bezeichnungen. Im 17. Jh. bestand ein Vorwerk mit je 47 Anspann- und Handfrönern aus den Amtsdörfern, das 1802 an Bauern verkauft wurde. 1801 wurde das Amt Ehrenstein mit Paulinzella verbunden. Mitte des 19. Jh. gab es in Ehrenstein 10 bäuerliche Betriebe und zwei Handwerksmeister, 16 Familien ernährten sich vom Tagelohn.

Die Dorfkirche mit einem romanischen Turm und spätgotischen Resten ist vor allem ein Bau aus dem Jahre 1730, der 1830 erneuert wurde. Bei der Kreiseinteilung des neu gebildeten Landes Thüringen 1922 kam Ehrenstein zum damaligen Kreis Arnstadt.

Die Zeit der Kollektivierung der bäuerlichen Betriebe in Ehrenstein hat folgende Eckdaten: Bildung der LPG Neue Zukunft 1956 und der LPG Burg Ehrenstein 1960. Beide mußten sich 1971 mit den Genossenschaften der Nachbarorte Nahwinden und Döllstedt zur LPG Einheit, Sitz Nahwinden, zusammenschließen, die 1973 in der KAP Nahwinden-Großliebringen aufging.

Heute gehört das knapp 150 Einwohner zählende Ehrenstein zur Verwaltungsgemeinschaft Ilmtal mit Sitz im 12 km entfernt gelegenen Griesheim. Die Agrargesellschaft Griesheim bewirtschaftet landwirtschaftliche Flächen in Ehrenstein, und es gibt wieder je zwei Wiedereinrichter im Haupt- und im Nebenerwerb. Neben zwei Handwerksbetrieben, einer Verkaufsstelle und einem Getränkeverkauf muß vor allem eine Gaststätte erwähnt werden, zu der ein Reiterhof und Fremdenzimmer gehören.

Nahe dem Dorfe Ehrenstein entspringt der Altremdaer Bach, der innerhalb der Gemarkung Sulzbach genannt wird und bei Remda in die Rinne mündet (s. K 2).

J 1

Altremda, seit 1974 Stadtteil von Remda   J 2

Dem heutigen Stadtteil ging eine schon im 8. Jh. erwähnte und durch zeitgleiche Bodenfunde (91 Gräber) im Flurteil Melm nachgewiesene Weilersiedlung voraus. Weser-Rhein-germanische Siedlungsfunde in Melm lassen eine Siedlungskontinuität seit dem 2./3. Jh. vermuten. In der 2. Hälfte des 8. Jh. hatten die Klöster Fulda und Hersfeld Besitz in den drei *Remmidi* oder *Remnidi* genannten Dörfchen (s. J 3, K 1, B 2; Ortsnamenerklärung s. K 1). An slawische Mitbewohner in dieser Zeit erinnern Flurnamen wie Blonje, Bollwitze, Röbitze, möglicherweise auch Kalm. Nachdem im Jahre 1217 *beide Remedhe* erwähnt wurden, setzte sich seit 1290 der Ortsname *Altenremda* durch. Das Dorf lag an einer alten Landstraße zwischen dem Saale- und dem Ilmtal, die von Altremda zum Breitenheerdaer Paß bergan führte. Ein am westlichen Ortsrand stehendes Steinkreuz dürfte auf diese Straße hinweisen (Abb. 26).

Das ehemalige Haufendorf, 335 m ü. NN gelegen, wird am Südrand durch den Altremdaer Bach begrenzt. Weiter südlich steigt das Gelände zu den Buntsandsteinbergen des Buchen- und Linzigberges an, nordwestlich der Ortslage erhebt sich der Große Kalmberg (s. A 1).

Die noch erkennbaren zwei Teile des Dorfes lassen auf zwei Siedlungskerne schließen, einer davon liegt im Bereich der Kirche. Deren jetziger Bau wurde auf einer Anhöhe östlich der eigentlichen Ortslage nach einem Brand im Jahre 1893 im Neurenaissancestil errichtet. Am Ostgiebel steht vor dem mit einem Satteldach gedeckten Langhaus der vierkantige Turm, dessen Dach einem zwiebelähnlichen Gebilde mit Laterne und schmal zulaufender Spitze entspricht.

Die ehemaligen Bauernhöfe gruppieren sich entlang einer schmalen Straße, die in westlicher Richtung nach Ehrenstein führt. Die dörfliche Bausubstanz mit Fachwerkhäusern ist durch Um- und Ausbauten sowie einzelne Eigenheime verändert worden. Verputzte Gebäude herrschen vor, aber einige Häuser in Fachwerkbauweise sind in ihrer ursprünglichen Form erhalten.

Abb. 26. Steinkreuz bei Altremda

J 2 Der bis zur Gegenwart bäuerlich anmutende Stadtteil hatte bis 1990 die Viehhaltung der ehemaligen LPG Remda als wirtschaftliche Basis, die nach der Wende reduziert wurde. Es werden nur noch wenige Schweine gehalten. Im Ort gibt es je einen Maler- und einen Schlosser-Handwerksbetrieb.

Die beiden etwa 1 km westlich des Ortes gelegenen Staubecken mit einer Wasserfläche von insgesamt 3,5 ha wurden für die Wasserversorgung der Landwirtschaft angelegt.

J 3 Sundremda, seit 1997 Ortsteil von Remda-Teichel

Das große, weiträumige Haufendorf erstreckt sich in einer Talsenke südlich des Linzig- und Lohberges unweit der Quelle der Remdaer Rinne in einer Höhenlage von 350 m ü. NN. Südlich der Ortslage steigt das Gelände zum Muschelkalkplateau des Schönen Feldes an (s. J 4). Knapp 2 km nördöstlich liegt der Stadtteil Remda.

Der Ort geht auf eines der im 8. Jh. erwähnten drei Dörfchen namens Remda (*Remmidi, Remnidi*) zurück (s. J 2, Ortsnamenerklärung s. K 1). Im Jahre 1296 wird es erstmals *Suntremede* genannt. Wie aus Remda und Altremda liegen auch aus Sundremda zahlreiche ur- und frühgeschichtliche Bodenfunde vor: aus der Spätlatènezeit, der frühen römischen Kaiserzeit, aus dem 8./9. Jh. und dem 10./11. Jh., diese mit slawischen Grabbeigaben. Das Gräberfeld mit 329 noch vorgefundenen Bestattungen ist eines der größten aus dieser Zeit auf dem Territorium der neuen Bundesländer.

Sundremda gehörte als Bestandteil der Herrschaft Remda zum Gebiet der Grafen von Schwarzburg, von 1432 bis 1631 der Grafen von Gleichen. Es kam dann zum ernestinischen Sachsen, zuletzt zu Sachsen-Weimar. Von 1922 bis 1993 gehörten die Orte um Remda zum Kreis Rudolstadt.

Das Dorf war in allen Etappen seiner Geschichte überwiegend landwirtschaftlich geprägt; am Ende des 19. Jh. bestanden hier 45 Bauernwirtschaften, und der Ort zählte 256 Einwohner. Die Bauern mußten sich 1953 in der LPG Thomas Müntzer zusammenschließen, eine zweite LPG Am Kunitz wurde 1960 gebildet. Beide Genossenschaften gingen in der Remdaer LPG auf, die in Sundremda umfangreiche Stallanlagen bewirtschaftete und in der viele Berufstätige bis 1990 arbeiteten. Die Agrar GmbH Remda übernahm nach der Auflösung der LPG im wesentlichen die landwirtschaftliche Produktion, auch die in der großen Milchviehanlage der ehemaligen LPG(T) Remda. Der baufällige Schafstall wird nicht mehr genutzt. Die in der Landwirtschaft nicht mehr benötigten Arbeitskräfte sind zum Teil in alten und neuen Betrieben untergekommen, die mit Ausnahme einer Schuhproduktionsstätte im weitesten Sinne der Baubranche zuzuordnen sind.

In Sundremda gibt es ein Lebensmittelgeschäft, eine Fleischerei, einen Getränkestützpunkt und eine Gaststätte mit Fremdenzimmern. Eine Kindertagesstätte, ein Jugendclub und zwei Spielplätze runden die Ausstattung des Ortes ab, der sich allmählich nach Remda hin ausdehnt. Intensive Erhaltungs- und Erneuerungsarbeiten an der Bausubstanz und die Erschließung einer Fläche für Einfamilienhäuser haben begonnen.

Die ehemals bäuerlichen Hofanlagen sind auf ein großes Areal verteilt und   J 3
mit vielen Grün- und Freiflächen durchsetzt. Aufgelockerte Bebauung und
mehrere modernisierte, verputzte Gebäude bestimmen das Ortsbild. Nur noch
wenige Fachwerkfassaden erinnern an die bäuerlichen Bautraditionen. Nahezu
ein Drittel der Wohnhäuser sind nach 1960 errichtete Eigenheime. Die Dorfkirche besitzt einen viergeschossigen romanischen Turm mit einem steilen Walmdach vom Ende des 19. Jh., das durch vier Fenstergauben und eine auf dem
First befindliche Laterne mit schlanker Spitze verziert ist. Das an die Westseite
angebaute Langhaus wurde 1740 errichtet und trägt ein ebenfalls mit Gauben
versehenes Krüppelwalmdach.

Am Ortsausgang nach Remda erinnert seit 1971 ein Ehrenmal an polnische
Häftlinge des Konzentrationslagers Buchenwald, die Anfang April 1945 während eines Evakuierungsmarsches von der begleitenden SS-Wachmannschaft erschossen wurden und auf dem Friedhof in Sundremda beigesetzt sind. Bau und
Ausführung des Ehrenmales übernahmen Mitarbeiter der polnischen Baufirma
Budimex.

Schönes Feld   J 4

Die südlich von Nahwinden, Ehrenstein und Sundremda gelegene weiträumige
Ackerfläche trägt die Bezeichnung Schönes Feld. Zwischen diesen Orten und
der von 1816 bis 1821 angelegten Straße Stadtilm–Rudolstadt stehen die
Schichten des Oberen Muschelkalks weitflächig an. Dieser besteht aus Kalkplatten mit zwischengelagerten Tonstein- oder Mergelschichten, so daß bei der
Verwitterung ein zwar steiniger, aber tiefgründiger, fruchtbarer und lehmiger
Ackerboden entstand, der Anlaß für die Benennung Schönes Feld gab. Die
Kalkplatten sind außerordentlich reich an charakteristischen Fossilien des Oberen Muschelkalks wie Ceratiten, Muscheln und Brachiopoden. Im gesamten
Bereich des Schönen Feldes sind diese Versteinerungen zu finden, am günstigsten auf Lesesteinhaufen an den Feldrainen oder auf frisch bearbeiteten Äckern.

Das Schöne Feld wird im NO von der Südlichen Remdaer Störungszone
begrenzt (s. Seite 5), die sich im Gelände von Ehrenstein an durch einen Höhenrücken bemerkbar macht. Wie der am Burgberg von Ehrenstein anstehende
Untere und Mittlere Muschelkalk zeigen, fallen die Schichten im Bereich der
Störungszone mittelsteil nach SW hin ein. Der Burgberg ist damit Bestandteil
von grabenartig versenkten Kippschollen entlang der OSO streichenden Störungszone. Entsprechend dem generellen SW-Einfallen der Schichten innerhalb
der maximal 1,2 km breiten Störungszone befinden sich die jüngsten Schichtglieder jeweils am Rande der südwestlichen Verwerfung. So sind entlang der
Straße von Ehrenstein nach Sundremda, vor allem aber direkt südlich von Sundremda, Tone des Unteren Keupers anzutreffen. Da sie leicht verwittern, ebenso
wie die tonigen Gesteine des Oberen Buntsandsteins, die zwischen Ehrenstein
und Altremda anstehen, wurde der schlechter verwitterbare Untere Muschelkalk des Burgberges von Ehrenstein, der auch das Baumaterial für die Burg
lieferte, als Härtling herausmodelliert. Dieser Härtling umfaßt auch den 470 m
hohen Buchenberg zwischen Ehrenstein und Sundremda.

J 4   Die steinigen Karbonatböden des Schönen Feldes trugen früher eine artenreiche Ackerkrautflora mit wichtigen Zeigerpflanzen, die eng an die basischen Bodenverhältnisse angepaßt waren. Verbesserte Ackerkultur und Saatgutreinigung führten in den zwanziger und dreißiger Jahren unseres Jh. schon zu einer Artenverarmung. Es verschwanden Kornrade *(Agrostemma githago)*, Venuskamm *(Scandix pecten-veneris)*, Breitsame *(Orlaya grandiflora)* und Frauenspiegel *(Legousia speculum-veneris)*.

Seit 1950 dezimierte verstärkter Herbizideinsatz den Ackerrittersporn *(Consolida regalis)*, das Sommeradonisröschen *(Adonis aestivalis)*, den Ackerhahnenfuß *(Ranunculus arvensis)*, den Ackerwachtelweizen *(Melampyrum arvense)*, die Haftdolde *(Caucalis platycarpos)* und das Rundblättrige Hasenohr *(Bupleurum rotundifolium)*. Deutlich gehen auch Kornblume *(Centaurea cyanos)*, Klatschmohn *(Papaver rhoeas)* und Knollenplatterbse *(Lathyrus tuberosus)* zurück. Heute dominieren die schwer mit Herbiziden bekämpfbaren und stickstoffliebenden Arten Klettenlabkraut *(Galium aparine)*, Vogelmiere *(Stellaria media)*, Quecke *(Agropyron repens)* sowie einige anpassungsfähige Neophyten wie Orientalische Zackenschote *(Bunias orientalis)* und Pfeilkresse *(Cardaria draba)*.

Das Schöne Feld war einer der letzten Aufenthaltsorte des Steinsperlings in Thüringen, der noch bis zum Anfang des 20. Jh. bei Nahwinden und in Ehrenstein in Scheunen und alten Obstbäumen brütete (LINDNER 1906, 1907). Die Vorkommen von Steinsperlingen in Thüringen, die hier bevorzugt an Burgruinen brüteten, sind als nordwestlichste Vorposten des inzwischen stark geschrumpften Verbreitungsareals zu betrachten. Das Verschwinden des Steinsperlings im Schönen Feld und an weiteren thüringischen Standorten ist als eine natürliche Fluktuation zu werten, wie sie vielfach am Arealrand von Tierarten zu beobachten ist.

K 1 Remda, seit 1997 Stadt Remda-Teichel, Landkreis Saalfeld-Rudolstadt,

gehört nach den urkundlichen und archäologischen Quellen zu den ältesten Ortschaften Ostthüringens. Die Existenz einer aus drei Weilern bestehenden germanisch-slawischen Gruppensiedlung *tres villulae Remndi* im 8. Jh. geht aus Besitzverzeichnissen der Klöster Fulda und Hersfeld hervor und wird durch zeitgleiche Bodenfunde bestätigt (s. J 3). Ältere Siedlungsfunde in den ehemaligen Tuffgruben und bei den Nachbarorten legen eine kontinuierliche Besiedlung seit dem 1. Jh. v. Chr. nahe. Der Ortsname bedeutet entweder Rabengrund oder ist eine Mischbildung zu slaw. *rama, ramenje* = Grenzmark, Grenze, dichter Wald, also Ort in einem solchen.

Inmitten der drei Remda-Dörfer Alt-, Kirch- und Sundremda wurde im 12. oder 13. Jh., wohl auf Veranlassung der Grafen von Schwarzburg, angelehnt an deren ältere Burg, die etwa 300 m im Quadrat große, mit Mauer und Graben umgebene und mit vier Ecktürmen und drei Toren versehene Stadt Remda angelegt. 1286 und 1288 werden die civitas und ihr Schultheiß, 1319 die Burg, 1367 die Stadtbefestigung erwähnt. 1362 erhielt das Städtchen zwei Jahrmärkte, 1378 einen Wochenmarkt. 1432 gingen Burg, Stadt und Herrschaft Remda in das Eigentum der Grafen von Gleichen über, 1631 übernahmen es die Herzöge von Sachsen. Letztere übergaben es 1633 zur Verwaltung und Nutzung der Jenaer Universität, die 1690 für ihren Eigenbedarf eine Papiermühle bauen ließ. Nach mehrmaligem Wechsel innerhalb der sachsen-ernestinischen Länder kam das Amt Remda 1741 an das Herzogtum Sachsen-Weimar-Eisenach. Damals zählte der *Stadtremda* genannte Ort 586 Einwohner, unter ihnen 62 selbständige Handwerker sowie mehrere Arbeiter einer kleinen Strumpfwirkerei. Zur Stadt gehörten drei Mahl-, eine Öl- und eine Papiermühle. Nach dem Bau der Landstraße nach Rudolstadt 1830 und der Einrichtung einer regelmäßigen Fahrpost erreichten Strumpfwirkerei und Wollhandel ihre Blütezeit. 1848 entstand eine Bürgerwehr, Forderungen der Bürger veranlaßten die Weimarer Regierung, Militär nach Remda zu senden. 1879 wurde das bis dahin eigenständige Justizamt Remda aufgelöst und dem Amtsgerichtsbezirk Blankenhain zugewiesen. 1922 gliederte man Remda und die umliegenden Ortschaften dem Kreis Rudolstadt an.

Wirtschaftliche Basis der kleinen Stadt war in allen Jahrhunderten ihrer Geschichte die Landwirtschaft in enger Verknüpfung mit dem örtlichen Handwerk und den zentralörtlichen Funktionen für die umliegenden Dörfer. Kurz vor dem Ende des Zweiten Weltkrieges, am 12. und 13. April 1945, beschossen amerikanische Artillerie- und Panzereinheiten die Stadt und zerstörten das Rathaus und weitere 19 Wohngebäude.

Nach Beendigung des Krieges wurde in Remda das 150 ha große Universitätsgut an 10 Neusiedler und 24 landarme Bauern aufgeteilt, aber bereits 1953 mußten die Bauern der LPG Florian Geyer beitreten, die sich 1975 mit Genossenschaften benachbarter Dörfer zur LPG Fortschritt verband. 1974 entstand die ZGE (Zwischengenossenschaftliche Einrichtung) Mastläuferproduktion mit etwa 60 Beschäftigten. Die Aufteilung der landwirtschaftlichen Produktion in Pflanzen- und Tierproduktion führte zur Bildung der LPG (T) Fortschritt mit der Spezialrichtung Bullenmast sowie der LPG Pflanzenproduktion in Remda, die eine Fläche von 2632 ha bewirtschaftete. Auch nach der Auflösung der Genossenschaften nach 1990 stellt die Landwirtschaft mit der Agrar GmbH Remda weiterhin den wichtigsten Wirtschaftsfaktor dar. Diese bearbeitet die rund 2500 ha landwirtschaftliche Fläche in Remda und den umliegenden Gemeinden. An den alten Standorten der ehemaligen LPG in Remda, Kirchremda und Sundremda betreibt sie Rindermast- und Schweinehaltung. Andere ehemals von der Landwirtschaft betriebene Einrichtungen werden nicht mehr genutzt oder sind privatisiert worden, wie eine Gärtnerei und eine Tankstelle.

Die Industrie war in Remda bis 1990 durch eine Fertigungsstätte des VEB Jenaer Glaswerk mit ca. 20 Beschäftigten vertreten. Als traditionelles Zentrum eines kleinen Umlandes übernahm die Stadt als Hauptort eines Gemeindeverbandes überörtliche Funktionen für die Gemeinden des nordwestlichen Kreisgebietes von Keilhau bis Breitenheerda mit der Bäuerlichen Handelsgenossenschaft (BHG) Rudolstadt, Sitz Remda, mit Baustoffversorgung, Tankstelle und Wäscherei sowie einer Schule, Arzt- und Zahnarztpraxis und einer Bibliothek.

Nach dem Scheitern der sozialistischen Entwicklung hat sich auch hier gezeigt, daß die Umstellung zu einer rentablen und marktfähigen Produktion mit

K 1 großen Problemen verbunden war und noch ist. Die Glasverarbeitung ist weggefallen, und alle anderen Betriebe mußten Arbeitskräfte entlassen.

Nördlich der Stadt, im Anschluß an die Anlagen der Agrar GmbH, entwickeln sich gegenwärtig Gewerbegebiete, die von verschiedenen neuen Firmen genutzt werden. Dabei überwiegt die Baubranche mit Heizungsbau, Schornsteintechnik, Trockenbau, Fenster- und Türensystembau und Landschaftsbau, hinzu kommen weiterhin Schuh- und Lampenproduktion, Reifendienst, Recycling und Transportwesen. Remda verfügt über eine gute Ausstattung mit Versorgungs- und Dienstleistungseinrichtungen, die auch von der Bevölkerung der umliegenden Gemeinden genutzt werden. Dazu gehören zahlreiche Einzelhandelsgeschäfte, Grund-, Gesamt- und Regelschule, Praktischer Arzt, Kinderarzt und Zahnarzt, Apotheke, verschiedene Kultur- und Sportstätten sowie vier Gaststätten. 40–50 neue Einfamilienhäuser sollen zur Verbesserung der Wohnverhältnisse beitragen.

Zahlreiche Vereine geben Möglichkeiten für ein geselliges Leben in der Stadt. Neben Sport- und Karnevalsvereinen sind der neu gegründete Förderverein für Arbeit und Umwelt sowie die Jagd- und Hegegemeinschaft zu nennen. Der traditionsreiche Schützenverein hat auf dem ehemals militärisch genutzten Großen Kalmberg eine Halle für Klein- und Großkaliberschießen errichtet und trägt sich mit Erweiterungsabsichten.

Grundriß und Stadtbild (Abb. 27) zeigen sowohl die Ausrichtung auf die heutigen Funktionen als auch die Anknüpfung an die historische Entwicklung. Von den alten Stadtbefestigungsanlagen aus dem 14. Jh. blieben der 9 m hohe Turm im NW erhalten, der 1976 mit einem neuen Kegeldach versehen wurde, desgleichen Teile der 4 m hohen und bis zu 1,35 m starken Stadtmauer. Ein weiterer Turm wurde restauriert. Das Zentrum Remdas bildet der quadratisch angelegte Marktplatz, von dem in nördlicher und südlicher Richtung jeweils zwei Straßen ausgehen, eine weitere verläuft nach W. Die enge kleinstädtische Bebauung wird durch mehrere schmale Gassen erschlossen. Die ehemalige, in die Wohnbebauung einbezogene Stadtmauer ist in großen Abschnitten überbaut. Die in Traufstellung zur Straße stehenden meist zweigeschossigen und heute verputzten Gebäude bestimmen das Bild Remdas. Im westlichen Teil ging die Bebauung über die historische Stadtgrenze hinaus. In den letzten Jahren entstand hier entlang der Straße nach Sundremda eine Anzahl von Eigenheimen. Nördlich der Stadt war 1954–1959 der neue Schulkomplex errichtet worden, ein langgestrecktes zweigeschossiges Gebäude mit zwei rechtwinklig anschließenden Seitenflügeln. Am Stadtrand und in der unmittelbaren Umgebung befinden sich auch die baulichen Anlagen der ehemaligen LPG: im N an der Straße nach Altremda und Kirchremda die Büro-, Wirtschafts- und Lagergebäude, die Stallanlagen sowie ein Block mit 36 Wohnungen, im W der Komplex des ehemaligen BHG-Stützpunktes. Der an der Straße nach Eschdorf gelegene Hang der Leite, ein früheres Weinanbaugebiet, ist heute mit Gärten besetzt, und die Bevölkerung nutzt es als Naherholungsgebiet.

Die weitere Umgebung der kleinen Stadt ist im S von bewaldeten Buntsandsteinbergen und im N von steil ansteigenden Muschelkalkhöhen geprägt, die durch den Taleinschnitt der Remdaer Rinne voneinander getrennt werden. In

K 1

Abb. 27. Kirche in Remda

der Scholle zwischen der Nördlichen und Südlichen Remdaer Störungszone K 1
(s. Seite 5) steht südöstlich von Remda, beispielsweise am Lohberg sowie zwischen Lohberg und Schwarzem Berg, fast ausschließlich Mittlerer Buntsandstein an. Die auf ihm gebildeten Böden tragen reichlich Nadelwald. Südlich von Remda erstreckt sich im Tal der Remdaer Rinne ein großes Kalkvorkommen, das bis 1955 zur Gewinnung von Kalktuffsteinen ausgebeutet wurde (s. K 2).

Südlich von Remda wachsen auf Buntsandstein eichenreiche Laubgehölze mit Massenbeständen an Maiglöckchen *(Convallaria majalis)* und Schattenblümchen *(Maianthemum bifolium)*. Die Waldränder zieren Hainwachtelweizen *(Melampyrum nemorosum)*, Goldrute *(Solidago virgaurea)*, Pechnelke *(Lychnis viscaria)*, Heidenelke *(Dianthus deltoides)*, Prachtnelke *(Dianthus superbus)* sowie vereinzelt Großblütiger Fingerhut *(Digitalis grandiflora)* und Fuchssche Kuckucksblume *(Dactylorhiza fuchsii)*.

Remdaer Rinne K 2

Als Oberlauf des zum Unterschied von der Königseer oder Großen Rinne als Remdaer Rinne oder Kleine Rinne bezeichneten Wasserlaufes wird nicht der um fast 4 km längere, von Ehrenstein kommende Altremdaer Bach, sondern der in der stark schüttenden Riesenquelle bei Sundremda entspringende Bachlauf angesehen (s. K 4). Nach kurzer Wegstrecke bis zur Stadt Remda fließt die Remdaer Rinne von hier in östlicher Richtung nach Eschdorf und Teichröda,

◁
Abb. 28. Anlagen zur Wasser- und Windkraftnutzung im 19. und 20. Jahrhundert (Entwurf P. LANGE)

Bezeichnung der Mühlen:

1a	Untermühle Dienstädt	20	Großkochberg, Scherfsmühle
1	Mühle Dienstädt	21	Großkochberg, Weitersdorfer Mühle
2	Dehnamühle	22	Teichweidener Mühle
3	Freiorla, Untermühle	23	Rudolstadt, Untermühle
4	Freiorla, Obermühle	24	Rudolstadt, Mittelmühle
5	Orlamünde, Saalmühle	25	Rudolstadt, Obermühle
6	Niederkrossen, Krebsmühle	26	Mühle Pflanzwirbach
7	Friedebach, Mühle	27	Mühle Ammelstädt
8	Friedebach, Wüstenhofsmühle	28	Mühle Teichel
9	Zeutsch, Mühle	29	Mühle Teichröda
9a	Zeutsch, Mühle	30	Feldmühle
10	Röbschütz, Mühle	31	Heilsberger Mühle
10a	Mühle Heilingen	32–35	Remdaer Mühlen
11	Dorndorf, Untermühle	36	Pörzmühle Schaala
12	Dorndorf, Obermühle	37	Schaalaer Mühle
13	Untermühle Engerda	38	Mühle Volkstedt
14	Mühle Engerda	39	Klunkermühle bei Dienstedt/Ilm
15	Mühle Uhlstädt	40	Mühle Dienstedt/Ilm
16	Mühle Weißen	41	Mühle Bibra
17	Pfeffermühle Kolkwitz	42	Walkmühle Kahla
18	Langenschaala, Untermühle	43	Windrad Rudolstadt, Debrahöhe
19	Langenschaala, Kühnsmühle		

K 2 nimmt dort den von Teichel kommenden Gornitzbach auf und wendet sich nach SO, durchfließt Ammelstädt und Pflanzwirbach und erreicht nach 13,5 km Länge in der Rudolstädter Altstadt die Saale.

Nach anhaltenden und heftigen Regengüssen schwillt die Remdaer Rinne stark an, da die umgebenden Berghänge den Fluten nur wenig Rückhalt zu geben vermögen. Häufige, teilweise schwere Schäden im Uferbereich führten zu der vor allem in Rudolstadt üblichen Bezeichnung Wüstebach. Zwischen Remda und Teichröda war früher auch der Name Eschenbach bekannt. Das Wasser der Remdaer Rinne trieb zeitweilig 16 Mühlen, meist Getreidemühlen (Abb. 28). Doch gab es auch eine Papiermühle und eine Lederwalkmühle in Rudolstadt.

Bei Remda waren durch Assimilation der Wasserpflanzen und die Berührung des hier austretenden kalkhaltigen Wassers mit der Luft bis zu 10 m mächtige Tufflager entstanden, die am Südrand der Stadt die Herstellung luftgetrockneter Steine ermöglichten. Beim Abbau der Tufflager wurden frühgeschichtliche Kulturschichten vorgefunden, vor allem Spuren einer größeren, um die Zeitenwende bewohnten elbgermanischen Siedlung. Die hier besonders umfangreiche Ablagerung von Kalktuffen steht im Zusammenhang mit der Verkarstung entlang der Remdaer Störungszone. Sehr wahrscheinlich besteht auch eine Verbindung der bei Remda gelegenen Quellen am Korbisch und des Doktorbörnchens, östlich der Stadt, mit dem unterirdischen Karstwassersystem.

Die Speisung der Remdaer Rinne und ihrer Zuflüsse, vor allem durch die Riesenquelle bei Sundremda (s. K 4), steht teilweise in unterirdischer Verbindung mit der Versickerung von Wasser in der Ilm (s. K 4, B 3).

K 3 Eschdorf, seit 1997 Ortsteil von Remda-Teichel

Die kleine, bis 1996 zur Verwaltungsgemeinschaft Remda gehörende Gemeinde wurde 1997 der Stadt Remda-Teichel zugeordnet. Sie liegt im Tal der Remdaer Rinne zwischen Remda und Teichröda in einer Höhenlage von 290 m ü. NN. Das Bestehen des Dorfes wird erstmals durch das im Jahre 1372 erwähnte Eschdorfer Tor in Remda bezeugt. Die ältesten Schreibweisen *Esdorf* und *Ißdorf* weisen auf ein Dorf eines *Asi* oder *Esi* hin, die Kurzform eines Personennamens mit dem Erstglied *adal* = Adel, doch ist bereits für 1417 die Umdeutung Eschdorf zum Baumnamen Esche vorhanden. In dem im 15. Jh. schwarzburgischen Dorf besaßen einige auswärtige Adlige Lehen, so die von Kochberg, Dobeneck und Witzleben. Zur Kirche Unserer lieben Frauen fanden im 15. Jh. Wallfahrten statt. Bis zum 20. Jh. erwarben die meisten Einwohner Eschdorfs ihren Lebensunterhalt im Tagelohn, als Holzarbeiter und durch das Sammeln von Waldfrüchten. An letzteres erinnert das alljährlich in Eschdorf durchgeführte Heidelbeerfest.

Die 1958 gegründete LPG Einigkeit wurde bald darauf der Heilsberger und mit dieser der Remdaer LPG angegliedert. In Eschdorf waren weniger als ein Viertel der Berufstätigen in der Landwirtschaft tätig. Die LPG (T) Remda unterhielt in Eschdorf zwei kleine Ställe mit je 50 Plätzen, die heute nicht mehr genutzt werden. Daneben bestand im Dorf ein einzelbäuerlicher Betrieb, der über 60 Jungrinder hielt. Heute gibt es im Ort einen landwirtschaftlichen Wiedereinrichter als Schäfer im Nebenbetrieb mit der Schäferei in Heilsberg. Erwähnung verdient eine kleine Gaststätte.

K 3

Infolge ihrer reizvollen Lage und der günstigen Verkehrsverbindungen konnte die Gemeinde in den letzten Jahren ihre Einwohnerzahl konstant halten. Auch das Dorfbild mit den vielen modernisierten Gebäuden widerspiegelt die stabile Entwicklung. Beiderseits der Dorfstraße reihen sich die zumeist kleinen Gehöfte aneinander. Die 20 Wohngebäude tragen überwiegend verputzte Fassaden. Einige in den letzten Jahren entstandene Eigenheime fügen sich gut in das bauliche Bild des Ortes ein. Im S des Ortes überragt auf einer Anhöhe die Kirche das Dorf. Sie entstand 1860/61 im neuromanischen Stil anstelle einer baufällig gewordenen Vorgängerkirche. Ihr Langhaus besitzt große Rundbogenfenster und einen auf dem Dach aufsitzenden Turm mit geradlinigem Schieferhelm.

Etwa 500 m östlich von Eschdorf befindet sich an der Mündung eines von Heilsberg kommenden Baches in die Rinne die Heilsberger Mühle, die zu Heilsberg gehört. Die vormals Eschdorfer Mühle genannte Feldmühle gehört zu Teichröda (Abb. 28).

Riesenquelle

K 4

Unweit der Straße Remda–Sundremda tritt die wegen ihrer starken Schüttung auch als Riesenquelle bezeichnete Sundremdaer Quelle zutage. Sie zählt mit einer Ergiebigkeit von 200 l/s zu den größten Quellen Thüringens. Archäologische Funde aus der germanischen Besiedlungsperiode direkt an der Oberfläche eines Tuffvorkommens zeigen an, daß von der Quelle Kalktuffe bis zum Beginn unserer Zeitrechnung abgelagert wurden. Das Wasser wird für die Trinkwasserversorgung benachbarter Ortschaften der Stadt Rudolstadt genutzt. 1964 begann der Bau einer Wasserleitung nach den höhergelegenen Dörfern Breitenheerda mit Tännich, Haufeld und Treppendorf, 1972 baute man eine Leitung nach dem 14 km entfernten Rudolstadt. Der Überlauf speist den Bach und mehrere Teiche. Die Riesenquelle steht möglicherweise mit einer Versickerung von Wasser der Ilm bei Griesheim in Verbindung.

Groschwitz, Ortsteil von Lichstedt, seit 1997 zu Rudolstadt

K 5

Weithin sichtbar in einer Höhenlage von 455 m ü. NN erhebt sich auf einer kahlen Muschelkalkhöhe nahe der Landstraße Rudolstadt–Stadtilm die kleine Ansiedlung Groschwitz. Die erste Erwähnung der Ortschaft datiert von den Jahren 1334 *villa Groyzwitz* und 1411 *Kraschzwicz*, nach einem slawischen Dorfältesten *Groš* oder *Gros*.

1512 siedelten einige der 11 Familien des Dorfes nach Lichstedt um. Anstelle des Dorfes bestand ein herrschaftliches Vorwerk, zu dem Fröner aus Lichstedt und Thälendorf verpflichtet waren. 1778 wohnten noch 8 Personen in Groschwitz. Der kärgliche Boden des Muschelkalks ließ damals fast nur Weidewirtschaft zu, vor allem Schafweide.

K 5

Abb. 29. Flugplatzgelände Groschwitz mit Kunitzberg (Bildmitte), im Hintergrund das Rinnetal

Der Enteignung des Gutes und Überführung an die Vereinigung Volkseigener Güter im Jahre 1949 folgten mehrere Baumaßnahmen. 1953 wurden drei Doppelhäuser mit sechs Wohnungen errichtet und eine Wasserleitung gelegt. Die Ackerwirtschaft und die Tierhaltung wurden erweitert. Das ehemalige Gut Groschwitz wurde Sitz der LPG (T) Lichstedt. Nordwestlich der alten Gutsanlagen entstanden mehrere Stallgebäude für die Mast von ca. 600 Schweinen und Rindern. Auch heute arbeitet die Leitung der Agrargenossenschaft Lichstedt im ehemaligen Gutsgebäude, das durch bemerkenswertes Fachwerk auffällt. In den Ställen hält die Agrargenossenschaft weiterhin Rinder und Schafe. In Groschwitz wohnen noch etwa 25 Personen (1990).

Im Weißenborntal zwischen Groschwitz und Eschdorf bestand kurze Zeit ein weiteres, bereits im 14. Jh. als wüst bezeichnetes Dörfchen, das 1334 erwähnte *villa desolate Wusteborn*.

Westlich des Ortes, im Bereich des Schönen Feldes, gab es schon vor dem Zweiten Weltkrieg ein Segelfluggelände, welches bis 1990 mit den damals üblichen Sicherheitsmaßnahmen durch die Gesellschaft für Sport und Technik (GST) genutzt wurde. Danach hat der Flugsport an Umfang sehr zugenommen. Das Segelfluggelände wird zum kommerziellen Verkehrslandeplatz ausgebaut (Abb. 29). Gelegentlich finden auch Flugsportveranstaltungen statt.

Teichröda, seit 1997 Ortsteil von Remda-Teichel, L 1

liegt am Zusammenfluß der Remdaer Rinne mit dem Gornitzbach, 4 km von Teichel und 7 km von Rudolstadt entfernt. Die Ortschaft wird von 120–200 m höheren Bergen umgeben, die im Tännich 456 m ü. NN erreichen (s. B 1).

Die erste Erwähnung des Dorfes datiert von 1334. Der damalige Name *Techrode* ist vermutlich von dem slawischen Personennamen *Techorad* abgeleitet. Mit der Schreibweise *Teychrede* im Jahre 1346 wird eine frühe deutsche Umdeutung dieses Ortsnamens erkennbar, vermutlich in Analogie zu den Nachbarorten Teichel und Teichweiden. Im 14. Jh. war Teichröda Bestandteil des schwarzburgischen Burgbezirkes und späteren Amtes Rudolstadt, in das 17 Bauern zinsten. Daneben besaßen zeitweise die Klöster Paulinzella und Stadtilm sowie mehrere Adlige Rechte und Einkünfte in Teichröda. Im 16. Jh. bestand ein bäuerliches Rügegericht, das sogenannte Burggericht. 1683 arbeiteten im Ort 11 Handwerker, auch gab es 3 Getreidemühlen. Um 1860 wohnten hier 20 Handwerker, 13 Anspannbauern, 31 Hintersättler, 9 Tagelöhner sowie 39 Knechte und Mägde. Das Vorhandensein der Anspannbauern weist auf die Verdienstmöglichkeiten an der durch Teichröda führenden Kupferstraße (s. F 4) hin, auf deren steilem Anstieg zum Salzenberg die Bauern Vorspanndienste leisteten.

Abb. 30. Gehöft Nr. 26 in Teichröda, Hof
(mit freundlicher Genehmigung des Thüringischen Landesamtes für Denkmalpflege)

L 1 Wegen seines charakteristischen und gut erhaltenen historischen Ortsgrundrisses als doppeltes Sackgassendorf und des Straßen-, Platz- und Ortsbildes stellte das Thüringische Landesamt für Denkmalpflege das gesamte Ensemble „Ortslage" (Flur 1) 1995 unter Denkmalschutz. Von den Einzelgebäuden stehen folgende Gebäude auf der Denkmalliste: Nr. 1, Gehöft; Nr. 8, Wohnhaus und Stall; Nr. 26, Hofanlage (Abb. 30); Nr. 27, ehemaliges Mühlengehöft; Nr. 29, Gehöft; Nr. 30, Mühlengehöft; Nr. 47, Gehöft; Nr. 49, Wohnhaus; Nr. 52, Gehöft; Nr. 53, Gehöft (Thüringisches Landesamt für Denkmalpflege 1997).

Die beiden Sackgassenteile werden durch die Remdaer Rinne in zwei ungleich große Teile getrennt: Im älteren größeren Siedlungskern links der Rinne steht die Kirche. Die Siedlungserweiterung südöstlich des Baches entstand als Ausbausiedlung für die Bewohner des einstigen Dorfes Hopfgarten (Abb. 32, s. L 2), die wahrscheinlich in der zweiten Hälfte des 15. Jh. verlassen wurde. Charakteristisch ist die dichte, unregelmäßige Bebauung des Ortskerns mit wechselnder räumlicher Situation, wie eine geschlossene Straßenzeile am östlichen Dorfrand, ein kleiner Platz mit einem Denkmal für Gefallene des Ersten Weltkrieges oder der aufgeweitete westliche Straßenraum. Es überwiegen Zwei- und Dreiseithöfe, seltener sind Vierseithöfe. Die Wohnhäuser stehen meist mit der Giebelseite zur Straße. Typisch für das Ortsbild ist der hohe Anteil an Fachwerk aus dem 18., 19. bzw. frühen 20. Jh. An einigen Gebäuden erhielten sich Schieferbehänge. Die meisten der 64 Wohngebäude sind vor 1870 erbaut und seither regelmäßig instandgehalten und modernisiert worden.

Die Kirche, etwas erhöht gelegen, wurde im Jahre 1505 spätgotisch umgebaut, bis zum 19. Jh. mehrmals instand gesetzt und 1983 vollständig rekonstruiert. Das Langhaus ist im gotischen und der Chor im romanischen Stil errichtet. Der vierkantige Turm trägt im oberen Teil eine Schieferdeckung, eine Uhr sowie eine schmale, zwiebelartig geschwungene Turmspitze. Auf dem Kirchhof sind einige Grabdenkmäler von Adligen gut erhalten. Am 29. 11. 1760 fand in der Kirche zu Teichröda die Trauung der Großeltern von JENNY MARX statt. Der am 18. 9. 1789 in Teichröda geborene, später in Singen bei Stadtilm amtierende Pfarrer CHRISTIAN HEINRICH SCHÖNHEIT wurde als Florist bekannt.

Das Dorf war ein wichtiger Standort der landwirtschaftlichen Produktion mit Einpendlern und ein Wohnort für Auspendler in die einstigen Großbetriebe im Raum Rudolstadt. Bis 1990 war Teichröda der Sitz der nach dem Zusammenschluß der Genossenschaften des damaligen Gemeindeverbandes Teichel gebildeten LPG(P) Teichel, die etwa 2300 ha bewirtschaftete, sowie der LPG(T) Teichröda. Nach 1990 hat sich die genossenschaftliche Landwirtschaft in der Agrargenossenschaft Teichel mit Sitz in Teichröda neu formiert. Mit weniger Arbeitskräften werden die in gutem Zustand befindlichen ehemaligen LPG-Ställe am nordwestlichen Ortsrand weiter genutzt, insbesondere für die Jungrinder- und Mastbullenhaltung. Die einzelbäuerliche Landwirtschaft wird gegenwärtig durch einen Wiedereinrichter im Nebenerwerb vertreten.

Noch vor 1989 entstanden mehrere Eigenheime, mehrgeschossige Wohnblöcke an der Bundesstraße 85 sowie größere Stallanlagen am nordwestlichen Dorfrand. Es gab eine Schmiede und eine Stellmacherei. Im Bereich Wohnen,

Gewerbe, Handwerk, Einzelhandel, Landwirtschaft und Fremdenverkehr gehört L 1
Teichröda zu den gut ausgestatteten Ortschaften in der Umgebung von Rudolstadt. Auch ein reges Dorfgemeinschaftsleben durch Vereine und verschiedene Straßenfeste heben Teichröda gegenüber anderen Ortschaften heraus.

Im Rinnetal südöstlich des Ortes wurde 1992 ein Gewerbegebiet (Abb. 31) von 10 ha Größe erschlossen und teilweise bebaut. Es entstanden zwei Autohäuser, ein Möbelhaus und seit 1993 auch ein Produktionsbetrieb für Lederwaren mit 60 Arbeitsplätzen sowie ein Imbißverkauf. Nördlich des Ortes wurde ein Wohngebiet ausgewiesen.

Eine Tafel im Ort sowie eine kleine Gedenkstätte an der Straße nach Teichel, gegenüber der Gaststätte, erinnern an 14 unbekannte Häftlinge des Konzentrationslagers Buchenwald, die am 9. April 1945 auf einem hier durchziehenden Transport einem amerikanischen Tieffliegerangriff zum Opfer fielen.

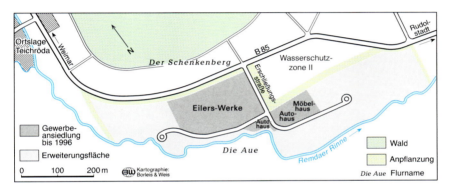

Abb. 31. Lageplan des Gewerbegebietes Teichröda, 1996
(mit freundlicher Genehmigung der Stadtverwaltung Remda-Teichel)

Wüstung Hopfgarten   L 2

In einem Wiesental, 1,5 km westlich von Teichröda, ist die Stelle der Ortswüstung Hopfgarten zu finden, die 1417, 1420, 1434 und 1450 als bestehendes Dorf erwähnt wird. Reste der Kirche des Ortes sind noch erhalten. In der zweiten Hälfte des 15. Jh. siedelten sich die Bewohner im rechts der Rinne liegenden Teil Teichrödas an und bearbeiteten von hier aus ihre bisherige Dorfflur, auch wahrten sie als „Hopfgärtner Kommune" im neuen Wohnort weiterhin gewisse Pflichten und Rechte der ehemaligen Dorfgemeinschaft. Zahlreiche Ackerterrassen und Lesesteinwälle, sogenannte Steinritschen, in den heute waldbedeckten Abschnitten der ehemaligen Gemarkung geben Zeugnis von der einstigen landwirtschaftlichen Tätigkeit in dem bereits vor 5 Jahrhunderten wüst gewordenen Dorf (Abb. 32). Auch der Name Hopfgarten der Gaststätte in Teichröda erinnert an die Wüstung.

L 2

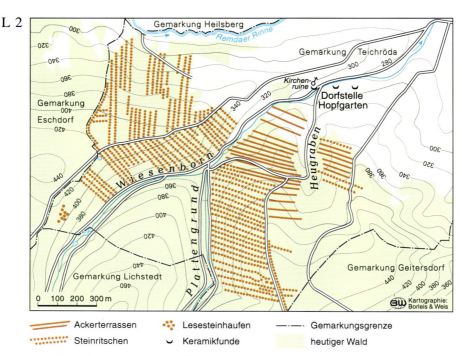

Abb. 32. Wirtschaftsspuren der Wüstung Hopfgarten des 15. Jahrhunderts (nach G. Heunemann 1959)

L 3 Geitersdorf, seit 1997 Ortsteil von Remda-Teichel

Die eng zusammentretenden Buntsandstein- und Muschelkalkberge umrahmen den mehr als 150 m eingetieften Talgrund eines zur Remdaer Rinne fließenden Baches in einer Höhenlage von 280–290 m ü. NN und boten nur begrenzten Raum für die Anlage eines langgestreckten Dörfchens, dessen reizvolle Umgebung die Bevölkerung als die Kleine Schweiz bezeichnet.

Die frühesten urkundlichen Erwähnungen Geitersdorfs erfolgten in den Jahren 1350 als *Gudisdorf*, 1417 *Judirsdorf* und 1455 *Juderdorff*. Der Ortsname enthält den alten Personennamen *Gu(n)dheri*.

Das enge Tal und die bergige Umgebung boten den Bewohnern nur ein bescheidenes Auskommen. Die Lehens- und Rechtsverhältnisse im Dorf und in der Flur waren lange Zeit strittig. Sächsische, schwarzburgische, reuß-kranichfeldische und ritterschaftlich-kochbergische Interessen führten zu vielen Verwicklungen. Abgaben und Frondienste standen größtenteils dem Rittergut Großkochberg zu. 1769 lebten 19 Fröner im Dorf, im 19. Jh. teilten sich 22 Familien in die ursprünglich 12 Hintersättlergüter. Von 1834 bis 1870 wanderten 17 Geitersdorfer nach Nord- und Südamerika aus.

Die 15 Einzelbauern mit einem Landbesitz von jeweils nur 2 bis 10 ha Fläche wurden 1960 zur LPG Kleine Schweiz zusammengeschlossen, die sich auf den Anbau von Heilkräutern konzentrierte und 1968 der LPG Teichröda beitrat. Die 65 ha große Fläche der Gemeinde diente vorwiegend für Weidezwecke. Heute gibt es in Geitersdorf, das bis 1996 zur Verwaltungsgemeinschaft Teichel gehörte, keinen landwirtschaftlichen Betrieb. L 3

Die Häuser des Dorfes gruppieren sich um den Dorfanger mit einem Teich, dem Spielplatz und mit einem alten Baumbestand. Die Ortschaft umfaßt 32 Wohngebäude, die zur Hälfte aus der Zeit vor 1870 stammen und teilweise gepflegtes Fachwerk, teilweise Putzfassaden aufweisen. Bauzustand und sanitärtechnische Ausstattung sind überdurchschnittlich gut, nicht zuletzt bedingt durch einige Neubauten. Geitersdorf mit seiner Dorfgaststätte zählt zu den beliebten Ausflugszielen der Rudolstädter Umgebung. Seit 1990 sind zwei Pensionen eingerichtet worden.

Die Kirche, südlich der Gehöfte auf einer Anhöhe gelegen, enthält romanische, spätgotische, renaissancezeitliche und Teile aus jüngerer Zeit.

Die das Dorf umgebenden Hänge sind terrassenförmig modelliert. Sie bewahren damit Spuren eines vor allem im Mittelalter ausgedehnteren Ackerbaus, bei dem die Flur von der Ortslage bis zur Gemarkungsgrenze in Streifen von 20 bis 30 m Breite gegliedert war, die oft durch Stufenraine voneinander getrennt sind (Abb. 32).

Ammelstädt, seit 1997 Ortsteil von Remda-Teichel **L 4**

Unmittelbar an die nördliche Gemarkung der Stadt Rudolstadt mit dem Stadtteil Pflanzwirbach grenzt der kleine Ort Ammelstädt, der vom Stadtzentrum 3 km entfernt ist. Die Ortschaft wird erstmals im Jahre 1350 als *Amelungestete* und 1417 als *Amlungstete* erwähnt; die Bezeichnung enthält den Personennamen Amalung. Das Dorf umfaßte im 14. Jh. 8 Bauerngüter, gehörte zur Herrschaft Weißenburg und gelangte mit dieser 1344 aus orlamündischem in markgräflichen Besitz. Später unterstanden die meisten Bauern in Ammelstädt der Gerichtsbarkeit des Rittergutes Schlettwein bei Pößneck. Im Spätmittelalter verlief nahe an Ammelstädt vorbei die Nürnberg–Mansfelder Kupferstraße (s. Seite 14). 1834 wurde sie hier als befestigte Landstraße ausgebaut. 1805 wechselte das Dorf von Sachsen-Coburg-Saalfeld zu Sachsen-Gotha, 1826 zu Sachsen-Altenburg. Dorf und Flur bildeten eine kleine Enklave im schwarzburg-rudolstädtischen Gebiet (Abb. 4). 1922 wurde Ammelstädt dem Kreis Rudolstadt zugeteilt. Neben den Bauernwirtschaften gab es im Dorfe seit dem 18. Jh. eine Mahlmühle und seit dem 19. Jh. eine Dampfbrauerei.

Wegen der geringen Ackerfläche hatte Ammelstädt keine Bedeutung für die Landwirtschaft, wohl aber als Auspendlerort. 1953 mußten die Bauern in LPG Vorwärts eintreten, die sich 1968 der LPG Grüne Aue Teichröda anschloß und später in die LPG Teichel (s. L 1) einging. Die modernisierte Mühle produzierte als Betriebsteil II des VEB Mühlenwerke Camburg, und in der ehemaligen Brauerei war die Abteilung Süßmost des VEB Kelterei Rudolstadt

L 4 untergebracht. In beide Produktionsstätten pendelte auch eine Anzahl von Berufstätigen aus anderen Gemeinden ein. Die Wohnfunktion und die bescheidene wirtschaftliche Grundlage waren in den vergangenen Jahren jedoch nicht ausreichend, um die Einwohner am Ort zu halten.

Die günstige Lage zu Rudolstadt führte nach 1990 zur Erschließung eines Gewerbegebietes von 7 ha Größe nördlich des Ortes in dem entlang der Bundesstraße 85 verlaufenden Rinnetal (Abb. 33). Eine Tankstelle mit Reifendienst und Autoservice, ein Verpackungsmittellager, ein Hochbau- und ein Heizungsbaubetrieb, ein Autohaus und eine Bäckerei haben sich hier schon angesiedelt und erweitern das Arbeitsplatzangebot für den Ort, der selbst nur über zwei Handwerker, eine Tierfuttermittelverkaufsstelle und eine Gaststätte verfügt. Die Mosterei wurde an den alten Besitzer rückgeführt. Ammelstädt gehörte von 1991 bis 1996 zur Verwaltungsgemeinschaft Teichel, ab 1997 zur Stadt Remda-Teichel. Bis zur Gegenwart bewahren die Bewohner Ammelstädts einen alten Brauch, den Flurzug (s. Seite 32).

Der Dorfgrundriß mit wenigen verstreut liegenden kleinen Bauernhöfen läßt die Anordnung eines Angerdorfes in Tallage noch gut erkennen. Das gesamte Dorf zeichnet sich durch gepflegte und saubere Gärten, Grünanlagen und Gebäude aus. Bemerkenswert sind gut erhaltene Fachwerkhäuser, außerdem weisen die geschieferten Giebelseiten an Häusern auf Einflüsse des nahegelegenen Thüringer Schiefergebirges hin. Einige der 30 Wohngebäude sind nach 1945 entstandene Eigenheime und fügen sich vorteilhaft in das Ortsbild ein.

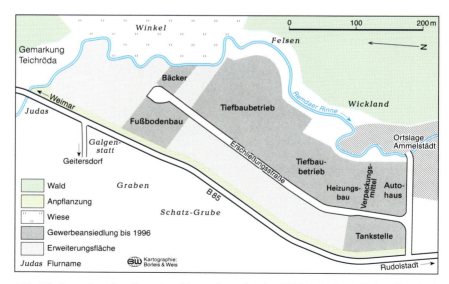

Abb. 33. Lageplan des Gewerbegebietes Ammelstädt, 1996 (mit freundlicher Genehmigung der Stadtverwaltung Remda-Teichel)

Abb. 34. Im Landschaftsschutzgebiet Hermannstal

Landschaftsschutzgebiet Hermannstal (Abb. 34)

Ein gern besuchtes Erholungsgebiet der Rudolstädter Bevölkerung ist auch das nördlich von Rudolstadt gelegene Hermannstal, das wegen seiner landschaftlichen Vielgestaltigkeit bereits 1939 zum Landschaftsschutzgebiet erklärt wurde. Das mehr als 3 km lange, von W nach O verlaufende Tal ist von Mörla und Pflanzwirbach aus günstig erreichbar und durch Wanderwege gut erschlossen. Es schnitt sich tief in den Mittleren Buntsandstein ein, und zahlreiche Hangrunsen und mehrere Nebentälchen auf der Südseite gliedern das fast ausschließlich bewaldete Gebiet. Die Hänge tragen meist Nadelholzforsten, dazwischen kommen einige Laubholzflächen vor. Insgesamt bieten die Waldungen infolge der verschiedenen Holzarten- und Alterszusammensetzung ein recht abwechslungsreiches Bild. Zahlreiche Quellen, die Rinnsale und Bäche, Teiche und Wiesen erhöhen die Vielgestaltigkeit. In dem heutigen Wald befinden sich vielfach Spuren der mittelalterlichen Siedlung *Hermirsdorf*: fossile Ackerterrassen an den südlichen Hängen, dem Birkgelenge, sowie Lesesteinwälle an den Berghängen des Pulverholzkopfes.

M 1 Weitersdorf, Wohnplatz von Teichweiden

Die kleine Häusergruppe läßt sich in ihrer Geschichte bis zur Nennung eines HEYNRICH WYBIRSTAL 1351, eines JACOFF VON WYBERSTAL 1404 sowie des Dorfes *Wiwirstal* 1418, zum Personennamen *Wigbert,* zurückverfolgen. Seit Ende des 15. Jh. ist Weitersdorf eine partielle Ortswüstung. Die bis in das 19. Jh. noch vorhandenen unterirdischen Gänge und Keller wiesen darauf hin, daß hier vormals ein weitaus größeres Dorf existierte. Das Land des verlassenen Dorfes wurde im Vorwerksbetrieb weiterbewirtschaftet. Das ehemalige Vorwerk war befestigt, die Gräben sind noch zu erkennen. Im 18. und 19. Jh. war Weitersdorf schwarzburgisch-rudolstädtische Domäne mit einer Schäferei, in der 450 Schafe gehalten wurden. Das ehemalige Gutshaus wurde kürzlich abgerissen. Die 134 ha große Feldflur wurde bei der Bodenreform 1945/46 aufgeteilt, zwei Neubauernhöfe kamen hinzu, so daß Weitersdorf heute aus 4 kleinen Bauernhäusern mit unterschiedlichem Bauzustand besteht.

Kunsthistorisch bemerkenswert ist die Weitersdorfer Kapelle (Abb. 35). Seit der Gründung im späten 12. Jh. war das kleine Gebäude die Kirche des später wüst gewordenen Dorfes. Der Grundriß zeigt die typische Staffelung der spätromanischen Dorfkirchen in Thüringen: An den Saal (Langhaus) mit 7,5 m Länge und 5,5 m Breite schließt sich östlich das Chorrechteck an (2,8 m × 3,5 m), den

Abb. 35. Kapelle Weitersdorf

Abschluß bildet eine 2,5 m breite, halbrunde Apsis. Die aus Großquaderwerk M 1
errichtete Kirche hat einen abgestuften Westgiebel, die West- und Nordseite
sind fensterlos. Noch aus romanischer Zeit stammen das kleine Vierpaßfenster
an der Ostseite der Apsis und ein Rundbogenfenster an der Südseite des Altarraumes. Im Jahre 1644 wurde der Bau neu ausgestattet. Der Chorteil erhielt
eine tonnenförmige Holzdecke, das Obergeschoß des Chorrechtecks wurde in
Fachwerkbauweise höher als ursprünglich errichtet, so daß der Dachfirst heute
den des Langhauses überragt. Das Langhaus erhielt eine hölzerne Empore im
nördlichen und westlichen Teil des Saales. Bei Restaurierungsarbeiten in jüngster Zeit entfernte man die tonnenförmige Holzdecke aus der Barockzeit im
Chor, führte jedoch den Aufbau über dem Chor nicht auf das ursprüngliche
Maß zurück.

Vor der kleinen Dorfkirche steht eines der größten Steinkreuze Thüringens, ein gotisches Kreuz mit einer Gestalt, wohl eines Bischofs (Anhang E). Einige Grabsteine sind in der Umgebung zu sehen.

Haselbach und Raubschloßwand M 2

Zwei Bäche vereinigen sich an der Raubschloßwand zum Haselbach: der von Großkochberg kommende Grundbach und der früher auch Zöthenbach genannte Kuhfraßer Bach, der bei Neusitz entspringt und meist als alleiniger Oberlauf des Haselbaches angesehen wird. Für das zwischen Kuhfraß und Oberhasel besonders anmutige Bachtal bürgerte sich seit der Mitte des 19. Jh. der Name Hirschgrund ein. Der Grundbach trieb früher drei Mühlen und gemeinsam mit dem Kuhfraßer Bach eine vierte an, die bis 1899 erhaltene Grundmühle. Eine weitere stand in Oberhasel.

Der Name Raubschloßwand ist einer vermutlich frühmittelalterlichen Wallanlage auf einem Sporn über der ehemaligen Grundmühle zu verdanken. Der im unteren Teil 150–200 m tief eingeschnittene, von steilen bewaldeten Buntsandsteinhängen umsäumte Talgrund tritt bei Kirchhasel fast unvermittelt in die Weitung des Saaletales ein und mündet wenig später in einer Höhe von 185 m ü. NN in die Saale.

Teichweiden, Landkreis Saalfeld-Rudolstadt, M 3

erstreckt sich in einer Einsenkung des nördlich von Rudolstadt ansteigenden Buntsandsteinplateaus. Das Dorf wird als *Tichwiden* in den Jahren 1330 und 1350 erwähnt und gehörte zum orlamündischen und seit 1334 schwarzburgischen Burgbereich Rudolstadt. Teichweiden war stets Amtsdorf, in dem die Landwirtschaft lange alleinige Erwerbsquelle blieb. Um die Mitte des 19. Jh. gab es in Teichweiden 6 Anspann- und 24 Hintersättlergüter, außerdem wohnten 10 Kleingütler und Häusler im Ort.

Die Kollektivierung der Landwirtschaft setzte mit der Bildung der LPG Tempo 1958 ein, die später in die Kirchhaseler Genossenschaft überging. Die Zwischengenossenschaftliche Einrichtung Hühnerintensivhaltung der Koopera-

M 3

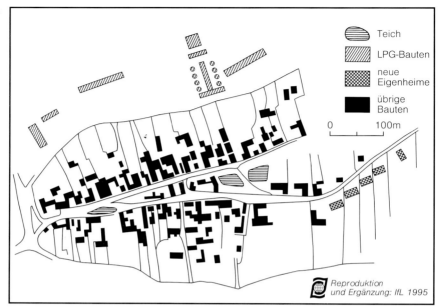

Abb. 36. Ortsgrundriß Teichweiden, 1988 (Entwurf G. DAEDELOW)

tion Saaletal hielt 46000 Stück Geflügel; in den von der LPG(T) Cumbach bewirtschafteten Stallanlagen waren 400 Schweine und 250 Jungrinder untergebracht, und die ca. 350 ha große landwirtschaftliche Nutzfläche des Dorfes wurde durch die LPG(P) Kirchhasel bewirtschaftet.

Teichweiden gehört zur Verwaltungsgemeinschaft Uhlstädt. Die Felder werden von der Agrargenossenschaft Catharinau bewirtschaftet, der auch ein kleiner Stall mit Jungrindern und eine Werkstatt in Teichweiden gehören. Die abseits des Ortes liegende ehemalige Einrichtung der Hühnerintensivhaltung führt jetzt die Geflügelhof GmbH mit ca. 40000 Tieren weiter. Im Ort hat sich ein landwirtschaftlicher Nebenerwerbsbetrieb eingerichtet. Neben der Landwirtschaft gibt es in Teichweiden zwei kleine Baugewerbebetriebe und einen Motorgerätehandel. Seit 1986 feiern die Bewohner und Gäste das Teichweidener Wasserfest als ein Volksfest.

Teichweiden bietet noch heute das Bild eines in solcher Geschlossenheit seltenen Angerdorfes (Abb. 36). Im östlichen Ortsteil liegen zwei Teiche, an die sich in westlicher Richtung das rekonstruierte Gemeindehaus, eine Gaststätte und eine Kegelbahn anschließen. Zu beiden Seiten des Angers reihen sich die eng aneinander gebauten Bauernhäuser. An der Nordseite sind das vorwiegend Fachwerkhäuser in Giebelstellung, an der gegenüberliegenden Straßenseite meist traufseitig stehende Gebäude mit Putzfassaden. Die schmalen, zweigeschossigen Fachwerkhäuser, von denen die ältesten wohl aus dem 17. Jh.

M 3

Abb. 37. Gehöft in Teichweiden

stammen und die fast alle vor 1870 erbaut wurden, bestimmen das schöne Ortsbild (Abb. 37). Vier neuere Eigenheime, Typenbauten mit Flachdach und ein jetzt errichtetes Giebelhaus heben sich vom historisch gewachsenen Teil des Dorfes ab. Die Kirche am südlichen Ortsrand war ursprünglich als romanische Anlage mit gotischem Chor errichtet und später nach barockem Vorbild umgebaut worden. Die Holzdecke des Langhauses und die Brüstungsfelder der Emporen sind reich bemalt. Besonderen Denkmalswert hat der Anfang des 16. Jh. angefertigte Schnitzaltar einer Saalfelder Werkstatt.

Am Brand bei Teichweiden ist in einigen Steinbrüchen der Mittlere Buntsandstein aufgeschlossen (Abb. 38). Er bildet den Untergrund der 350–390 m ü. NN gelegenen Hochfläche zwischen Clöswitz, Rödelwitz, Teichweiden und Partschefeld (s. Seite 2). Bohrungen zeigten, daß sich unter dem Buntsandstein eine normal ausgebildete Zechsteinfolge befindet, mit ähnlich großen Mächtigkeiten des Werra-Anhydrites wie in der Umgebung von Krölpa bei Unterwellenborn. Das in die Anhydritfolge eingebettete, über 10 m mächtige Werra-Steinsalz blieb bisher von der Auslaugung, die an der Nördlichen Remdaer Störungszone festgestellt wurde, verschont.

Hohe Fahrt M 4

Vier Kilometer nördlich Rudolstadts erstreckt sich zwischen den Fluren der Gemeinden Teichröda, Ammelstädt und Teichweiden der Waldbezirk Hohe Fahrt, früher als Hohe Warte bezeichnet. Das 97 ha große Gelände auf Mittlerem Buntsandstein ist völlig von Wald bedeckt. Es weist umfangreiche Spu-

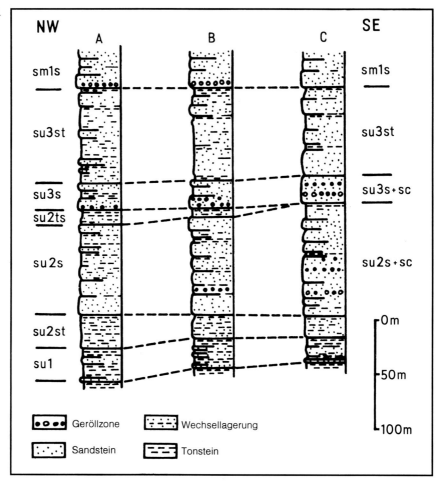

Abb. 38. Profile des Unteren Buntsandsteins bei Teichweiden (A), Kirchhasel (B) und Weißbach (C) (nach Puff 1961; die Gliederung entspricht den Bezeichnungen im Anhang B)

ren der Wirtschaftstätigkeit einer vor dem 14. Jh. verlassenen ehemaligen Ansiedlung auf: Hochäcker und Stufenraine. Beiderseits eines kleinen Tälchens ist ein regelmäßiges Muster von Ackerterrassen auf einer Fläche von 20 ha zu erkennen. Ein weiteres 50 ha großes Areal ist linienhaft von Lesesteinwällen, den Steinritschen, bedeckt, die die Hänge des Hölzertales und die Bergkuppe des vom Tal der Remdaer Rinne steil aufragenden Hohefahrtskopfes (390 m ü. NN) überziehen (Abb. 39).

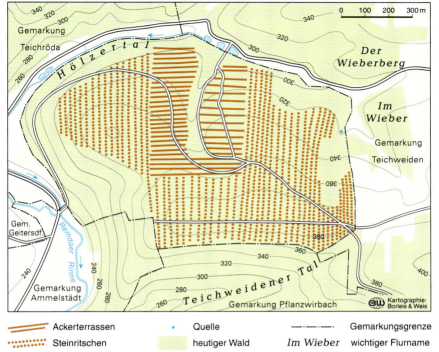

▬▬▬ Ackerterrassen	• Quelle	—·—·— Gemarkungsgrenze
∙∙∙∙∙∙∙ Steinritschen	░ heutiger Wald	*Im Wieber* wichtiger Flurname

Abb. 39. Wirtschaftsspuren im Waldbezirk Hohe Fahrt (nach G. HEUNEMANN 1959)

Pflanzwirbach, seit 1950 Stadtteil von Rudolstadt,   M 5

entstand im Tal der Remdaer Rinne als ein Angerdorf. Die frühesten Erwähnungen sind aus dem 15. und 16. Jh. bekannt: 1455 *Wirbach*, 1490 *Wierbach*, 1534 *Wyrbach*. Die heute übliche Namensform, seit 1669 *Pflanze Wirbach*, ist entweder auf die früher verbreiteten Weinpflanzungen oder auf die in der Gegend begütert gewesene Familie Flanß zu beziehen.

Nach territorialer Verbindung mit Rudolstadt gehörte Pflanzwirbach bis zum Jahre 1825 zur damals gothaischen Herrschaft Oberkranichfeld. Durch Gebietsaustausch kam es zu Schwarzburg-Rudolstadt. Im 19. Jh. wohnten in Pflanzwirbach 13 Bauern- und 12 Handwerkerfamilien. Seit der Wende vom 19. zum 20. Jh. fanden die meisten männlichen Einwohner Arbeit in den nahen Rudolstädter Betrieben, vor allem in der ehemaligen Porzellanfabrik Schäfer & Vater. Nach dem Zweiten Weltkrieg wurde in der ehemaligen Pflanzwirbacher Mahlmühle der VEB Plastverarbeitung Rudolstadt mit etwa 60 Beschäftigten eingerichtet. Die Landwirtschaft spielt in dem ca. 300 Bewohner zählenden Stadtteil kaum eine Rolle; ein ehemaliger kleiner Stall der aufgelösten LPG Teichröda

M 5 wird jetzt als Tierheim genutzt. Einige Handwerker, Händler und Gewerbetreibende haben in Pflanzwirbach einen Standort gefunden, darunter die Plaste-Aufbereitungs GmbH.

Das Ortsbild ist teilweise noch ländlich geprägt. Die Kirche aus dem 17. Jh. ist eine der typischen Dorfkirchen des Rudolstädter Raumes. Der Ortskern mit der Kirche wurde früher von der Nürnberg—Mansfelder Kupferstraße halbkreisförmig begrenzt und in neuerer Zeit erweitert. Die heutige verkehrsreiche Bundesstraße 85 trennt von diesem Bereich einige Gehöfte jenseits der Rinne, zu denen ein gut erhaltener Vierseithof mit Laubengängen, Holztoren und Fachwerkfassaden, vor allem im Innenhof, zählt.

Im Westteil der Gemarkung befand sich das seit dem 15. Jh. wüste Dorf *Syffersdorf* oder *Hermirsdorf* (s. L 5). Am alten Fahrweg nach Mörla (s. T 4) steht in Ortsnähe ein Steinkreuz, das bereits 1486 die Bezeichnung *altes Crutze* trug (Anhang E).

N 1 Kuhfraß, seit 1950 Ortsteil von Neusitz

Im Jahre 1428 berichtete die Chronik von einer Ortschaft und Viehweide *in den Kuefraße*. Gemeint war eine Weilersiedlung, ein von Wall und Graben umgebenes kochbergisches Vorwerk. Der ungewöhnliche Ortsname wird als ein einstiger Spottname angesehen, da den Ertrag der kleinen Dorfflur „eine Kuh allein auffressen" könne (ROSENKRANZ 1982). Das Dorf liegt geschützt zwischen den im S und N ansteigenden Buntsandsteinhängen in einem Wiesengrund des Haselbaches. Die wenigen Bauernhäuser, darunter einige mit gut erhaltenem Fachwerk, liegen verstreut um den Bereich des ehemaligen Vorwerks. Östlich der Ortslage befinden sich große Teiche.

Die etwa 70 Einwohner von Kuhfraß lebten vorwiegend von der Landwirtschaft. Mit der Aufteilung des Vorwerks im Rahmen der Bodenreform 1945—1947 wurden die 260 ha Boden an Landarbeiter und landarme Bauern übergeben, die 1952 die LPG Freiheit bilden mußten. Heute hat die Landwirtschaft keinerlei Bedeutung mehr. Zwei Handwerker, einen Laden und eine Gaststätte gibt es in dem kleinen Ort.

Die Geschichte des Dorfes und Gutes Kuhfraß ist verbunden mit dem Wirken des britischen Kapitäns a. D. JAMES PATRICK VON PARRY, eines leidenschaftlichen Goetheverehrers. Er kam nach Weimar und Schloß Kochberg und heiratete LUISE AUGUSTE VON STEIN, eine Enkelin CHARLOTTE VON STEINS. 1827 erwarb er das unweit von Großkochberg gelegene Gut Kuhfraß. Von 1835 bis 1838 ließ er sich im Kuhfraßer Forst einen schloßartigen Landsitz erbauen, von ihm Hirschhügel genannt (Abb. 40). Hier lebte er bis zu seinem Tod 1872. Seit 1945 wurde das Schloß Hirschhügel als Feierabendheim genutzt und später als Pflegeheim für etwa 100 alte Menschen; heute ist es privatisiert. Zum Andenken an seine 1864 verstorbene Frau ließ PARRY auf der Anhöhe oberhalb von Großkochberg den „Luisenturm" errichten (s. D 4). Nach dem Tode PARRYS entstand im Auftrag seiner Tochter in der Nähe des Schlosses Hirschhügel im Jahre 1895 eine kleine Kapelle, ein einschiffiger Bau in

Abb. 40. Kuhfraß, Schloß Hirschhügel

neugotischen Formen mit einem Spitzbogenportal. Neben der Kapelle erinnert ein Grabstein an JAMES PATRICK VON PARRY und LUISE VON PARRY, geb. FREIIN VON STEIN.

Mötzelbach, seit 1994 Ortsteil von Kirchhasel

Etwas abseits vom Saaletal liegt in 385 m ü. NN das Dorf Mötzelbach, das erstmals im Jahre 1194 genannt wurde. Die älteren Bezeichnungen *Mezzelbach*, gebildet aus: *am Etzelbach*, und später *Etzelbach am Berge* lassen den Bezug zu dem namengebenden Bache erkennen (Namenerklärung s. O 4). Der Ort war Pertinenzstück, das ist ein Zubehör, der Weißenburg, mit der es 1344 aus orlamündischem in wettinischen Besitz gelangte. Bis 1805 gehörte Mötzelbach zu Sachsen-Coburg-Saalfeld, dann zu Sachsen-Gotha, seit 1826 zu Sachsen-Altenburg und seit 1922 zum Kreis Rudolstadt. Die entlegene Ortschaft war in allen Jahrhunderten ihres Bestehens fast ausschließlich ein Bauerndorf, im 18. Jh. sind außer den hier ansässigen Bauern lediglich ein Schmied, ein Schneider und 3 Leineweber bezeugt.

N 2   Die genossenschaftliche Entwicklung der Landwirtschaft begann in Mötzelbach mit der Gründung der LPG Morgenrot 1959 und der LPG Bergland 1960. Die Pflanzenproduktion, in der die meisten Bewohner beschäftigt waren, gehörte zur LPG(P) in Kirchhasel, und die LPG(T) Engerda-Heilingen unterhielt zwei Stallanlagen am östlichen Dorfrand für die Schweinemast. Das Weideland wurde vor allem für die Schafe genutzt. Die Felder in der Gemeinde und auch die beiden Rinderställe wurden nach Auflösung der Genossenschaften von der Agrarproduktion GmbH Engerda/Heilingen übernommen. Die Schafhaltung ist weggefallen.

Nicht zuletzt infolge der abgeschiedenen Lage hat sich der historisch gewachsene Grundriß eines Straßenangerdorfes sehr gut erhalten (Abb. 41). Auffällig ist der breit gehaltene Angerbereich mit vier Teichen. Die dörfliche Bebauung besteht aus einigen noch vollständig geschlossenen Vierseithöfen sowie aus Dreiseithöfen von unterschiedlicher Größe. Bis auf wenige Ausnahmen sind die Gebäude noch mit sichtbarem Fachwerk versehen. Die etwa 20 Wohngebäude entstammen zum größten Teil der Zeit vor 1870.

An der höchsten Stelle des Ortes steht die Kirche, eine ursprünglich romanische Kapelle, die ihr heutiges Aussehen 1740 erhielt. Der helle Außenputz und das Zeltdach auf dem zweigeschossigen Langhaus mit Rundbogenfenstern wurden 1970 erneuert, und der vierkantige Turm mit Schieferhelm wurde 1985 grundlegend rekonstruiert. Nahe der Kirche, am Dorfteich, stehen 3 Steinkreuze (Anhang E).

Etwa 700 m südöstlich von Mötzelbach befindet sich einer der wenigen Aufschlüsse des Mittleren Buntsandsteins, der den unmittelbaren Untergrund einer im Tertiär entstandenen Hochfläche bildet (s. Seite 5).

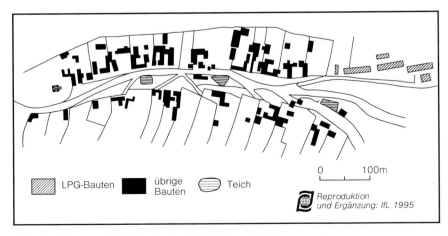

Abb. 41. Ortsgrundriß Mötzelbach, 1988 (Entwurf G. Daedelow)

Waldgebiet Benndorf   N 3

Nördlich der Ortslage von Kirchhasel führt ein Hohlweg bergan, ein Fahrweg zwischen Kirchhasel und Mötzelbach, den bis zum Ende des vorigen Jh. unzählige Wagen bei der Holzabfuhr benutzten. Er passiert das Waldgebiet Benndorf. Regelmäßige Steinwälle in dem waldbedeckten Areal erweisen sich bei genauerer Untersuchung als Lesesteinwälle, entstanden in Verbindung mit einstiger landwirtschaftlicher Tätigkeit. Hier befand sich das in Urkunden mehrmals erwähnte Dorf *Benndorf*, vermutlich eine aus wenigen Häusern und einer kleinen Kirche bestehende Rodungssiedlung. Sie läßt sich für das 11./12. Jh. nachweisen und wurde wohl im 14. Jh. wieder aufgegeben. Die Kirche bestand vielleicht etwas länger, ihre Grundmauern waren bis zum 19. Jh. vorhanden.

Bauern der Nachbardörfer nutzten die verbliebenen Steine für Bauzwecke, ein Torbogen und ein Torpfeiler der Benndorfer Kirche befinden sich eingemauert in einem Keller in Kirchhasel. Die Dorfflur umfaßte 9 Hufen, das sind etwa 90 ha. Es ist zu vermuten, daß später zur Bewirtschaftung der Flur zeitweise ein Vorwerk oder eine Schäferei eingerichtet war, vielleicht auch nur eine Forstaufsicht. Der heutige Waldbezirk Benndorf umfaßt nur einen Teil der ehemaligen Dorfflur.

Oberhasel, seit 1950 Ortsteil von Kirchhasel   N 4

Im Tal des Haselbaches (Namenerklärung s. V 1), der den Hirschgrund durchfließt und bei Kirchhasel in die Saale mündet, reihen sich an beiden Seiten der Straße die Häuser von Oberhasel. Das zur orlamündischen Herrschaft Weißenburg (s. W 1) gehörende *Ubirn Hasela* kam im Jahre 1344 in markgräflichen Besitz, doch erhoben die Grafen von Schwarzburg lange Zeit Ansprüche auf zwei rechts des Baches stehende Häuser. Rückschlüsse auf die Einwohnerzahl bietet die Mitteilung vom Jahre 1525, daß 15 Oberhaseler Bauern entwaffnet wurden. Die Zahl der Hofbesitzer blieb bis in neuere Zeit unverändert. 1740 legten Beauftragte des Herzogs von Sachsen-Coburg-Saalfeld und des Fürsten von Schwarzburg-Rudolstadt die hier verlaufende Grenze neu fest (Abb. 42). Viele Grenzsteine blieben erhalten, ebenso ein steinernes Sühnekreuz südlich des Dorfes. 1805 gelangte Oberhasel zu Gotha-Altenburg, 1826 zum Herzogtum Sachsen-Altenburg, 1922 zum thüringischen Landkreis Rudolstadt.

Die landwirtschaftliche Nutzfläche wurde vor der Auflösung von der Kirchhaseler LPG mit bearbeitet. Jetzt gibt es einen Wiedereinrichter im Haupterwerb, der sich auch auf Urlaubsgäste auf dem Bauernhof eingerichtet hat, sowie einen im Nebenerwerb. Die meisten Beschäftigten sind Auspendler.

Das Bild des Dorfes wird durch gepflegte, gut erhaltene Fachwerkbauten bestimmt. Die Wohngebäude stehen teils trauf- und teils giebelseitig zur Straße. Die kleine Dorfkirche am nördlichen Berghang ist ein bescheidener Bau mit spitzem Turm und schiefergedecktem Dach. Sie besteht aus zwei hintereinander liegenden Häusern, dem im 17. Jh. entstandenen Chorraum und dem breiteren, später erbauten Langhaus. Im Inneren birgt die Kirche einen wertvollen, um 1500 entstandenen Schnitzaltar einer Saalfelder Werkstatt.

N 4

Abb. 42. Grenzstein von 1740 zwischen Sachsen-Altenburg und Schwarzburg-Rudolstadt westlich von Oberhasel

O 1 Kulmsen

Die beiden Kulmsen, die mit Höhen von 412 und 418 m ü. NN als markante Geländepunkte von weither zu sehen sind, tragen auch die Bezeichnung Heilinger Kulmsen, vielfach auch Partschefelder und Röbschützer Kulmsen. In topographischen Karten ist auch die Schreibweise „Culmsen" gebräuchlich. Ihre Südflanke und die Gipfelregion einschließlich der zwischen ihnen befindlichen Einsattelung – im Volksmund Arschkerbe genannt – bestehen aus Mittlerem Buntsandstein. Entlang einer NW–SO streichenden Verwerfung, die ebenso wie die Kleinbuchaer und die Remdaer Störungszonen (s. Seite 5) im Ergebnis der saxonischen Tektonik im Zeitraum von der Kreide bis zum Tertiär entstanden ist, wurde der Nordflügel herausgehoben. Darauf steht leicht verwitterbarer Unterer Buntsandstein an, so daß sich im Ausstrichbereich dieser nach N einfallenden Schichten eine steile Bergflanke ausbilden konnte (Abb. 43). Am Wege nach Heilingen folgt dem Unteren Buntsandstein der gesamte Mittlere Buntsandstein in ebenfalls nach N einfallender Lagerung; unmittelbar südlich von Heilingen zwischen einem Hochbehälter und dem Südrand des Dorfes ist dessen obere Abteilung, der Bausandstein, aufgeschlossen.

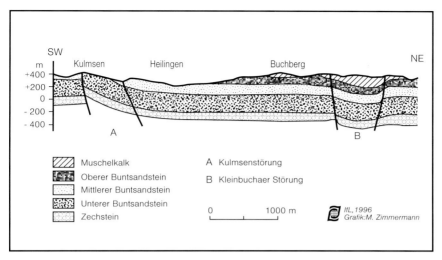

Abb. 43. Geologischer Schnitt von den Kulmsen zum Buchberg (Entwurf P. LANGE 1988, nach Geologischer Karte der DDR, 1964)

Wo zwischen Beutelsdorf und Uhlstädt die Kulmsen-Störung Schichten des Mittleren Buntsandsteins gegeneinander verwirft, konnten die tertiärzeitlichen Verwitterungsprozesse besonders tief in das zerrüttete Gestein eindringen. Dabei entstand ein Kaolinsandstein, der als Porzellanrohstoff in einer Grube am Wege zwischen Beutelsdorf und Uhlstädt, nahe bei Beutelsdorf, für die ehemalige Porzellanfabrik Beutelsdorf (s. P 1) und die 1837 gegründete Porzellanfabrik Uhlstädt abgebaut wurde. Die Aufbereitung des Kaolinsandsteins erfolgte in der zwischen Röbschütz und Beutelsdorf gelegenen Röbschützer Massemühle (Abb. 28), dort wurde er gemahlen und geschlämmt.

Im Zusammenhang mit der intensiven tertiären Verwitterung entlang der Kulmsen-Störung steht auch das Vorkommen von großen Tertiärquarzitblöcken auf der Westseite der sogenannten Zweite, 0,5 km südwestlich von Beutelsdorf entfernt. Unverwitterte Feldspatsandsteine des Mittleren Buntsandsteins bilden den Gipfel des Kienberges bei Uhlstädt und des gegenüberliegenden Kreuzenberges. Sie stehen auch rings um Partschefeld an.

Partschefeld, seit 1972 Ortsteil von Uhlstädt, O 2

liegt am Ursprung des Uhlsbaches, 160 m hoch über dem Saaletal, in einer Höhenlage von 340 m ü. NN auf einem unebenen, teilweise hängigen Gelände. Von Uhlstädt an der Saale aus ist das kleine Haufendorf über eine kurvenreiche und steil ansteigende Straße zu erreichen, die durch das Waldgebiet des Kreuzen- und Kienberges führt (s. O 1). Der Ort entstand um ein Vorwerk des

O 2 Uhlstädter Adelssitzes und wurde im Jahre 1378 erstmals erwähnt. Die damals genannte Namensform *Parschefal* läßt eine ursprüngliche Namensform *Parsival* vermuten, vielleicht ist es auch zu mundartlich *Barzen* oder *Borzen* = Feld mit Reisighaufen, Buschwerkstümpfen zu stellen. 1706 fiel das Dorf größtenteils einem Brand zum Opfer.

Etwa 350 m vom Ortsausgang entfernt, am Weg nach Heilingen und zum Kienberg, steht ein steinernes Sühnekreuz (Anlage E). Auf einem Fahrweg ist die hoch über der Saaleaue gelegene Ausflugsgaststätte Kienberg zu erreichen.

Die 1968 gebildete Landwirtschaftliche Produktionsgenossenschaft Auf der Höhe ging später in benachbarte größere Betriebe ein, die Pflanzenproduktion wurde der Genossenschaft Kirchhasel und die Tierhaltung der in Cumbach zugeordnet. Den ehemaligen Jungrinderstall der LPG nutzt heute ein landwirtschaftlicher Wiedereinrichter, genossenschaftliche Landwirtschaft gibt es nicht mehr. Ein Bauhandwerksbetrieb und ein Busunternehmer haben sich etabliert.

Das kleine, ca. 140 Einwohner zählende Dorf verfügt über rund 50 Wohnungen, meist in umgebauten ehemaligen Bauernhäusern mit gutem Bauzustand. Die Mehrzahl der Häuser ist verputzt, nur noch die Gehöfte hinter der Kirche und im unteren Ortsbereich zeigen Fachwerk. Die von einer Mauer eng umschlossene kleine Dorfkirche wies vor 1989 erhebliche Schäden an Turm, Dach und Mauerwerk auf, wurde aber inzwischen rekonstruiert. Unmittelbar benachbart wurde in den letzten Jahren ein neues Feuerwehrgerätehaus errichtet. Zwischen 1957 und 1959 schufen sich die Einwohner ein Landkulturhaus, das gegenwärtig nicht genutzt wird.

O 3 Uhlstädt, Landkreis Saalfeld-Rudolstadt (Abb. 44)

In verkehrsgünstiger Lage im Saaletal an der Eisenbahnlinie und der Bundesstraße 88 zwischen Rudolstadt und Kahla gelegen, bildet Uhlstädt siedlungsstrukturell ein Kleinzentrum in Ostthüringen, das zentralörtliche Funktionen für einen Nahbereich für ca. 3700 Einwohner ausübt (Regionaler Raumordnungsplan Ostthüringen, 1995). Die Gemeinde, zu der seit 1923 die Ortsteile Oberkrossen, Kleinkrossen, Rückersdorf und seit 1972 Partschefeld gehörten, wurde nach 1990 Sitz einer großen Verwaltungsgemeinschaft (s. Seite 24), aus der 1997 Ober- und Unterpreilipp herausgelöst wurden.

Durch den Ort floß im südlichen Teil der inzwischen teilweise verfüllte Mühlgraben oder die Mühllache. Sie zweigt am Saalewehr in Höhe des Bahnhofs von der Saale ab und mündet östlich des Ortes wieder in sie ein. Vom N her fließt der Uhlschebach, auch Uhlsbach genannt, in die Saale.

In die vorgeschichtliche Zeit führen neolithische Gerätefunde sowie Grabfunde mit Keramik der frühen Eisenzeit des 7./6. Jh. v. Chr. Zu den im Jahre 1083 genannten Ortschaften bei Orlamünde gehörte auch *Olstete*, als Ort an den Wiesen, zu altsächsisch *ol* = Flur, Wiese. Die aus dem 11. bis 15. Jh. vorliegenden schriftlichen Nachrichten zu Uhlstädt beziehen sich fast ausschließlich auf den Ortsadel, der beträchtliche Lehen der Grafen von Orlamünde,

O 3

Abb. 44. Blick auf Uhlstädt

seit 1344 des Land- und Markgrafen, innehatte. Mitte des 15. Jh. gingen die Ländereien auf die Familie von Kochberg über, die ihren Uhlstädter Besitz, zu dem zwei Rittergüter im Dorfe und mehrere Vorwerke in den Nachbarorten gehörten, Ende des 16. Jh. verkauften. 1856 übernahm die sachsen-altenburgische Domänenkammer beide Höfe. Der untere von beiden wurde Sitz mehrerer Behörden und beherbergt gegenwärtig die Gemeindeverwaltung.

Dank der günstigen Lage an der alten Saaletalstraße entwickelten sich in Uhlstädt frühzeitig Handel und Gewerbe. Der Ort war Zentrum der seit dem 13. Jh. bezeugten Langholzflößerei auf der Saale (s. V 2). Die Erinnerung an die jahrhundertelange Flößereitradition wird hier durch ein Volksfest, das Flößerfest, bewahrt. Von Bedeutung war auch die Saalefischerei. 1836 entstand eine Porzellanfabrik, die 1953 verstaatlicht wurde. 1909 wohnten in Uhlstädt (ohne spätere Ortsteile) 41 Porzellanarbeiter, 18 Mitarbeiter der Eisenbahn, 68 Handwerker, 15 Holzarbeiter und Holzhändler sowie 24 Landwirte.

Das sozialökonomische Profil der Gemeinde wurde vor 1990 durch Industrie, Handels- und Versorgungseinrichtungen bestimmt. Die Zahl von 700 Auspendlern im Vergleich zu 300 Ortsbeschäftigten (1989) dokumentierte die Bedeu-

O 3 tung als Wohnstandort für Pendler zu den Städten und Industriestandorten im mittleren Saaletal. Etwa 120 Arbeitskräfte arbeiteten im Porzellanwerk Kahla, Betriebsteil Uhlstädt, und etwa 40 im VEB Vereinigte Holzindustrie am Standort Oberkrossen. In der Landwirtschaft waren nur 25 Berufstätige zu verzeichnen, die in der LPG Saaletal (1958 gebildet) und später in der LPG(P) Kirchhasel arbeiteten. Für das Umland hatten das ländliche Einkaufszentrum, eine polytechnische Oberschule, eine Arzt- und Zahnarztpraxis, Apotheke, Spezialkinderheim, Oberförsterei und mehrere Handwerksbetriebe Bedeutung. Das Saaletal zwischen Zeutsch und Uhlstädt war ein Gebiet intensiver Gemüseproduktion.

Nach 1990 hat sich die Struktur von Uhlstädt sichtbar verbessert, sowohl der Zustand vieler Wohngebäude als auch der von Betrieben und Einrichtungen. So gibt es heute mehrere Unternehmen der Bauwirtschaft und des Verkehrsgewerbes, zusätzlich zahlreiche Handwerksbetriebe. Außerdem ist die Beschäftigungsgesellschaft Saalejob e. V. seit 1992 mit fast 100 Beschäftigten zu nennen (1995), die Landschaftspflegearbeiten durchführt.

Auch im Handels- und Dienstleistungssektor ist eine Zunahme der Einrichtungen festzustellen. Uhlstädt verfügt über einen Selbstbedienungsmarkt und viele andere Geschäfte für Lebensmittel- und Industriewaren und auch über vier Gaststätten. Zwei praktische Ärzte, zwei Zahnärzte und ein Physiotherapeut sorgen für die gesundheitliche Betreuung der Bevölkerung. Für die Bildung stehen Grund-, Regel- und Volkshochschule zur Verfügung. In Uhlstädt unterhält der Arbeiterwohlfahrtsverband ein Kinderheim. Zur sportlichen Betätigung bieten zwei Sportplätze, Sporthalle, Kegelbahn, Tennisplatz und Freibad Gelegenheit. Für das allgemein zugenommene Vereinsleben sind die Chorgemeinschaft, der Flößerverein und die Kienbergfreunde neben Kleingärtnern, Feuerwehr und Sportlern anzuführen. Auch für den Fremdenverkehr wurden durch die Bereitstellung von Fremdenzimmern und Ferienwohnungen Voraussetzungen geschaffen.

Das heutige Ortsbild widerspiegelt den fast kleinstädtischen Charakter Uhlstädts. Die Siedlung entwickelte sich zunächst um die Kirche und um zwei, kurze Zeit sogar drei ehemalige Adelshöfe an einer Straße bis zur Saale. Hier ist auch die älteste Bausubstanz anzutreffen, darunter viele Fachwerkhäuser. Die Kirche mit dem dreigeschossigen Ostturm steht auf Grundmauern aus dem 12. Jh., das Langhaus wurde im 17. Jh. darauf errichtet. Die Hausfassade Oberhofstraße 110 trägt einen Wappenstein. Später vergrößerte sich der Ort entlang der Eisenbahnlinie und der Durchgangsstraße. Bauliche Erweiterungen sind neue Eigenheime an den benachbarten Talhängen, desgleichen etwa 130 Bungalows für die Wochenend- und Urlaubserholung. Das 1993 renovierte Kienberghaus hoch über dem Tal zählt zu den beliebten Aussichtspunkten an der mittleren Saale.

In der unmittelbaren Umgebung Uhlstädts ist das Saalewehr bemerkenswert, das allerdings dringend der Instandsetzung bedarf. In Archivalien aus der Mitte des 14. Jh. wird für Uhlstädt eine Mühle genannt. Vielleicht befand sie sich an der Stelle der heutigen, als technisches Denkmal geschützten Mühle, die im 18. und 19. Jh. ausgebaut wurde und deren Mahleinrichtungen noch vollständig erhalten sind. Eine unterschlächtige Wasserrad-Doppelanlage trieb die

Mahlmühle an, d. h. beide Räder sind hintereinander leicht versetzt angeordnet. O 3
Die gegenüberliegende, gleichfalls von der Mühllache mit einer weiteren Doppelradanlage angetriebene Schneidemühle ist nicht mehr vorhanden. Auf ihrem Gelände entstand ein Schulgebäude als eine bauliche Dominante im Ort. Im Zusammenhang mit der Mühle steht ein 1786 errichteter steinerner Viadukt, über den das Wasser des Uhlschebaches über den Mühlgraben geleitet wird, um dessen Versandung zu verhindern. In der geschlossenen Uhlstädter Porzellanfabrik, einem verputzten Fachwerkgebäude, sind als Zeugen früher Phasen der Porzellanherstellung noch Etagenrundöfen und alte Trommelmühlen vorhanden. Die Glasrohr-Schlickerleitung zum Gießen von Henkeln gilt als frühestes Beispiel für industrielle Glasrohrleitungen in Thüringen.

Im Saaletal zwischen Uhlstädt und Oberkrossen verengt sich die Saaleaue auf 400–500 m Breite, bedingt durch die größere Widerstandsfähigkeit des anstehenden Gesteins. Die Schichtenfolge des Mittleren Buntsandsteins ist hier tektonisch nicht gestört und deshalb nur großklüftig ausgebildet. Daher konnte die Erosion der Saale wenig wirksam werden, es kam zu einer Verengung des Tales, und an den Hängen sind die Terrassen kaum ausgebildet. Da die massiven Gesteine des Mittleren Buntsandsteins die darunterliegenden Formationen schützten, konnte die Saale auch im Niveau des Unteren Buntsandsteins, der unmittelbar bei Uhlstädt die Talflanken bildet, das Tal nicht breit ausräumen. Erst östlich von Uhlstädt, wo die Kulmsen-Störung das Saaletal kreuzt, verbreitert sich die Saaleaue wieder auf über 1 km Breite und führt hier auch mächtige Kieslager unter der Auelehmdecke. Zwischen Rudolstadt und Zeutsch sind an den Einmündungen der kleinen Bäche Schwemmfächer von beträchtlicher Erstreckung und Mächtigkeit ausgebildet, die eine deutliche Aufhöhung gegenüber der Aue und den einzelnen Terrassen ergeben (Abb. 45, 71). Auch der Ortskern von Uhlstädt liegt auf einem solchen Schwemmfächer, der zwar nur mäßige Baugrundverhältnisse ergibt, aber der Siedlung genügend Schutz gegen Saalehochwasser bietet.

Bereits im 16. Jh. war eine Brücke über die Saale vorhanden, die im Dreißigjährigen Krieg zerstört, wiederaufgebaut und 1890 vom Hochwasser weggespült wurde. 1891 ersetzte man sie durch eine Stahlfachwerkbrücke auf Steinpfeilern. Diese wurde 1945 gesprengt und durch eine Behelfsbrücke ersetzt. 1992 wurde eine neue Spannbetonbrücke dem Verkehr übergeben, die Uhlstädt mit Oberkrossen verbindet.

Etzelbach, seit 1994 Ortsteil von Kirchhasel O 4

Der Ort erstreckt sich am Eintritt des namengebenden Baches in die Saaleaue, 7 km östlich von Rudolstadt, und hat durch die Eisenbahn und Bundesstraße eine gute Verkehrslage. Der Orts- und Bachname bezieht sich auf den deutschen Personennamen *Azzilo* oder *Ezzilo*, eine Koseform zu *Azzo*, *Ezzo*; germanisch *Atto*, *Atta* = Väterchen. Die erste Erwähnung von *Etcelbeche* datiert aus dem Jahre 1140. Das Dorf war lange Zeit Bestandteil der Herrschaft Weißenburg und gehörte seit 1344 zum ernestinischen Sachsen. 1805 kam Etzelbach

O 4 von Sachsen-Coburg-Saalfeld zu Sachsen-Gotha-Altenburg, 1826 zum Herzogtum Sachsen-Altenburg, 1923 zum Kreis Rudolstadt.

Die Siedlung entstand als Gassendorf mit dem Kern um Kirche und Adelshof, den im 15. und 16. Jh. die Familie Flans, seit 1533 der Ritter FRIEDRICH VON THÜNA zur Weißenburg als Lehen innehatten. 1681 kauften die meist in schwarzburgischen Diensten stehenden Herren von Gleichen das Gut. Wirtschaftliche Grundlage des Dorfes bildete die Landwirtschaft, bedeutend waren Wein- und Hopfenanbau. Einige Grabsteine auf dem Kirchhof erinnern an das Geschlecht von Gleichen. ADALBERT VON GLEICHEN heiratete FRIEDRICH VON SCHILLERS jüngere Tochter EMILIE. SCHILLER selbst weilte wiederholt in Etzelbach. Hier sollte auch seine Hochzeit mit CHARLOTTE VON LENGEFELD stattfinden, doch entschloß man sich dann zur stillen Trauung in Wenigenjena. 1870 wurde das Rittergut in Etzelbach aufgelöst. 1867–1869 entstand ein neugotischer Kirchenbau an der Stelle der alten Dorfkirche. 1900 richtete die Thüringer Landesversicherungsanstalt im Wohngebäude des vormaligen Rittergutes ein Invalidenheim, das spätere Feierabendheim, ein. Zugleich ließ sie nahe am Ort ein Genesungsheim bauen, das 1946 als Lungenheilstätte, von 1967 an als Spezialklinik für Rheumakranke geführt und 1992 dem Interdisziplinären Therapiezentrum Etzelbach-Weißenburg (s. W 1) angeschlossen wurde.

Die wirtschaftliche Struktur des Dorfes bildeten bis 1990 die Landwirtschaft und die Sozial- und Pflegeeinrichtungen. Der Ort hatte außerdem Wohnfunktion für Arbeitspendler. Die kollektive Landwirtschaft begann 1953 mit der Bildung der LPG Einigkeit und der LPG Weideland (1960), beide gingen dann in der LPG Kirchhasel auf, die die 200 ha große Landwirtschaftsfläche bestellte. Die LPG(T) Cumbach nutzte Stallanlagen in Etzelbach, für die Schafhaltung bildeten die Hanglagen die Futtergrundlage für eine Weidewirtschaft.

Heute hat die Landwirtschaft in Etzelbach an Bedeutung verloren. Die Agrargenossenschaft Catharinau hat die Bewirtschaftung der Felder übernommen und hält in zwei ehemaligen LPG-Ställen Schweine. Aus der Landwirtschaft ausscheidende Arbeitskräfte konnten Arbeit im 1991 modernisierten und vergrößerten Kieswerk in der Saaleaue und in verschiedenen kleineren Baubetrieben finden. Außerdem gibt es zwei landwirtschaftliche Wiedereinrichter. Weitere Arbeitsplätze bieten das 1991 privatisierte Altenheim Etzelbach und die dem ebenfalls privatisierten Interdisziplinären Therapiezentrum Etzelbach-Weißenburg angeschlossene ehemalige Spezialklinik. Neben verschiedenen Handelseinrichtungen hat Etzelbach zwei Gaststätten. Eine 1992 gegründete Jagdgenossenschaft bemüht sich um die Pflege der Wildbestände in den benachbarten Wäldern.

Vorbildlich gepflegte Häuser in Fachwerkkonstruktion, die in kleinen dreiseitig umbauten Hofanlagen aneinanderstehen und meist mit ihren Giebelseiten die Straße und den Angerbereich säumen, bestimmen das Ortsbild im Zentrum, desgleichen das dreigeschossige Gebäude des ehemaligen Rittergutes und die gegenüberliegende Dorfkirche. Der regionaltypische Dreiseithof Nr. 23 mit Wohnhaus, Scheunen und Stallgebäuden ist seit der Mitte des 18. Jh. organisch gewachsen. Am Giebel des Stalles befindet sich eine 1775 datierte Sonnenuhr. Als alter Volksbrauch erhielt sich in Etzelbach das Lustlindenfest bis in die jüngere Vergangenheit.

Weißen, seit 1994 Ortsteil von Uhlstädt, O 5

entstand als kleines Gassendorf am rechten Ufer der Saale. Der von der Uhlstädter Heide zur Saale fließende Weißbach, das bedeutet klarer Bach, gab dem Dorf den Namen. Der erste schriftliche Nachweis stammt aus dem Jahre 1083, *Wiznewasser*. Grabfunde bekunden, daß damals slawische Siedler in den Dörfern an der Saale lebten. Die Geschichte des Ortes verknüpft sich eng mit der des Schlosses Weißenburg, mit dem Weißen im Jahre 1344 aus bisher orlamündischem Besitz in den des Land- und Markgrafen überwechselte (s. O 3). Die Bevölkerung ernährte sich von Landwirtschaft, Fischfang und Flößerei. 1454 wird das Saalewehr erwähnt und damit das Bestehen der Weißener Mühle bezeugt. Die Saale wurde aufgestaut, und bis in die jüngste Vergangenheit erschien dadurch das Dorf fast wie an einem stehenden Gewässer gelegen. Vor dem Bauernkrieg beklagten sich die Bauern über die harte Bedrückung durch die Adligen, es kam zu Frondienstverweigerungen. Seit 1645 besteht in Weißen eine Schule. 1826 kam das bisher sachsen-saalfeldische Dorf zu Sachsen-Meiningen, 1922 zum Kreis Rudolstadt. In den letzten Tagen des Zweiten Weltkrieges wurde die Saalebrücke gesprengt, in der Folgezeit durch eine Holzbrücke (s. V 1) und 1992 durch eine Spannbetonbrücke ersetzt. 1975 beseitigte man das Saalewehr, um den Wasserspiegel des Flusses zu senken.

Weißen und der benachbarte Ortsteil Weißbach (s. W 2) waren landwirtschaftlich geprägt. Die Tierproduktion mit Ställen für Sauen und Ferkelaufzucht war der Kooperation Saaletal zugeordnet; die rund 300 ha Flächen in Hanglagen um Weißen wurden für die Schafweide genutzt. Die LPG(P) Kirchhasel unterhielt in Weißen eine Werkstatt für Landfahrzeuge. Der größere Teil der Berufstätigen des Dorfes arbeitet auswärts. Heute ist Weißen vorwiegend Wohnort, die Felder bewirtschaftet die Agrargenossenschaft Catharinau. Ein Bauunternehmen nutzt jetzt die ehemalige LPG-Werkstatt. Im Dorf gibt es außerdem eine Korbwarenhandlung, eine Revierförsterei sowie Gaststätte, Verkaufsstelle und Kindergarten.

Gut erhaltene Fachwerkbauten und neue verputzte Fassaden bestimmen das Ortsbild. Die bereits im 12. Jh. erwähnte Dorfkirche, die im 18. und 19. Jh. ihre jetzige Gestalt erhielt, war in einem schlechten Bauzustand und drohte nach Blitzeinschlag, besonders im Turmbereich, ganz zu zerfallen. Am östlichen Ortsausgang steht ein steinernes Sühnekreuz, zwei andere Steinkreuze gingen verloren.

Der hohe Anteil von Sandsteinbänken der Unteren Buntsandsteinfolge bewirkt in der Umgebung von Weißen die Ausbildung recht beachtlicher Steilhänge, wie man vor allem am Saaleprallhang unterhalb der Weißenburg beobachten kann.

Ein von STEINMÜLLER (1961) beschriebener Aufschluß am östlich des Dorfes ansteigenden Galgenberg vermittelt wichtige Einblicke in die Talgeschichte der mittleren Saale (Abb. 45). An der Basis befindet sich ein saale(riß-)kaltzeitlicher Schotterkörper mit gut gerundeten Geröllen und überwiegend aus dem oberen Saale- und Schwarzagebiet stammendem Gesteinsmaterial. Diese Saaletalsedimente werden überlagert von Blockpackungen kantiger Sandsteine, die aus einem hier einmündenden Nebental herrühren. Der Aufschluß macht auf

O 5 die am Rande des mittleren Saaletals häufig anzutreffende Verzahnung der Saaleterrassen mit Schwemmkegeln von Nebenbächen aufmerksam (Abb. 45). Am Stockberg südwestlich von Weißen befindet sich im Mittleren Buntsandstein eine Scheuersandhöhle, die mit den Höhlen am Mühlberg bei Rudolstadt vergleichbar ist (s. V 8).

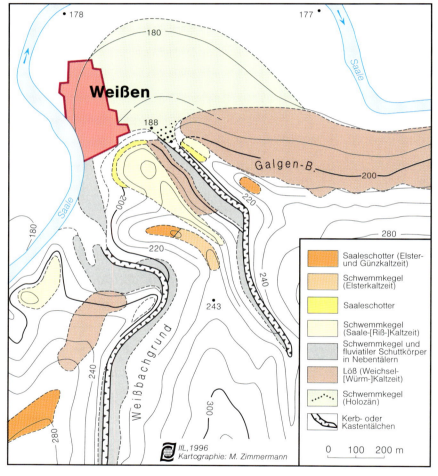

Abb. 45. Pleistozäne und holozäne Bildungen im Buntsandsteingebiet des mittleren Saaletals bei Weißen (nach A. STEINMÜLLER 1961)

Ober- und Kleinkrossen, seit 1923 Ortsteile von Uhlstädt O 6

Südlich von Uhlstädt liegen die ehemals eine Gemeinde bildenden Ortschaften Oberkrossen auf der rechten und Niederkrossen auf der linken Saaleseite. Durch die am 22. 6. 1974 neuerbaute Behelfsbrücke wurde die Verbindung zwischen ihnen wieder hergestellt, die Krossener Saalebrücke war am 13. 4. 1945 gesprengt worden. Seit 1992 gibt es eine neue Brücke aus Spannbeton (s. O 3).

Die urkundliche Erwähnung von *Crozne* = slawisch Fischernetz um 1071 läßt wie bei Niederkrossen (s. P 2) und Krossen an der Elster an einen von Slawen bewohnten Fischerort denken. Hinter der volkstümlichen Bezeichnung *Gieke* für die Ansiedlung Kleinkrossen verbirgt sich das slawische Wort *Kietz*. Seit Ende des 15. Jh. war der Uhlstädter Zweig der Familie von Kochberg auch in Krossen begütert, 1613 besaß er in Oberkrossen einen Gutshof. Bis in die zwanziger Jahre unseres Jh. bot den Dorfbewohnern die Saaleflößerei im Frühjahr Verdienstmöglichkeit (s. V 2).

Nach der Jahrhundertwende, als sich infolge des Eisenbahnbaus der Niedergang der Saaleflößerei bereits abzeichnete, entstand in Oberkrossen ein Sägewerk. Sein Nachfolger war ein Betriebsteil des Kombinats Schnittholz und Holzwaren Gera, der mit ca. 60 Arbeitskräften vorwiegend Gestelle für Liegen herstellte. In dem wieder privatisierten Betrieb ist eine Dampflokomobile der Firma Buckau-Wolff Magdeburg aus dem Jahre 1943 installiert, deren Kessel für die Holztrocknung benutzt wurde. Sie ist ein erhaltenswertes technisches Denkmal aus der Schlußphase des Dampfmaschinenbaus. Außer dem Sägewerk gibt es weitere Gewerbestätten wie Metallbau, Innenausbau, Sanitärtechnik, Autolackierung und Autopflege mit überörtlicher Bedeutung.

Das Ortsbild widerspiegelt den nichtlandwirtschaftlichen Charakter des Dorfes. Nur noch vereinzelt findet man Reste von Fachwerkbauten und bäuerlichen Hofanlagen. Es dominieren meist zweigeschossige Häuser in Giebel- oder Traufstellung; auch neue Einfamilienhäuser entstanden.

Rückersdorf, seit 1923 Ortsteil von Uhlstädt O 7

In einem reizvollen Seitental rechts der Saale und 1,5 km südlich des Gemeindehauptortes Uhlstädt erstreckt sich der kleine Ortsteil Rückersdorf. Die erste Erwähnung ist aus dem Jahre 1457 als Dorf eines Rüdiger bekannt. Rückersdorf gehörte damals zum Kloster Saalfeld, im 16. Jh. kam es zum ernestinischen Sachsen, zuletzt zu Sachsen-Altenburg. Wie im nur 200 m entfernten Oberkrossen hatte die Familie von Kochberg in Rückersdorf die saalfeldischen Lehen inne.

Die meist einseitige lockere Bebauung an der Dorfstraße läßt auf ein ehemaliges Waldhufendorf schließen. Mehrere gut erhaltene Fachwerkhäuser mit gemauerten Ausfachungen sind in Traufstellung aufgereiht, einige stehen auch abseits der Straße am Hang. Die weiter südlich befindliche Häusergruppe zählt zur älteren Bausubstanz, die Wohnhäuser stehen hier meist mit dem Giebel zur Straße. Eigenheime und Um- und Ausbauten führten in den letzten Jahren zu einer Verdichtung der vorher oft in größeren Abständen angeordneten Häuser.

O 7 Die dabei gewählten Bauformen sind meist nicht der ursprünglichen, schlichten Gestalt der Bauernhäuser und Kleinhöfe angepaßt. Im Ort selbst besteht ein kleines Transportunternehmen. Die landschaftliche Lage bietet gute Voraussetzungen für das Erholungswesen; südlich des Dorfes entstanden in Waldnähe das Freibad Uhlstädt und auf den umgebenden Anhöhen Bungalows. Rückersdorf ist Ausgangspunkt für Wanderungen zur Wüstung und Kirchenruine Töpfersdorf. Ein früher vielbegangener Fußsteig führt durch die Uhlstädter Heide nach Pößneck (s. W 3).

P 1 Beutelsdorf, Landkreis Saalfeld-Rudolstadt

Das zweireihige Straßendorf zieht sich beiderseits des Wiedbaches im unteren Teil des Hexengrundes hin, der hier von wenig bewaldeten Buntsandsteinhängen begleitet wird. Zu den älteren Höfen am linken Bachufer gehören zwei ehemalige Freihöfe, die in rasch wechselnder Folge orlamündische, seit 1344 markgräfliche Lehensträger, die Freisassen, innehatten. Nahezu alle Rechte lagen jedoch beim Amt. Auf kirchlichen Besitz weisen die noch heute erhaltenen Anlagen eines ehemaligen Klostergutes hin. Die frühesten urkundlichen Erwähnungen stammen aus den Jahren 1350 *Butelsdorf*, *Putilsdorf*, *Puczelsdorf*, 1408 und 1455 *Puszelsdorf*, 1511 *Pewtelsdorf* und 1528 *Beutelsdorf*. Der Name enthält wie Buttelstedt bei Weimar den Personennamen *Butil*.

Beutelsdorf war bis zum 19. Jh. eines der typischen kleinen Bauerndörfer des Buntsandsteinberglandes; auf die Bevölkerungszahl früherer Jahrhunderte weisen die Register des 15. Jh. (14 Hausbesitzer) und des Bauernkrieges (1525 gaben 20 Männer ihre Waffen auf der Leuchtenburg ab) hin. Die Kirche, am linken Bachufer gelegen, wurde 1601 unter Einbeziehung der früheren gotischen Bauteile errichtet und 1837 restauriert.

1828 entstand in Beutelsdorf eine kleine Porzellanfabrik, die in ihrer Blütezeit von 1854 bis 1890 zeitweise 50 Arbeitskräfte beschäftigte. Den Rohstoff bezog das Werk aus einer benachbarten Grube (s. O 1). Produziert wurden u. a. Pfeifen- und Puppenköpfe von guter Qualität. 1925 lag das Unternehmen still. Versuche zur Neubelebung 1935 hatten keinen Erfolg. Später dienten die Gebäude für Wohnzwecke. Die Gemeinde Beutelsdorf in der Verwaltungsgemeinschaft Uhlstädt gehörte bis 1922 zu Sachsen-Altenburg, danach kam sie zum Kreis Rudolstadt.

Für die genossenschaftliche Phase in der Landwirtschaft ist die Gründung der LPG Goldene Ähre 1960 zu nennen, die sich 1973 der Heilinger Genossenschaft anschloß. Am Ortsausgang in Richtung Heilingen befindet sich ein ehemaliger Rinderstall der LPG. Die Mehrzahl der Berufstätigen sind Auspendler. Ein Metallrohstoffhandelsbetrieb hat sich neuerdings niedergelassen.

Die dörfliche Bausubstanz in Beutelsdorf ist mehr als in den meisten Nachbardörfern durch neue Eigenheime sowie An- und Umbauten überformt und umgestaltet worden. Es gibt derzeit 42 Wohngebäude mit 75 Wohnungen, meist in gutem bis sehr gutem Bauzustand. In den wenigen erhaltenen Bauernhöfen sind noch Reste von Fachwerk vorzufinden. Durch Umbau des Gemeindehauses entstand 1968 ein Kulturhaus für die Bewohner des Dorfes und für die der umliegenden Ortschaften. Beutelsdorf ist als Wohngemeinde einzuordnen.

Niederkrossen, Landkreis Saalfeld-Rudolstadt

Den größten Teil des zweiseitigen Straßendorfes nimmt eine Fläche an der Mündung des Hüttener Baches in die Saale ein, der kleinere Ortsteil Krebsmühle liegt am Eintritt des Krebsbaches in die Saaleaue. Auf Niederkrossen ist die Erwähnung von *Crozne* im Jahre 1083 zu beziehen. Das Kirchenpatrozinium Petrus spricht für eine frühe Ortsgründung. Der Ortsname enthält, wie auch in Oberkrossen bei Uhlstädt und in Krossen an der Elster, das slawische Wort *krosno* in der Bedeutung von Fischzaun, Fischfang und weist auf einen Haupterwerbszweig früherer Jahrhunderte in den Dörfern an der Saale hin.

Kern des Dorfes waren Kirche und Adelshof. Angehörige einer Familie von Crozne werden im 13. Jh. genannt, 1350 waren zwei Familien markgräfliche Lehensträger, und im 17. Jh. hatten 6 Junker der Familie von Eichenberg vier selbständige Güter inne. Im 19. Jh. wurden das Obere und das Untere Gut im Besitz der Fürsten von Schwarzburg-Rudolstadt vereinigt. Die gotische Kirche mit Sterngewölben im Chor entstand im Jahre 1408, wurde 1712 umfassend erneuert und erhielt 17 Jahre später einen achtseitigen beschieferten Dachreiter. Die Glocke von 1531 soll aus der Ortswüstung Töpfersdorf stammen (s. P 4).

Durch die Bodenreform wurde 1945/46 das damals 296 ha große Rittergutsland enteignet und an 33 landarme oder landlose Bauern sowie an 8 Neusiedler aufgeteilt. Das Gebäude des Rittergutes mußte wegen des Verfalls vor wenigen Jahren abgetragen werden, erhalten sind noch die Mauer und Türpfosten. 1952 wurden 12 Landwirtschaftsbetriebe zur LPG Paul Scholz zusammengeschlossen, die landwirtschaftliche Produktion war später an die LPG(P) Kirchhasel und die LPG(T) Neusitz angegliedert.

Niederkrossen war vorwiegend Wohnort für Auspendler nach Rudolstadt, Kahla und Jena. Landwirtschaftliche Arbeitsmöglichkeiten im Dorfe selbst boten die beiden Genossenschaften mit den Stallungen für 450 Mastschweine, 60 Sauen, 120 Kühe und 220 Jungrinder sowie die zur LPG(P) gehörende Schlosserei und Tischlerei. Örtliche Bedeutung hatte fernerhin der Teilbetrieb des Staatlichen Forstwirtschaftsbetriebes Saalfeld, der Kisten und Beschläge herstellte und die Bewirtschaftung der Wälder in der Umgebung übernahm.

Nach 1990 haben sich die wirtschaftlichen Grundlagen in dem jetzt zur Verwaltungsgemeinschaft Uhlstädt gehörenden Ort erheblich geändert. Die durch die Agrargenossenschaft Neusitz betriebene Landwirtschaft benötigt weniger Arbeitskräfte als die Vorgängerbetriebe. Dafür erweiterten oder bildeten sich verschiedene Gewerbe, die nahezu ausnahmslos mit dem Bauwesen zusammenhängen. Neben zwei Bau GmbH und einem Sägewerk sind Ausbau- und Installationsbetriebe vertreten, die zahlreiche Arbeitsplätze bieten und auch über den Ort hinaus von Bedeutung sind. Zur Ausstattung des Dorfes gehören auch zwei Gaststätten.

An der Straße reihen sich zu beiden Seiten kleine Hofanlagen, die besonders am Hang des Bornberges nur geringe Grundstücksflächen einnehmen. An dem

P 2 Platz vor der Kirche stehen die öffentlichen Gebäude der Gemeinde. Die Bebauung ist teilweise noch durch gut erhaltenes Fachwerk gekennzeichnet. Am Ortsausgang in Richtung zum Wohnplatz Krebsmühle entstanden einige Eigenheime.

Eine Talenge zwischen Hirten- und Lindenberg trägt die Bezeichnung Viehtreiber. In die Buntsandsteinhänge der Umgebung wurde eine Anzahl von Felsenkellern gehauen, die von den Bewohnern des Dorfes genutzt werden, deren Häuser wegen des hohen Grundwasserspiegels in der Saaleniederung nicht unterkellert sind.

P 3 Zeutsch, Landkreis Saalfeld-Rudolstadt (Abb. 46),

an der Mündung des Wiedabaches (s. F 1) in die Saale gelegen, gehört zu den im Jahre 1083 erstmals genannten Ortschaften um Orlamünde. Burgmannen der Orlamünder Grafen namens SCUZ sind im 13. Jh. erwähnt, sie und weitere orlamündische sowie schwarzburgische Vasallen waren im Ort begütert. Der Name, in ältester Schreibung als *Scuz*, *Suhz*, *Schuz*, *Schicz*, *Schucz*, *Zchuch* überliefert, geht vermutlich auf einen slawischen Personennamen *cuc* oder *cuk* zurück. Vorherige Deutungen als Ableitung von *suchy* = trocken werden heute abgelehnt (ROSENKRANZ 1982).

In Zeutsch bestanden zwei Adelssitze: das größere befestigte Rittergut rechts des Baches, zu dem das Vorwerk Winzerla bei Orlamünde gehörte, und der kleine Siedelhof auf der anderen Seite mit den Dörfern Töpfersdorf und zeitweilig Beutelsdorf. Das Rittergut war lange Zeit im Besitz der Familie von Zeutsch. Hinweise zur Dorfgröße im 15. und 16. Jh. geben die Zahl von 14 Abgabepflichtigen im Jahre 1457, später die Nennung von 20 bis 22 Hausgenossen. Seit dem Jahre 1323 ist eine Mahlmühle in Zeutsch bekannt, später zugleich als Sägemühle genutzt. 1800 entstand eine Schlag- und Lohmühle. Zu Beginn des 19. Jh. wohnten außer den Bauernfamilien 8 Handwerker im Dorfe. 1848 wurde das Patrimonialgericht der Grundadelsfamilie von Kropf aufgelöst, 1922 kam das bis dahin sachsen-altenburgische Zeutsch zum Kreis Rudolstadt, vor 1989 gehörte es zum Gemeindeverband, später zur Verwaltungsgemeinschaft Uhlstädt. In den letzten Kriegstagen 1945 wurde die erst kurz vorher erbaute Saalebrücke gesprengt. 1970 erfolgte der Neubau der Brücke, vorher hatte eine Holzbrücke die Überfahrt ermöglicht (s. V 2).

Im Rahmen der Bodenreform wurde 1946 das 140 ha umfassende Rittergutsland enteignet und zunächst an 44 landlose oder landarme Bauern verteilt. Ab 1953 wurden dann die Bauern in der LPG Frohe Zukunft, 1960 auch in der LPG Am Hardtberg zusammengeschlossen, die sich beide später der Niederkrossener Genossenschaft angliedern mußten. Die ehemalige Gärtnerei der LPG (P) Kirchhasel wurde nach der Auflösung der Genossenschaften als privater Betrieb weitergeführt, andere landwirtschaftliche Einrichtungen sind nicht mehr im Ort. Ein Lebensmittelbetrieb, eine Bäckerei, eine Tischlerei, ein Lebensmittelgeschäft, ein Getränkestützpunkt, ein Kindergarten und eine Poststelle bieten in bescheidenem Umfang Arbeitsmöglichkeiten. Die meisten Berufstätigen arbeiten außerhalb des Ortes.

P 3

Abb. 46. Zeutsch

Die Saale, die Bundesbahntrasse sowie die am linken Talrand ansteigenden Berge begrenzen die bebaute Fläche von 10,5 ha. Die Bundesstraße 88 Jena–Saalfeld durchquert den Ort, und eine Landstraße führt von Zeutsch aus durch den Hexengrund (s. F 1). Die Wohnhäuser an der Bundesstraße sind verputzt, am Wiedbach entlang stehen etwa 60 Wohngebäude mit gut erhaltenem Fachwerk. Die Dorfkirche neben dem Siedelhof mit vierkantigem Turm und schlanker geschieferter Turmhaube wurde 1737 umgebaut, 1810 erneuert und 1977 restauriert. Das aus dem Jahre 1612 stammende Gutshaus, in Zeutsch als Schloß bezeichnet, mußte wegen Baufälligkeit teilweise abgetragen werden. Von dem einst dreigeschossigen Winkelbauwerk ist noch das Erdgeschoß des rechten Seitenflügels mit dem Keller erhalten.

Wüstung Töpfersdorf (Abb. 47) P 4

An die im südlich der Saale gelegenen Teil der Gemarkung Zeutsch befindliche Wüstung Töpfersdorf erinnern noch ein Keller, ein noch ehemals gefaßter, jetzt eingestürzter Brunnen, einige Wölbäcker und die Kirchenruine. Nach Aufzeichnungen des 19. Jh. wurde die Siedlung im 12. Jh. von den Herren von Lobdeburg angelegt. Keramikfunde stützen diese Angabe. 1551 arbeitete ein Töpfer im Ort, auf seine Tätigkeit gehen reiche Keramikfunde zurück. Damals waren zwei Häuser zum Zwecke einer Wald- und Fluraufsicht des besitzenden Zeutscher Rittergutes bewohnt. 1691 hatte Töpfersdorf 13 Einwohner, 1840 be-

P 4

Abb. 47. Kirchenruine in der Wüstung Töpfersdorf

wohnten drei Menschen noch zwei Häuser. Die Kirche entstand im 15. Jh., wohl an der Stelle einer kleineren Dorfkapelle. Um 1463 wird mitgeteilt, es habe sich „viel und große Wallefart zu St. Wolffgang bey Töpfersdorff itzt 6 Jahre nach einander erhoben". Im Jahre 1688 wollte der Inhaber des Zeutscher Adelshofes das verfallene Bauwerk als Scheune ausbauen; die Besitzer des Kirchenlehens vereitelten dies. 1860 gab man die abgelegene Ansiedlung endgültig auf. An der Kirchenruine wurden in den vergangenen Jahren einige denkmalpflegerische Arbeiten durchgeführt.

Q 1 Orla und unteres Orlatal

Wie auch die Saale führt die Orla einen alteuropäischen Namen. *Arula* steht zur Wurzel *or* = bewegtes Wasser, Flut und ist wohl von den Slawen zu *Orela* = Adlerfluß umgedeutet und von den Deutschen als Orla übernommen worden.

Der Fluß, der bei Triptis entspringt und zunächst in westlicher Richtung der Orlasenke folgt, biegt bei Pößneck rechtwinklig nach N ab und durchschneidet bis Freienorla in einem Durchbruchstal die am Südostrand des Thüringer Bekkens ausgebildete Schichtstufe des Buntsandsteins. Der Talboden des unteren Orlatales fällt von 203 m ü. NN bei Pößneck bis auf 167 m ü. NN an der Mündung in die Saale, die begleitenden Berghänge steigen bis auf Höhen von

330 m ü. NN an. Das Einzugsgebiet der Orla umfaßt eine Fläche von 255 km, Q 1
das Flüßchen hat eine Länge von 35 km. Im unteren Orlatal reihen sich die
Häuser von Kleindembach, Langenorla, Schimmersburg und Freienorla. Durch
das Tal verlaufen eine Landstraße und eine Eisenbahnstrecke (s. Q 2).

Das untere Orlatal ist geologisch relativ jung, es entstand erst im Spätpleistozän. Daher fehlen die im Saaletal ausgebildeten Terrassen. Das Tal liegt in der Fortsetzung der Kleinbuchaer Störungszone und dürfte deshalb tektonisch vorgeprägt sein (Abb. 1). Stärker eingekippte Bereiche des Unteren Buntsandsteins am südlichen Ortsausgang von Freienorla und ergiebige Quellen wie der Weiße Born unweit der Schimmersburg deuten auf eine tektonische Zerrüttungszone hin, die die Anlage des unteren Orlatales begünstigte. Eine Verwerfung, an der die Schichten des Unteren Buntsandsteins emporgepreßt sind, ist auch am Steilrand der elsterkaltzeitlichen Saaleterrasse östlich des Bahnhofs Orlamünde ausgebildet.

Die Orla nimmt beim Passieren des Buntsandsteinberglandes in ihrem unteren Talabschnitt noch den Floßbach (Langendembacher Tal), Würzbach und Drebabach auf und erreicht die Saale mit einer mittleren Wasserführung von 1,4 m^3/s. Der Floßbach hat seinen Namen von der 1589 aufgenommenen Scheitholzflößerei auf der Orla, die bis 1774 erwähnt wird. An diesem Bach entstand 1707 die Flößersiedlung Mariengrund im Ortsteil Langendembach.

Die Speicherfähigkeit der Gesteine des Einzugsgebietes, vor allem des Sandsteins, sowie die geringe Dauer und Mächtigkeit der Schneedecke bewirken eine verhältnismäßig ausgeglichene Wasserführung. Als höchster Hochwasserdurchfluß des Pegels Freienorla im Zeitraum von 1928 bis 1995 wurden am 15. 7. 1932 45 m^3/s gemessen, als geringster Niedrigwasserdurchfluß 0,06 m^3/s. Die langjährigen Monatsmittel belegen eine etwas höhere Wasserführung im März und geringere Durchflußwerte im Spätsommer und gegen Jahresende, doch sind die jahreszeitlichen Änderungen nicht gravierend. Noch ausgeglichener sind die entsprechenden Daten der nahegelegenen Roda, die ausschließlich aus dem Sandsteingebiet gespeist wird, und deren Wasserführung daher als repräsentativ für den unmittelbaren Bereich des unteren Orlatales gelten kann (Abb. 3). Die Gewässergüte der Orla wird in der Gewässergütekarte von Thüringen 1993 als stark bis sehr stark verschmutzt eingeordnet, wobei durch die neue Kläranlage in Pößneck mit einer Verbesserung gerechnet wird.

Orlabahn Q 2

Von der im Saaletal verlaufenden Eisenbahnhauptstrecke Leipzig–Jena–Saalfeld zweigt bei Orlamünde die als Orlabahn bezeichnete 11,7 km lange Nebenstrecke nach Pößneck unterer Bahnhof ab. Sie folgt dem landschaftlich reizvollen unteren Orlatal. Entsprechend der Festlegungen im Staatsvertrag zwischen Sachsen-Altenburg und Sachsen-Meinigen sollte ihr Bau unmittelbar nach Fertigstellung der Saalebahn erfolgen, ist aber erst 1888/89 vonstatten gegangen, so daß der Betrieb am 1. 10. 1889 aufgenommen werden konnte.

Zur Verbindung mit der höherliegenden Bahnstrecke Gera–Weida–Pößneck–Saalfeld legte man 1892 außerdem eine Verbindungsstrecke zwischen

Q 2 Pößneck unterem Bahnhof und Oppurg an. Sie wurde jedoch 1945/46 im Zuge der Reparationsleistungen für die damalige Sowjetunion demontiert. Die Bahnverbindung Orlamünde–Pößneck, für die im Fahrplan 1996 noch täglich zwei Zugpaare ausgewiesen waren, hat Bedeutung für die Versorgung der Stadt Pößneck mit Massengütern. Der Abstand zwischen dem Bahnhof Orlamünde und dem Haltepunkt Freienorla bei km 0,56 ist einer der kürzesten Stationsabstände im europäischen Eisenbahnnetz. Das Bauwerk des Haltepunktes Freienorla entspricht noch im Original der Bauzeit. Es geht ebenso wie der Bahnhof Orlamünde auf Typenprojekte der ehemaligen Saale-Eisenbahn-Gesellschaft zurück. Sie sind deshalb als Denkmale der Eisenbahngeschichte anzusprechen.

Q 3 Schimmersburg, Wohnplatz von Langenorla

Im Orlatal an der Straße von Langenorla nach Freienorla liegt die zur Gemeinde Langenorla gehörende Häusergruppe Schimmersburg. Das ehemalige befestigte Vorwerk des Rittergutes Langenorla präsentiert sich heute als ein sachgerecht rekonstruierter Fachwerkhof, der bis zur Wende als Ferienheim für Betriebe genutzt wurde. Im bewaldeten Tal des hier in die Orla mündenden Würzbaches, zwei Kilometer oberhalb der Häusergruppe Schimmersburg, befand sich das gleichnamige, jetzt wüste Dorf, dessen vom Erdreich bedeckte Kirchenruine im 19. Jh. freigelegt wurde.

Bei dem um 1071 als Grenzpunkt des Reichsgutes Orla genannten *Wyzzenwasser* (s. O 5) handelt es sich um den Bach oder eine nahe Quelle, den Weißen Born. Neben dem als Weinschänke bezeichneten einzelnen Wohnhaus auf dem Weg zwischen Schimmersburg und Freienorla überquert die ehemalige Elektroenergieleitung Remtendorf–Jena, die im Zusammenhang mit der Bleilochtalsperre entstand und das Zeiss-Werk in Jena mit Strom versorgte, das Orlatal. Ihre Stahlbetonmasten sind frühe Beispiele für diese spezielle Betonanwendung und gelten als technische Denkmale.

Q 4 Langenorla, Saale-Orla-Kreis

Auf mehr als 8 km Länge erstreckt sich die Reihe der in der Gemeinde Langenorla zusammengefaßten Siedlungen: von Langendembach über Kleindembach und Langenorla bis zur Häusergruppe Schimmersburg (s. Q 3). Die Gemeinde gehörte bis 1990 zum Gemeindeverband Orlatal im Kreis Pößneck mit dem Gemeindeverbandszentrum in Oppurg. Im Hauptort der Gemeinde sind mehr als zwei Drittel der Einwohner ansässig.

Erste Hinweise auf das Dorf Langenorla reichen ins 12. und 13. Jh. zurück, denn vermutlich stammten aus Langenorla die in den Jahren 1123, 1225 und 1291 genannten GUNTRAMUS, ULRICUS und CUNRADUS DE ORLA. Seit dem Jahre 1297 hatte die im mittleren Saaletal begüterte Familie (von) Flanß den Langenorlaer Adelshof als Lehen der Äbte von Saalfeld inne, doch wie in mehreren benachbarten Dörfern übten auch hier die Grafen von Orlamünde, seit 1344 die wettinischen Landesherren, Rechte aus. 1457 steuerten 15 Hauswirte den Geld- und

Haferzins ins Amt. Im Lehensbesitz des Rittergutes folgten u. a. die Familien von Kochberg, von Hain, von Holbach und von Beust. 1559 veranschlagte von Beust 10, von Holbach 11 Langenorlaer zur Türkensteuer. Trotz der Saalfelder Lehensabhängigkeit und des Adelsbesitzes galt Langenorla als Dorf des Amtes Leuchtenburg. Schließlich gehörte es von 1826 bis 1922 zu Sachsen-Weimar, dagegen Langendembach und Kleindembach zu Sachsen-Altenburg.

Q 4

Durch die Nähe zu Pößneck und wegen der Verkehrsverbesserung durch den Bau der Orlatalstraße begann schon zu Beginn des 19. Jh. die gewerbliche Entwicklung im Orlatal. Es entstand bei Kleindembach eine Feldspatsandgrube für die im Jahre 1800 gegründete erste Pößnecker Porzellanfabrik. Diese Grube wurde als Betrieb des einstigen VEB Zuschlagstoffe und Natursteine Gera betrieben, und auch heute noch wird hier Mörtelsand gewonnen. Wenig später etablierte sich bis 1890 in Langendembach eine Papiermühle. Aus der 1648 gegründeten Untermühle von Langenorla ging 1855 eine Spinnerei hervor. Nachdem diese 1895 abgebrannt war, entstand auf dem Gelände ein Sägewerk, das sich zum heute wichtigsten Betrieb des Ortes entwickelte. Nach der Verstaatlichung verarbeitete das dem VEB Holzhandel Berlin zugeordnete Sägewerk einheimisches und Importholz und unterhielt ein großes Importholzlager.

Die Spinnerei von G. Siegel, die mit 4–7 Arbeitskräften jährlich bis zu 10 t Garn produzierte, wurde für zwei weitere Spinnereien, die ihren Betrieb 1857 eröffnet hatten, aber nur kurze Zeit bestanden, zum Vorbild. 1905 wurde schließlich die größte Mühle des Orlatales, die 1734 erbaute Seifersmühle, die 1897 ein neues eisernes Wasserrad erhalten hatte und mit 6 Walzenstühlen arbeitete, in eine Porzellanfabrik mit 4 Rundöfen umgewandelt. Diese produzierte bis zu ihrer Einstellung 1970 als der größte Betrieb des Ortes mit zeitweilig bis zu 300 Arbeitskräften Geschirrporzellan. Das Fabrikgebäude nutzte danach die landwirtschaftliche Kooperation Orlatal als Maschinenstützpunkt, heute befindet sich hier ein Getränkestützpunkt. Langenorla hat darüber hinaus relativ zahlreiche Handwerksbetriebe, unter denen die Dorfschmiede mit Wandsprüchen von ERNST MORITZ ARNDT besonders bekannt ist. Im Ortsteil Langendembach hat sich das Erholungswesen entwickelt.

Nach 1990 veränderte sich in Langenorla die Wirtschaftsstruktur. Alle größeren Betriebe wechselten die Eigentümer und das Produktionsprofil, wobei sich die Holzbearbeitung stärker zum Holz- und Holzproduktenhandel orientiert. Betriebe, die im weitesten Sinne mit dem Bauwesen zusammenhängen, haben an Umfang zugenommen. Die ehemals genossenschaftlich betriebene Landwirtschaft innerhalb der sehr waldreichen Gemarkung hat sich auf einen Wiedereinrichter im Haupterwerb mit Rinderhaltung reduziert. Mit Versorgungs- und Dienstleistungseinrichtungen ist die Gemeinde gut ausgestattet, wobei sich die drei Ortsteile ergänzen. So gehen z.B. die Schüler der Klassen 1–4 in die Grundschule Kleindembach, während die höheren Klassen in Pößneck unterrichtet werden. Pößneck, Orlamünde und Kahla sind auch die wichtigsten Arbeitsorte für die Bewohner.

Das Ortsbild widerspiegelt die bereits seit Jahrzehnten vorherrschende gewerbliche Orientierung. Im Gegensatz zu allen umliegenden Siedlungen findet man in Langenorla hauptsächlich freistehende Einzelgebäude, kaum Höfe. Dabei wechseln sich gepflegte Fachwerkhäuser mit verputzten Ziegelbauten ab. In

Q 4 den letzten Jahren ist auch eine Anzahl neuer Einfamilienhäuser entstanden. Die Gebäude reihen sich an der Durchgangsstraße und an der jenseits der Eisenbahn gelegenen älteren Hauptstraße des Dorfes, an der auch die renovierte, einfach gebaute evangelische Kirche steht.

R 1 **Solsdorf,** seit 1994 Ortsteil von Rottenbach,

liegt eingebettet in dem von Sulze und Tellbach durchflossenen weiten Kessel zwischen den steilen, südexponierten Hängen des Schönen Feldes, den bewaldeten Muschelkalkhängen der Kossau (Cossau) und der Wache und den im S allmählich ansteigenden Buntsandsteinbergen. Vom N her fließt das Bächlein Sulze durch den Ort und mündet an dessen südlichem Ortsrand in den Tellbach, der in seinem Oberlauf erst Hengelbach, dann Gries- oder Höfelbach genannt wird. Für den gesamten Bachlauf hat sich die Bezeichnung Tellbach durchgesetzt.

Funde aus der Spätlatènezeit belegen die Besiedlung des Talkessels bereits im 1. Jh. v. Chr. Flurnamen wie Bohr, Gräblitze, Kossau und Lotze weisen auf slawische Anteile an der späteren Besiedlung hin. Das heutige Dorf wird als *Sulzdorf* in Urkunden des Klosters Paulinzella aus den Jahren 1253, 1265, 1274 und später genannt. Der im Dorf- und Bachnamen enthaltene Begriff *Sulze* bedeutet nach FISCHER (1954) Salzwasser, Morast. Solsdorf gehörte zum Burgbereich der Blankenburg und damit den Grafen von Schwarzburg. Im 15. und 16. Jh. waren 22 Bauern dem Kloster, weitere dem Amt Blankenburg fron- und zinspflichtig. 1664 wohnten neben den Bauern 6 Leineweber im Dorf, 1860 gab es 23 Anspann- und 21 Hintersättlergüter, außerdem 32 Handfröner und Häusler. Das Rittergut, dem ebenfalls Fronleistungen zustanden, wechselte mehrfach den Besitzer und war zuletzt Domäne von Schwarzburg-Rudolstadt. Seine Ländereien wurden durch die Bodenreform enteignet und 1945 an landarme und landlose Bauern aufgeteilt.

1956 wurde in Solsdorf die LPG Aufbau und 1960 die LPG Am Wachberg gebildet. Die abgelegene ehemalige Vorwerksschäferei Kossau übernahm die Deutsche Post als Ferienheim. Das Einzelgehöft Schillingshof auf dem Schönen Feld (s. J 4) stand nach 1945 noch, wurde teilweise repariert, verfiel dann aber rasch. Die landwirtschaftlich tätigen Bewohner Solsdorfs arbeiteten bis 1990 in den Stallungen der LPG (T) Solsdorf-Milbitz im NW des Ortes und in der Kooperation Rinnetal in Rottenbach. Nach deren Auflösung bewirtschafteten je ein Wiedereinrichter im Haupt- und im Nebenerwerb die Felder, einer nutzt auch einen früheren LPG-Stall im Ort. Die ehemalige LPG-Stallanlage dient zeitweise zur Jungrinderaufzucht durch die Agrargenossenschaft Leutnitz. Ein kleiner Betrieb existiert vom Holzeinschlag. Mit Konsum-Verkaufsstelle, Bankfiliale, Kindergarten und praktischem Arzt ist Solsdorf gut ausgestattet. Dazu kommen noch zwei Gaststätten, davon eine mit Fremdenzimmern.

Der älteste Teil des Dorfes, das nach seinem Grundriß ein Haufendorf ist, zieht sich im Halbkreis um die 1681 erbaute und 1897 erneuerte, erhöht stehende Kirche und das ehemalige Rittergut. Der dreigeschossige, fast fensterlose Kirchturm hat ein beschiefertes Obergeschoß. Das Zeltdach trägt auf jeder

Seite einen Uhrerker mit Helmspitze. Im nördlichen Teil des Dorfes reihen sich beiderseits der Hauptstraße lange, schmale Grundstücke aneinander, deren Gehöfte teilweise zurückgesetzt sind. Von den 70 Wohngebäuden hebt sich das gut erhaltene und mehr als 300 Jahre alte Fachwerkhaus Nr. 8 hervor, das wie die angrenzenden Nebengebäude durch eine kontrastvolle Farbgebung des Holzes und der Gefache wirkt.

Im östlich an die Gemarkung Solsdorf angrenzenden Waldbezirk Paulinzella mit der alten Flurbezeichnung Das Tell finden wir deutliche Wirtschaftsspuren mittelalterlicher Landwirtschaft, vor allem ein heute waldbedecktes, von einstigen Ackerterrassen überzogenes Gelände von 30 ha Ausdehnung (Abb. 48). Das zugehörige ehemalige Dorf ist nicht sicher dokumentiert, alte Urkunden von 1381 und 1411 berichten lediglich über ein Vorwerk im Tell.

Die Umgebung von Solsdorf und vom Schönen Feld (s. J 4) gehörte zu den letzten Lebensgebieten der einst in Thüringen weit verbreiteten Großtrappe. KIRCHHOFF (1884) wußte noch zu berichten, daß Solsdorf „gute Trappenjagd, wie sonst nur noch die kahle Hochfläche der Ilmplatte" hatte. Bald danach müssen ihre Vorkommen hier jedoch vernichtet worden sein. Intensivere Land-

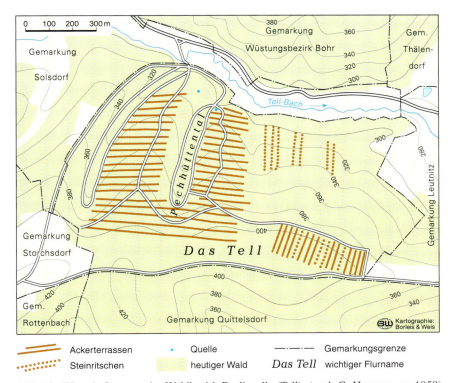

Abb. 48. Wirtschaftsspuren im Waldbezirk Paulinzella (Tell), (nach G. HEUNEMANN 1959)

R 1 nutzung und Jagd führten dazu, daß die Großtrappe seit der Wende zum 20. Jh. in ihrem gesamten Verbreitungsgebiet stetig zurückgegangen ist und Mitte der fünfziger Jahre auch die letzten Brutvorkommen im Thüringer Becken erloschen. Nordwestlich von Solsdorf befinden sich in den Kalkbergen noch einige Horste des Uhus, der zu den streng geschützten Tieren zählt und unser größter heimischer Nachtgreifvogel ist. Seine Schwingenlänge mißt 42–52 cm, sein Gewicht 1,4–2,8 kg. Leider ist die Nachzucht des Uhus im Gebiet nicht in jedem Jahr gewährleistet.

R 2 Thälendorf, seit 1994 Ortsteil von Rottenbach

In einer Höhe von 320 m ü. NN entstand zwischen hohen Muschelkalkbergen versteckt und abgelegen der kleine Ort Thälendorf, dessen Name von der Lage im Tale abgeleitet ist. Der im Weißen Born entspringende kleine Thälendorfer Bach fließt nach S zum Tellbach. Die Landschaft wird durch die Steilstufe des Unteren Muschelkalks beherrscht. Im N begrenzen die Hochflächen des Schönen Feldes mit dem Mittelsberg (472 m ü. NN) und dem Geiersberg (446 m ü. NN) das Tal, östlich schließen sich der Forstberg (465 m ü. NN) und Gölitzberg (498 m ü. NN) an, die trotz ihrer schroffen und steilen Hänge bewaldet sind. Im W reichen die Ausläufer des Wachberges bis an die Ortslage heran, im S steigt der Bohr bis auf 420 m ü. NN an. Unterhalb der Steilstufe des Muschelkalks tritt zwischen Solsdorf, Thälendorf und Großgölitz weitverbreitet der Obere Buntsandstein auf, der durch die Rotfärbung der Böden leicht erkennbar ist und sich hier in südexponierter Lage durch einen großen Obst- und Nußbaumbestand auszeichnet. In den leicht erodierbaren Rötschichten kommt es rings um Thälendorf zur Ausbildung kleiner rinnenförmiger Tälchen.

Die Ersterwähnung *Taldorff* datiert aus dem Jahre 1227. Die Einwohner zinsten vom 13. bis zum 15. Jh. den Klöstern Oldisleben, Stadtilm und Paulinzella, ferner ins Schloß Blankenburg. Das im Dorfe befindliche Rittergut wird als Besitztum verschiedener Adelsfamilien genannt. Um 1860 zählte Thälendorf 32 Wohnhäuser, dazu eine Loh- und Gipsmühle. Unter den 183 Einwohnern befanden sich 15 Handwerker. 1862 wurde das Land größtenteils an Bauern veräußert, die den Gütern Solsdorf und Groschwitz zu fronen hatten.

Die Kollektivierung der Landwirtschaft nahm mit der Gründung der LPG Freundschaft 1955 und der LPG Am Forstberg am 1960 ihren Anfang. Danach arbeitete die überwiegende Zahl der Berufstätigen in landwirtschaftlichen Berufen in der LPG(T) Solsdorf-Milbitz, Abteilung Thälendorf, und in der LPG(P) Rinnetal in Rottenbach, Bereich Unteres Rinnetal. Die nordwestlich der Ortslage entstandene ehemalige Stallanlage der LPG wird heute für die Milchviehhaltung und die Jungrinderaufzucht durch die Agrargenossenschaft Leutnitz genutzt. Es gibt keine private Landwirtschaft. Arbeitsplätze außerhalb der Landwirtschaft bietet ein kleiner Metallbaubetrieb. Die Gaststätte ist geschlossen, und ein Getränkestützpunkt hat den Ausschank übernommen. Im Ort vorhandene Ferienwohnungen werden im landschaftlich schön und ruhig gelegenen Dorf schon zeitweise genutzt. Bereits vor der Eingemeindung nach

Rottenbach hatte sich Thälendorf 1991 der Verwaltungsgemeinschaft Rotten- R 2
bach angeschlossen.

Die ursprünglich im Grundriß ein Straßenkreuz bildende Ortslage Thälendorf entwickelte sich zu einem Haufendorf. Westlich der ortsdurchquerenden Hauptstraße stehen am Hang des Forstberges einige Bauerngehöfte und die 1750/51 errichtete und 1836 im Inneren erneuerte Dorfkirche mit schiefergedecktem Dach und kuppelartigem Turmaufbau. Auf dem Friedhof sind einige alte Grabdenkmale erhalten.

Östlich der Straße gruppieren sich die relativ kleinen Gehöfte entlang mehrerer untereinander verbundener Gassen. Meist sind es Fachwerkbauten, die nachträglich mit Außenputz versehen wurden. Nur wenige Gebäude bewahren noch die traditionellen Fassaden. Zwei neue Einfamilienhäuser fügen sich gut in das Ortsbild ein.

Bei geophysikalischen Untersuchungen konnte im Raum Thälendorf ein sogenanntes Schwereminimum nachgewiesen werden; die Erdanziehungskraft weist hier infolge unterschiedlich dichter Massen im Erdkörper einen geringfügig kleineren Wert als in der Umgebung auf. Als Ursache dieser Erscheinung vermutet man einen in der Tiefe verborgenen Granitkörper, der sich aber auf die Morphologie nicht auswirkt.

Lichstedt, seit 1997 Stadtteil von Rudolstadt S 1

Die erste Nachricht über das in einem Seitental des Schaalbachtales in knapp 400 m ü. NN angelegte Dorf *Lichstete* stammt aus dem Jahre 1275. Der Ortsname enthält vermutlich den Personennamen *Liecho*. An die Anwesenheit slawischer Siedler erinnern die Flurnamen Gamnitz, Gorze, Kiblitze, Kunitz, Lisse, Schirme und Lensche.

Lichstedt ist ein ehemaliges Adelsdorf. Das hiesige Gut gehörte anfangs dem nach dem Ort genannten Grundherrengeschlecht, wechselte mehrmals die Besitzer, war zeitweise im 18. Jh. in zwei Rittergüter geteilt, wurde aber bald wieder vereinigt. Im gleichen Jh. bestanden in Lichstedt 8 Anspann- und 8 Hintersättlergüter. In der Umgebung des Dorfes war bis Ende des 17. Jh. der Weinbau verbreitet. Im 18. Jh. ließ der Kanzler des Fürstentums Schwarzburg-Rudolstadt, CHRISTIAN ULRICH VON KETELHODT, in und um Lichstedt umfangreiche Parkanlagen schaffen. Lange Zeit wurde in dem Dorfe intensiv der Vogelfang betrieben. Im 19. Jh. existierten in der Lichstedter Flur 20 Vogelherde und Vogeltränken.

Der 196 ha große Besitz des Rittergutes wurde durch die Anordnung der Bodenreform 1945–1947 enteignet. 1953 wurde die LPG Lichstedt gebildet, die nach dem Zusammenschluß mit benachbarten Genossenschaften den Namen Am schönen Feld führte. Danach erfolgten die Teilung und die Spezialisierung der landwirtschaftlichen Produktion in die LPG (T) Lichstedt und die LPG (P) Remda. Nach 1990 hat sich die Agrargenossenschaft Lichstedt gebildet, die die Felder von Lichstedt, Groschwitz, Keilhau, Eichfeld, Schaala und Mörla bearbeitet und Viehställe in Lichstedt, Groschwitz und Schaala nutzt.

S 1 Eine Lebensmittelverkaufsstelle und ein Getränkestützpunkt tragen zur Versorgung der Bevölkerung bei. Lichstedt mit dem Ortsteil Groschwitz gehörten von 1991 bis 1996 zur Verwaltungsgemeinschaft Remda, seit dem 1. 1. 1997 zur Stadt Rudolstadt.

Nach dem Grundriß ist Lichstedt ein Haufendorf. Die Gebäude des Ortes, wie das der Gemeindeverwaltung, die Kirche und Verkaufsstelle, gruppieren sich um einen zentralen Freiraum. 22 Wohnhäuser mit gut erhaltenen Fachwerkfassaden prägen das Bild des Dorfes, nur vereinzelt sind die Gebäude verputzt oder durch Um- und Ausbauten verändert. Einige zwei- und dreigeschossige Wohnblöcke und Eigenheime ordnen sich günstig in die bestehende Bebauung ein. Das ehemalige Gutsgebäude wurde als Betriebsferienlager genutzt, damit verbundene Erweiterungsbauten wurden nach 1990 abgerissen. Ein weiteres bis 1989 betriebenes Ferienlager existiert heute ebenfalls nicht mehr.

Die Gebäudesubstanz in Lichstedt hat sehr unterschiedlichen Erhaltungszustand. Eine alte Schmiede am Dorfplatz bietet sich für eine museale Nutzung an. Die in neuromanischem Baustil im Jahre 1867 durch Baurat BRECHT anstelle einer älteren Wehrkirche erbaute Dorfkirche fällt durch die Zinnen des Turmbauwerkes und durch das schindelgedeckte Dach auf. Am westlichen Ortseingang stehen die Ställe der ehemaligen LPG. In Dorfnähe, an der ehemaligen Herrenstraße Rudolstadt–Stadtilm, sind Reste der um 1750 geschaffenen Parkanlagen erhalten, darunter der Musensitz und ein Japanisches Teehäuschen.

Auf den kalkreichen und zum Teil mit Löß überlagerten Böden des Muschelkalks bei Lichstedt und seiner weiteren Umgebung erhielt sich die standortgerechte naturnahe Baumbestockung teilweise bis heute. Dem Buchengrundbestand sind je nach den örtlichen Bedingungen entweder Edellaubgehölze (Esche, Ahorn, Linde, Ulme) oder Hainbuche, Eiche, Wildobstbäume oder Nadelhölzer beigemischt. Die Buche präsentiert sich auch in Reinbeständen. Die Bodenflora ist wesentlich artenreicher als in Fichten- und Kiefernbeständen. Sehr häufig finden wir Einbeere *(Paris quadrifolia)*, Schlüsselblume *(Primula elatior)*, Schwalbenwurz *(Cynanchum vincetoxicum)*, Giersch *(Aegopodium podagraria)*, Steinsame *(Lithospermum officinale)*, Graslilie *(Anthericum liliago)*, Berggamander *(Teucrium montanum)* und Bingelkraut *(Mercurialis perennis)*. In der Bodenflora sind außerdem viele der einheimischen Orchideenarten anzutreffen.

S 2 Keilhau, seit 1993 Stadtteil von Rudolstadt,

wurde im 19. Jh. durch das Wirken des Reformpädagogen FRIEDRICH WILHELM AUGUST FRÖBEL (geb. 1782 in Oberweißbach, gest. 1852 in Marienthal) bekannt. Nachdem sich FRÖBEL zwischen 1805 und 1810 bei PESTALOZZI über dessen Methoden unterrichtet und in den Befreiungskriegen am Feldzug der Lützower Jäger teilgenommen hatte, verlegte er 1817 seine ein Jahr vorher in Griesheim gegründete Allgemeine Deutsche Erziehungsanstalt nach Keilhau. Hier hatte seine Schwägerin das Rupertsche Gut erworben, das sie FRÖBEL zu Nutzung und Ausbau als Schule überließ. Die Keilhauer Pädagogen um FRÖ-

BEL, unter ihnen die ehemaligen Lützower Jäger HEINRICH LANGETHAL und WILHELM MIDDENDORFF sowie der Burschenschafter JOHANNES ARNOLD BAROP, waren bestrebt, einen neuartigen Unterricht nach demokratischen Grundsätzen zu verwirklichen. Bis 1825 wurden Häuser des Gutes für die Zöglinge zum Wohnen, zum Schlafen, für den Unterricht und zum Turnen ausgebaut. Mitte und Ende des 19. Jh. vervollständigten Seitenflügel mit Schlafräumen für die Schüler das Gebäudeensemble. FRÖBEL verließ die Keilhauer Schule 1831. Sein Nachfolger wurde 1835 JOHANNES ARNOLD BAROP, der die Schule jahrzehntelang erfolgreich leitete, und nach dem der Baropturm auf dem Steiger benannt ist (s. S 4).

Die Keilhauer Anstalt führte die Traditionen FRÖBELS bis zu ihrer Auflösung 1939 fort. Im Zweiten Weltkrieg dienten die Gebäude einer Lehrerbildungsanstalt und waren teilweise Lazarett. 1948 folgte eine Internatsschule für Neulehrer. Die Fröbelschen pädagogischen Traditionen und Ideale wurden 1956 mit der Gründung der Sprachheilschule Friedrich Fröbel, in der im Internatsbetrieb etwa 100 sprachgestörte Kinder betreut und unterrichtet werden, neu belebt und fortgeführt. Dem Wirken FRÖBELS, des Initiators der Keilhauer Lehranstalt und Gründers des ersten deutschen Kindergartens (1840), war das im Unterhaus der Schule eingerichtete Fröbel-Kabinett gewidmet, das jetzige Fröbel-Museum. Weitere Stätten auf dem Gelände der Sprachheilschule und in der Umgebung erinnern an FRÖBEL, seine Mitarbeiter und Nachfolger. Am Fuße des Kolm schufen Lehrer und Schüler einen Gedenkplatz für den Bund ehema-

Abb. 49. Blick auf Keilhau

S 2 liger Keilhauer; ein Denkmal zeigt FRÖBEL inmitten einer Kinderschar (DEUBLER 1982). Die gesamte ehemalige Erziehungsanstalt steht unter Denkmalschutz. Als Förderschule für Sprachbehinderte wird der Schulkomplex auch heute weitergeführt.

Das Dorf Keilhau (Abb. 49), unterhalb steiler Muschelkalkberge am Schaalbach gelegen, wird seit den Jahren 1366/67 erwähnt, sein Name weist auf Waldrodung hin. Nahezu unverändert zählte das Dorf 17 Bauernhöfe verschiedener Größe, und bis zur Gründung der Lehranstalt war die Landwirtschaft die alleinige wirtschaftliche Grundlage. Bis zum Beginn des 19. Jh. betrieben die Keilhauer Bauern auch Weinbau mit zeitweilig guten Erträgen (129 Eimer = 93 hl im Jahre 1586).

1953 wurden die Keilhauer Bauern in der LPG Neuer Weg und 1957 in der LPG Friedrich Fröbel kollektiviert. Beide LPG kamen 1968 zur LPG Am Schönen Feld Lichstedt. Die Bewohner des Dorfes waren teils in der LPG (T) Lichstedt und LPG (P) Remda tätig, einige in der Sprachheilschule, und etwa 90 Pendler fanden in Rudolstadt Arbeit. Heute gibt es in Keilhau keine genossenschaftliche Tierhaltung mehr, die Felder werden von der Agrargenossenschaft Lichstedt bearbeitet. Neben der Förderschule bieten einige kleine Gewerbebetriebe, eine Gaststätte und ein Kindergarten Arbeitsplätze für die Bevölkerung. Seit 1950 gehörte Eichfeld zur Gemeinde Keilhau; 1993 wurden beide Ortschaften der Stadt Rudolstadt angegliedert.

Im Ortsbild heben sich die baulichen Anlagen der ehemaligen Fröbelschen Erziehungsanstalt hervor (Abb. 49). Die im 19. Jh. errichteten Bauten sind in gutem Bauzustand. Das Gründungsgebäude, das Unterhaus, wurde 1992 wieder hergestellt. Die 27 Wohnhäuser des Dorfes, darunter 10 Fachwerkhäuser, bewahren zum Teil den Charakter des früheren Bauerndorfes. Die Kirche geht auf romanischen Ursprung zurück, wurde 1509 umgebaut und erhielt 1759 die heutige Gestalt. 1844 erfolgten klassizistische Einbauten. Ihr Turm trägt eine kurze, schiefergedeckte Haube. Am südwestlichen Ortsausgang stehen drei ehemalige Neubauernhäuser und ein Wohnblock mit 8 Wohneinheiten. Im NW, an dem ins Nussau führenden Weg, stehen zwei Eigenheime und durch Um- und Ausbau veränderte neuere Wohngebäude.

In der Umgebung des Dorfes entdeckt man die teils wieder von Wald bedeckten Terrassen ehemaliger Äcker und Weingärten. Die Umgebung von Keilhau ist botanisch bedeutsam durch das Vorkommen der Eibe. Der Keilhauer Talkessel mit 7000 Exemplaren gehört zu den eibenreichsten Gebieten Thüringens. An exponierten Felshängen um Keilhau befinden sich in flachen Höhlen oder auf Felsbändern Horstplätze des Uhus. Der bis in unser Jh. hinein stark verfolgte Vogel war in seinem Bestand in Thüringen bis auf wenige Brutpaare zurückgegangen, die sich auf den Bereich des Saaletales und seiner Nebentäler konzentrieren, darunter auf die Muschelkalkhänge bei Keilhau. In den letzten drei Jahrzehnten hat sich die Anzahl der Brutpaare dank intensiver Schutzbemühungen etwas erhöht, und manch alter Horstplatz ist inzwischen wieder besetzt worden. Kaum bekannt war bis in die jüngste Vergangenheit das hiesige Vorkommen des Rauhfußkauzes, abgesehen von den Hinweisen des Ornithologen und Pfarrers CHRISTIAN LUDWIG BREHM im 19. Jh. Erst Anfang der fünfziger Jahre des 20. Jh. wurde der Vogel in der Umgebung von Keilhau wiederentdeckt, dazu noch in erstaunlicher Brutpaardichte. 1956 konnten hier beispielsweise auf einer Fläche von höchstens 5 km^2 6 Paare des Rauhfußkauzes ermittelt werden.

Von den Berghängen um Keilhau können bei Starkregen zerstörende Wasserfluten herunterfließen. Das geschah noch mehr in früheren Jahrhunderten, als durch Abholzung und Überweidung viele Hänge waldlos waren. Man sprach davon, daß bei Gewitterregen „der Kirschberg zu klappern anfing", d. h. daß der Kalkgries geräuschvoll von den Wellenkalkhängen hinabrieselte. Der Geograph PASSARGE (1914) zitiert einen zeitgenössischen Bericht über die Folgen eines Wolkenbruches im Jahre 1678: „Die Wasser stürzten von allen Schluchten herab, sie wälzten sich aus allen Gründen ins Tal, sie schossen von den Bergwänden hernieder. Sie machten die Äcker am Buchberge, über welche der Pfaffensteig läuft, zu steinigen Lehden, sie warfen den Bergschutt auf das Feld unterhalb der Briese dicht am Lienberge (= Ibenberg) und auf den Acker längs des Briesenweges; sie verwandelten die Äcker in Boor (jetzt Wald), die Felder an der Ilm oberhalb der Hohle in unfruchtbares Land; sie durchrissen den langen Acker im Remdertale vom Steingrunde bis zum Groschwitzer Tale, so daß er unbrauchbar wurde; sie begruben die oberen Enden der Kolmäcker so tief im Bergschutt, daß sie der Bergwand gleich wurden; sie häuften das Kalkgeröll in einem Teile der Angerwiesen so sehr an, daß man sie seit der Zeit mit dem Namen Gries belegte; sie bewirkten neue und große Versandungen der Weinberge, Abwaschungen der Bergfelder und Taläcker; sie rissen die tiefen Hohlen der Remder- und Ilmtalhohle und die des Trebtals (Trettel)hohle, in welchen früher die Fahrwege liefen, ja sie beschädigten sogar die Gehöfte, namentlich den Zimmergarten und den Beithanschen Hof, dessen Garten und Gebäude dem Andrange der Wasser im Wege standen".

Trotz der verheerenden Hochwasser und der Einsicht in ihre Ursachen begann um Keilhau wie auch an weiteren Berghängen des Rudolstadt–Remdaer Gebietes erst im 19. Jh. eine systematischere Aufforstung, die zum Schutz gefährdeter Hanglagen und zu einer merklichen Minderung der Überschwemmungsgefahr führte.

Großgölitz, seit 1993 Stadtteil von Bad Blankenburg

Das ehemals aus 16 Anspanngütern bestehende kleine Dorf erstreckt sich unmittelbar südlich unterhalb der steil aufragenden Gölitzwände (s. S 4). Der 1362 erstmals erwähnte Ortsname *Golys*, in der Mundart *geels*, ist slawischer Herkunft, zu *gola* = Heide.

Bis zum 19. Jh. gab es in der Großgölitzer Flur große Hopfenplantagen und eine Lavendelpflanzung. Die Dorfbewohner betrieben außer der Landwirtschaft auch Handel mit Obst, Hopfen, Lavendel und Wacholderbeeren. Im Ort lebten Bauern, ein Schmied und vier Leineweber.

1958 wurden im Zuge der Kollektivierung der Landwirtschaft die LPG An den Gölitzwänden und 1960 die LPG Fröbelblick gegründet. 1974 schlossen sich Großgölitz und Kleingölitz zur Gemeinde Gölitz zusammen, die 1993 der Stadt Bad Blankenburg angegliedert wurde. Im heutigen Stadtteil Großgölitz

S 3 gibt es keine privaten Bauernwirtschaften. Die wenigen Felder werden in Pacht durch die Agrargenossenschaft Leutnitz bearbeitet. Die ehemals bis 1990 durch den Feriendienst der Gewerkschaft genutzten „Betten außer Haus" sind in der Zwischenzeit zum Teil in private Fremdenzimmer umgewandelt worden. Großgölitz hat neben der Wohnfunktion gute Voraussetzungen für den Fremdenverkehr, wozu zwei Gaststätten und der hotelhaft ausgebaute Landgasthof beitragen. Eine gepflegte traditionelle Bausubstanz des ehemaligen Bauerndorfes belebt das Ortsbild.

Das ca. 70 Einwohner zählende Großgölitz ist bis heute im Grundriß ein kleines Gassendorf geblieben, dessen Wohnhäuser giebelseitig zur geschwungenen schmalen Dorfstraße stehen. Einige der Gebäude haben gut erhaltene Fachwerkfassaden bewahrt, viele wurden aber auch verputzt. Bestehende Baulücken hat man durch Eigenheime geschlossen. Mit Schiefer gedeckte Häuser weisen auf die Nähe des Thüringer Schiefergebirges hin. Die aus dem 14. Jh. stammende Großgölitzer Kirche mit dem massiven verschieferten Turm und aufgesetzter Schweifkuppe ist typisch für die meisten Dorfkirchen dieses Gebietes. Am ehemaligen Weg nach Leutnitz steht ein Steinkreuz.

S 4 Steiger und Gölitzwände (Abb. 50)

Der Steiger zwischen Großgölitz und Keilhau gehört zu einem Muschelkalkmassiv, das sich vom Gölitzberg über die Geiersleite und den Kesselberg bis zur Liske erstreckt. Das Massiv wird in einer Höhenlage von 490–520 m

Abb. 50. Steiger und Gölitzwände mit Großgölitz und Baropturm

S 4

Abb. 51. Am Aussichtspunkt Fröbelblick mit Denkmal

ü. NN von einer Verebnungsfläche abgeschlossen, die als Rest der ehemaligen tertiären Landoberfläche gilt. Der Name Steiger bezog sich auf steil nach oben führende alte Straßen und deren unmittelbare Umgebung. Nach S hin bilden die 75 m hohen Steilhänge der Gölitzwände, nach N die ebenso hohen Steilwände des Kirschberges und des Steinberges rings um den Keilhauer Kessel (s. S 2) die Begrenzung dieses riegelförmigen Erosionsreliktes. Den Steiger bekrönt der im Jahre 1876 errichtete und weithin sichtbare Baropturm, der an JOHANNES ARNOLD BAROP, den Keilhauer Nachfolger FRIEDRICH WILHELM AUGUST FRÖBELS (s. S 2), erinnert. In der Nähe des Turmes, unmittelbar am markierten Fröbel-Wanderweg, schuf an dem Aussichtspunkt Fröbelblick der Bildhauer KLAUS MERBOTH 1977 an der Stelle eines älteren ein neues Denkmal mit den charakteristischen Spielgaben-Symbolen FRÖBELS: Kugel, Walze und Würfel. Es enthält die Inschrift: „Angesichts dieser Landschaft prägte Friedrich Fröbel den Begriff des Kindergartens" (Abb. 51).

An den G ö l i t z w ä n d e n ist die Schichtenfolge des Unteren Muschelkalks hervorragend aufgeschlossen. Am Fuße der Bergwand stehen die strohgelben Kalke an, mit denen der Obere Buntsandstein (Myophorienschichten) abschließt. Darüber folgen etwa 30 m mächtige flasrige Mergelkalke des Unteren Wellenkalks, die einzelne dezimeterstarke dichte Kalkbänke führen. Im mittleren und steilsten Teil des Hanges treten die bis zu 1 m mächtigen Bänke der Oolithzone gürtelartig hervor. Darüber folgen wiederum knapp 30 m mächtige

S 4 flasrige Mergelkalke des Oberen Wellenkalks. An der oberen Hangkante ist die 3 m mächtige Terebratulazone, die aus der Unteren und Oberen Terebratulabank besteht, aufgeschlossen. Die beiden 2 bzw. 1 m mächtigen dichten Kalkbänke enthalten massenhaft Fossilien von *Brachiopoden* (Armfüßern), vor allem die Art *Coenothyria vulgaris*, die man früher als *Terebratula vulgaris* bezeichnet hat.

An den südexponierten Gölitzwänden treten kaum Bergstürze und Hangrutschungen auf, da die Schichten schwach zum Hang hin einfallen und geringe Wasserführung an der Röt-Muschelkalk-Grenze besteht. Dagegen ist der Nordabfall des Muschelkalks zum Keilhauer Kessel hin durch zahlreiche Bergsturz- bzw. Rutschmassen an der Nordflanke des Dissauer Berges, des Steinberges und der Liske gekennzeichnet, weil die Schichten schwach nach NW hin einfallen und deshalb die Wasserführung über den wasserstauenden Schichten größer und die Austrocknung des Hanges geringer als an den Südhängen ist. Durch einen solchen Bergsturz entstand auch der sogenannte Uhufelsen an der Nordflanke des Steinberges (s. S 5). Die steilste Partie wird auch hier von den Schichten der Oolithzone gebildet. Am Nordhang von Steinberg und Liske spielen auch tektonische Zerrüttungen für die Rutschungen eine Rolle, denn hier streicht die aus dem Raum Ehrenstein über Lichstedt—Eichfeld, den Heidenberg nach Zeigerheim verlaufende Südliche Remdaer Störungszone dicht nördlich vorbei (Abb. 1).

Die Gölitzwände und das südlich daran anschließende Gelände gehören zum Landschaftsschutzgebiet Thüringer Wald, das sich bis hierher erstreckt. Der floristische und faunistische Reichtum sollen durch Schutzmaßnahmen, insbesondere in einem Flächennaturdenkmal und einem geplanten Naturschutzgebiet, erhalten und gepflegt werden.

S 5 Naturschutzgebiet (NSG) Dissau und Steinberg

Südlich von Eichfeld und Keilhau und nordöstlich von Kleingölitz verkörpert ein vielgestaltiges Naturschutzgebiet einen charakteristischen Ausschnitt aus der Muschelkalklandschaft am Südrand des Thüringer Beckens. Es enthält Teile der sich durch Zertalung auflösenden Hochfläche und Steilhänge im Unteren Muschelkalk (Wellenkalk), die dem flacheren Rötsockel aufsitzen, ein Profil, wie es sich in dieser Landschaft häufig wiederholt (s. Seite 3). Eine Besonderheit in diesem Gebiet ist der Nord- und Nordwestabfall des Steinberges, der aus einer fast geschlossenen, etwa 600 m langen Felswand aus Wellenkalk besteht, von der die Gesteinsmassen in großem Ausmaß abgerissen wurden und jetzt als Blockmaterial dem Buntsandsteinsockel aufliegen. Kleinere Felsbildungen prägen auch den Nordabfall der Dissau.

Die klüftigen Gesteine des Muschelkalks zeigen karsthydrologische Erscheinungen mit Schichtquellen über dem stauenden Rötton. Der im Wasser gelöste Kalk lagerte sich unterhalb der Quellstellen in Kalktuff-(Dauch-)Lagern teilweise wieder ab. Eine in ihrer Schüttung stark schwankende Quelle und ein kleines Kalktufflager befinden sich innerhalb des NSG in dem Tälchen zwischen Dissau und Steinberg.

Der größte Teil des NSG ist bewaldet. Während die weniger geneigten Hochflächenbereiche und Hänge mit Kiefern-, Fichten- und Schwarzkiefernforsten bestockt sind, werden die Steilhänge von naturnaher Waldvegetation eingenommen: Orchideen-Buchenwälder mit Weißtanne, Eiben- und Bingelkraut-Buchenwald, Lerchensporn-Ahorn-Eschenwald und Ahorn-Linden-Schutthaldenwald. Auf den Steilwänden mit Bergrutschen wachsen Blaugras-Trockenrasen und Zwergmispel-Felsenbirnengebüsch, die randlich in einen Storchschnabel-Haarstrangsaum übergehen. Nach MARSTALLER (1970) tritt diese thermophile Saumgesellschaft als submontane Form in der Subassoziation von Deutschem Enzian *(Gentianella germanica)* auf (Abb. 52). Weiterhin enthält das NSG verschiedene Grasfluren, Enzian-Schillergras-Halbtrockenrasen, Sukzessionsstadien einer aufgelassenen Kohldistelwiese bis hin zum intensiv genutzten Grünland. Das Gebiet zeichnet sich durch seinen floristischen Reichtum aus. Durch die Gebirgsnähe tritt eine Reihe dealpiner und präalpiner Gewächse auf (Pflanzen, die ihr Hauptverbreitungsgebiet in den Alpen haben und in Ausläufern in tiefere Lagen vordringen), wie Kalkblaugras *(Sesleria varia)*, Mehlbeere *(Sorbus aria)*, Bergreitgras *(Calamagrostis varia)*, Gemeine Felsenbirne *(Amelanchier ovalis)* (Abb. 52)

Abb. 52. Pflanzenarten am Großen Kalmberg und im NSG Dissau und Steinberg
Steppenwindröschen (oben)
Deutscher Enzian (mitte)
Felsenbirne (unten)

S 5 und Bergdistel *(Carduus defloratus)*. Besonders bemerkenswert ist das Vorkommen mehrerer nordisch-alpiner Farnarten sowie von Moosen, eines beachtlichen Eibenbestandes mit Naturverjüngung und der Weißtanne.

Ein Hauptziel des Naturschutzes in diesem Gebiet besteht in der Bewahrung des Lebensraumes unserer größten heimischen Eulenart, des vom Aussterben bedrohten Uhus. Die Schutzbestrebungen gelten aber auch vielen anderen Tierarten, wie dem Rauhfußkauz, Sperber, Tannenhäher und der Misteldrossel, Waldohreule, Garten-, Mönchs- und Dorngrasmücke, weiterhin den geschützten großen und kleinen Säuge- und Kriechtieren, wie Wald- und Zwergspitzmaus, Feldspitzmaus, Blindschleiche, Zaun- und Waldeidechse.

Im Nordostteil des NSG befindet sich ein ehemaliger Wildvogelfangplatz mit Vogeltränke, der als Kulturdenkmal erhalten wird. Eine Wanderung durch das Naturschutzgebiet ermöglicht von den Wegen aus die Beobachtung sowohl der Tier- und Pflanzenwelt als auch der imposanten geomorphologischen und geologischen Bildungen. Gesperrt für Besucher ist jedoch das Totalreservat, in dem – im Gegensatz zur übrigen Fläche mit pfleglicher Nutzung – jeglicher Eingriff und Nutzung verboten sind.

T 1 Eichfeld, seit 1993 Stadtteil von Rudolstadt

Der aus zwei Gassen bestehende Ort liegt links des Schaalbaches, der hier den Lohfraubach und den Schirmebach aufnimmt. Vier Hufen zu *Eichenefeld* gehörten zu den Gütern, mit denen der Kölner Erzbischof ANNO II. im Jahre 1074 das von ihm kurz vorher gegründete Benediktinerkloster Saalfeld ausstattete. Die Mitwirkung von Slawen in den frühen Jahren der Dorfentwicklung wird dadurch belegt, daß Eichfeld die meisten slawischen Flurnamen im ehemaligen Kreis Rudolstadt aufweist: Doferau, Golitz, Gorze, Jamisch, Jeßwitz, Kiebelitze, Mosiau, Plonge, Pörze, Priesitz, Schirme, Schleinitz, Schmelitz, Wiltzsch. Die bei Rechtshandlungen im 14. Jh. erwähnten Zeugen (von) Eichfeld lassen auf das Bestehen eines Adelssitzes schließen, doch war Eichfeld schon damals ein schwarzburgisches Amtsdorf. Bereits in der 2. Hälfte des 15. Jh. gab es eine Zollstation im Ort an der Straße von der Saale zur Ilm. Das Dorf bestand aus 7 Anspann- und 19 Hintersättlergütern, auch waren schon im 16. Jh einige Handwerker ansässig. An der Straße nach Schaala arbeitete eine Hammerschmiede, die spätere Pörzmühle (s. T 2). Bis zum Beginn des 19. Jh. war um Eichfeld der Weinbau verbreitet und brachte in seiner Blütezeit gute Erträge (1696: 427 Eimer = ca. 300 hl Wein). Seit 1816 führt durch das Dorf die Landstraße Rudolstadt–Stadtilm. Mitte des 19. Jh. wohnten in Eichfeld 8 Handwerksmeister, ein Müller und ein Orgelbauer, dessen Werkstatt zu einer Klaviaturenfabrik erweitert wurde, zeitweise bestand daneben sogar eine zweite derartige Fabrik. Auch eine kleine Druckerei arbeitete im Ort. Diese Betriebe bestehen heute nicht mehr, einige Gebäude dienen als Lagerräume.

Eichfelder Bauern mußten 1953 der LPG Vorwärts bzw. 1960 der LPG Am Uhufelsen beitreten, die sich nachfolgend der LPG Am schönen Feld Lichstedt anschlossen. Heute bewirtschaftet die Agrargenossenschaft Lichstedt die Felder von Eichfeld. Zwei Handwerksbetriebe, ein Speditions- und ein Taxiunterneh-

men, mehrere Gewerbebetriebe sowie ein Lebensmittel- und eine Getränkever- T 1
kaufsstelle sind ansässig. Auch in der Landwirtschaft arbeiten noch einige Beschäftigte. Der etwa 200 Einwohner zählende Stadtteil ist schon stark von der städtischen Bauweise überformt. Die Mehrzahl der mit dem Giebel zur Straße stehenden Fachwerkhäuser ist verputzt. Als Zeugen der Volksarchitektur sind einige Laubengänge an Nebengebäuden sowie der spitzbogige Hofeingang des Hauses Nr. 23 bemerkenswert.

Die Dorfkirche entstand 1751 auf den Mauerresten einer älteren Kirche. Das aus Sandstein gemauerte Langhaus trägt einen auf dem Schieferdach aufsitzenden Turm. Im Unterschied zu anderen Thüringer Dorfkirchen erhebt sich in Eichfeld der Glockenturm frei neben der Kirche. Er besteht aus einem offenen Fachwerkgerüst mit einem Zeltdach, unter dem zwei Glocken aus dem 14. und 17. Jh. hängen. Der Eichfelder Flügelaltar, der zum denkmalgeschützten Interieur der Kirche gehörte, befindet sich jetzt im Thüringer Landesmuseum Heidecksburg.

1950 wurden die benachbarten Dörfer Keilhau und Eichfeld zu einer Gemeinde vereinigt. Diese erhielt den Namen nach dem durch das Wirken von FRÖBEL und die von ihm gegründete Lehranstalt bekannteren Keilhau (s. S 2), obwohl das Gemeindebüro in Eichfeld etabliert war. 1993 kamen beide Orte zur Stadt Rudolstadt.

Pörzquelle T 2

Von Eichfeld bis Schaala folgt das Tal des Schaalbaches den Störungen der Südlichen Remdaer Störungszone (s. Seite 5). In diesem Bereich tritt am Pörzberg die Pörzquelle als eine Karstquelle zutage. Ihre starke Quellschüttung gab Anlaß zur Errichtung eines Eisenhammers und später der Pörzmühle, die vom größten Wasserrad Thüringens mit einem Durchmesser von 9,5 m angetrieben wurde. Die Gebäude der Mühle befinden sich in einem schlechten Bauzustand. Seit 1672 floß bis vor einigen Jahren über eine Leitung Wasser von der Quelle zum Schloß Heidecksburg. Das an der Pörzmühle austretende Wasser stammt teilweise von der Ilm, welches an der Klunkermühle bei Dienstedt an der Ilm, wo die Nördliche Remdaer Störungszone das Ilmtal kreuzt, in einer Höhenlage von 325 m ü. NN versinkt. Durch Färbe- und Versalzungsversuche konnte 1925 nachgewiesen werden, daß das Ilmwasser nach zwanzigstündigem unterirdischen Lauf an der Pörzquelle ankommt. Es tritt in 50 m tieferer Lage als an der Versickerungsstelle aus und legte dabei einen Weg von mindestens 12 km Luftlinie zurück.

Die Pörzquelle beweist, daß entlang der beiden Remdaer Störungszonen und entlang von Querstörungen, die die zwischen ihnen befindliche Leistenscholle durchsetzen, umfangreiche Verkarstungserscheinungen im Bereich des eingesunkenen Muschelkalks und im zerrütteten Buntsandstein auftreten. Bei dieser Verkarstung muß es sich um spaltenförmige Karsthohlräume handeln, denn es kam zu keinen Einbrüchen, die auf größere unteridische Hohlformen hindeuten würden. Das ist auch der Grund, weshalb der genaue unterirdische Verlauf der Karstwässer bisher nicht bekannt ist.

T 2   Das Wasser löst auf seinem Weg zur Pörzquelle Kalk, der beim Austritt an der Erdoberfläche ausgefällt wird. Schon auf dem ehemaligen Mühlrad kam es zur Ausscheidung von Kalksinterkrusten und zwischen der Pörzmühle und Schaala zur Ablagerung von Kalktuff, der hier zur Tuffziegelproduktion verwendet wurde. Steile Abbauböschungen unmittelbar westlich der Ortslage Schaala deuten noch darauf hin. Wie in allen Kalktuffvorkommen kann man hier reichlich Fossilien aus der jüngsten Periode der Erdgeschichte, dem Holozän, finden. Es sind vorwiegend Schnecken und Abdrücke von Pflanzenteilen wie Blättern, Stengeln und Früchten.

Mit der Pörzquelle hängt auch die am östlichen Ortsende von Eichfeld austretende, Lohfrau genannte Quelle zusammen. Ebenso zeigt die durch Eichfeld fließende Schirme eine Abhängigkeit von der an der Pörzquelle austretenden Wassermenge; auch sie hängt in ihrer Wasserführung von dem Karstsystem ab, das die Pörzquelle speist.

T 3 Schaala, seit 1950 Stadtteil von Rudolstadt,

erstreckt sich in Ost-West-Ausdehnung im schmalen Schaalbachtal (Abb. 53) zwischen den steil ansteigenden Hängen des Pörzberges im N und denen des südlich angrenzenden Katzsteines und Wachtelberges.

Ein Grabfund mit den im 8. und 9. Jh. üblichen Beigaben und zahlreiche slawische Flurnamen in den Nachbargemarkungen lassen eine deutsch-slawische Ansiedlung vermuten; ältere Siedlungsfunde führen in die ausgehende Hallstattzeit (6./5. Jh. v. Chr.) zurück. Wenn auch bei der Erwähnung von *Scahla* um 1071 der Bach gemeint war, so ist doch an einer frühen Entstehung des Ortes nicht zu zweifeln. Der Ortsname entstand aus slawisch *skala* = Felsen und bezieht sich wohl auf die felsigen Hänge des Pörzberges.

Im 15. Jh. werden Angehörige einer Familie von Schala erwähnt, die als schwarzburgische Lehensleute einen Siedelhof im Dorfe besaßen. Dieser sowie ein zweiter in Schaala bezeugter Hof wurden um die Mitte des 18. Jh. aufgelöst. Im Oberen Hof richtete 1781 die Volkstedter Porzellanmanufaktur (s. T 6) eine Massenmühle (Masse ist das für die Porzellanherstellung erforderliche Material) ein, die das von der Pörzquelle (s. T 2) ausgehende reichliche Wasserdargebot des Schaalbaches nutzte. Außer den beiden Rittergütern gab es in Schaala 9 Höfe von Anspannbauern und 10 Hintersättlerhöfe. Die Dorfbewohner waren unter anderem an dem im Schaalbachtal, auch als Weintal bezeichnet, verbreiteten Weinbau beteiligt, wo einige Weingärten noch gegen Ende des 19. Jh. bestanden. Um 1860 lebten in Schaala 19 der 45 ansässigen Familien von der Landwirtschaft, 7 vom Handwerk, einige Einwohner arbeiteten in der Porzellanfabrik. Um die Jahrhundertwende überwog der Anteil der Arbeiter, viele waren in Rudolstädter Fabriken tätig.

An der von Rudolstadt westwärts in Richtung Stadtilm führenden Straße fallen nördlich die ehemaligen Kasernen am Rande des geschlossen bebauten Stadtgebietes auf. Die ehemals militärisch genutzten Flächen von 26 ha sind als zentrumsnahe Wohn- und Gewerbeflächen ausgewiesen. Daran schließen sich die großen Gewächshäuser der Gärtnerei Heidecksburg e. G. Rudolstadt–

T 3

Abb. 53. Rudolstadt-Schaala und Schaalbachtal

Schaala mit einem Verkaufsgewächshaus an. Hier werden Frühgemüse und Blumen gezogen. Im Zentrum befindet sich südlich der Straße hinter dem Gasthaus Zum Weintal die Thüringer Obstverwertungs GmbH, die Fruchtsäfte und Obstwein herstellt. Ihre Vorgängereinrichtung war eine 1915 errichtete Obstkonservenfabrik. Einige Gewerbebetriebe der Bauwirtschaft etablierten sich. Die Agrargenossenschaft Lichstedt bewirtschaftet die landwirtschaftlichen Flächen und nutzt einen Stall der einstigen LPG Tierproduktion Remda (Vorgänger-Genossenschaften: 1958 LPG Weintal, 1960 LPG Heidenberg).

Schon seit der Jahrhundertwende prägen nichtlandwirtschaftliche, städtische Bauwerke das Ortsbild. Die Häuser gruppieren sich um die Dorfkirche. Ihr gegenüber steht ein gepflegtes Fachwerkgebäude, das durch die Kontraste zwischen Holzkonstruktion und Gefachen sowie durch das vorstehende überdachte Palisadentor auffällt. Fachwerkteile sind auch an einigen Häusern am Schaalbach sichtbar, insbesondere an Nebengebäuden.

In der gut erhaltenen Wehrkirche bildet der Mittelteil mit dem Turm aus dem 13. Jh. den ältesten Bestand, jedoch stammen die zweifach gestuften Zinnen, die Wasserspeier und die hohe Achteckspitze auf dem Turm aus spätgotischer Zeit. Ebenfalls aus dieser Bauperiode des 16. Jh. ist der Chor. Das Langhaus wurde im 18. Jh. angefügt. Der Friedhof an der Kirche wird von einer starken Mauer mit Schießscharten umgrenzt. Am Eingangstor, wo die Mauer eine Höhe von fast 5 m erreicht, blieb eine spätgotische Verteidigungsanlage erhalten: Über dem Spitzbogentor befindet sich eine von einem Ziegeldach überdeckte Plattform, die nach außen durch eine Mauer mit zinnenförmigen

T 3 Öffnungen geschützt wird. Vor der Kirche stand bis in die dreißiger Jahre unseres Jh. die Gerichtslinde des Adelshofes.

Ein ehemaliger Vogelherd im hochgelegenen Flurteil Weidig wurde 1834 zu einem Landwirtschaftsbetrieb mit Gastwirtschaft erweitert. Der nach dem Gründer bezeichnete Schwarzenshof wurde später als Feierabendheim genutzt. Die Gebäude befinden sich heute in Trägerschaft der evangelisch-methodistischen Kirche und beherbergen ein Altenpflegeheim mit 50 Plätzen und ein Ferienheim.

Die vielgestaltige Landschaft um Schaala weist botanisch eine große Artenfülle auf. Die Muschelkalksteilhänge des Pörzberges beherbergen Pflanzen südlicher und südöstlicher Gebiete ähnlich den Kalkbergen um Remda und Teichel. Etwas abseits von seinem mitteldeutschen Verbreitungsgebiet besitzt bei Schaala das Federgras *(Stipa joannis)* ein isoliertes Vorkommen. Lavendel *(Lavandula angustifolia),* Ysop *(Hyssopus officinalis)* und Weinraute *(Ruta graveolens)* erhielten sich als Relikte des ehemaligen Heilpflanzenanbaues.

Südlich von Schaala, im Gebiet um Schwarzenshof, sind Bergwiesen eng mit Hecken, Laub- und Nadelbäumen verzahnt. Eine wärmeliebende Halbtrockenrasen- und Waldsaumflora ist hier zu finden. Typische Vertreter sind Straußwucherblume *(Tanacetum corymbosum),* Rippensame *(Pleurospermum austriacum),* Bergvermeinkraut *(Thesium bavarum),* Bergaster (Abb. 8, *Aster amellus),* Schlüsselblume *(Primula veris),* Deutscher Enzian *(Gentianella germanica),* Gefranster Enzian *(Gentianella ciliata),* Kreuzenzian *(Gentiana cruciata),* Bärentragant *(Astragalus glycyphyllos),* Akelei *(Aquilegia vulgaris),* Spargelerbse *(Tetragonolobus maritimus),* Bergdistel *(Carduus defloratus),* Silberdistel *(Carlina acaulis),* Sichelhasenohr *(Bupleurum falcatum),* Gemeiner Dost *(Origanum vulgare),* Bergkronenwicke *(Coronilla coronata)* und Wolliger Schneeball *(Viburnum lantana).* An Naßstellen wächst neben feuchtigkeitsliebenden Orchideenarten noch vereinzelt die Trollblume *(Trollius europaeus).*

T 4 **Mörla,** seit 1950 Stadtteil von Rudolstadt,

liegt in einer Talsenke zwischen Hain (s. T 5) und Pörzberg auf halber Höhe über der Saaleaue, nur 1 km vom Rudolstädter Stadtzentrum entfernt. Das seit dem Jahre 1417 oftmals erwähnte *Merla,* zu *Erlicht, Erlenholz* oder *Amselholz,* gehörte zur Herrschaft Oberkranichfeld und kam 1825 bei einem Gebietsaustausch von Sachsen-Gotha zu Schwarzburg-Rudolstadt, das jedoch schon vorher gewisse Rechte in Dorf und Flur ausübte. Dazu gehörte die Inanspruchnahme der Mörlaer Quelle, deren Wasser seit Anfang des 16. Jh. zum Rudolstädter Schloß und von da zur Stadt geleitet wurde. Das Reinigen des Quellteiches im Dorfe war mit einem alten Brunnenfest verbunden, dem nach mehrjähriger Unterbrechung neuerdings wieder gefeierten Butzelmannfest. Der mit den Nachbarorten oft strittige Nordteil der Gemarkung gehörte zur Wüstungsflur *Hermirsdorf* (s. L 5). Mörla zählte nur 6 Bauerngüter, die bis zum 19. Jh. an 13 Familien verteilt waren. Schon zur Jahrhundertwende waren Mörlaer Einwohner in Rudolstädter Betrieben tätig.

Die Erschließung der Hänge zwischen Mörla und Rudolstadt als Wohnge- T 4
biet in den letzten Jahren führte dazu, daß Mörla nunmehr auch räumlich mit
der Stadt verbunden ist. Trotzdem ist heute noch der historisch gewachsene
Ort in seiner ursprünglichen Anlage als kleines Straßenangerdorf mit gut erhaltenen Fachwerkhäusern zu erkennen. Die Gebäude gruppieren sich um den
Dorfanger mit einem Teich. Die kleine Kirche, ein verputztes Gebäude mit
Ziegeldach, einem schiefergedeckten Turm und Dachreiter, entstand im 19. Jh.
und wurde vor einigen Jahren erneuert. Ihre Innenausstattung steht unter
Denkmalschutz. Einige Gebäude nutzte zeitweilig das ehemalige Chemiefaserkombinat Schwarza als Wohnheime, heute sind darin Gewerbebetriebe, ein
Übergangswohnheim für Ausländer und eine Gaststätte mit Pension untergebracht. Abseits der historischen Dorfanlage entstanden einige Eigenheime.
Am Berghang des Hains legte die Bevölkerung in den letzten Jahren zahlreiche Gärten und Bungalows an. Die wenigen Felder bewirtschaftet die Agrargenossenschaft Lichstedt. In Mörla leben etwa 400 Einwohner. Erwähnenswert ist die 1969 errichtete Volks- und Schulsternwarte Johannes Kepler
Rudolstadt.

Hain T 5

In dem meist als Hain, mhd. = Laubwald, bezeichneten gesamten Waldgebiet
zwischen Rudolstadt und Remda nimmt der Waldbezirk Hain den südöstlichen
Teil ein. Dieser war im 17. Jh. für kurze Zeit ein Tiergarten und wurde später
zu einem zum Schloß Heidecksburg gehörenden, mit Promenadenwegen durch-
zogenen waldreichen Landschaftspark umgestaltet. Kleine Rasthäuser luden
zum Verweilen ein. Ein alter Fahrweg durch den Hain verbindet Mörla mit
Pflanzwirbach. Der von Rudolstadt aus gut erreichbare Waldbezirk Hain ist
heute das beliebteste Naherholungsgebiet, wenn auch durch die zunehmende
Bebauung der Hänge mit Bungalows der Erholungswert des Gebietes für die
Öffentlichkeit beeinträchtigt worden ist.
 Geologisch gehört der Hain der aus Buntsandstein bestehenden Leisten-
scholle zwischen der Nördlichen und Südlichen Remdaer Störungszone an, in
der, beginnend bei Mörla, ein schmaler, maximal 750 m breiter Streifen von
Zechsteinschichten an der Oberfläche liegt. Im NW grenzt der Hain an das
Landschaftsschutzgebiet Hermannstal (s. L 5) an.

Volkstedt, seit 1923 Stadtteil von Rudolstadt T 6

Der Name Volkstedt verbindet sich in Thüringen und weit darüber hinaus mit
einer traditionsreichen und mehr als zwei Jh. alten Porzellanherstellung. GEORG
HEINRICH MACHELEIDT, der Nacherfinder des Porzellans, hatte nach vorange-
gangenem Experimentieren bei Sitzendorf im Jahre 1762 im ehemaligen Volkstedter Gutsgebäude eine Porzellanmanufaktur gegründet. Diese hatte bis 1832
das Alleinherstellungsprivileg als „Älteste Volkstedter Porzellanmanufaktur"
inne. Durch die Bildung von Großbetrieben wurde in jüngster Vergangenheit

T 6 die Manufaktur dem Zierporzellanwerk Lichte angegliedert. Bis 1990 produzierten in diesem Betrieb und in weiteren Porzellanfabriken etwa 350 Beschäftigte Gebrauchs- und Zierporzellan. 1996 wurde noch in der Ältesten Volkstedter Porzellanmanufaktur GmbH und in der Porzellanmanufaktur Kämmer GmbH Zierporzellan hergestellt und die alte Tradition fortgesetzt. Kleinere Baugewerbe- und Möbelbetriebe etablierten sich.

Zahlreiche ur- und frühgeschichtliche Bodenfunde in und um Volkstedt vom Neolithikum bis zum 11. Jh. machen auf ein bevorzugtes Siedlungsgebiet aufmerksam (s. Seite 10). Bemerkenswert sind Funde der Spätlatène- und frühen Kaiserzeit am linken Saaleufer sowie slawische Grabfunde auf der Saaleterrasse westlich der Ortslage. Den Kern des 1201 erstmals als *Folkstete* erwähnten Ortes bildeten die Kirche sowie ein Siedelhof, den die Familien von Volkstete, Moringk, Güntherodt und andere besaßen, der aber schon seit Anfang des 18. Jh. schrittweise verkauft wurde. Der Ortsname nimmt Bezug auf einen Mann namens Folko oder Volker. Volkstedt besaß eine Mahl-, später eine Schneidemühle an der Saale und zwei Ziegeleien. Im 19. Jh. lebten 18 Familien von der Landwirtschaft, weiter wohnten hier 10 Handwerkerfamilien und 40 sogenannte Porzelliner, die Porzellanarbeiter.

Nach der Eingemeindung des südlich angrenzenden Schwarza im Jahre 1950 nach Rudolstadt wurde die Volkstedter Flur zunehmend bebaut. Der größte Teil des Stadtteils Volkstedt wird durch die östlich der Eisenbahnlinie Saalfeld–Rudolstadt nach 1960 errichteten mehrgeschossigen Wohngebäude gebildet, die zeilenförmig angeordnet sind. Die Eisenbahnanlagen trennen diesen Teil von den älteren Gebäuden Volkstedts. Vom ehemaligen kleinen Bauerndorf, das schon im 19. Jh. einen großen Anteil nichtlandwirtschaftlicher Bevölkerung aufwies, zeugen nur noch einige Fachwerkhäuser an einer parallel zur Hauptstraße verlaufenden Nebenstraße. Das bauliche Bild im Bereich der ehemals dörflichen Anlage wird aber heute vor allem durch die städtische Wohnbebauung entlang der Hauptstraße bestimmt, wo zwei- bis dreigeschossige Häuser aus den fünfziger Jahren mit schmalen Vorgärten traufseitig zur Straße stehen. Inmitten dieser Bebauung, die teilweise durch begrünte Wohngrundstücke unterbrochen und aufgelockert wird, stehen auch die zum Teil ungenutzten Betriebe der Porzellanindustrie. Nach O wird die Bebauung durch einen Seitenarm der Saale begrenzt.

Viele Gebäude Volkstedts, darunter die Kirche, die Älteste Volkstedter Porzellanmanufaktur und weitere Betriebe, waren am 10. 4. 1945 bei einem Luftangriff durch Brand- und Sprengbomben zerstört worden. Die von einer alten Kirchhofsmauer umgebene Volkstedter Kirche wurde 1949/50 wieder aufgebaut. Für die ursprünglich durch den Ort verlaufende Fernverkehrsstraße wurde in den fünfziger Jahren eine Umgehungsstraße zwischen Volkstedt und den Kasernengebäuden unterhalb des Zeigerheimer Berges gebaut, die aber keine Verlängerung nach Saalfeld erhielt. Von dieser Straße, an der seit 1993 eine moderne Tankstelle steht, geht eine Erschließungsstraße in die in den siebziger und achtziger Jahren errichteten Wohngebiete Volkstedt-West und Schwarza-Nord ab, und in östlicher Richtung wird über eine 1985 fertiggestellte Straßen- und Eisenbahnüberbrückung der Anschluß Volkstedts und der neuen Gewerbeflächen an die Thüringische Faser AG Schwarza hergestellt.

An den Aufenthalt FRIEDRICH SCHILLERS in den Jahren 1788 und 1789 in T 6
Volkstedt erinnern eine Gedenktafel am Pfarrhaus und die Naturgedenkstätte
Schillershöhe an der Felsenwand des jenseitigen Saaleufers. Eine Brücke über
die Saale wurde in den letzten Tagen des Zweiten Weltkrieges gesprengt und
zunächst durch einen Steg unterhalb der alten Brücke ersetzt. Im Sommer 1983
entstand eine Holzbrücke von 15 t Tragfähigkeit, die jetzt nur noch für Fußgänger zugelassen ist. Diese ist die vierte Brücke seit 1928. Über sie gelangt man
zur Gondelstation sowie zu einer Gaststätte und zum Aussichtspunkt auf der
Schillershöhe.

Rudolstadt, Landkreis Saalfeld-Rudolstadt (Abb. 54)   U 1

Geschichtliche Entwicklung   U 1.1

Von Slawen bewohnte Hufen in *Rudolfestat* gehörten zu den ersten Schenkungen KARLS DES GROSSEN an das von ihm am 5. 1. 775 zur Reichsabtei erhobene Kloster Hersfeld. Es ist anzunehmen, daß die Schenkungen im Jahre 776
erfolgten oder bestätigt wurden. Auch das Kloster Fulda hatte in jener Zeit in
der nach einem Manne namens Rudolf benannten Ansiedlung Besitz. Die urkundlichen Quellen werden durch archäologische gestützt. Ein Friedhof mit
etwa zeitgleichen Beigabentypen wurde im Jahre 1907 bei Erdarbeiten am

Abb. 54. Rudolstadt, Altstadt mit Saaletal Richtung Norden, Heidecksburg und Hain

U 1.1 Rande der ehemaligen Rudolstädter Altstadt aufgefunden. Weitere Grabfunde des 8. bis 11. Jh. stammen aus den heutigen Stadtteilen Volkstedt und Schaala (s. T 6, T 3). Ältere Siedlungs- und Bestattungsplätze lassen an eine Siedlungskontinuität im Saaletal bei Rudolstadt seit dem Beginn unserer Zeitrechnung denken.

Seit dem 8. Jh. ist die ständige Besiedlung des Reichsgutes Rudolstadt unbestritten, wenn auch schriftliche Nachrichten für die unmittelbar folgende Zeit fehlen. Als fränkischer Stützpunkt zur Sicherung des Saaleübergangs und der nach N und NW führenden Straßen war die Ansiedlung im O der jetzigen Stadt, der bis 1830 selbständigen Altstadt, mit einem befestigten Wirtschaftshof und einem Pomerium, an das der noch heute so genannte Baumgarten erinnert, verbunden. Neben dem Hof wird eine Kapelle vermutet.

Der Chronist SPANGENBERG nennt Rudolstadt unter den festen Plätzen Thüringens, die der jüngere Sohn König HEINRICHS I. beim Aufstand gegen seinen Bruder OTTO im Jahre 939 besetzt hatte. Nach der Erwähnung einer MECHTILDIS VON RUDOLSTADT im Jahre 1154 treten die Rudolstädter Pfarrer BRUNO, HEINRICH und HERMANN zwischen 1217 und 1258 wiederholt als Zeugen bei Rechtshandlungen auf. Um 1222 wird von einer Burg der Grafen von Orlamünde in Rudolstadt berichtet. Gemeint war entweder eine anstelle des fränkischen Hofes in der Altstadt entstandene Niederungsburg oder, wie Keramikfunde aus dem 12. und 13. Jh. nahelegen, die auf dem hinter der Stadtkirche steil ansteigenden Zechsteinfelsen errichtete Höhenburg, falls deren Entstehung nicht erst nach der Verzweigung der Orlamünder Grafen in eine thüringische und eine osterländische Linie im Jahre 1248 erfolgte (s. G 4). Im Jahre 1264 werden beide Schlösser bezeugt und in der Folgezeit als oberes und niederes Haus unterschieden. In deren Besitz wechselten sich Orlamünder und Schwarzburger Grafen mehrmals ab. Dabei bildeten das untere Haus mit der Altstadt sowie das obere Haus mit einer inzwischen zu Füßen des Burgfelsens planmäßig angelegten, 1326 erstmals als solche bezeichneten Stadt, jeweils eine Einheit.

Die kleine Stadt bestand aus einer einzigen Straße, der heutigen in Ost-West-Richtung verlaufenden Kirch- und Stiftsgasse, von der aus einige kurze Seitengäßchen nach S zur Stadtmauer und nach N den Berg hinauf führten. Die später als Schloßaufgang Nr. VI bezeichnete Gasse war der älteste Fahrweg zum oberen Schloß; er bog in Höhe des jetzigen Schloßgartenplateaus nach rechts zur Burg ab. Ein kleiner schräger Platz zwischen den Schloßaufgängen III und IV gilt als ältester Marktplatz. Schon im 14. Jh. hatte die Stadt das Recht, jährlich zwei Jahrmärkte abzuhalten, 1465 kam ein dritter hinzu. Ratsmeister sind seit 1378 bezeugt. Die Stadtmauer zog sich beiderseits der Burg am Berg hinab nach S und wurde durch zwei Tore unterbrochen, das Kirchtor im O und das später so bezeichnete Alte Tor im W. Die südliche Mauerpartie verlief in Höhe der heutigen Mangelgasse bis zur Mitte der kleinen Badergasse, in ihrer Mitte stand eine der heiligen Elisabeth geweihte Kapelle. Die von der Mauer umschlossene Fläche betrug etwa 350 m × 200 m. Ein Gattertor südlich der Andreaskirche ermöglichte die Verbindung mit der Altstadt.

Im Jahre 1334 gelangte das ehemalige Königsgut und spätere orlamündische Rudolstadt endgültig an die Grafen von Schwarzburg. Deren maßgebliche Beteiligung an der Thüringer Grafenfehde führte am 6. März 1345 zur Schädigung der Stadt und beider Burgen, doch wurde die Stadt bald wieder hergestellt und dabei nach S, zur Saale hin, erweitert. Die Stadtmauer verlief danach entlang der Mauerstraße und der Straße Hinter der Mauer. Eine neue Hauptstraße parallel zur bisherigen wurde durch zwei neue Tore verschlossen: das Obere und das Untere Tor. Das Untere wies als einziges einen Turm auf und wurde deshalb scherzhaft Storch genannt. Durch ein fünftes Tor in der Mitte der südlichen Mauerpartie, das Saaltor, gelangte man zum Fluß, der damals in zwei Armen an der Stadt vorüberfloß.

Nachdem sich die Grafen von Schwarzburg, um ihre Eigenständigkeit gegenüber den Wettinern zu sichern, im Jahre 1361 mit ihrem „freien Eigentum" Rudolstadt in den Schutz der Krone Böhmens begeben hatten, ließen sie oberhalb der nunmehr so genannten *Alten Burg* ein neues befestigtes Wohnschloß bauen und die Schloßzufahrt entsprechend nach W verlängern. Den Platz der alten unteren Burg in der Altstadt nahm ein ebenfalls befestigter Einzelhof der Familie von Kochberg ein. Ein zweiter Siedelhof, dem kochbergischen gegenüber, befand sich neben der Kirche und ein dritter Adelshof vor dem Unteren Tor. Zu diesen Gutshöfen gehörte der größte Teil der altstädtischen Flur im O. Die Stadtflur im W, das Gebind, war vorwiegend herrschaftliches Land. Den Ackerbürgern verblieben kleinere Flächen als Lehen oder Pachtland, vor allem im Altstadtbereich und rechts der Saale. Für ihr Land waren sie mit Abgaben an Adel, Kirche und Amt belastet. Dem Amt hatten sie Hof- und Erbzins zu zahlen, auch mußten sie sich an den der Stadt auferlegten Abgaben beteiligen. Dazu gehörten, wie die im Jahre 1404 erneuerten Stadtrechte ausweisen, eine Geschoßabgabe für das Braurecht, meist in Form von Heringen, ein Wasserzins für das Fischrecht in der Saale sowie ein Zins für die städtische Baderei. 1534 erhielt das Amt von 109 Häusern der Stadt und 13 Häusern der Altstadt Zins.

Fortschreitende Besitz- und Standesunterschiede innerhalb der Einwohnerschaft führten, begünstigt durch die Reformation, gegen Ende des 15. und zu Beginn des 16. Jh. zu wachsender Kritik nicht nur in Glaubensfragen, sondern auch an den wirtschaftlichen und sozialen Verhältnissen. Dem Aufstand der Bauern in der schwarzburgischen „Herrschaft vor dem Walde", dem Thüringer Wald, schloß sich die Stadt an. Ihr Aufgebot zog zum Sammellager bei Stadtilm. Hier setzten sich die gemäßigten, auf Ausgleich bedachten Kräfte durch, vor allem die Bürger der Städte. Man marschierte zwar gemeinsam nach Arnstadt, um dem dort residierenden Grafen GÜNTHER VON SCHWARZBURG die üblichen Forderungen zu überbringen, doch zog man, nachdem bedingte Zusagen gegeben wurden, wieder nach Hause. Nach der Schlacht bei Frankenhausen wurden mehrere Führer des Aufstandes in Arnstadt und Rudolstadt hingerichtet.

Der Sohn GÜNTHERS, Graf HEINRICH, dem am 26. 6. 1527 das Amt Rudolstadt zur Verwaltung und Nutznießung übergeben worden war, förderte im Gegensatz zu seinem Vater die Reformation. Bis zum Jahre 1532 waren alle Bürger zum Luthertum übergetreten. Die dadurch bewirkten Entwicklungen, zu denen die Verweltlichung des kirchlichen und klösterlichen Besitzes gehörte, beeinträchtigten jedoch nicht die feudale Struktur. Nach dem Tod des Grafen GÜNTHER XL., der den größten Teil des geteilten schwarzburgischen Territori-

U 1.1 ums wieder in seiner Hand vereinigt hatte, erfolgten Besitzteilungen unter seinen vier Söhnen. Aus ihnen gingen schließlich im Jahre 1599 die Grafschaften Schwarzburg-Rudolstadt und Schwarzburg-Sondershausen hervor (s. Seite 15). Neue kommunale Bedingungen entstanden nach der Bestimmung Rudolstadts als Residenzstadt durch den Grafen ALBRECHT VII. im Jahr 1571. Zum Adel, dessen Einkünfte vorwiegend aus seinem Landbesitz kamen, und zu den meist in bescheidenen Verhältnissen lebenden Bürgern traten als dritte Gruppe die vom Hof Abhängigen. Die sozialen Gegensätze verschärften sich; auf die Stadtstruktur wirkte sich die Erhebung zur Hauptstadt eines Kleinstaates vorerst nicht aus. Nur die Altstadt als nach wie vor selbständige Dorfsiedlung konnte sich erweitern, die Stadt blieb auf den engen Raum innerhalb der Stadtmauern beschränkt. Die räumliche Stagnation hielt auch noch im 17. Jh. an. Dagegen zeichneten sich erste günstige Einflüsse auf das Geistes- und Kulturleben ab. Der in Solsdorf als Sohn eines Bauern geborene Magister BENEDIKT AGRICOLA (1546–1619), seit dem Jahre 1592 Kanzler Schwarzburg-Rudolstadts, verfaßte zahlreiche wissenschaftliche, meist juristische Arbeiten, sein Rat wurde von weither gesucht. Beim Wiederaufbau des 1573 brandgeschädigten Residenzschlosses erwarben sich die Baumeister GEORGE ROBIN und CHRISTOPH JUNGHANS Verdienste. Der befähigte Bildhauer NIKOLAUS BERGNER (1540–1616) arbeitete in und bei Rudolstadt. Trotz des Dreißigjährigen Krieges, in dessen Verlauf die Stadt geplündert wurde (1640), erfolgte in den Jahren 1634–1636 ein umfassender Um- und Neubau der Andreaskirche.

In den sechziger Jahren des 17. Jh. schuf der Dichter und Sprachforscher CASPAR STIELER (1632–1707) als Rudolstädter Kanzleisekretär festliche Hofschauspiele. 1664 wurde Rudolstadt Druck- und Verlagsort, seit dem gleichen Jahr bestand die Landesschule, das spätere Gymnasium. Die Gräfin AEMILIE JULIANE (1637–1706) wurde als Dichterin vieler geistlicher Lieder bekannt. Ihr Mann, Graf ALBERT ANTON, genoß das besondere Vertrauen Kaiser LEOPOLDS I., der ihn wiederholt mit repräsentativen Aufgaben betraute. Ihm war in erster Linie die Erhebung des Grafenhauses Schwarzburg in den Reichsfürstenstand 1697 zugedacht, doch legte er im Gegensatz zu seinen Vettern der Linie Sondershausen keinen Wert auf die Rangerhöhung. Das kaiserliche Diplom mußte deshalb im Jahre 1710 für Rudolstadt neu ausgestellt werden, und erst im folgenden Jahre verkündete ALBERTS Sohn LUDWIG FRIEDRICH I. die neue Würde. Die damit verbundene Vergrößerung des Hofstaates und der Landesbehörden brachte der Bevölkerung neue Lasten und führte zum sogenannten Landstreit der Untertanen vor den Gerichten des Reichs in Wetzlar und Wien 1719/20. Die nach dem Brande des Schlosses Heidecksburg 1735 einsetzenden umfangreichen Arbeiten, bei denen namhafte Baumeister wie JOHANN CHRISTOPH KNÖFFEL (1686–1752) und GOTTFRIED HEINRICH KROHNE (1703–1756) sowie zahlreiche befähigte Künstler und Handwerker mitwirkten, verlangten neue Opfer.

Haupterwerbsquelle der Einwohner Rudolstadts war das Handwerk. Daneben bestanden einige Brauereien und Mühlen. Größte Betriebe waren die 1663 gegründete Druckerei mit 38 Gesellen und Lehrlingen und die Ziegelbrennerei mit 18 Arbeitern. 1716 wurde die Glockengießerei in der Altstadt, 1736 eine bis 1809 produzierende Fayencefabrik, 1783 eine Pianofabrik gegründet. Seit

1762 fanden in der Volkstedter Porzellanmanufaktur (s. T 6) viele Rudolstädter Bewohner Arbeit. 1786 überschritt die Einwohnerzahl die 4000, rund 60% der Bevölkerung waren Handwerker, 20% waren vom Hof abhängig, zur Hofhaltung unmittelbar zählten 200 Personen. Nach der Auflösung des herrschaftlichen Vorwerks konnte sich die Stadt nach W erweitern. Adelsfamilien des Landes wurden veranlaßt, hier ihre Stadthäuser zu bauen. Auch das der Stadtmauer im S vorgelagerte Gelände wurde für Häuser und Gärten erschlossen.

Nach wie vor standen die wirtschaftlichen und sozialen Verhältnisse der Einwohner im Gegensatz zur positiven Entwicklung auf wissenschaftlichem und kulturellem Gebiet. Die Barockmaler SEIVERT LAMMERS, CHRISTIAN WILHELM ERNST DIETRICH, JOHANN CHRISTOPH MORGENSTERN und seine beiden Söhne hinterließen beachtliche Werke. Die Hofkapelle, deren Anfänge ins Jahr 1635 zurückreichen, zog namhafte Musikschaffende wie PHILIPP HEINRICH ERLEBACH, GEORG GEBEL, JOHANN GRAF, GEORG CHRISTIAN FÜCHSEL und CHRISTIAN GOTTHELF SCHEINPFLUG an. Der Oberforst- und Landesjägermeister CARL CHRISTOPH VON LENGEFELD (1715–1775), Schwiegervater SCHILLERS, erwarb sich als Forstwissenschaftler Anerkennung. Die Verleger GEORG JUSTUS PERTHES und sein Neffe FRIEDRICH CHRISTOPH PERTHES stammten aus Rudolstadt. Der aus Rußland emigrierte Verleger JOHANN HARTKNOCH wählte Rudolstadt zum Asyl. Hier wirkte auch der Arzt und Geologe FÜCHSEL; 1757 begann er, die naturkundliche Sammlung des Prinzen FRIEDRICH CARL zu ordnen, das spätere Naturalienkabinett. Nach kurzem Besuch am 6. 12. 1787 weilte FRIEDRICH VON SCHILLER in den Jahren 1788 und 1789 wieder in Rudolstadt und im Nachbarort Volkstedt. Durch seine Ehe mit CHARLOTTE VON LENGEFELD fühlte er sich auch später eng mit Rudolstadt verbunden. Auch WILHELM VON HUMBOLDT war oftmals Gast Rudolstadts und rühmte die Stadt und ihre Umgebung. Die Bespielung des 1792/93 errichteten Theaters übernahm in den Jahren 1794 bis 1803 das Weimarer Ensemble GOETHES. Die seit dem 16. Jh. bestehende Bibliothek erhielt 1804 durch Ankauf der Ketelhodtschen Bibliothek einen bedeutenden Zuwachs. Das von der Weimarer Klassik ausgehende Kulturgeschehen blieb vorwiegend dem Adel vorbehalten.

Wie alle thüringischen Kleinstaaten wurde Schwarzburg-Rudolstadt in die Ereignisse der Jahre 1806–1815 hineingezogen. Um die Selbständigkeit des Landes zu wahren, trat Schwarzburg-Rudolstadt 1807 dem Rheinbund bei, andererseits schloß es sich nach der Schlacht bei Leipzig der Koalition gegen NAPOLEON an und stellte sofort neue militärische Einheiten auf. Einer Kompanie freiwilliger Jäger und Scharfschützen widmete der Rudolstädter Hofsänger ALBERT METHFESSEL eines seiner Freiheitslieder: „Hinaus in die Ferne mit lautem Hörnerklang ...". Als Lützower Jäger nahm an den Befreiungskriegen der aus Schwarzburg-Rudolstadt stammende Pädagoge FRIEDRICH FRÖBEL (s. S 2) teil, ebenso der Jenaer Professor Dr. KARL WILHELM GÖTTLING, der seit 1815 am Rudolstädter Gymnasium wirkte, hier Turnübungen einführte und damit sowie mit der Gründung einer öffentlichen Turnanstalt und Anlage eines Turnplatzes 1816 weiter für die Ideen der Befreiungskriege wirkte. Trotz positiver Einflüsse seitens fortschrittlich denkender Persönlichkeiten der Wissenschaft, Bildung und Kultur und trotz der patriotischen Grundhaltung der Bevölkerung blieb Schwarzburg-Rudolstadt ein konservativ regierter Staat. Die höhere Be-

U 1.1

Abb. 55. Stadtgrundriß von Rudolstadt 1843
(Thüringisches Staatsarchiv Rudolstadt, Kartensammlung Sign. 150)

amtenschaft bildete eine abgeschlossene Kaste. Allerdings erließ Fürst FRIEDRICH GÜNTHER als erster der thüringischen Fürsten 1816 eine auf Artikel 13 der Bundesakte des Deutschen Bundes vom 8./10. 6. 1815 beruhende Verfassung. Die Landständische Versammlung trat jedoch erst 1820/21 in Rudolstadt zusammen.

Auch in Rudolstadt wuchs die bürgerlich-demokratische Opposition nach den Ereignissen in Frankreich 1830. Man forderte die Ablösung feudaler Lasten und Erweiterung der bürgerlichen Rechte. Die Stadt hatte sich nach O hin ausgedehnt, die Erweiterung nach W machte ebenfalls Fortschritte (Abb. 55). Die Einwohnerzahl war nahezu auf 5000 angewachsen. Höhepunkte im Kulturgeschehen waren ein Konzert des Geigers NICOLO PAGANINI im November 1829, die Einweihung der Naturgedenkstätte Schillershöhe am rechtsseitigen

Felsenufer der Saale (s. V 8) gegenüber von Volkstedt 1830, der Aufenthalt RICHARD WAGNERS 1834 und ein Konzert FRANZ LISZTS 1844. U 1.1

Am 8. März 1848 forderten rund 500 auf dem Marktplatz versammelte Bürger Pressefreiheit, Volksbewaffnung, Ablösung der Feudallasten und eine Stelle im Ministerium für einen Bürgerlichen. Am 10. März nahm der Fürst die Forderungen an, schon am 14. März erschien die Bürger-Zeitung als Sprachrohr des Volksmannes. FRIEDRICH KARL HÖNNIGER (1812–1871) wurde am 25. April als Vertreter Schwarzburg-Rudolstadts in die Nationalversammlung zu Frankfurt am Main gewählt und schloß sich der Fraktion der „äußeren Linken" an. JULIUS FRÖBEL, Neffe und Schüler FRIEDRICH FRÖBELS, vertrat das Fürstentum Reuß. Vom 17. bis 19. August 1848 fand in Rudolstadt eine von FRIEDRICH FRÖBEL und seinen Freunden vorbereitete Versammlung vieler Lehrer und Erzieher aus den meisten deutschen Staaten statt. In einem Gesuch an die Nationalversammlung empfahlen die Teilnehmer die Einführung Fröbelscher Kindergärten. Im Januar 1849 organisierte sich das gemäßigte Bürgertum der Stadt im Konstitutionellen Verein und gab eine eigene Zeitung heraus. Die Ziele der Revolution blieben zum größten Teil unerreicht. 1851 wurde HÖNNIGER zu einer Gefängnisstrafe verurteilt. Als man im folgenden Jahr bei dem Lithographen A. B. WOLLE Flugblätter mit einem Aufruf des Bundes der Kommunisten fand, wurde er zur Auswanderung nach Nordamerika veranlaßt, und die kurze Existenz eines von ihm gegründeten Lokalvereins der Leipziger Arbeiterverbrüderung war beendet. Vertreter des Bürgertums nahmen in der Folgezeit mehr als bisher Einfluß auf das gesellschaftliche Leben, vor allem im Kulturbereich. Der Arzt, Dichter und spätere Gymnasialprofessor Dr. BERTHOLD SIGISMUND gab 1852 seine „Lieder eines fahrenden Schülers", der Privatlehrer und Milizprediger ANTON SOMMER seit 1853 die „Bilder und Klänge aus Rudolstadt" heraus. SOMMER überwand mit seiner vortrefflichen Poesie und Prosa die Vorurteile der gehobenen Kreise gegen die heimische Mundart und regte zugleich zur Mundartdichtung auch in anderen Gegenden Thüringens an. Wie er räumte SIGISMUND in seiner Landeskunde Schwarzburg-Rudolstadts (1862/63) volkskundlichen und sozialen Fragen breiten Raum ein. Zu den 16 beratenden ehrenamtlichen Mitgliedern der Stadtverwaltung gehörten neun Handwerksmeister und ein Landwirt.

Entwicklung Ende des 19. Jh. bis 1945 U 1.2

Um die Mitte des 19. Jh. produzierten in Rudolstadt die Maschinenspinnerei E. Strickrodt & Sohn mit 50 bis 60, die Buchdruckerei Günther Fröbel mit 10 bis 20, die Pianofortefabrik Sempert (seit 1783) mit 20, die Porzellanfabrik Ernst Bohne & Söhne (seit 1849) mit rund 30 Arbeitskräften, ferner die Weißgerberei Metzner (seit 1830), je 2 kleinere Steindruckereien und Ziegeleien, 6 Mühlen, 5 Färbereien, 3 Brauereien und eine Glockengießerei. Eine Wollkämmerei und die Spielkarten- und Buntpapierfabrik Carl Bianchi waren wieder eingegangen. Eine Anzahl Rudolstädter arbeiteten in der Volkstedter Porzellanmanufaktur und der Schaalaer Steingutfabrik. Um 1860 wohnten in Rudolstadt auch 26 Kaufleute und Krämer, 4 Buchhändler, 11 Gast- und Schankwirte und 3 Instrumentenmacher. Die Stadt war Sitz von 32 Innungen,

U 1.2 die stärksten waren die der Schuhmacher (56 Meister), Schneider (35), Tischler (23), Bäcker (22), Fleischer (20), Rotgerber (14), Zimmerleute und Maurer (6). Gegen Ende des Jh. kam es, begünstigt durch den Bau der Saale-Eisenbahn (s. V 4), zu mehreren Fabrikgründungen, aber der Charakter einer fürstlichen Residenz- und Beamtenstadt blieb erhalten. 1871 entstand eine zweite Druckerei, 1876/77 das Unternehmen F. A. Richter & Cie, 1878 die Goldleistenfabrik Grosch & Zitkow, 1882 die Porzellanfabrik Strauß, ein amerikanisches Unternehmen, 1890 die Porzellanfabrik Schäfer & Vater sowie die Weißgerberei Günsche. Besonders die Firma Richter nahm einen erstaunlichen Aufschwung. Zu ihrer vielfältigen Produktion gehörten chemisch-pharmazeutische Artikel, Schokolade und Süßigkeiten, Sprech- und Musikapparate, Schallplatten und die bekannten Steinbaukästen und ähnliche Spielsachen. In mehreren europäischen und überseeischen Ländern wurden Filialen eingerichtet. Als erste Arbeiter hatten sich 1869 die „Porzelliner" gewerkschaftlich organisiert, in den neunziger Jahren folgten andere Berufe. 1899 gründeten sozialdemokratisch gesinnte Arbeiter einen Arbeiterbildungsverein, 1900 einen Arbeiterradfahrverein und 1905 die Freie Turnerschaft. Bei den Landtagswahlen 1911 errang die nunmehr zugelassene SPD die Mehrheit.

Die räumliche Erweiterung der Stadt ging seit Ende des 19. Jh. weiter (Abb. 56). In der bisher noch offenen Flur und im Stadtkern entstanden größere Gebäude, die Fabrikanlagen, das Postamt 1860 und 1888, das Ministerium 1902 und das Gerichtsgebäude 1905, die beiden letzteren in Erwartung einer bevorstehenden Vereinigung beider schwarzburgischen Fürstentümer Rudolstadt und Sondershausen. 1906 wurde im neuen Wohngebiet im W der Stadtmitte die Lutherkirche gebaut, 1912 erhielt die Stadt nach einem Um- und Erweiterungsbau des ehemaligen Regierungsgebäudes ein neues Rathaus.

Als letzter deutscher Fürst dankte GÜNTHER VON SCHWARZBURG-RUDOLSTADT und SONDERSHAUSEN am 23. bzw. 25. 11. 1918 ab (s. Seite 17). Bei den Wahlen zur Nationalversammlung 1919 erhielten die sozialistischen Parteien in der Stadt 3308, die bürgerlichen 3829 Stimmen. Im gleichen Jahr gründeten einige Rudolstädter ein Laboratorium zur Herstellung von Röntgenröhren. Aus ihm entwickelte sich der Betrieb Phönix, ein späterer Bestandteil des Siemens-Konzerns. Andere Betriebsgründungen jener Zeit waren die Maschinenfabrik Titania und die Schwarzburger Porzellanfabrik, sie hatten keinen langen Bestand, aber auch ältere Betriebe, wie die große Porzellanfabrik Strauß, gingen ein. Alle anderen Betriebe konnten mit Mühe ihre Existenz bewahren. Im Ersten Weltkrieg hatte die Stadt mit Cumbach und Volkstedt 529 Tote zu beklagen. Nach der Eingemeindung von Cumbach und Volkstedt am 1. 4. 1923 stieg die Einwohnerzahl auf mehr als 16000 an.

Die Herrschaft der Nationalsozialisten ab 1933 brachte für die Stadt und ihr Umland zunächst eine Belebung der Wirtschaft, wobei der Schwerpunkt in der Vorbereitung des Zweiten Weltkrieges lag. Westlich der Stadt an der Straße nach Schaala entstanden 1934/35 die Flak-Kaserne und unterhalb des Zeiger-

Abb. 56. Plan von Rudolstadt 1917 (Thüringisches Staatsarchiv Rudolstadt, Kartensammlung Sign. 963)

Bitte frankieren

Verlag Hermann Böhlaus
Nachfolger Weimar
Postfach 260

D-99403 Weimar

Absender:

Vor- und Zuname bzw. Firma

Straße oder Postfach

Postleitzahl   Ort

Werter Bücherfreund!

Wenn dieses Buch Ihr Interesse gefunden hat, werden Sie gewiß den Wunsch haben, auch weitere Werke unseres Verlages kennenzulernen. Wir würden Sie gerne über unsere Verlagsarbeit durch Übersendung von Prospekten und Ankündigungen auf dem laufenden halten und bitten Sie daher, diese Karte ausgefüllt zurückzusenden.

Sie erhalten alle Bücher aus dem VERLAG HERMANN BÖHLAUS NACHFOLGER WEIMAR bei Ihrem Buchhändler. Sollte dieser den gewünschten Titel nicht vorrätig haben, dann wenden Sie sich bitte an den Verlag direkt.

- ☐ Geschichte
- ☐ Geistesgeschichte
- ☐ Kunstgeschichte
- ☐ Kulturgeschichte
- ☐ Rechtsgeschichte
- ☐ Kirchengeschichte
- ☐ Vor- und Frühgeschichte
- ☐ Archäologie
- ☐ Geschichte des Mittelalters
- ☐ Geschichte der Neuzeit
- ☐ Zeitgeschichte

- ☐ Klassiker-Editionen/Kritische Ausgaben
- ☐ Literaturwissenschaft
- ☐ Goethe-Jahrbuch
- ☐ Shakespeare-Jahrbuch
- ☐ Landeskunde/Landesgeschichte
- ☐ Brandenburg
- ☐ Sachsen
- ☐ Sachsen-Anhalt
- ☐ Thüringen
- ☐ Bildmonographien

Bitte vergessen Sie nicht Ihre Adresse auf der Vorderseite!

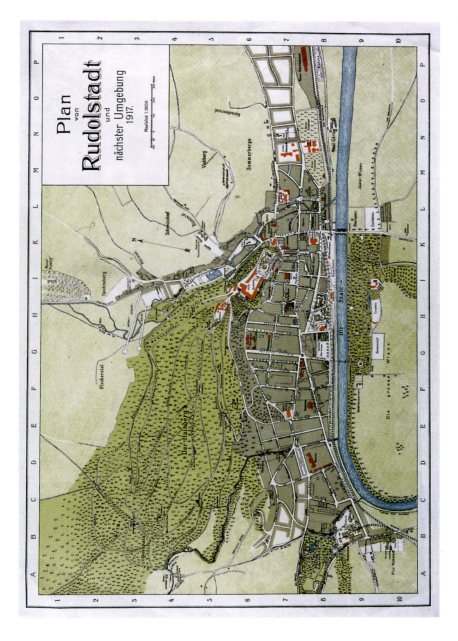

U 1.2 heimer Berges die Prinz-Eugen-Kaserne für die Infanterie. In der damals noch selbständigen Gemeinde Schwarza wurde 1935/36 die Thüringische Zellwolle AG Schwarza errichtet, die bereits 1938 täglich 50 t Zellwolle produzierte. Während des Krieges erfolgte 1941/42 die Verlagerung des Torpedoarsenals Mitte nach Rudolstadt an den östlichen Stadtrand; es stellte Torpedos für die deutsche Kriegsmarine her. Im Arsenal, wie auch in anderen Betrieben, mußten gegen Kriegsende auch Kriegsgefangene und Zwangsarbeiter arbeiten. Nachdem am 10. April 1945 viele Wohn- und Arbeitsstätten im Stadtteil Volkstedt einem nächtlichen Luftangriff zum Opfer gefallen waren, wurde kurz danach auch das Torpedoarsenal durch Luftangriffe zerstört. Insgesamt brachte der Zweite Weltkrieg der Stadt schwere Verluste: 747 Gefallene, dazu 117 Tote durch Fliegerangriffe im Stadtgebiet, 4 gesprengte Saalebrücken und viele zerstörte Häuser, darunter 6 Fabriken.

U 1.3 Rudolstadt zwischen 1945 und 1989

Nachdem die amerikanischen Truppen am 12. April 1945 die westlichen Stadtteile von Rudolstadt erreicht hatten, besetzten sie am 13. April nach kurzen Kampfhandlungen die Stadt und beendeten in diesem Gebiet den Krieg. Die ersten Aufräumungsarbeiten begannen. Rudolstadt verblieb zunächst unter amerikanischer Besatzung, und nach deren Abzug kamen am 3. Juli 1945 die sowjetischen Truppen. Thüringen und damit auch Rudolstadt wurden Teil der sowjetischen Besatzungszone Deutschlands. Im Juli wurden einige Parteien und die Gewerkschaft zugelassen, im Oktober durften die Schulen und die Stadtbibliothek öffnen. Die Auseinandersetzungen zwischen rechten und linken Kräften führte schließlich dazu, daß mit Unterstützung durch die sowjetische Besatzungsmacht SPD und KPD 1946 zur SED vereinigt wurden.

Nach und nach kam auch die Industrieproduktion wieder in Gang. Ende der vierziger Jahre wurden die größeren Industriebetriebe enteignet, so am 1. 7. 1948 das damals bedeutendste Werk im Kreis Rudolstadt, die „Thüringische Zellwolle AG" in Schwarza, zu dieser Zeit noch selbständige Gemeinde. Auch in der Stadt selbst folgten Enteignungen, die Betriebe firmierten nun als Volkseigene Betriebe (VEB), die später an Kombinate angeschlossen wurden. Mit dem benachbarten Saalfeld bildete Rudolstadt ein Siedlungsband mit großen Industriebetrieben.

Mit mehr als 6000 Arbeitskräften, das waren etwa zwei Drittel der städtischen Industriebeschäftigten, prägte das Chemiefaserkombinat (CFK) Wilhelm Pieck in Schwarza mit einer breiten Produktionspalette wie Dederon, Grisuten, Wolpryla und daraus gefertigten Waren das Industrieprofil bis 1990. Sein Pendlereinzugsbereich reichte sehr weit in das Kreisgebiet hinein. Dem VEB Kombinat Mikroelektronik zugeordnet wurde das Röntgen-Röhrenwerk in Cumbach mit ca. 800 Beschäftigten. Weitere Industriebetriebe von Bedeutung waren der pharmazeutisch-chemische Betrieb VEB Ankerwerk, die im Stadtteil Volkstedt befindlichen Porzellanfabriken, der VEB Kleinlederwaren und der VEB Polstermöbel. Eine bedeutende Rolle im Produktionsprofil der Stadt nahm die Bauwirtschaft mit dem VEB Baureparaturen, dem VEB Wohnungsbaukombinat Gera, BT Rudolstadt, und dem VEB Betonwerk Heringen, Werkteil Rudolstadt, ein, in der insgesamt etwa 1300 Werktätige beschäftigt waren. Kleinere Betriebe, vor allem der Lebensmittelindustrie, ergänzten die Industriestruktur, ohne daß sie aber im Stadtbild in Erscheinung traten. Da die Industrie vor allem auf den Stadtteil Schwarza und das Arbeitsstättengebiet Rudolstadt-Ost konzentriert war, ergänzt um einige Standorte in Cumbach, Volkstedt und an der Weimarischen Straße, blieb das innere Stadtgebiet der Nutzung durch Einkaufsstätten, Kultur-, Verwaltungs- und Dienstleistungseinrichtungen vorbehalten.

Unmittelbar östlich des Stadtkerns legte man planmäßig in den letzten Jahrzehnten das neue „Arbeitsstättengebiet Rudolstadt-Ost", in dem vor allem Betriebe der Bauwirtschaft, der Nahrungsgüterwirtschaft sowie Anlagen der technischen Infrastruktur auf einer Fläche von mehr als 100 ha Größe konzentriert angesiedelt wurden. Es erstreckt sich über 2 km Länge von der Glockenstraße bis zum Ortsausgang in Richtung Jena und nimmt mehrere hundert Meter Breite zwischen der Saale und der B 88 ein. Durch die Lage an der Eisenbahnstrecke und der Fernverkehrsstraße war eine günstige Verkehrsanbindung gegeben. Charakteristisch für den an den Stadtkern anschließenden westlichen Abschnitt ist die räumliche Nähe von Wohngebäuden, Industrieanlagen und Versorgungseinrichtungen. Wichtige Arbeitsstätten der produzierenden Bereiche waren der vom Thüringer Fleischkombinat Gera geleitete Schlachtbetrieb, eine Drahtwarenfabrik, Einrichtungen des Kraftverkehrs, der Stadt- und Energieversorgung sowie die Bäuerliche Handelsgenossenschaft. Historisch bedingt entwickelte sich die Lederwarenindustrie direkt am Saaleufer, da deren Produktion größere Wassermengen benötigte. Die Herstellung von Täschnerwaren übernahmen Betriebsstätten des VEB Vereinigte Kleinlederwarenbetriebe Böhlitz-Ehrenberg und der Lederfabrik Stadtilm mit jeweils über 100 Arbeitskräften. Mehrere Handels-, Transport- und Versorgungseinrichtungen siedelten sich an. Südlich der Eisenbahnstrecke befand sich ein Betriebsteil des Möbelwerkes Schwarza. Im mittleren Abschnitt waren verschiedene Baubetriebe sowie der Güterbahnhof mit dem zentralen Holzausformungsplatz des Staatlichen Forstwirtschaftsbetriebes Saalfeld lokalisiert. Die größte Fläche nahm das dem VEB Betonleichtbaukombinat, Betrieb Heringen, zugeordnete Betonwerk ein. In dem am Stadtrand gelegenen Gebiet mit der zentralen Kläranlage dominierten Einrichtungen der Land- und Nahrungsgüterwirtschaft, des Straßenwesens und ein Stahlbaubetrieb.

Trotz der gezielten Stärkung der Industriefunktion bewahrte Rudolstadt die über Jahrhunderte entstandene Zentralortfunktion. Rudolstadt blieb politisch-administratives und geistig-kulturelles Zentrum für die Region an Schwarza und mittlerer Saale in einer guten Verkehrslage. Diese traditionelle Bedeutung für das Umland kam in der Funktion als gut ausgestattete Kreisstadt des gleichnamigen Landkreises ab 1922 weiter zum Tragen. Nach der Auflösung der Länder in der DDR wurde der Kreis mit einigen gebietlichen Veränderungen 1952 dem Bezirk Gera zugeordnet. Rudolstadt war mit dem vollen Spektrum der Kreisstadt ausgestattet. Als Einkaufsort und als Zentrum von Arbeitspendlern wirkte es über die Kreisgrenzen hinaus anziehend, wobei auch die ehemals zum Kreis Rudolstadt gehörenden Orte des damals neu gebildeten Kreises Neuhaus/Rennweg eine gewisse Orientierung auf Rudolstadt beibehalten hatten.

U 1.3   Weit über die Kreisgrenzen hinaus hatte und hat das Rudolstädter Theater Ausstrahlung. Als Ausrichtungsort der Tanzfeste nahm Rudolstadt eine kulturelle Funktion im gesamtstaatlichen Rahmen wahr und hatte als Verlagsort weiter Bedeutung (Greifen-Verlag). Das Schloß Heidecksburg, die Altstadt und die Museen blieben Anziehungspunkte für den Tourismus.

U 1.4 Entwicklung 1990–1996

Die Umstellung der Industriestruktur nach 1990 war auch in Rudolstadt mit Kapazitätsveränderungen verbunden. Der mit rund 6000 Beschäftigten ehemals größte Betrieb der Stadt, das Chemiefaserkombinat in Schwarza, wurde 1990 zunächst mit 1200 Beschäftigten als Thüringische Faser AG fortgeführt, die 1994 von der landeseigenen Entwicklungsgesellschaft (LEG) zur Sanierung und Vermarktung übernommen wurde. Einen Teil der Chemiefaserproduktion führt der amerikanische Konzern Allied Signal fort. Auf dem einstigen ca. 80 ha großen Industriestandort haben sich inzwischen 50 kleinere Unternehmen angesiedelt, und im Konzept „Schwarza 2000" sind die Anbindung des Gewerbekomplexes an die Bundesstraßen 85/88 und die Erhaltung bzw. Schaffung von etwa 2000 Arbeitsplätzen vorgesehen. Überregionale wirtschaftliche Impulse gehen von dem größten Thüringer Institut seiner Art, dem Institut für Textil- und Kunststofforschung (TITK) aus, das sich mit der Herstellung, Veredlung und Prüfung von Fasern, Textilien und Kunststoffen, der Umweltschutztechnik und der Verfahrenstechnik befaßt. Ergänzt wird der Bereich Forschung und Innovation durch die Ostthüringer Materialprüfgesellschaft für Textil- und Kunststoffe mbH, die Polymer Engineering GmbH und das benachbarte Innovations- und Gründerzentrum des Landkreises Saalfeld-Rudolstadt.

Die Siemens AG erwarb das Phönix-Röhrenwerk in Cumbach und baut es mit erheblichen Mitteln aus, das ehemalige Ankerwerk produziert als Ankerpharm GmbH pharmazeutische Erzeugnisse. Trotz Reduzierung der Betriebe und der Beschäftigtenzahlen hat sich ein breites Branchenspektrum erhalten: Der Stahl- und Leichtmetallbau, die Herstellung von elektrischen Ausrüstungen sowie Rundfunk-, Fernseh- und Nachrichtentechnik, die Porzellan- und Keramikherstellung mit 4 Betrieben, der Werkzeug- und Maschinenbau, die Spielwarenherstellung (Modellbaustein Spiele GmbH) und das Textil-, Verlags- und Druckgewerbe. Mit der Osthüringischen Fleisch- und Wurstwaren GmbH in Schwarza, der Schlachthof-Fleischerei GmbH Rudolstadt, der Fruchtsaft GmbH, einer Brauerei und der Molkereigenossenschaft sind die Lebensmittel- und Getränkeproduktion vertreten. Mit über 100 Einrichtungen stellt das Baugewerbe einen wirtschaftlichen Schwerpunkt dar. Das Dienstleistungs- und Kreditgewerbe erweiterte sich erheblich.

Zur Ansiedlung von kleinen Gewerbebetrieben, Dienstleistungseinrichtungen und des Handels stehen mehrere Industriebrachen und die einst militärisch genutzten Flächen in Schaala (s. T 3) und Volkstedt zur Verfügung. Auch das ehemalige Industriegebiet Rudolstadt-Ost nimmt neues Gewerbe und Handel auf.

Als bei der Gebietsreform 1994 der bisherige Kreis Rudolstadt aufgelöst und mit dem Kreis Saalfeld zusammengeführt wurde, zunächst als Schwarza-Kreis, ab 1996 als Landkreis Saalfeld-Rudolstadt bezeichnet, mußten die beiden bisherigen Kreisstädte zu einer administrativen Funktionsteilung kommen. Siedlungsstrukturell nehmen beide ehemaligen Kreisstädte nach dem Regionalen Raumordnungsplan Ostthüringens funktionsteilig die Aufgaben eines Mittelzentrums mit der Teilfunktion eines Oberzentrums wahr, wobei der Sitz des Landratsamtes jetzt in Saalfeld ist. Künftige Planungen orientieren sich an Konzeptionen zur Entwicklung des Städtedreiecks Rudolstadt–Saalfeld–Bad Blankenburg, die gemeinsam eine Einwohnerzahl von etwa 70000 erreichen. U 1.4

Stadtbild und Stadtanlage U 1.5

Von der Schillershöhe rechts der Saale oder vom Marienturm aus (s. U 5) bietet sich ein eindrucksvoller Blick auf die Saaleaue, die historische Altstadt, auf die das Stadtbild beherrschenden Gebäude der Heidecksburg und auf das gesamte Siedlungsband zwischen Schwarza und Rudolstadt-Ost. Nach der Eingemeindung von Volkstedt und Cumbach 1923 sowie Schwarza, Mörla, Schaala und Pflanzwirbach 1950 entwickelte sich Rudolstadt zu einer bandartigen Agglomeration, deren Bebauung sich auf einer Länge von etwa 8 km im Saaletal sowie in den Seitentälern erstreckt (Abb. 57).

Zwischen den bewaldeten Höhen der Randberge des Saaletals als nördliche und südliche Begrenzung des Stadtraumes wird mit den Wohn- und Gewerbemischgebieten der Stadt, der Bundesstraße, den Eisenbahnanlagen sowie dem Saalelauf zwischen Kirchhasel und Schwarza die geradezu klassische Bandstruktur der Stadt erkennbar. Entlang des Schaalbaches in Richtung Schaala und des Wüstebaches in Richtung Pflanzwirbach entwickelt sich die Stadt in die Seitentäler hinein. An der Weimarischen Straße nahe dem Stadtteil Pflanzwirbach befindet sich der Nordfriedhof, ein ab 1916 angelegter Landschaftsfriedhof.

Rechtsseitig der Saale bilden der Heinrich-Heine- Park mit dem Volkskundemuseum (s. U 1.6), den Sport- und Gartenanlagen der großen Wiese im Saaleknie sowie der Schillershöhe ein wichtiges städtisches Landschafts- und Erholungsgebiet, welches über drei Brücken von der Altstadt bzw. von Volkstedt aus zu erreichen ist.

Historisch und städtebaulich am wertvollsten ist die Altstadt am Fuße der Heidecksburg in der Begrenzung Ludwigstraße im O, Anton-Sommer-Straße im S und Schillerstraße im W. Kern dieses Bereiches war die mittelalterliche Ackerbürgerstadt um die Stifts- und Kirchgasse, die in der Folgezeit eine südliche Ausdehnung über die jetzige Marktstraße bis zur Mauerstraße erfuhr. Der Verlauf der Stadtbefestigung ist im Zuge der Mauerstraße und Hinter der Mauer durch einige erhaltene Teile noch zu erkennen.

Die Bausubstanz besteht im wesentlichen aus zwei- und dreigeschossigen verputzten, traufseitig zur Straße stehenden Wohn- und Geschäftshäusern mit Satteldächern. Die Gestaltung der Fassaden stammt überwiegend aus dem 19. Jh. Heute zeugen noch einige erhaltene Hofformen von den bäuerlich-klein-

U 1.5

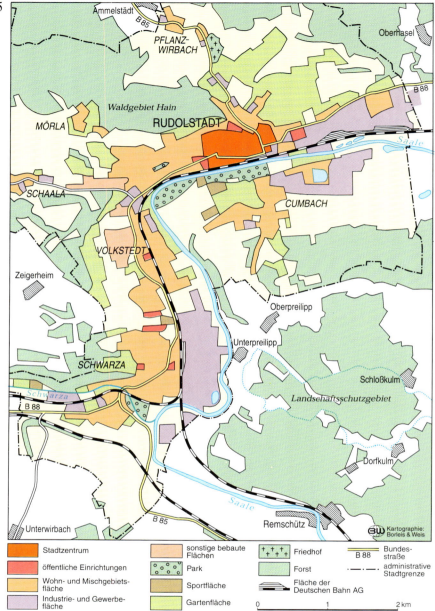

Abb. 57. Flächennutzungsstruktur der Stadt Rudolstadt 1988, ergänzt 1996 (Entwurf C. HAMEL 1988, Ergänzungen G. HEUNEMANN 1996)

bürgerlichen Verhältnissen des Mittelalters. Viele wertvolle Portale, Haustüren, Wappensteine und historische Inschriften schmücken die Bürgerhäuser (Abb. 58). Einzelne Gebäude aus dem 19. und 20. Jh., wie das Kaufhaus und das Gerichtsgebäude, sprengen den baulichen und architektonischen Maßstab der Altstadt.

U 1.5

Die mittelalterliche Stadtstruktur ist mit ihrem Netz von Straßen und Gassen erhalten geblieben. Die heutige Marktstraße, als Untere und Obere Marktstraße in der erweiterten mittelalterlichen Stadt die Hauptverkehrsstraße bildend, war durch zwei Stadttore begrenzt. Sie stellt auch heute mit dem Marktplatz den städtebaulichen Hauptraum der Altstadt dar (Abb. 59). In diesem Bereich sind viele Handelseinrichtungen lokalisiert. Die Nordseite des Marktes wird durch das Neue Rathaus, ein Neurenaissancegebäude mit einem markanten Turmbau, beherrscht. Die vom Marktplatz nördlich ansteigend verlaufende Töpfergasse und Ratsgasse führen zum inneren Bereich der mittelalterlichen Stadt mit Kirchgasse, Stiftsgasse, dem Alten Rathaus im Fränkischen Rathausstil und den Schloßaufgängen. Einen weiteren historischen Stadtraum bildet der Schulplatz.

Die Altstadtsilhouette wird bestimmt durch die zwei Rathaustürme, die Häuser am Steilhang des Schloßberges sowie die auf einem höheren Standort am östlichen Rand der Altstadt gelegene Stadtkirche, vor allem aber durch die alles überragende Heidecksburg.

Das Ensemble der Altstadt präsentiert in seiner Gesamtheit ein bedeutendes Kulturdenkmal mit vielen Einzeldenkmalen (Anlage F). Die Mehrheit der Gebäude weist jedoch wegen baulicher Vernachlässigung während der letzten Jahrzehnte erhebliche bauliche Mängel auf, für deren Behebung seit 1991 aus Förderprogrammen des Denkmalschutzes und der Städtebauförderung Finanzmittel vom Bund und dem Land Thüringen zur Verfügung stehen. Zur Erhaltung der Funktionsfähigkeit der Altstadt und ihres Denkmalbestandes wurde am 28. 9. 1994 der Bereich zwischen Schloßstraße, den Schloßaufgängen und dem Steinweg im N und der Anton-Sommer-Straße im S sowie der Garten-Allee im W und der Glockenstraße im O offiziell zum Sanierungsgebiet „Altstadt Rudolstadt" mit einer entsprechenden Gestaltungssatzung erklärt. Im Sanierungsgebiet sind inzwischen Gebäude wieder instand gesetzt worden, u. a. der Handwerkerhof. Am Alten Rathaus, an den Schloßaufgängen, am Markt, in der Stiftsgasse und in der Burgstraße werden umfangreiche Sanierungsarbeiten durchgeführt.

Das sich westlich an die Altstadt anschließende stark durchgrünte Wohngebiet ist locker bebaut mit villenartigen Häusern unterschiedlicher Stilelemente aus der Zeit des 19. und Anfang des 20. Jh., die sich weit an den Hängen des Hainberges hinauf erstrecken. Von Bedeutung für die Stadtstruktur ist die zwischen Anton-Sommer-Straße und Albert-Lindner-Straße nördlich des Bahnhofs Rudolstadt gelegene innerstädtische Parkanlage mit dem Platz der Opfer des Faschismus. Darin eingebunden sind die im 18. Jh. erbauten Anlagen des Stadttheaters.

Durch die Eingemeindungen sowie bauliche Erweiterungen durch Industrie- und Wohnungsbau entwickelte sich das Stadtgebiet Rudolstadts linksseitig der Saale bandartig, ausgehend von der historischen Altstadt, in nordöstlicher Rich-

U 1.5

Abb. 58. Portale und Haustüren in der Altstadt Rudolstadt
Portal in der Ratsgasse (oben links)
Portal Bernhardinerstift Stiftsgasse (oben rechts)
Eingangstor Marktstraße 48 (unten links)
Rathausportal (unten rechts)

U 1.5

Abb. 59. Rudolstadt, Altstadt mit Markt

tung bis zur Gemarkung Kirchhasel. In der südlichen Richtung erfolgten der Wiederaufbau und der Neubau von Wohngebäuden im Stadtteil Volkstedt linksseitig der Bundesstraße 85. Rechts der Straße wurden auf einer Hangterrasse in den sechziger und siebziger Jahren zwei neue Wohnkomplexe, überwiegend für die Industriebeschäftigten, errichtet und damit die bauliche Verbindung zwischen Rudolstadt und Schwarza hergestellt (s. T 6). Bauliche Erweiterungen erfolgten auch in das Schwarzatal hinein durch Industriebauten und in Richtung Saalfeld durch einen großen Gewächshauskomplex.

Baudenkmale und Museen   U 1.6

Die Dreiflügelanlage des Barockschlosses Heidecksburg (Abb. 60), auf dem Bergsporn oberhalb der Stadt gelegen, hatte wie viele Schloßanlagen Vorgängerbauten. Von einer Burg der Grafen von Orlamünde aus dem 13. Jh., die 1334 von den Grafen von Schwarzburg übernommen wurde, blieben nach ihrer Zerstörung im Thüringer Grafenkrieg 1345 keine Überreste vorhanden. Ein Brand zerstörte auch 1573 eine neu errichtete Burg aus der zweiten Hälfte des 14. Jh. In den folgenden Jahrzehnten entstand auf dem Zechsteinfelsen das dreiflügelige Renaissanceschloß Heidecksburg nach Plänen von GEORGE ROBIN, dem Baumeister des Kurfürsten von Mainz. Von diesem Residenzschloß der Grafen von Schwarzburg-Rudolstadt sind heute noch Teile im Barockschloß wahrzunehmen: das Wachgebäude am Aufgang von der Stadtseite, ein Figuren-

Abb. 60. Heidecksburg, Hofseite

portal aus der Zeit um 1590 am Nordflügel, Gewölbesäle im Erdgeschoß, Zimmer im Südflügel und das um 1720 ausgestattete Spiegelkabinett im Südflügel.

Die Schwarzburger Regenten, 1710 in den Reichsfürstenstand erhoben (s. U 1.1), ließen nach einem verheerenden Brand des Renaissanceschlosses im Jahr 1735 sogleich Pläne für den Aufbau eines repräsentativen Neubaus ausarbeiten. JOHANN CHRISTOPH KNÖFFEL (1686–1752), Oberlandbaumeister der Dresdner Residenz, schickte Baurisse für den westlichen Hauptflügel, dessen Fassade das charakteristische Gliederungssystem des Spätbarocks der Elbestadt zeigt. Auch die Raumgliederung der drei Geschosse im Hauptflügel erfolgte nach KNÖFFELS Rissen. Bereits 1741 war, wie die Inschriftentafel über dem Mittelrisalit der Hofseite aussagt, der Westflügel im Rohbau vollendet. In den folgenden Jahren verzögerten sich die Bauarbeiten durch Überlastung KNÖFFELS in Dresden, 1743 trat der Landbaumeister der Nachbarresidenz Weimar, GOTTFRIED HEINRICH KROHNE (1703–1756), die Nachfolge als Bauleiter an. Sein Verdienst sind die Errichtung des Schloßturmes nach eigenen Entwürfen und die qualitätsvolle Ausstattung der Innenräume. KROHNE war noch ganz der phantasievollen Interieurkunst des Rokoko verhaftet. Durch Zwischenwände verkleinerte er Eckkabinette, die dadurch intimer wurden. Im Festsaal änderte er den Grundriß vom Rechteck zum Oval. Unter KROHNES Bauleitung ist in den Räumen der zwei Appartements beiderseits des Festsaals und im zentral gelegenen Ball- und Konzertsaal mit der Boden-, Wand- und Deckengliederung bei genauer Berücksichtigung der Funktion der jeweiligen Räume eine künstlerisch vollendete Synthese von Architektur, bildender und angewandter Kunst geschaffen worden.

Die großartigste baukünstlerische Leistung des Weimarer Baumeisters ist der Festsaal des Schlosses. Durch wellenartiges Vorziehen und Zurückschwingen der Wandteile, das Abrunden der Ecken durch Arkaden und Nischen und den kurvig vorschwingenden Musikantenbalkon entstand eine malerisch bewegte Architektur, die an süddeutsche Rokokointerieurs denken läßt. Die reichen Stuckdekorationen in 12 m Höhe, geschaffen vom Mailänder Stukkateur GIOVANNI BATTISTA PEDROZZI (1710–1778), das figurenreiche Deckenfresko des Bambergers LORENZ DEISINGER und die eleganten vergoldeten Wandstuckaturen auf verschiedenartig gefärbtem Stuckmarmor verleihen dem Saal eine heitere, festliche Stimmung. Eine Galerie hofseitig vor dem Saal verbindet seinen Haupteingang mit den beiden Treppenhäusern und vermittelt gleichzeitig den Zugang zum Roten und Grünen Appartement. Die Ausbauarbeiten im Saal

Abb. 61. Grüner Saal in der Heidecksburg

dauerten bis 1750; in den Räumen des Roten Appartements wurde von 1742 bis 1756 gearbeitet, in den Zimmern des Grünen Appartements konnte bis gegen 1775 nach KROHNES hinterlassenen Plänen die Ausstattung fertiggestellt werden. Supraporten und Wandbilder im Roten Saal stammen von CH. W. E. DIETRICH aus Dresden, die im Grünen Saal von JOHANN ERNST HEINSIUS aus Weimar (Abb. 61).

Im Südflügel sind kleinere Wohnräume zu besichtigen, hier trifft man auf Zimmereinrichtungen des Frühbarock, Rokoko, Empire, Klassizismus und Biedermeier bis hin zum Neurokoko. Der Nordflügel wurde erst am Ende des 18. Jh., der Marstall zu Beginn des 19. Jh. vollendet. Um 1800 lebte die Bautätigkeit noch einmal auf. Das Vorzimmer zum Roten Saal erhielt eine klassizistische Wandgliederung, im südlichen Treppenhaus fügte der Gothaer Bildhauer F. DOELL Reliefs der neun Musen ein. Der Architekt CHR. F. SCHURICHT aus Dresden baute 1797/98 im Schloßpark an die Schmalseite des Reithauses aus der Renaissancezeit den halbrunden klassizistischen Horentempel an. Im letzten Jahrzehnt des 18. Jh., im Zeitalter der Romantik und Empfindsamkeit, erfuhr der Schloßpark eine grundlegende Umgestaltung. Aus dem streng axial gegliederten barocken Garten mit dem Schallhaus im Zentrum, von dem Wege in die vier Himmelsrichtungen ausgingen, wurde ein englischer Garten mit malerischen Baum- und Gebüschgruppen. Es gibt Vorstellungen, künftig den Barockgarten, von dem noch zuverlässige Pläne des Architekten PETER CASPAR SCHELLSCHLÄGER aus dem Jahr 1748 vorliegen, zu rekonstruieren und die ursprüngliche Verbindung zwischen dem Schloßhof und dem Schloßgarten wieder herzustellen.

Das Schloß beherbergt einen Teil des Museumskomplexes „Thüringer Landesmuseum Heidecksburg Rudolstadt", das bis 1990 „Staatliche Museen Heidecksburg Rudolstadt" hieß, bestehend aus dem Kunst- und Regionalmuseum Heidecksburg. Als Außenstellen dieses Komplexes sind weitere Einrichtungen zugeordnet: das Volkskundemuseum Thüringer Bauernhäuser (s. U 4), das Museum Kaisersaalgebäude in Schwarzburg, das Fröbel-Museum in Bad Blankenburg und die Ausstellungen im Zinsbodengebäude Paulinzella. Im Schloßmuseum Heidecksburg erhält der Besucher in Führungen durch die Festräume aus dem 18. Jh. Informationen über die Baumeister, die einstige Funktion der Säle und Zimmer, die Kunstwerke und über die an der Ausstattung beteiligten Künstler vermittelt.

Das zweite Museum der Heidecksburg, das „Museum für schwarzburgische Geschichte", bis 1990 Regionalmuseum, im Nordflügel des Schlosses, vermittelt in einer Dauerausstellung Einblicke in die Geschichte des Territoriums von der Frühgeschichte bis zur Neuzeit. In der Waffensammlung Schwarzburger Zeughaus, bis 1940 im Schloß Schwarzburg untergebracht, erwarten den Besucher Kriegs- und Jagdwaffen vom 15. bis 19. Jh. Die prunkvollsten und waffengeschichtlich interessantesten Stücke der über 3000 Objekte zählenden Sammlung sind in einer spätgotischen Gewölbehalle des Nordflügels zu sehen. Das Naturhistorische Museum Heidecksburg ging aus einer fürstlichen Sammlung aus dem Jahr 1757 hervor.

Ein weiterer Rudolstädter Schloßbau, das Stadtschloß Ludwigsburg in der Burgstraße (Abb. 62), wurde ab 1734 für den Prinzen LUDWIG GÜNTHER II. VON SCHWARZBURG nach Plänen von JOHANN JACOB ROUSSEAU errichtet, der

U 1.6

Abb. 62. Rudolstadt, Andreaskirche und Stadtschloß Ludwigsburg 1996

1732 aus Dresden kam und in Rudolstadt Landbaumeister wurde. Die Anlage ist dreiflügelig, die Baukörper stoßen im stumpfen Winkel aneinander. Nur der mittlere Hauptflügel wird architektonisch hervorgehoben, die Außen- und Hoffront sind durch Dreiecksgiebel mit Wappen geschmückt. In diesem Trakt liegt der durch zwei Geschosse geführte Festsaal mit einer Wandgliederung mittels kannelierter Pilaster, einem schweren Architrav und Deckenstuck im Bandelwerkstil, der ein künstlerisch anspruchsloses Plafond-Gemälde umgibt. Die Stuckarbeiten wurden 1741/42 von der Rudolstädter Stukkatorenfamilie TOBIAS MÜLLER ausgeführt. Decken mit Bandelwerkornamentik dieser Werkstatt sind auch im ersten Obergeschoß erhalten geblieben. Das Palais diente in der Folgezeit verschiedenen Zwecken: als fürstliche Zeichenschule, Ausstellungsort des Naturalienkabinetts, Wohnungen von Ministern der Landesregierung, Lehrerseminar und Kindergarten, Bezirkskulturakademie Gera, Landesschule für Kultur, und nach umfangreichen Sanierungsarbeiten hat jetzt der Thüringer Landesrechnungshof hier seinen Sitz.

Die Stadtkirche (Abb. 62), eine dreischiffige Hallenkirche, steht auf einem Plateau unterhalb des Schloßparks Heidecksburg und nahe dem Stadtschloß Ludwigsburg, auf dem sich schon 1227 eine Kirche mit sechs Altären befand. In den Jahren von 1463 bis 1475 entstand hier die spätgotische Andreaskirche, die von 1634 bis 1636 durch den Geraer Baumeister JACOB HUBER im Innern umgestaltet wurde, wobei er alle wesentlichen Merkmale der alten Kirche beibehalten hat. Von der frühbarocken Innenausstattung ist die 1636 eingeweihte

177

U 1.6

Abb. 63. Altstadt Rudolstadt, Altes Rathaus Stiftsgasse

Kanzel erwähnenswert. Sie ruht auf einer geschnitzten plastischen Figur eines Moses, der in seiner Linken die Gesetzestafeln trägt. Ebenfalls aus dieser Zeit stammt der auf der Nordseite, gegenüber der Kanzel, wandhoch dargestellte Stammbaum der Familie des Grafen ALBERT VII. VON SCHWARZBURG. Die Ahnentafel ist als Baum im wörtlichen Sinn aufgefaßt, mit Wappen der Vorfahren an den Ästen und Zweigen. Das dritte bedeutende Kunstwerk ist der Schönfeldsche Epitaph an der Wand neben dem Altar, den der Bildhauer NIKOLAUS BERGNER zur Erinnerung an GEORG VON SCHÖNFELD um 1590 schuf. Im oberen Glockenstuhl hängt die 1499 gegossene Glocke Osanna, von deren Inschrift *Vivos voco, mortuos plango, fulgura frango* soll SCHILLER das Motto für sein „Lied von der Glocke" entlehnt haben.

U 1.6

Das am Abhang des Schloßberges mit der Schmalseite zur Stiftsgasse gelegene Alte Rathaus (Abb. 63) wurde 1524 vollendet, wie eine an einem Fenster in Stein gehauene, wohl später erneuerte Jahreszahl ausweist. Bauherr war, wie eine weitere Steinmetzarbeit an einem Fenster der Südseite zeigt, die Familie von Schönfeld. Ihr Wappen, ein gestutzter Ast, ist dort eingemeißelt. SIEGFRIED VON SCHÖNFELD überließ das Gebäude 1524 der Stadt für die Stadtverwaltung im Tausch mit einem in der Nähe gelegenen Anwesen. Von der Stiftsgasse aus führt ein Rundbogenportal in das geräumige, zum Teil in den Zechsteinfelsen gehauene Kellergeschoß; die ehemaligen Verwaltungsräume sind über eine Treppe neben dem Haus am Schloßaufgang V zu erreichen. Im Jahr 1603 wurde ein Turm aufgesetzt. Mächtige Eichenbalken im darunterliegenden Stockwerk verleihen ihm statische Sicherheit. 1780 war eine umfassende Reparatur des Turmes nötig. 1784 erhielt er Knopf und Wetterfahne über der barocken Haube. Die letztgenannte Jahreszahl ist über dem Kellereingang zu erkennen, daneben ist das Maß der „Rudolstädter Elle" in die Außenwand eingelassen. Gegenwärtig wird das Rathaus restauriert.

Als in den Jahren nach 1900 das 1524 erbaute Rathaus in der Stiftsgasse den Ansprüchen nicht mehr genügte, entschloß sich der Stadtrat, das Landratsamt am Markt zu einem repräsentativen Sitz der Stadtverwaltung zu erweitern und zu modernisieren. Auf die Entstehungszeit des Baus in der Renaissancezeit verweisen das Portal an der Marktseite (Abb. 58) und die Fensterformen der drei Geschosse. Der Turm zwischen Rathaus und Hotel Zum Löwen ist neu; er entstand 1911, ebenso wie der Erker am Turm, nach Plänen der Münchner Architekten THEODOR VEIL und GERHARD HERMS. Die Einweihung des Neuen Rathauses erfolgte am 10. Juni 1912.

Schloßberg

U 2

Der zwischen Saale- und Rinnetal gelegene Bergsporn ist eine Aufragung im Verlaufe der von O nach W streichenden Strukturen des Rudolstädter Sattels, der sich von Mörla bis nach Catharinau erstreckt. Abweichend von den sonst um Rudolstadt vorherrschenden Gesteinen der Buntsandsteinformation, stehen hier Zechsteinschichten an. Am Rudolstädter Sattel sind vor allem Plattendolomit und die ihn im Hangenden und Liegenden begleitenden oberen und unteren Letten aufgeschlossen. Im Kern des Sattels tritt auch Dolomit der Werra-

179

U 2 Serie auf, der in einem Steinbruch 500 m westlich der Heidecksburg aufgeschlossen und von der aus der Richtung der Lutherkirche führenden Schloßauffahrt bestens zu beobachten ist. Der Steinbruch lieferte Baumaterial für die Heidecksburg (s. U 1.6). Dolomite der Werra-Serie und Plattendolomit findet man auch in der Rudolstädter Stadtmauer und weiteren meist untergeordneten Bauteilen, bei denen man unbehauene Steinquader verwenden konnte.

U 3 Naturdenkmal Braunkohlenquarzit

Im nördlichen Stadtgebiet Rudolstadts liegen rechts etwas abseits der Straße nach Weimar ein ansehnlicher Felsblock von 1,0 m Länge, 0,69 m Breite und 0,58 m Höhe und zwei etwas kleinere Blöcke. Es handelt sich nicht um Gestein, das an den Hängen der unmittelbaren Umgebung ansteht, sondern um einen rötlichen Braunkohlenquarzit, der während des Tertiärs durch Verkieselung, das heißt durch Verfestigung infolge Kieselsäureausscheidung von sandig-kiesigen Sedimenten, entstand. Die erforderliche Kieselsäure entstammt den intensiven Verwitterungsvorgängen, die damals unter tropischen Klimabedingungen auf der Landoberfläche in unserem Gebiet vorherrschten. Diese lag im Bereich der heutigen Verebnungsfläche zwischen 380 und 400 m ü. NN. Wahrscheinlich ist dieser Quarzitblock während der kaltzeitlichen Abtragungsphasen an seinen jetzigen Platz gelangt. Die Härte und Widerstandsfähigkeit dieser Braunkohlenquarzite sind Ursache für ein reichliches Vorkommen auch an anderen Stellen unseres Gebietes (s. Y 4).

U 4 Cumbach, Stadtteil von Rudolstadt seit 1923

Die Brücke über die Saale unweit des Bahnhofes verbindet das Rudolstädter Stadtzentrum mit dem rechts des Flusses gelegenen Stadtteil. Wie fast alle Saalebrücken wurde sie gegen Ende des Zweiten Weltkrieges gesprengt. Östlich der Straße nach Cumbach erstrecken sich die sogenannten Bleichwiesen, heute mit einem Großparkplatz und einem Großmarkt. Westlich der Straße befindet sich der Rudolstädter Stadtpark, der Heinrich-Heine-Park.

Cumbach liegt auf der rechten Saaleterrasse, deren Kante früher als Grenze zur Stadt Rudolstadt „Städterand", später nach einem fürstlichen Gestüt in Cumbach „Stutenrand" genannt wurde. Das Dorf Cumbach wird im Jahre 1326 erstmals erwähnt, es gehörte zum Burgbezirk und späteren schwarzburgischen Amt Rudolstadt. Der Ortsname Cumbach, auch als *Kimbech* (1350) und *Kumbich* (1417) überliefert und mundartlich heute als *Kimbich* geläufig, bezieht sich auf eine schluchtartige Kimme, die im Rudolstädter Raum als *Kine*, *Kene* oder *Kimme* = Sprung in der Haut noch lebendig ist. Die Ansiedlung Cumbach war ursprünglich ein an die Dorfkirche und an einen lange Zeit der Familie von Witzleben gehörenden Siedelhof angelehntes kleines Gassendorf. 1792 wurde der Hof von der Landesherrschaft als erledigtes Lehen eingezogen und durch eine Stuterei ersetzt. Zugleich entstand ein kleines Schloß mit Oran-

Abb. 64. Cumbach, Ortsmitte mit Schulhaus und Kirche

gerie, Park und Hofgärtnerei, in dem ein Feierabend- und Pflegeheim eingerichtet worden war, das jetzt als Alten- und Pflegeheim Cumbach GmbH um einen Neubau für 84 Heimplätze erweitert ist.

Entscheidende Impulse für die Entwicklung Cumbachs gaben der 1922 fertiggestellte Neubau für die Phönix GmbH, Glastechnische Werkstätten, am heutigen Standort und die Eingemeindung nach Rudolstadt im Jahre 1923. Aus den Glastechnischen Werkstätten, die Röntgenröhren produzierten, wurde das Röntgenröhrenwerk Rudolstadt der Siemens-Reiniger-Werke AG, 1961 der VEB Röhrenwerk und 1991 die Siemens Röntgenwerk GmbH, in der inzwischen umfangreiche Renovierungs- und Sanierungsmaßnahmen durchgeführt wurden und die ein neues Produktionsgebäude an der Cumbacher Straße erhielt.

Der alte Dorfkern (Abb. 64) gruppiert sich um die Kirche, ein ursprünglich gotisches und später nach barockem Vorbild verändertes Bauwerk mit einem Turm mit schlanker Schweifkuppe und Laterne sowie verschieferter Spitze. Die dicht bebauten und nach einem strengen Raster geordneten Gassen bieten bewahrenswerte Sichtbeziehungen zur Kirche und ihrem Turm. Die Gebäude weisen gelegentlich noch sichtbares Fachwerk auf. Entlang der nach S und westlich des alten Dorfkernes verlaufenden Hauptstraße entstanden eine Reihe von Einfamilienhäusern und villenartige Gebäude, die in gelockerter Bauweise mit Grünflächen nebeneinanderstehen. Seit der Eingemeindung nach Rudolstadt wurde das Gelände außerhalb der Cumbacher Gemarkung zwischen Saale und

U 4 Stutenrand weitgehend als Wohn- und Industriegebiet erschlossen und wird heute allgemein als Teil Cumbachs angesehen. Doppelhäuser aus der Zeit zwischen den beiden Weltkriegen und nach dem Zweiten Weltkrieg sowie Geschoßwohnungsbauten nach 1960 entlang der Saale haben das ursprüngliche bauliche Bild Cumbachs entscheidend verändert, ergänzende Bauten erfolgten östlich des alten Dorfkernes. Das Betriebsgelände des Röhrenwerkes fügt sich mit einer gut gestalteten, geschlossenen Fassade in das Gesamtbild ein. Geschoßwohnungen in größerem Umfang entstanden auch westlich des alten Ortskernes in Richtung Mühlberg. Die Bebauung endet mit einer Ausbildungsstätte der Bereitschaftspolizei Thüringens.

Nachdem sich die LPG mit der Tierproduktion auflöste, gibt es keine landwirtschaftlichen Betriebe mehr in Cumbach. Dafür hat sich saaleabwärts bis zur Grenze der Stadtgemarkung ein Mischgebiet mit kleineren und größeren Arbeitsstätten und neuen Wohnstandorten entwickelt. Östlich des alten Ortskernes werden noch weitere Gewerbeflächen angeboten. Cumbach verfügt über eine gute infrastrukturelle Ausstattung, so liegen zwischen Heinrich-Heine-Park und der Kleingartenanlage Große Wiese einige Sportanlagen und ein Freibad.

Abb. 65. Volkskundemuseum Thüringer Bauernhäuser in Cumbach, Hofansicht des Unterhasler Hauses

Im Heinrich-Heine-Park fand 1914/15 das Freilichtmuseum Thüringer Bauernhäuser seinen Platz, das heute als Volkskundemuseum dem Thüringer Landesmuseum Heidecksburg zugeordnet ist (s. U 1.6). Damals wurden in der Umgebung Rudolstadts und Saalfelds, in Unterhasel und in Birkenheide nach deren Aufgabe durch die Besitzer zwei typische Fachwerkhäuser abgebaut und in Cumbach wieder errichtet (Abb. 65). Das Museum gilt als eines der frühesten Beispiele denkmalpflegerischer Bemühungen zur Erhaltung von Zeugnissen bäuerlicher Volksarchitektur in Thüringen. Im Erdgeschoß des größeren Bauernhauses – ein für den Thüringer Raum typisches Wohnstallhaus – aus dem Jahre 1667 vermittelt eine Ausstellung Kenntnis über die ländliche Bauweise, die volkskünstlerische Betätigung der Landbevölkerung und die soziale Lage der Bauern bis zur Ablösung der Feudallasten in der Mitte des vergangenen Jh. Die Zimmereinrichtungen, Arbeitsgeräte und Gebrauchsgegenstände, Möbel und Werkzeuge werden den Besuchern in Führungen erläutert.

Die Große Wiese westlich von Cumbach mit ihrem rund 5 m mächtigen Schotterkörper unter der Rasensohle bildete seit 1886, als Rudolstadt eine Wasserleitung installierte, das Hauptwasserreservoir der Stadt. Zu Beginn der 1970er Jahre, als dieses Wasserangebot nicht mehr ausreichte, wurde hier Saalewasser verregnet und nach der Filterung im Kieskörper als Trinkwasser aufbereitet. Gegenwärtig erfolgt die Wasserversorgung vorwiegend durch die von der Riesenquelle (s. K 4) verlegte Leitung.

Galerieberge (Abb. 66) U 5

Südlich von Rudolstadt bildet der Höhenzug der Galerieberge den rechten Hang des Saaletales, der sich bis zu 373 m ü. NN und damit um mehr als 180 m über die Saaleaue erhebt. Die ursprünglich *Lange Berge* genannte Erhebung erhielt im 19. Jh. wegen der ausgezeichneten Aussicht ins Saaletal den neuen Namen. Die Berge werden von den Schichten des unteren Teils des Mittleren Buntsandsteins aufgebaut. Diese hellen, mittelkörnigen, feldspatführenden, bankigen Sandsteine sind in Steinbrüchen im Wüste-Cumbach-Tal an der Westseite des Tannberges, dem westlichen Ende der Galerieberge, aufgeschlossen. Sie lieferten ebenso wie ein Steinbruch nahe dem Marienturm bis zum Beginn unseres Jh. Werksteine für das Rudolstädter Bauwesen.

Der Marienturm entstand 1886 auf dem Höhenzug und ist mit der dort befindlichen Gaststätte ein beliebtes Ausflugsziel im unmittelbaren Umland von Rudolstadt. Nördlich der Galerieberge im Saaletal ist eine bis zu 700 m breite weichselzeitliche Saaleterrasse ausgebildet. Die daraufliegenden 4 m mächtigen Kieslager sind östlich von Cumbach abgebaut worden. An ihrem Südrand wurden die Kiese entlang der Galerieberge von zahlreichen holozänen Schwemmfächern überschüttet. Im N bricht die Terrasse an einer 20 m mächtigen Steilstufe, dem sogenannten Stutenrand (s. U 4), zur heutigen Saaleaue ab. An diesem Steilhang sind zwischen dem ehemaligen Exerzierplatz und der Ortslage von Obercatharinau Schichten des Zechsteins aufgeschlossen, die das östliche Ende des Rudolstädter Sattels markieren (s. Seite 2).

U 5

Abb. 66. Galerieberge mit Marienturm in Richtung Saaletal, Rudolstadt

V 1 Kirchhasel, Landkreis Saalfeld-Rudolstadt (Abb. 67)

Am nördlichen Rande der breiten Saaleaue und zu Füßen bewaldeter Buntsandsteinberge liegt beiderseits des kleinen Haselbaches das größte der drei sogenannten Haseldörfer und zugleich deren Hauptort. Seine Gemarkung grenzt im W unmittelbar an die Stadt Rudolstadt an, die ab 1997 als erfüllende Gemeinde für Kirchhasel die Aufgaben einer Verwaltungsgemeinschaft wahrnimmt.

Gesicherte schriftliche Nachrichten über Kirchhasel liegen seit 1305 = *Hasela* vor, als Ort am Haselbusch oder -bach bezeichnet. Hier waren nach dem Ort benannte Adlige als Vasallen der Grafen von Orlamünde begütert. Slawische Flurnamen wie Blöschütz, Krummsche, Lotzsche oder Plinau bieten Hinweise auf ein Mitsiedeln von Slawen im 10./11. Jh. Ende des 16. Jh. bestanden in Kirchhasel 6 Freihöfe, im 18. Jh. waren es noch 3, doch lagen alle Rechte beim Amt Rudolstadt. Verhältnismäßig hohe Zinsabgaben der Adels- und Bauernfamilien sprechen für günstige landwirtschaftliche Verhältnisse. Um 1860 wohnten 24 Handwerker in Kirchhasel, das damals 377 Einwohner zählte und aus 72 Wohnhäusern sowie der Kirche bestand.

Die Besonderheit der denkmalgeschützten Kirche ist der etwa 14 m hohe Turm an der Nordseite des gotischen Langhauses. Er ist im unteren Teil kreisförmig gemauert, oben ist sein Querschnitt achteckig, und die Außenflächen sind mit Fensteröffnungen und Luken versehen. Der Turmhelm ist schlank und geradlinig zur Spitze zulaufend. Es hat den Anschein, daß der Wehr- oder Wartturm vom Anfang des 14. Jh. erst im folgenden Jh. als Kirchturm für das spät-

Abb. 67. Kirchhasel

gotische Gotteshaus genutzt wurde. Im Erdgeschoß des Turmes befinden sich ein gemauerter Altar und eine Sakramentsnische. Altar und Gemeinderaum bilden ein einheitliches Rechteck. Das Kircheninnere wurde 1968–70 umfassend erneuert und enthält eine wertvolle Ausstattung, insbesondere einen um 1500 entstandenen Schnitzaltar der Saalfelder Schule. Er zeigt in zwei Reihen übereinander angeordnete Figuren der Heiligen in lebhafter Bewegung, die sonst in anderen Altären still verharrend und elegisch blickend dargestellt sind.

In der Kirchhaseler Flur standen früher mehrere Steinkreuze, von denen eines ins Dorf umgesetzt wurde (Anlage E). An der Gemarkungsgrenze zu Etzelbach befand sich eine Gerichts- und Richtstätte.

Die überwiegend landwirtschaftliche Struktur Kirchhasels war noch bis 1990 festzustellen. 1958 entstand die LPG Saaleaue, später hatte die Verwaltung der Kooperation Saaletal für die ihr zugeordneten Betriebe der Tierproduktion ihren Sitz im Dorf, die mit den LPG(T) Engerda und LPG(T) Cumbach zusammenarbeitete. Das Territorium der hierin einbezogenen Gemeinden deckte sich annähernd mit dem des einstigen Gemeindeverbandes Uhlstädt. Die bewirtschaftete landwirtschaftliche Nutzfläche betrug über 5300 ha; hauptsächlich wurden Getreide, Hackfrüchte, Futter und Gemüse angebaut. Die Gemüsefläche konzentrierte sich auf die Flur zwischen Kirchhasel und Etzelbach und umfaßte insgesamt 460 ha. In dem einstigen Verwaltungsgebäude der Kooperation Saaletal am Ortsausgang Richtung Oberhasel arbeitet jetzt die kommunale Verwaltung. Zu den Anlagen der Pflanzenproduktion in Kirchhasel gehörten eine Gemüseaufbereitungsanlage, ein Reparaturstützpunkt, eine Tankstelle, ein Ersatzteillager und soziale Einrichtungen. Außer den Landwirtschaftsbetrieben befanden sich in Kirchhasel ein Verarbeitungsbetrieb des Fleischkombinates Rudolstadt und einige Werkstätten.

V 1 Seit dem Beginn der neunziger Jahre hat sich Kirchhasel vom landwirtschaftlich geprägten Ort zu einer Gewerbe- und Handelsgemeinde gewandelt. Es entstand das neue Gewerbegebiet von 25 ha Größe, das das schon bestehende Siedlungsband im Saaletal von Saalfeld über Rudolstadt nach Nordosten verlängert. Die Ortsteile Oberhasel und Unterhasel sind weniger in diese Entwicklung einbezogen worden, obwohl Oberhasel als Wohnstandort an Bedeutung gewonnen hat. Die Ackerflächen werden seit der Auflösung der LPG durch die Agrargenossenschaft Catharinau bearbeitet, die auch die Kartoffel- und Gemüseaufbereitungsanlage weiter betreibt. Der Technikstützpunkt wurde verkauft. Im Ort existiert heute eine Vielzahl von Gewerbe-, Handwerks-, Handels- und Dienstleistungseinrichtungen, wobei Hoch- und Ausbau- sowie Kfz- und Projektierungsbetriebe vorherrschen. Das Gelände einer in den 60er Jahren entstandenen Produktionsstätte zwischen Kirchhasel und Unterhasel wird heute durch einen Baubetrieb genutzt.

Infrastrukturell ist der Ort gut ausgestattet, für den Wohnungsbau werden Bauplätze angeboten. Die den Ort querende Bundesstraße 88 wurde ausgebaut, und die nach S über die Saale verlaufende Straße erhielt 1993 anstelle der

Abb. 68. Gewerbegebiet Kirchhasel 1996

Abb. 69. Gehöft in Kirchhasel

alten Holzbrücke eine neue Betonbrücke. Der Eisenbahnhaltepunkt Kirchhasel fiel der Rationalisierung zum Opfer.

Das neue Gewerbegebiet Kirchhasel (Abb. 68), das sowohl über die B 88 als auch über eine Erschließungsstraße an Rudolstadt angeschlossen ist, stellt für mehr als 30 verschiedenartige Investoren Bauflächen zur Verfügung. Die ersten fertiggestellten Bauten sind vorwiegend Handelsbetriebe und Märkte.

Die Bebauung, zum größten Teil vor 1900 entstanden, widerspiegelt noch den einstigen ländlichen Charakter Kirchhasels. Das große Dorf bestand ursprünglich aus mehreren Siedelhöfen längs des Haselbachs. Im südlichen Teil des Ortes durchfließt der Bach einen breiten, angerartigen Raum. Hier ist noch sichtbare Fachwerksubstanz vorzufinden, die aber auch im übrigen Dorfe weit verbreitet ist (Abb. 69). Dicht gereiht stehen in Richtung Oberhasel viele dieser Häuser giebelseitig zur Straße. Neuere Bauten sind an der von W nach O verlaufenden, den Ort durchquerenden Bundesstraße 88 Rudolstadt–Jena entstanden. Einfamilien- und Doppelhäuser befinden sich auch in Richtung zum Hirschgrund, einem Tal zwischen den bewaldeten Buntsandsteinbergen des Kirch- und Weißenberges.

In der Saaleaue bei Kirchhasel trat eine schwache Solquelle zutage, die seit 1646 bekannt ist und ein sulfatisches Kochsalzwasser fördert. Damit wird an-

V 1 gezeigt, daß im Untergrund die Auflösung des im Zechstein vorhandenen Salzes noch fortdauert. Aus den Bohrungen nördlich von Kirchhasel sind Salzmächtigkeiten von 15 m aus der Werraserie des Zechsteins bekannt geworden (s. Seite 2).

Der westlich von Kirchhasel auf Rudolstädter Flur zum Saaletal herabführende kleine Kauzgrund bietet im unteren Abschnitt ein Beispiel für die Verzahnung von Schottern der Saaleterrassen verschiedenen Alters mit den durch die Nebenbäche gebildeten Schwemmkegeln. Geomorphologisch bemerkenswert ist das mehr als 2 m mächtige Fluglößvorkommen, dessen Ablagerung hier orographisch begünstigt war. Am Ausgang des Kauzgrundes schiebt sich ein ausgedehnter holozäner Schwemmkegel in die Saaleaue, wie er für viele der Nebentäler und -bäche der mittleren Saale typisch ist (s. O 5).

V 2 Saale

Nach ihrem Austritt aus dem Thüringer Schiefergebirge passiert die Saale zwischen Saalfeld und Naumburg den östlichen Abschnitt der Thüringer Triasmulde in einem malerischen Tal, flankiert von bewaldeten Buntsandsteinhängen und kärglich bewachsenen Muschelkalkbergen und begleitet von einer Folge von Städten, Dörfern und den vielbesungenen Burgen „an der Saale hellem Strande". Durch das beschriebene Gebiet fließt die Saale von Rudolstadt-Volkstedt bis Groß- und Kleineutersdorf. Sie erreicht, von Saalfeld kommend, bei Volkstedt den westlichsten Punkt ihres gesamten 440 km langen Laufes (Institut für Wasserwirtschaft 1956), wendet sich hier jäh nach O und nimmt bei Uhlstädt eine nordöstliche und ab Kahla wieder eine vorwiegend nördliche Richtung an. Die Meereshöhe des Saalespiegels ändert sich auf der 30,2 km langen Laufstrecke von 197 ü. NN auf 162 m ü. NN, das mittlere Gefälle beträgt 1,16‰.

Die auffällige Rechtswendung der Saale bei Rudolstadt ist geologisch durch ein Ausweichen vor der Steilstufe des Muschelkalks zu erklären. Bereits in der tertiären Landoberfläche befand sich südlich dieser Stufe eine muldenförmige Eintiefung von wahrscheinlich 20 bis 50 m. In dieser Mulde hatte ein Fluß, der aus dem Schwarzagebiet kam, in einem sehr breiten Tal die sogenannten Zersatzgrobschotter abgelagert, die sich in 120 bis 160 m Höhe über der heutigen Saaleaue befinden. Als das thüringische Gebiet letztmalig zu Beginn des Pleistozäns en bloc angehoben wurde, wobei die tertiäre Landoberfläche ihre heutige Höhenlage erhielt, begann sich dieser Fluß, der auch die obere Saale aufgenommen hatte, stärker einzutiefen.

Die Kaltzeiten modifizierten die weitere Entstehung des Saaletales. Mit dem Beginn einer Vereisungsperiode wurde jedesmal die Wasserführung der Flüsse geringer, die Tiefenerosion des Flusses abgestoppt, und es kam zur Ablagerung von Schotterkörpern auf der Talsohle. Am Ende einer Vereisungsperiode konnten sich die Flüsse bei hoher Wasserführung in den zuvor abgelagerten Schotterkörper einschneiden und die Erosion in die Tiefe fortsetzen. Bei der nächsten Vereisung kam die Erosion auf nunmehr niedrigerem Höhenniveau wiederum zum Stillstand. Jede Vereisungsperiode stellt also eine Erosionsunterbrechung dar, bei der sich ein weitgehend ebener schotterbedeckter Talboden ausbilden konnte. Die Reste dieser ineinandergeschachtelten Talböden bilden am Rande des Saaletales Schotterterrassen in verschiedener Höhenlage über dem heutigen Flußniveau. Das Erkennen und die Deutung dieser Saaleterrassen werden vielerorts erschwert durch das Vorkommen von darüber geschütteten Schwemmkegeln der in das Tal einmündenden Nebenbäche (Abb. 70 und 71).

Die Ober- oder Hochterrasse I entstand noch vor der Elsterkaltzeit und liegt in rund 100 m Höhe über dem heutigen Saalespiegel. Die Ober- oder Hochterrasse II ist während des Vorstoßes des Elstereises gebildet worden, das von N bis zur Linie Weimar—Jena—Gera vordrang. Die elsterkaltzeitliche Talterrasse liegt in 50 bis 70 m Höhe über dem heutigen Talboden und ist mit bis zu 20 m mächtigen Schottern und Kiesen bedeckt.

Die morphologisch sehr markant ausgebildete, vor und während der Saalevereisung entstandene Mittelterrasse erhebt sich 15–30 m über der Saaleaue. Sie weist zum heutigen Flußlauf hin meist eine sehr steile Böschung auf, zum Beispiel am Stutenrand bei Rudolstadt (s. U 4). Diese Erosionskante bildete sich erst in der letzten Zwischenkaltzeit (Eem) und wurde durch jüngere Vorgänge bisher kaum überprägt. Auf ihr sind mehrere Siedlungen angelegt worden wie Catharinau, Cumbach und Kleineutersdorf. Die Niederterrasse wurde während der letzten Vereisung, der Weichselkaltzeit, gebildet. Der Schotterkörper dieser Terrasse nimmt im wesentlichen die heutige Talaue ein und reicht bis zu 5 m über das gegenwärtige Flußniveau.

Ein Vergleich der Gesteinszusammensetzung der verschieden alten Terrassen zeigt, daß mit zunehmendem Alter der Anteil des Quarzes ansteigt, da die anderen Geröllkomponenten schneller zersetzt wurden:

Petrographische Zusammensetzung der Kiese der Saaleterrassen bei Orlamünde

(gerundet, in %; LANGE 1971, zusammengestellt nach STEINMÜLLER 1961)

	paläoz. Gesteine: Schiefer, Grauwacke, Quarzit	Quarz	Buntsandstein	Kieselschiefer
Zersatzgrobschotter (tertiär)	46,1	51,2	0,8	2,7
Oberterrasse I (Günz-Glazial)	78,3	18,6	2,0	2,4
Oberterrasse II (Elster-Glazial)	78,1	16,3	1,3	3,6
Mittelterrasse (Saale-Glazial)	82,6	10,5	1,2	5,6
Niederterrasse (Weichsel-Glazial)	80,0	10,1	3,9	6,0

Die rezente Saaleaue nimmt zwischen Volkstedt und Etzelbach eine Breite von nahezu 1 km ein. Hier befinden sich reiche Kieslager, die in unserem Jh. vielfach abgebaut wurden, so in Höhe des jetzigen Güterbahnhofs in Rudolstadt. Auf einstigen Kiesabbau deuten auch einige als Fischgewässer genutzte Restlöcher hin. Nach der letzten Vereisung, in den zurückliegenden 15–20000 Jahren, tiefte sich die Saale nur noch geringfügig in diesen Schotterkörper ein, wobei in der jetzigen Flußaue seit dem Mittelalter Auelehm abgelagert wurde. Dieser entstand durch vermehrte Bodenabspülung während des mittelalterli-

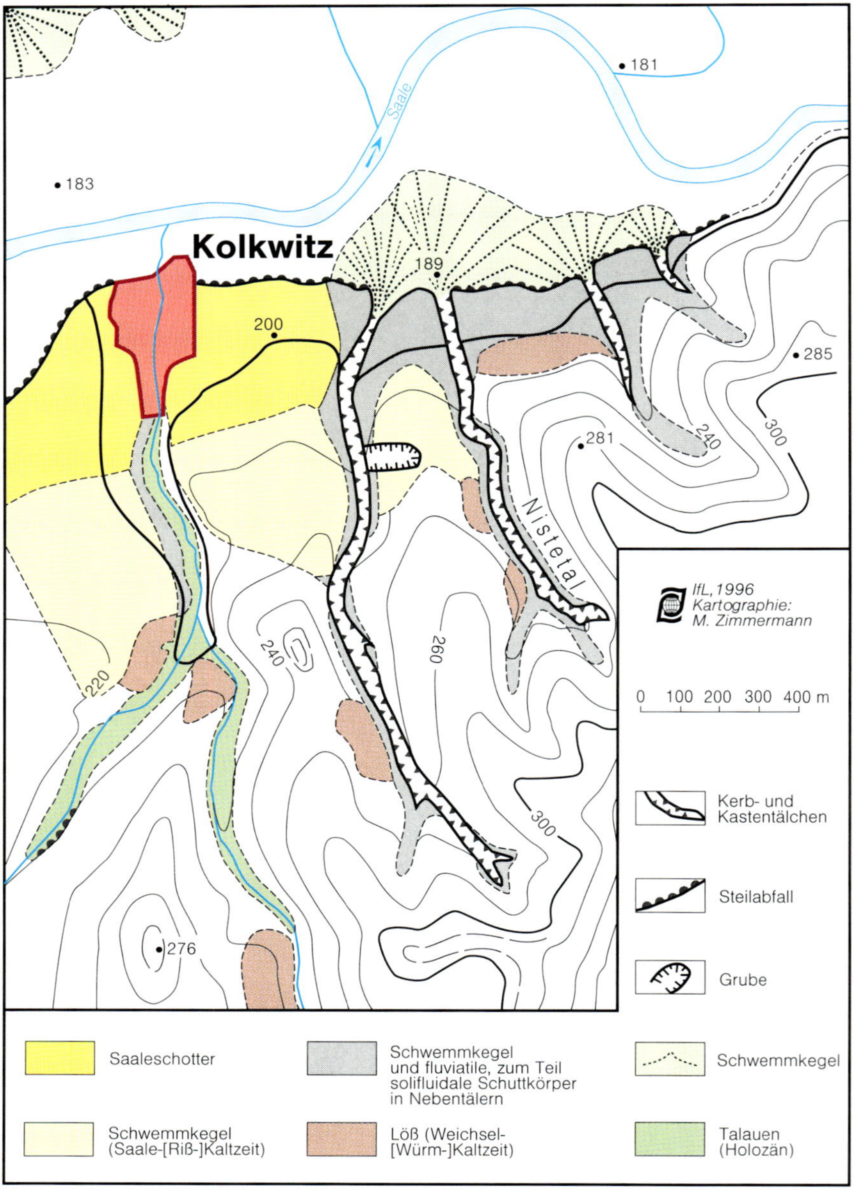

Abb. 70. Pleistozäne und holozäne Bildungen im Buntsandsteingebiet des mittleren Saaletals bei Kolkwitz (nach A. STEINMÜLLER 1961)

chen Landesausbaus durch Waldrodung im Einzugsgebiet der oberen Saale, Loquitz und Schwarza (s. Seite 25).

Die Nutzung des Saaletales für Wirtschaft, Siedlung und Verkehr (s. Seite 30) wurde bis in die jüngste Vergangenheit infolge der ständigen Gefährdung durch Hochwasser beeinträchtigt. Regelmäßig zur Schneeschmelze in den südlich benachbarten Gebirgen, aber auch zu allen anderen Jahreszeiten, bestand in den Niederungen an der Saale die Gefahr von Überschwemmungen, die oft verheerende Auswirkungen hatten. PASSARGE (1914) gibt eine Übersicht der Überschwemmungen in Rudolstadt im Zeitraum von 1820 bis 1850 nach der Cordovangschen Chronik, die einen Eindruck über die von der Saale und ihren Nebenbächen ausgehende Gefährdung vermittelt:

17. 1. 1820	Das Wasser steht bis zum Stutenrand, in Kirchhasel bis zur Chaussee.
28. 6. 1829	Der Mörlagraben bringt infolge eines Wolkenbruches gewaltige Wassermassen.
30. 6. 1830	Der Wüstebach reißt mehrere Häuser weg, vom Baumgarten bis zur Untermühle steht das Wasser bis zum zweiten Stock.
4. 5. 1837	Die Saale überschwemmt Felder und Wiesen.
4.–6. 8. 1837	Der Wüstebach reißt wieder eine Mühle weg und richtet große Verwüstung an.
19. 5. 1839	Dammbruch der Saale mit großer Überschwemmung.
2. 4. 1842	Die Saale tritt über.
31. 5. 1842	Der Mörlabach überflutet die Felder infolge eines Wolkenbruches.
25.–26. 2. 1843	Saale und Mörlabach treten über die Ufer.
30. 5. 1845	Saale und Wüstebach überschwemmen infolge von Regengüssen die Saalgärten und Unterhasel.
3.–4. 2. 1850	Infolge der Eisstauung große Überschwemung von Unterhasel. Die Kirche stürzt ein, ein Haus wird weggerissen, fast alle anderen Häuser werden beschädigt. Das Wasser steht zwei Ellen hoch. Auch oberhalb von Unterhasel ist alles überschwemmt.

Wegen der Bedrohung durch die Saalehochwasser mußten die in der Niederung gelegenen Dörfer Redwitz und Unterhasel ganz oder größtenteils aufgegeben werden (s. V 3). Auch Landwirtschaft und Verkehr erlitten durch die häufigen Überschwemmungen schwere Rückschläge. Noch im vorigen Jh. durchfloß die Saale die Niederung streckenweise in mehreren Armen, es kam zu Laufverlegungen, und besonders bei Rudolstadt gab es zahlreiche stehende Ufergewässer (Altwässer), woran Flurnamen wie Schwansee, Egelsee und Im großen See erinnern. Mit der Schaffung zunehmend besserer Uferbefestigungen und Dämme, mit dem Bau der Eisenbahndämme und vor allem nach Fertigstellung der Bleilochtalsperre 1926–1932 und der Hohenwartetalsperre 1936–1942 wurde die Überschwemmungsgefahr an der mittleren Saale im wesentlichen gebannt. Außerdem bewirkten die Talsperren eine Erhöhung der winterlichen Wassertemperaturen, so daß die Saale kaum noch vereist. Andererseits bleibt das Flußwasser auch im Sommer kühl. Es kommt zu einer gleichmäßigeren Wasserführung und zur Erhöhung des Niedrigwasserabflusses. Nach BAUER (1964) betrugen bei einer 10jährigen Meßreihe die Jahresschwankungen der mittleren Flußtemperatur bei Rudolstadt (talsperrenbeeinflußt) nur 10,5 °C, weiter nördlich bei Naumburg-Grochlitz bereits wieder 15,9 °C. Es stellte sich

V 2 ein höherer Auen-Grundwasserstand ein, der sich auf die Phänologie der Pflanzen positiv auswirkte.

Die heutigen Wasserstands- und Durchflußangaben des Pegels Rudolstadt vermitteln nunmehr schon das langjährige Bild der durch die beiden Talsperren regulierten Saale (Abb. 3). Die Meßstation (190 m ü. NN) liegt 258 km oberhalb der Mündung der Saale in die Elbe, erfaßt ein Einzugsgebiet von 2678 km² und ist weitgehend repräsentativ für den mittleren Saalelauf bis zur Ilm- und Unstrutmündung. Die durchschnittliche Wasserführung von 1943 bis 1996 der Saale bei Rudolstadt betrug 25,9 m²/s, das ist knapp ein Viertel der Durchflußmengen an der Saalemündung. Der mittlere Wasserstand über Pegel-Null beläuft sich in Rudolstadt auf 0,77 m. Die seit Bestehen der Saaletalsperren höchsten Werte wurden in Rudolstadt am 9. 2. 1946 mit einem Wasserstand von 2,50 m und einem Durchfluß von 315 m³/s ermittelt, und am 13. 4. 1994 erreichte ein Hochwasser (HHQ) den Scheitelwert von 363 m³/s (Abb. 72). Demgegenüber hatte das des Jahres 1890 einen Wasserstand von 3,20 m und eine Wassermenge von etwa 950 m³/s erreicht. Das niedrigste Niedrigwasser (NNQ) betrug am 28. 6. 1947 0,40 m Wasserstand bzw. 3,2 m³/s. Der mittlere

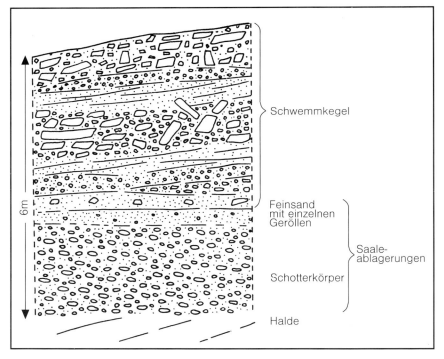

Abb. 71. Aufschluß am Galgenberg bei Weißen in fluviatilen Ablagerungen der Saale-(Riß-)Kaltzeit, schematisiert (nach A. STEINMÜLLER 1961)

Abb. 72. Saalehochwasser am 13. 4. 1994 bei Rudolstadt-Cumbach

Abflußgang der Saale bei Rudolstadt verzeichnet ein wasserreicheres Winter- und ein abflußärmeres Sommerhalbjahr. Wasserreichster Monat ist der April wegen der häufigen Schneeschmelzwässer, die geringste Wasserführung tritt in der Regel im Spätsommer ein (Abb. 3). Schadhochwasser können heute an der mittleren Saale insbesondere durch hohe Zuflüsse der Loquitz, Schwarza und der Königseer Rinne oder örtlich begrenzt durch kleinere Nebenbäche eintreten.

Seit der Besiedlung des Saaletales (s. Seite 29) bot die Fischerei mit Hamen, Netzen oder Angel Erwerbsmöglichkeiten. In einigen Orten wie Volkstedt, Unterhasel und Oberkrossen fand alljährlich der große Fischzug, eine Treibfischerei mit anschließendem Volksfest, statt. Infolge der Abwassereinleitung durch Industrie und Landwirtschaft kam es zur Wasserverschmutzung, so daß die Fischerei keine Bedeutung mehr hatte. In der Gewässergütekarte Thüringen 1993 wird die Saale bei Rudolstadt als kritisch belastet und unterhalb Kirchhasel als stark verschmutzt angegeben. Durch den Bau von Kläranlagen wie in Rudolstadt und den Rückgang der Industrieproduktion verbessert sich neuerdings die Wasserqualität.

Von großer Bedeutung war die Langholzflößerei. Sie ist seit dem Jahre 1258 bezeugt. Uhlstädt war ein Zentrum der Saaleflößerei (s. O 3). Hier wohnten etwa 100 Familien, deren männliche Mitglieder im Frühjahr zu Fuß talaufwärts nach den Einhängeplätzen an der oberen Saale zogen. Dort bauten sie die meist mehrgelenkigen Flöße kunstgerecht zusammen und führten sie mit viel

V 2 Geschick den vielgewundenen Fluß hinab, über Wehre und unter Brücken hindurch bis zu den Holzmessen in Camburg und Kösen. Die Arbeit der Flößer war hart und gefahrvoll, tödliche Unfälle blieben nicht aus. Jahre hindurch wurden 1500 bis 2000 Langholzflöße gezählt, zuweilen sogar noch mehr, die höchste Floßanzahl wurde 1863 und 1873 mit jeweils mehr als 3900 erreicht.

Der Umfang der Saaleflößerei nach den Brückenrechnungen der Stadt Kahla betrug:

1561–1600	194	Floßgelenke pro Jahr
		(1 Floßgelenk = Floß enthielt 30–40 Festmeter Holz)
1601–1650	58	Floßgelenke pro Jahr
1651–1700	537	Floßgelenke pro Jahr
1701–1750	1407	Floßgelenke pro Jahr
1835	2211	Floßgelenke
1850	3478	Floßgelenke

1933 schwammen noch 150 Flöße saaleabwärts. Eisenbahnkonkurrenz und die Abriegelung der oberen Saale durch die Talsperren hatten das alte Gewerbe zum Erliegen gebracht. Von 1572 bis 1872 erfolgte auch die Scheitholzflößerei zur Versorgung der flußabwärts liegenden Städte mit Brennholz.

Demgegenüber wurde die Wasserkraft der Saale wegen der aufwendigen wasserbaulichen Maßnahmen durch Mühlen nur selten genutzt, so durch die Volkstedter, Weißener und Uhlstädter Mühle. Weit größer war die Zahl der Mahl- und Sägemühlen an den zur Saale führenden Bächen (Abb. 28). Im 20. Jh. entstanden am Fluß größere Industriebetriebe, die das Saalewasser nutzten. Ihre Abwässer trugen wesentlich zum Erliegen der einstmals erheblichen Saalefischerei bei.

Die Brücken über die Saale werden nur zum Teil den Anforderungen des heutigen Kraftverkehrs voll gerecht, so daß die meisten rechts der Saale gelegenen Ortschaften verkehrsmäßig benachteiligt sind. Die Brücken bei Rudolstadt, Weißen, Uhlstädt, Zeutsch und Orlamünde wurden in der Zeit vom 12. bis 14. 4. 1945 gesprengt und später neu errichtet (s. O 3, O 5, U 4).

Wasserläufe wie die Saale gelten als bevorzugte Wanderwege für Neophyten, das sind in historischer Zeit eingewanderte Pflanzenarten. So bereicherte am Saaleufer um Orlamünde im vergangenen Jh. der aus Asien stammende Kalmus *(Acorus calamus)* die Uferflora, der allerdings durch die Eutrophierung (Nährstoffanreicherung) des Wassers und der Uferbereiche heute wieder fast restlos verschwunden ist. Um die Jahrhundertwende tauchte, aus Nordamerika kommend, die Gauklerblume *(Mimulus guttatus)* an der Saale und ihren Nebenflüssen auf. Auch das in Ostasien beheimatete Kleine Springkraut *(Impatiens parviflora)* breitete sich schnell am Saaleufer aus und verdrängte unsere heimische Springkrautart, das Rührmichnichtan *(Impatiens noli-tangere)*. Seit etwa 1920 besiedelte die Stachelgurke *(Echinocystis lobata)* das Saaletal zwischen Rudolstadt und Naumburg. Vor wenigen Jahrzehnten hielten weitere nordamerikanische Arten an der Saale ihren Einzug: Kanadische Goldrute *(Solidago canadensis)*, Sonnenhut *(Rudbeckia laciniata)*, Weidenaster *(Aster salignus)*, Weißblütige Aster *(Aster tradescantii)* und aus dem Fernen Osten der Riesenknöterich *(Polygonum sachalinense)*.

In den letzten Jahren hat das Drüsige Springkraut *(Impatiens glandulifera)* V 2
den Saaleuferbereich als neuen Lebensraum erobert. Es vermag sich hier zu wahren Riesenformen bis 3,5 m Höhe zu entwickeln. So besiedelt heute das Saaleufer eine Pflanzengesellschaft, welche die höhere Nährstoffbelastung des Flußbereiches verträgt und ausnutzt. Dazu gehören auch unsere heimische Brennessel *(Urtica dioica)*, die Rote Pestwurz *(Petasitis hybridus)* und der Beifuß *(Artemisia vulgaris)*. Die früher häufigen Uferbewohner Wasserschwertlilie *(Iris pseudacorus)*, Gilbweiderich *(Lysimachia vulgaris)*, Blutweiderich *(Lythrum salicaria)*, Blasiger Taubenkropf *(Cucubalus baccifer)* und Mädesüß *(Filipendula ulmaria)* fanden an einem alten Saalearm zwischen Niederkrossen und Orlamünde eine Rückzugsstätte.

Unterhasel, seit 1867 Ortsteil von Kirchhasel V 3

Das Bauern- und Fischerdorf an der Saale wird 1417 urkundlich erwähnt. 1664 bestand es aus 23 Wohnhäusern und einer kleinen Kirche. Zwei Bauern waren nebenbei als Handwerker, drei als Fischer tätig. Die ständige Bedrohung durch Überschwemmungen der Saale führte zur Umsiedlung der meisten Einwohner nach Kirchhasel, vor allem in den Jahren 1862 bis 1869. Nach den Überflutungen blieben noch drei Höfe bestehen, zwei davon im ursprünglichen Zustand. Auch die Kirche nahm 1850 durch Hochwasser Schaden, 19 Jahre später mußte sie abgetragen werden. Das größte Bauernhaus wurde 1914 abgerissen und im Volkskundemuseum Thüringer Bauernhäuser in Cumbach neu aufgebaut (s. U 4).

Ein ähnliches Schicksal wie Unterhasel erlitt in früherer Zeit das benachbarte Dorf Redwitz, in dessen Flur 1404 mehrere Rudolstädter Bürger Felder besaßen. Die Umsiedlung begann 1522. Ende des 16. Jh. wohnten noch 5 Familien in Redwitz, doch zogen auch sie bald darauf nach Kirchhasel und Unterhasel.

Saale-Eisenbahn V 4

Bereits in früheren Jahrhunderten erwies sich das Saaletal als eine Leitlinie des Verkehrs (s. Seite 14). Handels- und Geleitstraßen verbanden Nord- und Süddeutschland durch das Saaletal, Nürnberger und Augsburger Kaufleute fuhren auf ihnen zur Messe nach Leipzig. Es lag daher nahe, schon nach dem Bau der ersten deutschen Eisenbahnstrecke von Nürnberg nach Fürth und der ersten Fernbahnstrecke von Leipzig nach Dresden eine Bahnlinie auch entlang der Saale zu bauen. Die Vorbereitungen zogen sich wegen der in Thüringen bestehenden Kleinstaaterei in die Länge, doch 1870 verständigten sich schließlich die Regierungen von Sachsen-Weimar, Sachsen-Meiningen, Sachsen-Altenburg und Schwarzburg-Rudolstadt in Camburg über die Gründung einer Aktiengesellschaft und über die Linienführung von Großheringen nach Saalfeld mit einer Abzweigung von Orlamünde nach Pößneck (s. Q 2). Strecken von Rudolstadt nach Remda und von Schwarza nach Blankenburg sollten folgen.

V 4 26,70 km der insgesamt 74,70 km langen Strecke Großheringen–Saalfeld verliefen in Sachsen-Weimar, 15,9 km in Sachsen-Meiningen, 20,9 km in Sachsen-Altenburg und 11,2 km in Schwarzburg-Rudolstadt. Der erste Spatenstich erfolgte am 23. 10. 1871 bei Rothenstein. Am 3. 1. 1874 fuhr die erste Lokomotive, am 30. 4. 1874 der erste Zug mit der Lokomotive Schwarzburg auf der Strecke. In den folgenden Jahrzehnten entwickelte sich die Saalebahn bald zu einer wichtigen Trasse für den regionalen sowie den überregionalen Verkehr von Berlin nach München. Man baute ein zweites Gleis, und 1940 wurde die Strecke durchgängig elektrifiziert. Rückschläge brachten ein Saalehochwasser am 24./25. 11. 1890 mit schweren Schäden an der Saalebrücke bei Schwarza, an der Mühlgrabenbrücke bei Uhlstädt und dem Bahndamm bei Rothenstein, ein Tieffliegerangriff am 5. 4. 1945 auf den Schnellzug Berlin-Stuttgart bei Rudolstadt sowie zerstörende Bombenangriffe am 9. 4. 1945 auf den Saalfelder Bahnhof und den Saalbahnhof in Jena. In allen Fällen konnte die Bahnstrecke mehrere Wochen nicht befahren werden. Die Teilung Deutschlands und die Grenzziehung nach 1945 minderten die Bedeutung der vorherigen Magistrale, und im Zuge der Reparationsleistungen für die Sowjetunion wurden das zweite Gleis und die Oberleitungen abgebaut.

In dem behandelten Teilraum des Saaletals bestanden 5 Bahnhöfe: Rudolstadt, Kirchhasel, Uhlstädt, Zeutsch und Orlamünde. Der Haltepunkt Kirchhasel wurde inzwischen eingestellt. Die wichtigeren Verkehrsknoten Saalfeld und Jena-Göschwitz liegen außerhalb dieses Abschnittes. Der Bahnhof Rudolstadt wurde in den 70er Jahren umgebaut, hat heute aber vorwiegend für den Regionalverkehr Bedeutung. Die gesamte Saalebahnstrecke erhielt wieder ein zweites Gleis und wurde elektrifiziert.

V 5 Kolkwitz, seit 1994 Ortsteil von Kirchhasel

Aus zwei Ortskernen um die Kirche und den Edelhof entwickelte sich an der Mündung des Schadebaches in die Saale das Dorf Kolkwitz. Orts- und Flurnamen ebenso wie Grabfunde bekunden die Anwesenheit slawischer Siedler im 9. und 10. Jh. Der 1074 erstmals erwähnte Ortsname *Culcawitzi* bedeutet Leute des *Kolek*, ein slawischer Personenname. 1417 wird Kolkwitz als schwarzburgischer Ort genannt, doch waren die Hoheits- und Lehensverhältnisse zwischen den sächsischen Herzögen und den Grafen von Schwarzburg lange Zeit umstritten. Im Jahre 1640 kam es zu einem Vergleich. Schwarzburg erkannte die sächsische Lehenshoheit bedingt an, behielt aber seine Aktivlehen in der westlichen Dorfhälfte. Noch im Jahre 1730 baten die Inhaber von 8 Bauernhöfen den Fürsten von Schwarzburg-Rudolstadt um Schutz gegen die Willkür sächsischer Beamter. Seit 1826 gehörte Kolkwitz zu Sachsen-Altenburg, von 1922 bis 1994 zum Kreis Rudolstadt.

Die Land- und Forstwirtschaft waren Haupterwerbszweige. Die Bedeutung der landwirtschaftlichen Produktion wird durch die Bildung einer ersten Dampfdreschgenossenschaft 1875 unterstrichen, die sich ab 1876 Rudolstadt-Kolkwitz-Naundorfer Dreschgenossenschaft nannte.

1960 wurden die Bauern in der LPG Saaletal zusammengeschlossen, die sich 1968 der LPG Einheit Rudolstadt-Cumbach angliederte. Bis auf einen Wiedereinrichter im Haupterwerb, der vorwiegend Pferdezucht betreibt, spielt die Landwirtschaft heute keine Rolle mehr. Dafür haben sich mehrere Handwerksbetriebe entwickelt. 1992 wurde südlich des Ortes eine neue Sandgrube eröffnet. Bei Kolkwitz sind die Saaleterrassen mit den Saaleschottern und in der Saaleaue und den Nebentälern Schwemmkegel nachgewiesen (Abb. 70).

Die traditionelle Fachwerkarchitektur bestimmt noch heute das Bild des Dorfes: 34 der 52 Wohngebäude verfügen über sichtbare Fachwerkkonstruktion. Erhalten sind mehrere Dreiseithöfe. Die als Denkmal geschützte Kirche, deren älteste Bauteile romanisch sind, wurde als Wehranlage erbaut, worauf Schießscharten in der die Kirche ringförmig umgebenden Mauer sowie der wuchtige Kirchturm hinweisen. 1655 entstanden das Turmdach mit Schweifkuppe und die Turmfenster; das westlich angebaute Langhaus datiert in das Jahr 1816.

Abb. 73. Der Edelhof in Kolkwitz

V 5   Das wohl stattlichste Gebäude von Kolkwitz ist der Edelhof, ein auf rechteckigem Grundriß errichtetes Wohnhaus, das zum Gut der adligen Familie von Thüna gehörte. Über den Gewölberäumen im Erdgeschoß aus Bruchsteinmauerwerk liegen zwei Fachwerkgeschosse, die vermutlich im 17. Jh. errichtet wurden (Abb. 73). Der Brüstungsbereich der Geschosse wird durch umlaufende Reihen von Schrägkreuzen mit waagerechtem Stirnschnitt verziert. Unterhalb des Rähms im 2. Obergeschoß befinden sich in den Gefachen zwischen den Fenstern ebenfalls Schrägkreuze. Sie werden am Giebel in drei Reihen wiederholt, am oberen Abschluß bilden sie ein Rautenmuster. Nach einer Rekonstruktion 1938, bei der man den vorher das Fachwerk verdeckenden Kalkputz entfernte, wurden diese Fachwerkfassaden wieder sichtbar. Bis 1990 diente der Edelhof als Kinderferienlager eines Saalfelder Betriebes und außerhalb der Ferienzeit als Schulungsstätte der Kulturakademie des Bezirkes Gera sowie als ein Kultur- und Freizeitzentrum mit Gaststätte für die Dorfbevölkerung. Das wieder privatisierte und rekonstruierte Objekt verfügt heute neben zahlreichen Nebeneinrichtungen über 70 Betten und wird als Thüringer Landgasthof Edelhof auch gern als Tagungsstätte genutzt.

V 6 Oberer See

Östlich von Cumbach, unmittelbar am Feldweg nach Catharinau (s. V 7), trägt eine flache, wassergefüllte Senke die Bezeichnung Oberer See. Die fast ebene Fläche ist eine hier ungewöhnlich breit entwickelte Terrasse der Saalekaltzeit, die etwa 20 m über der heutigen Saaleaue liegt. Die Entstehung der 150 m × 80 m großen, jedoch nur 1,00 bis 1,50 m tiefen Wanne des Oberen Sees ist durch Auslaugung von leicht löslichen Gesteinen der Zechsteinformation im Untergrund zu erklären. Über undurchlässigem Lehm staut sich das Wasser. Da die Senke sehr flach und abflußlos ist, unterliegt die Ausdehnung der offenen Wasserfläche in Abhängigkeit von der Witterung großen Schwankungen und verlandet stark. Daran beteiligt sind Seggenriede mit Zweizeiliger Segge *(Carex disticha)*, Rohrglanzgrasröhricht, Flutrasen sowie Sukzessionsstadien von Naßwiesen, verschiedene Weidenarten sowie Eichen, die teilweise abgestorben sind. Der Obere See ist Lebensraum für verschiedene geschützte und gefährdete Lurche und Wasservogelarten.

V 7 Catharinau, seit 1994 Ortsteil von Kirchhasel

Auf einer Terrasse über dem rechten Ufer der Saale, 4 km vom Stadtzentrum Rudolstadts entfernt, liegen die beiden dörflichen Siedlungen Ober- und Untercatharinau. Die im Jahre 1074 von dem Kölner Erzbischof ANNO II., dem Gründer des Benediktinerklosters Saalfeld, angelegten *Clinowa et aliud Clinowa* werden auch auf Catharinau bezogen. Weitere Erwähnungen sind aus den Jahren 1285 *Chaternowe* und 1385 *Katharinawen* bekannt. Der Ortsname enthält den Personennamen Catharina, doch handelt es sich vermutlich um die Angleichung eines alten Flurnamens.

1527 gelangten *Kathrinav Nyderdorff* und *Oberdorff* mit dem Stift Saalfeld V 7 an Kursachsen. Seit 1826 gehörten die beiden Orte, die schon damals eine Gemeinde bildeten, zu Sachsen-Meiningen. Im Jahre 1852 betrug die Einwohnerzahl Catharinaus 166. In beiden Teilen zusammen lebten im 19. Jh. 14 Anspann- und 10 Hintersättlerbauern. 1922 kam der Ort zum Kreis Rudolstadt.

Im April 1945 erlitt das Dorf schwere Schäden durch Artilleriebeschuß. Bei der Kollektivierung der Landwirtschaft 1953 entstand in Catharinau die LPG 1. Mai, und 1959 folgte die LPG Saaleblick. Beide Genossenschaften mußten sich 1968 der LPG Einheit Rudolstadt-Cumbach anschließen. Die landwirtschaftliche Struktur von Catharinau wurde durch den Bau einer großen Milchviehanlage mit 1000 Stallplätzen östlich der Ortslage von Untercatharinau 1969 gefestigt. Etwa 50 Berufstätige des Dorfes arbeiteten damals in der Landwirtschaft: in der Milchviehanlage Cumbach und der LPG(P) Kirchhasel.

Nach 1990 übernahm eine Agrargenossenschaft die landwirtschaftliche Produktion und hält in der Stallanlage 650 Milchkühe und 1400 Jungrinder. Sie bewirtschaftet rund 1700 ha Fläche in Catharinau und den umliegenden Gemarkungen. Ein Wiedereinrichter im Nebenerwerb hat sich zur privaten Landwirtschaft entschlossen. Der mit Handwerksstätten, Verkaufsstelle, Gaststätte mit Saal, Kinder- und Sporteinrichtungen ausgestattete Ort am Rande von Rudolstadt bietet Gewerbe- und Wohnbauflächen an.

Nach dem Grundriß ist der Ortsteil Obercatharinau ein kleines Angerdorf und Untercatharinau ein einzeiliges Gassendorf, dessen Straße vor zwei abschließenden Gehöften endet. Die meisten Häuser, auch die nach den Kriegszerstörungen wiedererstellten Gebäude, sind in Fachwerkbauweise errichtet worden, so auch ein 1970 gebautes kleines Kulturhaus am Kirchplatz. In den siebziger und achtziger Jahren entstanden zwei neue Wohnblöcke mit 8 und 10 Wohnungen. Zahlreiche Gebäude sind bereits saniert.

Die Dorfkirche wurde 1758 anstelle der früheren, schon 1491 als *Capella Katernaw* bezeugten und wegen Überschwemmungsschäden aufgegebenen Kirche an hochwassersicherer Stelle neu erbaut. Langhaus und Turm sind schiefergedeckt, das Gemäuer besteht aus großen Sandsteinblöcken. Die Fenster des Langhauses weisen schmuckvolle Bleiverglasungen auf, wie sie auch in den Gaubenfenstern vorhanden sind.

Der auf den Jahrhundertbeginn zurückreichende Kiesabbau zwischen Catharinau und Rudolstadt wurde aufgelassen, und die Flächen sind renaturiert. Die an dem Gelände vorbeiführende direkte Straßenverbindung nach Rudolstadt ist zur Zeit nicht nutzbar, der Anschluß an die Stadt ist über Kirchhasel und die 1993 fertiggestellte Saalebrücke möglich.

Mühlberg V 8

Jenseits des Wüste-Cumbach-Tales setzt sich der Höhenzug der Galerieberge (s. U 5) im Mühlberg (311 m ü. NN) fort, der nach der ehemaligen Volkstedter Mahl- und späteren Schneidemühle den Namen erhielt. An seiner Westseite, einem Prallhang der Saale, ist die Schichtenfolge des unteren Teiles des Mittleren Buntsandsteins sehr gut aufgeschlossen (Abb. 74). Der felsige Steilhang zur Saale

V 8

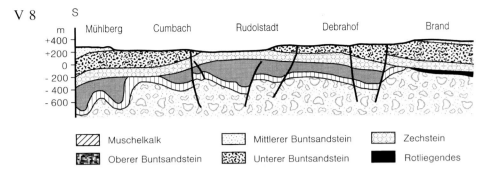

Abb. 74. Geologischer Schnitt vom Mühlberg zum Hummelsberg (Entwurf P. LANGE nach Geologische Karte der DDR 1964)

trägt die Bezeichnung Rudolstädter Riviera. Hier richtete ein Rudolstädter Bürger von 1828 bis 1830 zu Ehren FRIEDRICH VON SCHILLERS (s. U 1.1) eine Naturgedenkstätte ein, die Schillershöhe. Ihr bedeutendster Bestandteil ist ein Abguß der Schillerbüste von DANNECKER.

Am Wege von der Schillershöhe nach Oberpreilipp sind die Sedimentstrukturen des Buntsandsteins als Diagonal-, Kreuz- und Parallelschichtung zu beobachten. Vereinzelt treten auch geröllführende Sandsteine auf, wodurch die Nähe des Beckenrandes und des Sedimentliefergebietes im Bereich von Oberfranken, Fichtelgebirge und dem Erzgebirge angezeigt wird. Am oberen Hangteil des Felsenhanges treffen wir auf zwei Höhlen, die durch den Abbau von Scheuersand im 19. Jh. entstanden und als Bodendenkmale geschützt sind. Die südliche Höhle wird Zwölf-Säulen-Höhle, die nördliche, teilweise verschüttete Höhle Schimmels Bruch genannt.

V 9 Naundorf, seit 1994 Ortsteil von Kirchhasel

Das am Schadebach gelegene Dorf war bereits in früheren Jahrhunderten zeitweise verwaltungsmäßig mit Kolkwitz zusammengeschlossen, wurde 1957 auch erneut dorthin eingemeindet und kam mit Kolkwitz 1994 zu Kichhasel. Die erste Nennung von *Nauendorff* = neues Dorf erfolgte im Jahre 1379, damals bezog das Kloster Saalfeld hier Einkünfte. Mit Kolkwitz gehörte Naundorf im 18. Jh. zu Sachsen-Coburg-Saalfeld, doch wurde es 1826 im Gegensatz zu Kolkwitz dem Herzogtum Sachsen-Meiningen zugeteilt. Die zwischen beiden Orten unmittelbar an der ehemaligen meiningisch-altenburgischen Grenze erbaute Pfeffermühle wird 1725 erwähnt. Sie brannte 1845 ab und wurde sogleich neu errichtet. Naundorf und die Pfeffermühle kamen 1952 vom Kreis Saalfeld zum Kreis Rudolstadt. Die 1960 gegründete LPG Zur Linde ging später in der LPG Einheit Rudolstadt-Cumbach auf. Jetzt ist Naundorf nur noch Wohnort.

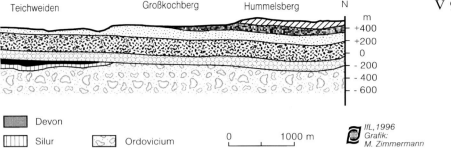

Die Gemarkung umfaßt eine 183 ha große Fläche mit einem Anteil von 75% Wald. Die kleine Ansiedlung entwickelte sich aus einem einreihigen Straßendorf. Links des Baches stehen relativ große, gut erhaltene Dreiseithöfe und ein Vierseithof, die gegenüberliegende Seite weist kleinere Gehöfte und Gebäude auf. 7 der 11 Wohngebäude sind mit Fachwerk ausgestattet, 4 Häuser sind mit einer Putzfassade versehen. In der ehemaligen Pfeffermühle war zeitweise eine Schulungsstätte mit Ferienutzung eingerichtet worden. Unweit des Dorfes erreicht man den sogenannten Schustersteig, die früher viel begangene kürzeste Wegverbindung zwischen Rudolstadt und Pößneck.

Weißenburg (Abb. 75) W 1

Vermutlich nach der Teilung der Grafschaft Orlamünde im Jahre 1248 wurde für die osterländische Linie des Geschlechts auf steilem Felssporn über der Saale bei Weißen die nach dem Dorf benannte, durch Graben und Mauern stark befestigte Burg errichtet. Sie gelangte mit ihren Anteilen an den Dörfern Weißen, Kolkwitz, Oberhasel, Etzelbach und Ammelstädt im Jahre 1344 an den wettinischen Land- und Markgrafen, der Vögte einsetzte und der im 15. Jh. die von Entzenberg, von Kochberg und schließlich den Ritter FRIEDRICH VON THÜNA, einen Begleiter LUTHERS zum Reichstag in Worms 1501, mit der Burg und ihrem Zubehör belehnte. Von der ursprünglichen Burg sind außer Teilen der Mauer nahezu keine Reste mehr vorhanden, nachdem VON THÜNA 1529 den Umbau zu einem wohnlichen Schloß veranlaßte. Zu den späteren Inhabern der Weißenburg gehörte die Familie von Lengefeld. 1777 besuchte GOETHE von Kochberg aus mehrmals das reizvolle über der Saale gelegene Schloß. 1792 brannte die Weißenburg bis auf die Erdgeschoßräume ab. Der Neubau, 1796 begonnen, erfuhr eine weitere Umgestaltung nach 1881, als die Weißenburg zur einen Hälfte in privaten Besitz und zum anderen Teil zur sachsenmeiningischen Domänenkammer kam, die hier eine Forstverwaltung einrichtete. Von 1927 bis 1932 war im Schloß Weißenburg ein Kinderheim untergebracht.

W 1

Abb. 75. Die Weißenburg mit dem Interdisziplinären Therapiezentrum 1996

Seit 1946 wurden die Gebäude der Weißenburg und des nahegelegenen, kurz nach der Jahrhundertwende errichteten Landhauses Weißeneck als Sanatorium genutzt, zunächst als Lungenheilstätte und später von der Bezirkslungenklinik Gera-Ernsee als Nachbehandlungszentrum für Geschwulstkranke. Ein Starkregen im Jahre 1969 führte dazu, daß größere Sicherungsmaßnahmen im Gelände der Weißenburg vorgenommen werden mußten. Weitere Sanierungsarbeiten erfolgten 1985. Zu Beginn der neunziger Jahre wurden die drei Gebäude des Objektes Weißenburg (Burg, Forsthaus und Weißeneck) privatisiert, rekonstruiert und modernisiert und als Interdisziplinäres Therapiezentrum Etzelbach-Weißenburg Betriebs GmbH, als Fachklinik für Rheumatologie und Onkologie, ab 1992 weitergeführt, mit gleichzeitiger Einbeziehung der vorher selbständigen Spezialklinik für Rheumakranke in Etzelbach (s. O 4).

W 2 Weißbach, seit 1994 Ortsteil von Uhlstädt

Im engen Wiesen- und Waldtal des gleichnamigen Baches zwischen den steil ansteigenden und bewaldeten Buntsandsteinhängen des Elster- und des Mittelberges liegt die kleine Ansiedlung Weißbach. Sie wurde 1950 in das nahegelegene Weißen und mit diesem 1994 nach Uhlstädt eingemeindet.

Der Ort wurde zuerst im Jahre 1498 erwähnt, doch dürfte er ein oder zwei Jahrhunderte früher entstanden sein. 1526 übernahm der Ritter FRIEDRICH VON THÜNA zur Weißenburg die bisher zum Kloster Saalfeld gehörenden Untertanen zu Weißbach, die ihren Lebensunterhalt durch Waldarbeit und etwas Landwirtschaft erwarben. Nachdem ein Unwetter im Jahre 1868 schwere Schäden im Ort, in der Flur und im Wald angerichtet hatte, wurden zur Beseitigung der Waldschäden Arbeiter aus der weiteren Umgebung eingesetzt und in dem 1869 errichteten und noch heute bestehenden Waldhaus in der Heide untergebracht. Ein Wagnersbeil genanntes Steinkreuz, der Sage nach für einen tödlich verunglückten Wagnergesellen im Weißbacher Wald aufgestellt, erhielt 1983 einen neuen Standort in der Nähe der kleinen schlichten Waldkirche südlich der Ortslage am Beginn des Weißbachgrundes, die in ihrer heutigen Form in den Jahren 1834–36 errichtet wurde und als Kulturdenkmal 1992 eine neue Fassade und ein neues Dach bekam (Abb. 76). W 2

Die Wohngebäude und kleinen Höfe der reizvoll gelegenen Siedlung, deren Einwohnerzahl etwa 150 beträgt, stehen in großen Abständen im Weißbachtal. Gut erhaltene Fachwerkgebäude mit reich gestalteten Fassaden sowie gepflegte Grünanlagen zwischen den Gehöften prägen das Ortsbild.

NSG Uhlstädter Heide W 3

Südlich des Saaletals zwischen Uhlstädt und Weißbach nimmt das 1082 ha umfassende Naturschutzgebiet Uhlstädter Heide als Teil der Rudolstädter Heide ein großes Areal des Buntsandstein-Waldlandes zwischen Saaletal und Orlasenke ein. Seine Hochfläche ist durch zahlreiche Täler und Quellmulden zerschnitten und untergliedert. Die ehemaligen von Natur aus hier stockenden bodensauren Eichenmischwälder wurden fast restlos in Kiefern- und Fichtenforsten umgewandelt, nur kleinflächig kommen auch Buchenbestände vor, außerdem Birke, Aspe und Eiche sowie reiche Bestände an Beerensträuchern. Die Kiefernforste sind weiträumig mit Adlerfarn *(Pteridium aquilinum)*, Heidelbeere *(Vaccinium myrtillus)* und Preißelbeere *(Vaccinium vitis-idaea)* durchsetzt. An feuchten, moorigen Stellen wachsen noch vereinzelt Moosbeere *(Oxycoccus palustris)* und Moorheidelbeere *(Vaccinium uliginosum)*. Lichtungen und Wegränder besiedeln der Rote Fingerhut *(Digitalis purpurea)*, das Wollige Reitgras *(Calamagrostis villosa)*, das Liegende Hartheu *(Hypericum humifusum)*, das Heidekraut *(Calluna vulgaris)* und als montane Florenelemente die Alantdistel *(Cirsium helenioides)* und der Salbeigamander *(Teucrium scorodonia)*. Die tiefen, nach N auslaufenden Kerbtäler mit kühlfeuchtem Klima beherbergen Waldschachtelhalm *(Equisetum sylvaticum)*, Keulenbärlapp und Sprossenden Bärlapp *(Lycopodium clavatum* und *L. annotinum)*, Wurmfarn *(Dryopteris filix-mas)*, Dornigen Wurmfarn *(Dryopteris carthusiana)*, Frauenfarn *(Athyrium filix-femina)*, Berglappenfarn *(Lastrea limbosperma)* und Rippenfarn *(Blechnum spicant)*. Ein naturkundlicher Lehrpfad führt von Uhlstädt durch die Saaleite zur Kirchruine Töpfersdorf (s. P 4) und gibt einen Einblick in die mannigfaltige Vegetation der Uhlstädter Heide.

W 3

Abb. 76. Die Waldkirche in Weißbach

Am nördlichen Rande des Naturschutzgebietes gedeiht unmittelbar am Wanderweg von Uhlstädt-Weißen nach Friedebach auf der Höhe des Krossener Berges zwischen den Flurteilen Am Pfalz und Sommerleite eine botanische Besonderheit, der Bastard zwischen Heidelbeere und Preißelbeere, die Rötelbeere *(Vaccinium intermedium)*, auf einer 300 m² großen Fläche einer Waldlichtung inmitten von Heidelbeer-Kiefernforsten. Das Beerenpflücken ist nicht gestattet. Eine Anschauungstafel erläutert den Wert des Naturdenkmals.

Die Uhlstädter Heide ist der Lebensraum zahlreicher seltener Tierarten, zu denen das vom Aussterben bedrohte Auerwild gehört. Diese Art bevorzugt Kiefern-Fichten-Mischbestände mit einem geringen Anteil Laubholz, die möglichst eine geschlossene Krautdecke von Heidelbeere, Preißelbeere und Besenheide haben. Als Nahrungsquelle dienen dem Auerwild außerdem Lärchennadeln und während der Legeperiode der Hennen Holzameisen und Larven aus morschen Stubben. Weiterhin brüten in der Uhlstädter Heide die gefährdeten Vogelarten Sperber, Sperlingskauz, Habicht und Roter Milan. Häufig ist kreisend der Mäusebussard zu beobachten. In vom Schwarzspecht angelegten Höhlen in alten Buchen sind oftmals Rauhfußkauz, Hohltaube und Kleiber eingezogen und sorgen für Nachwuchs.

Außerhalb des jetzigen Naturschutzgebietes wurde vor 50 Jahren aus jagdlichen Gründen das von der Insel Korsika stammende Muffelwild südlich von Uhlstädt ausgesetzt, das sich seither dort stark verbreitet. Die Bestände erreichen

eine sehr gute Qualität und beweisen, daß hier günstige Lebensbedingungen W 3
für dieses Wildschaf bestehen. Die Tiere können bis zu 12 Jahre alt werden.
Ein Muffelwidder wiegt aufgebrochen 35–50 kg, das Schaf etwa 25–35 kg.

Auch an übrigem Wild ist die Uhlstädter Heide reich. Die in sehr großer Anzahl vorkommenden Wildschweine beeinträchtigen die Entwicklung des Auerhuhnbestandes. Zur Erhaltung des Auerhuhns sind daher gezielte Maßnahmen der Forstwirtschaft und des Jagdwesens erforderlich: Erhaltung der vielgestaltigen Waldstrukturen, eines großen Grenzlinienreichtums und der Mischbaumarten sowie die Dezimierung des Schwarzwildbestandes.

Friedebach, seit 1997 Ortsteil von Krölpa X 1

Eingebettet in die weiten Kiefern- und Fichtenwaldungen der Heide zwischen Saaletal und Orlasenke (s. W 3), gruppieren sich die Häuser der Gemeinde Friedebach in lockerer Streulage auf einer Länge von 3 km parallel zu dem zur Saale führenden Krebsbach. Friedebach und das Nachbardorf Hütten gehören zu den wenigen Ortschaften, deren erste urkundliche Erwähnung zugleich auch über die Zeit ihrer Entstehung aussagt. Um 1071 teilte der Kölner Erzbischof ANNO II. mit, daß er das von ihm gegründete Benediktinerkloster Saalfeld unter anderem mit den beiden von ihm in seinem Wald angelegten Dörfern ausgestattet habe. In die Hoheits- und sonstigen Rechte teilten sich später die Äbte mit den Grafen von Orlamünde. Nach deren Entmachtung 1344 und nach Auflassung des Klosters 1528 gehörten die Orte den wettinischen Herzögen, die im 16. und 17. Jh. ein kleines Jagdschloß bei Friedebach unterhielten, an das noch heute die Flurbezeichnung Schloßtal erinnert. Die Dorfkirche wird im Jahre 1422 als Kapelle St. Nikolaus erwähnt, ein Lehrer wird seit dem Jahre 1614 genannt. Der Ortsname, erstmals erwähnt als *Vridebach*, steht vermutlich in Beziehung zu Einfriedungen gegen Wildschäden.

Die Einwohner Friedebachs besaßen kleine Bauerngüter. Daneben boten ihnen die verschiedenen Waldgewerbe Verdienstmöglichkeiten: Köhlerei, Kienrußbrennen, Pechsieden, Waldbienenzucht, Sammeln von Wildfrüchten. An die bekanntesten und wichtigsten Waldgewerbe, die Köhlerei, das Pechsieden und das Kienrußbrennen, erinnern Forstbezeichnungen wie Kohlstätte, Pechtal und Schmiergrund, weiterhin einige noch erkennbare Standplätze einstiger Kohlenmeiler und Pechöfen. 1852 hatte Friedebach 27 Häuser und 164 Einwohner, außerdem lebten 9 Personen in der damals zu Birkigt gehörenden Häusergruppe Wüstenhofsmühle.

Seit 1826 gehörte Friedebach zu Sachsen-Meiningen, 1922 kam es zum Kreis Saalfeld, 1952 zum neugebildeten Kreis Pößneck. Nach dem Zweiten Weltkrieg stieg die Einwohnerzahl Friedebachs durch die Aufnahme von Umsiedlern an, danach ging wegen der geringen Erwerbsmöglichkeiten am Ort und der schwierigen Erreichbarkeit anderer Arbeitsstätten die Zahl der Bewohner zurück. 1958 wurde die einklassige Schule geschlossen, die Kinder der 1. bis 4. Klasse besuchten danach die Schule in Herschdorf, ab der 5. Klasse die in Krölpa, heute gehen alle nach Pößneck zum Unterricht.

X 1   Neue Impulse brachte das Erholungswesen. Es gab drei Ferienlager, die vor allem von Kindern aus den Städten Leipzig, Erfurt und Saalfeld zur Erholung genutzt wurden. Der Campingplatz an der Wüstenhofsmühle war im Sommer dicht besetzt mit Zelten der Dauercamper und Urlauber, und manche ehemalige Nebenräume und -gebäude wurden für den Ferienaufenthalt hergerichtet. Demgegenüber ist die Landwirtschaft, mit der sich noch in den 50er Jahren 14 bäuerliche Einzelbetriebe beschäftigten, zurückgegangen. Die Bauern mußten sich zunächst 1957 in den Genossenschaften Waldfrieden und 1960 Grünes Tal zusammenschließen und wurden später der Kooperation Orlatal angegliedert. Die landwirtschaftlichen Flächen dienten als Dauergrünland für Jungvieh.

Während die Landwirtschaft in Friedebach heute nur noch als Hobby betrieben wird, hat sich der Fremdenverkehr gehalten, wenn auch mit Veränderungen. Zwei ehemalige Betriebsferienheime stehen leer, ein weiteres dient als Übergangswohnheim für Asylsuchende. Neben einigen Fremdenzimmern, einer älteren Gaststätte und dem vom Camping-Verein Friedebach verwalteten Zeltplatz am südlichen Ortsende gibt es seit 1991 den modernen Landgasthof Zum Schlupfwinkel und das Hotel Waldhaus inmitten des Ortes, der bis 1996 zur Verwaltungsgemeinschaft Krölpa gehörte und 1997 zur Gemeinde Krölpa eingemeindet wurde.

Die Wälder um Friedebach sind vorwiegend mit Kiefern und Fichten bestockt, daneben wachsen einige Laubholzarten wie Eiche und Buche. In dem 926 ha großen Waldgebiet leben vor allem Wildschweine, Rehe, Mufflons und das ansonsten sehr seltene Auerwild (s. W 3).

An dem Weg zwischen Friedebach und Hütten gibt in den Frühjahrsmonaten neben dem Verkehrsschild mit der Aufforderung zur Geschwindigkeitsbeschränkung eine zusätzliche Tafel Auskunft, daß hier Erdkröten die Straße überqueren. Die Tiere kommen aus ihren Winterquartieren im angrenzenden Wald und streben dem nahen Laichgewässer zu. An milden, feuchtwarmen Abenden bei Temperaturen über $+5\,°C$ kann es nach Einbruch der Dunkelheit hier auf wenigen 100 m der Straße zu Massenwanderungen kommen. In dem als Naturschutzobjekt ausgewiesenen Laichgewässer befindet sich auch neben den häufigeren Arten Gras- und Teichfrosch der bekannte, heute aber vielerorts bereits verschwundene Laubfrosch.

Y 1 Hüttener Grund

Bei Herschdorf (306 m ü. NN) nimmt ein kleines Tal seinen Anfang, das sich in die umgebende Sandsteinplatte einschneidet und nach 11 km Länge bei Niederkrossen das Saaletal erreicht (170 m ü. NN). Es wird nach dem hier gelegenen Dorf Hütten als Hüttener Grund bezeichnet. Entlang der Westflanke des Tales kam es im Pleistozän zur Ablagerung von Lößlehm. In diesem Bereich sind die einzigen größeren Ackerflächen zwischen Saale und Orla angelegt worden, so daß Herschdorf und Hütten Bauerndörfer waren, während sich die Bewohner der benachbarten Dörfer Friedebach, Rückersdorf, Weißbach, Reichenbach größtenteils mit Waldwirtschaft befaßten. Im Hüttener Grund und auf den benachbarten Arealen der Sandsteinplatte dominieren Kiefern- und Fichtenwälder. Auf den gut wasserversorgten Standorten treffen wir sehr wüchsige Fichtenbestände. Einzelne Bäume erreichen sogar die Qualität der in der Musikinstrumentenindustrie begehrten Klanghölzer, die einen gleichmäßigen, relativ feinen Jahresringaufbau haben müssen.

Die Wildbestände umfassen Wildschweine, Rehe, Mufflons und Auerwild. Im unteren Abschnitt des Hüttener Grundes kann man teilweise noch alte Abbaustellen von schwach kaolinisiertem Feldspatsandstein erkennen, aus dem Rohmaterial für die Uhlstädter und Freienorlaer Porzellanindustrie gewonnen wurde.

Hütten, seit 1950 Ortsteil von Herschdorf

Das Heidedorf im oberen Abschnitt des Hüttener Grundes wurde erstmals um 1071 als neugegründete Ortschaft *Gunpreshutten* erwähnt. Der Ortsname bedeutet *bei den Hütten des Gundbrecht*. In dem späterhin nur noch Hütten genannten Dorf nahmen die Äbte von Saalfeld und die Grafen von Orlamünde, seit 1344 der Markgraf und später die sächsischen Herzöge Hoheitsrechte wahr. 1532 wohnten hier 9 Hausbesitzer, 1673 waren es 14, und 1850 zählte Hütten 123 Einwohner. Die Flur war in 10 Gelänggüter geteilt.

Die Häuser des kleinen Dorfes gruppieren sich um die Kirche an den Straßen nach Herschdorf und Friedebach. Die auf einer Anhöhe gelegene alte Wehrkirche mit schiefergedecktem Steildach und der unmittelbar angrenzende Friedhof sind mit einer Natursteinmauer umgeben. Das Ortsbild wird bestimmt durch einige Dreiseithöfe mit Fachwerkfassaden, teils noch mit Laubengängen, außerdem durch verputzte ehemalige Fachwerkhäuser und Gebäude aus Klinkersteinen. Die meisten Häuser stehen in Giebelstellung zur Straße, teilweise sind die Giebel schieferverkleidet. Ein renovierter ehemaliger Dreiseithof, der Marienhof, westlich der Straße nach Friedebach diente der Betriebsakademie der Handwerkskammer des Bezirkes Gera als Aus- und Weiterbildungsstätte für Schneidermeister und ist heute für Wohnzwecke genutzt. In einer ehemaligen Fabrikantenvilla am Ortsrand ist seit 1949 ein Kinderkurheim untergebracht, in dem während der Kur der Schulunterricht fortgesetzt wird. Die Reste eines Brunnenhäuschens im Dorf erinnern daran, daß man hier noch das Wasser vom Brunnen holen mußte, bis in den Jahren 1967/69 der Anschluß an die zentrale Wasserversorgung erfolgte. Eine spezielle Wasserleitung bringt aus der Gemarkung Grundwasser in eine Pößnecker Brauerei.

Die Landwirtschaft existiert in Hütten nicht mehr. Es gibt eine Gaststätte, und nach 1990 wurden mehrere Wohnhäuser errichtet. Das Kinderkurheim wird mit 52 Plätzen weitergeführt, und ein ehemaliges Kinderferienlager wurde 1992 zu einer Jugendbildungsstätte umgebaut.

Herschdorf, seit 1997 Ortsteil von Krölpa

Das inmitten einer Rodungsinsel auf den Höhen nördlich der Orlasenke gelegene Dorf wurde erstmals 1340 als *Hersdorf* genannt. Der Ortsname geht auf einen Personennamen *Herwig* oder ähnlich zurück. Die Rechte über das Bau-

Y 3 erndorf waren lange Zeit zwischen dem hier ansässigen Grundadel und dem wettinischen Amt Orlamünde, später Leuchtenburg, strittig. Später besaßen das aus zwei Höfen bestehende Rittergut u.a. die Familien von Holbach und von Etzdorf. Sie waren im 16. Jh. Lehensleute der Grafen von Gleichen zu Remda, gaben aber zugleich dem Kloster Saalfeld Zins und dem Amt Leuchtenburg Steuer. Neben dem Rittergut, das 1783 als freies Erblehngut in bürgerlichen Besitz gelangte, bestanden 12 Bauernhöfe.

Ein Teil der Bewohner arbeitete in der Schweinezucht- und Milchviehanlage der ehemaligen LPG(T) Oppurg, viele Berufstätige waren Auspendler. Die Schulkinder aus Herschdorf und Hütten besuchten die polytechnische Oberschule in Krölpa, jetzt die Unterrichtsstätte in Pößneck.

Die Felder und die Ställe, in denen Rinder und Schweine gehalten werden, nutzt die Agrarprodukte Ludwigshof e. G. mit Sitz in Ranis-Ludwigshof. In der genossenschaftlichen Landwirtschaft sind einige Ortsbewohner beschäftigt, weitere Berufstätige pendeln aus. Im Dorf gibt es noch einen Kindergarten, ansonsten versorgen sich die Bewohner in der 5 km entfernten Kreisstadt Pößneck oder im gleichweit gelegenen Krölpa.

Der Ort, der bis 1996 zur Verwaltungsgemeinschaft Krölpa gehörte, präsentiert sich als ein deutlich dreigeteiltes Angerdorf. Von Pößneck kommend gelangt man über den Dorfanger mit einem Teich zu der schiefergedeckten Kirche mit einem Turm mit barocker Haube. Unmittelbar benachbart ist der Friedhof. Links der Straße reihen sich die Gehöfte, meist Dreiseithöfe, aneinander. Die zweigeschossigen Wohngebäude besitzen ein gemauertes Erdgeschoß, darüber ein Obergeschoß in Fachwerkbauweise. Rechts der Straße stehen die Stallanlagen. Aus dem 19. Jh. stammen vornehmlich Klinkerbauten, und neue Eigenheime kamen in den letzten Jahren hinzu.

Die Ackerflächen um Herschdorf sind von Nadelwald umgeben. Als floristische Besonderheiten gelten der Gaspeldorn *(Ulex europaeus)*, die reichen Bestände der Rötelbeere *(Vaccinium intermedium)* sowie an feuchten Waldstellen der Sonnentau *(Drosera* spec.*)*.

Y 4 Forstweg Pößneck-Orlamünde

Unmittelbar nördlich von Jüdewein, einem Stadtteil von Pößneck, erreicht die 100 m hohe Schichtstufe, die der Untere Buntsandstein am Südostrand des Thüringer Beckens bildet, bei Contas Häuschen eine Höhe von 373 m ü. NN. Von hier aus senkt sich das keilförmige Bergmassiv, das vom Hüttener Grund im W und vom Orlatal im NO begrenzt wird, allmählich zum Saaletal bei Orlamünde. Da die Schichtenfolge etwa das gleiche Einfallen aufweist, wandert man auf dem Forstweg von Pößneck nach Orlamünde über weite Strecken, von Contas Häuschen über die Eiserne Hand (336 m ü. NN) bis zum Löscherberg (332 m ü. NN), immer in der gleichen Gesteinsfolge, dem oberen Teil des Unteren Buntsandsteins. Erst am Stern bzw. am Lindenberg erreicht man die hellen Sandsteine des Mittleren Buntsandsteins, die aber am Herrenberg und am Kellerberg in 320 bis 330 m Höhe von spättertiären Terrassenschottern bedeckt sind. Diese Terrassenschotter, die auch am Forstort Sieben

Buchen und westlich des Hüttener Grundes sowie östlich von Pritschroda, bei Schmölln und an der Friedrichseiche östlich des unteren Drehbachgrundes in gleicher Höhenlage auftreten, führen vor allem Quarzkiese, auch Tertiärquarzitblöcke kommen vor (s. U 3). Y 4

Die Terrassenkiese beweisen, daß bereits am Ende des Tertiärs das Saaletal bis auf ein Niveau von 300 m ü. NN eingetieft war und daß die flache Talsenke der damaligen Saale oder eines Flusses, der aus dem Bereich des oberen Schwarzatales kam, 4 km weiter nach SO reichte als das heutige Tal. Während des gesamten Pleistozäns tiefte sich das Saaletal unter gleichzeitiger Terrassenbildung und Verengung immer weiter ein, insgesamt um 150 m. Das heutige Saaletal hat bei Niederkrossen eine Höhe von 170 m ü. NN. Folgt man dem Forstweg von Pößneck nach Orlamünde weiter, so wird, nachdem man die Wurzelhügel hinter sich gelassen hat, der terrassenförmige Abfall des Saaletales nach Orlamünde hin in modellhaft schöner Weise sichtbar. Die gleiche Terrassengliederung kann man auch am Gegenhang des Saaletales im Bereich der Haardt, nördlich von Zeutsch, wiedererkennen.

LITERATURVERZEICHNIS

I. Karten

Erläuterungen zu den geologischen Spezialkarten von Preußen und den thüringischen Staaten. Blatt Remda, Rudolstadt und Stadtilm. Berlin 1936

FRITSCH, K. v.: Geologische Specialkarte von Preußen und den thüringischen Staaten. Blatt Remda. 1:25000. Berlin 1892

Gewässergütekarte Thüringen 1:200000. Hrsg. Thüringer Ministerium für Umwelt und Landesplanung. Erfurt 1993

HOPPE, W.: Übersichtskarte der Bodenarten Thüringens auf geologischer Grundlage. Gotha 1943

Landkreis Saalfeld-Rudolstadt (Hrsg.): Wandern, Erleben, Erholen! Thüringen: Saalfeld-Rudolstadt und Umgebung 1:50000. Erweiterte Auflage, Rützheim o. J. (ca. 1996)

Mittelmaßstäbige landwirtschaftliche Standortkartierung 1:100000. Blatt 55, 56. Hrsg. Akademie d. Landwirtschaftswissensch. d. DDR, Forschungszentrum f. Bodenfruchtbarkeit Müncheberg 1979

NAUMANN E.: Geologische Karte von Deutschland 1:25000. Blatt Orlamünde. Berlin 1956

PUFF, O.: Geologische Karte der DDR 1:25000. Blatt Rudolstadt. Berlin 1963–69

RICHTER, R.: Geologische Specialkarte von Preussen und den Thüringischen Staaten. Blatt Rudolstadt. 1:25000. Berlin 1885

SCHLÜTER, O.; AUGUST, O. (Hrsg.): Atlas des Saale- und mittleren Elbegebietes. 2. Aufl. Leipzig 1958–61

Topographische Karte 1:100000. Blatt C 5530 Suhl, C 5534 Saalfeld (Saale). Thüringer Landesvermessungsamt Erfurt 1996

Topographische Karte 1:25000 (Meßtischblatt). Nr. 5233 Remda, Ausgabe 1905, Nr. 5234 Rudolstadt, Ausgabe 1905; Nr. 5235 Orlamünde, Ausgabe 1905

Topographische Karte 1:25000, Blatt 5233 Rudolstadt W, Blatt 5234 Rudolstadt, Blatt 5235 Pößneck N. Thüringer Landesvermessungsamt Erfurt 1993, 1994, 1996

II. Archivalien

Staatsarchiv Altenburg: Erbzins- und Handelsbücher der Ämter Leuchtenburg, Orlamünde und Roda von 1457ff. (AG Kahla Cl XI Ca Nr. 1), dabei Erbbuch Orlamünde von 1481; Erbbuch des Amtes und der Stadt Orlamünde von 1511 (AG Kahla Cl XV Nr. 14); Rechnungen der Ämter Leuchtenburg, Roda und Orlamünde 1527 (13 XI 5); Zinsregister des Amtes Orlamünde von 1575 (ohne Signatur)

Staatsarchiv Magdeburg: Cop. C LIV Nr. 1481. Verzeichnis der Termineien des Erfurter Einsiedler Augustiner-Ordens in Thüringen (um 1450)

Staatsarchiv Meiningen: Erbzinsregister Schauenforst 1518 (AG Kranichfeld J J Nr. 5); Erbzinsbuch des Stiftes zu Saalfeld 1529 und 1548 (M 1243 und 1247); Rechnung Oberamt Kranichfeld 1618 (Altes Rechnungsarchiv)

Staatsarchiv Rudolstadt: Archivum commune (A C), Urkunden 1242–1613; Documenta varia (Doc. varia) 1247–1832; Documenta Regislacensia (Doc. Reg.) 1346–1684; Geheimes Archiv, Gruppen A bis F, insbesondere Gruppe E V (Erb- und Erbzinsbücher, Flurbücher, Steuerregister u. a.) 1465–1863; Großkochberger Archiv (I Familienarchiv, II Gerichtsarchiv, III Rechnungen, IV Urkunden 1428–1801); Signaturen sind den Findbüchern zu entnehmen.
Staatsarchiv Weimar: Urkunde 1333 VIII 8; Reg. X fol. 147 b Cap. II N 1249
Das Thüringische Staatsarchiv Rudolstadt gibt Informationshefte zu den Beständen heraus (1992 ff.).
Die Beiträge der „Rudolstädter Heimathefte" zur Ortsgeschichte enthalten ausführliche Angaben der Archivquellen.

III. Literatur

AMENDE, E.: Landeskunde des Herzogtums Sachsen-Altenburg. Altenburg 1902

AMENDE, E.: Ein Friedhof der Spätlatènezeit bei Freienorla bei Orlamünde. Mitt. d. Gesch. und Altertumsforschenden Ges. d. Osterlandes. Altenburg 13 (1926), S. 325–328

ANEMÜLLER, E.: Urkundenbuch des Klosters Paulinzelle. Jena 1889 und 1905

BAUER, L.: Beiträge zur Hydrogeographie Thüringens. Habil.-Schrift Universität Jena 1960

BAUER, L.: Zur Hydrogeographie des Schwarza- und Rodagebietes. Ein Beitrag zur Gewässerkunde und Gewässerpflege in Thüringen. Archiv f. Naturschutz u. Landschaftspflege 1 (1961) 2, S. 99–141

BAUER, R.: Kulturgeographie des mittleren Saalegebietes von Saalfeld bis Orlamünde. Diss. Universität Jena 1944

BEER, G.: Beiträge zur Entwicklung der Landwirtschaft im Kreis Rudolstadt in den Jahren 1945 bis 1985. RHH 31 (1985), S. 1–10, Fortsetzungsserie (RHH = Rudolstädter Heimathefte)

BEER, G.: Die Entwicklung des Kreises Rudolstadt als territoriale Einheit. RHH 32 (1986) 7/8, S. 137–140

BEYER, J.; SEIFERT, J. (Bearb.): Weimarer Klassikerstätten Geschichte und Denkmalpflege = Arbeitshefte des Thüringischen Landesamtes für Denkmalpflege 5 (1995). Bad Homburg, Leipzig

BISEWSKI, L.: Zur saxonischen Tektonik im südlichen Thüringer Becken (Raum der Remdaer Störungszone). Abh. Deutsche Akad. Wiss. Berlin, Kl. Math., allg. Naturwiss. (1953) 3, S. 31–62, Berlin 1955

BREITRÜCK, H.: Eibenbestände im Kreis. RHH 18 (1972) 5/6, S. 123–125

BREITRÜCK, H.: Geschützte Pflanzen unserer Heimat. RHH 19 (1973) 1/2, S. 32–36

BREITRÜCK, H.: Das Naturschutzgebiet Steinberg-Dissau bei Keilhau. RHH 25 (1979) 9/10, S. 171–173

BREITRÜCK, H.: Das Naturschutzgebiet Talgrube-Eichberg. RHH 25 (1979) 11/12, S. 222–223

BREITRÜCK, H.: Das Landschaftsschutzgebiet Hermannstal. RHH 28 (1982) 7/8, S. 154–156

BRÜCKNER, G.: Landeskunde des Herzogthums Meiningen. Bd. II. Meiningen 1853

DAEDELOW, G.: Zusammenhang von Siedlungsfunktion und baulich-räumlicher Siedlungsstruktur in ausgesuchten Gemeinden der Landkreise Rudolstadt und Jena. Dipl. Arbeit Hochschule f. Architektur und Bauwesen, Sektion Gebietsplanung und Städtebau. Weimar 1986

Das Gebiet an der unteren Unstrut. Berlin 1986 (Werte unserer Heimat, Bd. 46)

DENNER, R.: Der Reinstädter Grund im Spiegelbild der Geschichte. Kahla 1935

DEUBEL, F.: Die Versinkungen der Ilm und ihre geologischen Ursachen. Beiträge z. Geologie Thüringens 1 (1926) 3, S. 17–39

DEUBLER, H.: Zur älteren Geschichte von Tännich und über Wüstungen im Raum Remda–Dienstedt–Rittersdorf. RHH 1 (1957), S. 229–235; S. 259–265

DEUBLER, H.: Über die Entstehung von Orts- und Flurwüstungen im Kreis Rudolstadt und in einigen angrenzenden Gemarkungen. RHH, Beiheft 1958

DEUBLER, H.: Unsere Heimat gestern und heute I. Eine Wanderung über die Debra nach Weitersdorf. RHH 4 (1958) 1/2, S. 12–14

DEUBLER, H.: Flüsse und Bäche im Kreis Rudolstadt. RHH 4 (1958) 10, S. 259–264; 11, S. 297–302

DEUBLER, H.: Das Tellbachtal. RHH 6 (1960) 8, S. 204–213; 9/10, S. 243–253; 11, S. 283–291

DEUBLER, H.: Die Gemarkung des wüsten Dorfes Lositz bei Engerda. RHH 7 (1961) 6, S. 139–143

DEUBLER, H.: Die alten Brunnenleitungen zur Heidecksburg und das Mörlaer Butzelmannsfest. RHH 7 (1961) 7, S. 183–187; 8/9, S. 198–207

DEUBLER, H.: Weißbach. RHH 10 (1964) 11/12, S. 199–200

DEUBLER, H.: Neue Grabfunde aus karolingischer Zeit am Teufelsgraben bei Heilingen–Röbschütz. RHH 11 (1965) 1/2, S. 98–101

DEUBLER, H.: Die Besiedlung des Kreises Rudolstadt vom Paläolithikum bis zum Ende des Mittelalters im Lichte der Archäologie. Diss. Universität Jena 1966

DEUBLER, H.: Beiträge zur Archäologie und Siedlungsgeschichte des Kreises Rudolstadt. RHH 14 (1968) 7/8, S. 151–161; 9/10, S. 199–207; 15 (1969) 1/2, S. 24–32; 3/4, S. 68–75; 5/6, S. 111–119; 7/8, S. 148–158

DEUBLER, H.: Schloß Weißenburg bei Rudolstadt. RHH 17 (1971) 7/8, S. 153–159; 9/10, S. 202–205

DEUBLER, H.: Heidedorf Friedebach 1072–1972. (Hrsg. Rat d. Gemeinde) Festschrift 1972

DEUBLER, H.: Burg und Amt Ehrenstein. RHH 18 (1972) 1/2, S. 25–34; 3/4, S. 68–75; 5/6, S. 99–105

DEUBLER, H.: Burg und Schauenforst. RHH 18 (1972) 7/8, S. 155–162; 9/10, S. 211–218; 11/12, S. 250–255

DEUBLER, H.: 900-Jahrfeier in Rudolstadt-Schaala. Abriß der Ortsgeschichte. RHH 18 (1972) 9/10, S. 195–202

DEUBLER, H.: 600 Jahre Eschdorf. RHH 9 (1973) 3/4, S. 67–71

DEUBLER, H.: Siedlungs- und Grabfunde im Flurteil „Melm" zwischen Remda und Altremda. RHH 19 (1973) 7/8, S. 157–165

DEUBLER, H.: Aus der Ortsgeschichte von Eichfeld. Ein Beitrag zur 900-Jahrfeier 1074–1974. RHH 19 (1973) 11/12, S. 226–231

DEUBLER, H.: 900-Jahrfeier in Kolkwitz und Catharinau. RHH 20 (1974) 1/2, S. 5–15

DEUBLER, H.: Töpfersdorf. Ein Vortrag zur Denkmalpflege und über die Ortsgeschichte. RHH 20 (1974) 9/10, S. 202–206

DEUBLER, H.: Großkochberg 1125–1975. RHH 21 (1975) 3/4, S. 40–47

DEUBLER, H.: Aus der Geschichte von Lichstedt, Groschwitz und Wüsteborn. Beitrag zur 700-Jahrfeier in Lichstedt (Kreis Rudolstadt). RHH 21 (1975) 5/6, S. 96–103

DEUBLER, H.: Früheste Zeugnisse über Rudolstadt und Remda. RHH 21 (1975) 11/12, S. 231–242

DEUBLER, H.: Kurzgefaßte Geschichte der Stadt Remda. RHH 22 (1976) 1/2, S. 9–17; 3/4, S. 53–65

DEUBLER, H.: Ein Beitrag zur frühen Siedlungsgeschichte von Teichel. RHH 22 (1976) 5/6, S. 97–102

DEUBLER, H.: Neues von der Wüstung Losit z bei Engerda. RHH 22 (1976) 9/10, S. 185–187

DEUBLER, H.: Zur Geschichte der Orte Kirch-, Ober- und Unterhasel sowie der Wüstungen Bendorf und Redwitz. RHH 22 (1976) 9/10, S. 194–203; 11/12, S. 238–242

DEUBLER, H.: Das Reihengräberfeld von Sundremda (Kreis Rudolstadt). RHH 24 (1978) 3/4, S. 70–78; 5/6, S. 99–111; 7/8, S. 137–149

DEUBLER, H.: Heilsberg und die „Heilsberger Inschrift". RHH 25 (1979) 9/10, S. 178–186

DEUBLER, H.: Der frühmittelalterliche Reihengräberfriedhof im Flurteil Melm bei Remda (Kreis Rudolstadt). RHH 26 (1980) 5/6, S. 111–119

DEUBLER, H.: Siedlungsfunde der Spätlatène in Rudolstadt-Volkstedt. RHH 26 (1980) 11/12, S. 232–237

DEUBLER, H.: Eine Siedlung der römischen Kaiserzeit bei Altremda, Kreis Rudolstadt. RHH 27 (1981) 7/8, S. 141–148

DEUBLER, H.: Fröbelstätten im Kreis Rudolstadt und im angrenzenden Gebiet. RHH 28 (1982) 1/2, S. 3–9

DEUBLER, H.: Uhlstädt 1083–1983. Ortsgeschichtliche Nachrichten. RHH 28 (1982) 9/10, S. 172–186

DEUBLER, H.: Niederkrossen 1083–1983. RHH 28 (1982) 11/12, S. 223–230

DEUBLER, H.: 900 Jahre Weißen. RHH 29 (1983) 1/2, S. 5–13

DEUBLER, H.: 900 Jahre Dorndorf und Rödelwitz. RHH 29 (1983) 5/6, S. 104–112

DEUBLER, H.: Schmieden 1083–1983. RHH 29 (1983) 5/6, S. 113–116

DEUBLER, H.: 900 Jahre Zeutsch/Kreis Rudolstadt. RHH 29 (1983) 7/8, S. 147–153

DEUBLER, H.: Zur Ortsgeschichte von Geitersdorf (Kreis Rudolstadt). RHH 29 (1983) 11/12, S. 234–241

DEUBLER, H.: Teichröda 1334–1984. 650 Jahre urkundliche Ersterwähnung, 275 Jahre Hopfgärtner Chronik. RHH 30 (1984) 1/2, S. 8–18

DEUBLER, H.: Neue slawische Grabfunde des 10./11. Jh. in Rudolstadt-Volkstedt. RHH 32 (1986) 5/6, S. 115–116

DEUBLER, H.; DEUBLER, V.: Die Grenzsteine der Gemarkung Ammelstädt (Kreis Rudolstadt). RHH 31 (1985) 11/12, S. 252–256

DEUBLER, H.; EICHLER, E.: Slawische Flurnamen im Kreise Rudolstadt. RHH 7 (1961) 1/2, S. 18–39; 4/5, S. 89–92

DEUBLER, H.; KOCH, A.: Burgen und Schlösser bei Rudolstadt. RHH Sonderheft, 2. Auflage, 1980.

DEUBLER, H.; KÜHNERT, H.: Übersicht über die Rudolstädter Burgengeschichte bis zum Brande der Heidecksburg im Jahre 1735. RHH 9 (1963) 1/2, S. 15–20; 3/4, S. 75–81; 5/6, S. 102–112; 7/8, S. 165–175

DEUBLER, H.; KÜNSTLER, R.; OST, G.: Steinerne Flurdenkmale in Ostthüringen (Bez. Gera). Gera 1976 und 1978

DEUBLER, H.; PÄTZ, E.: 900 Jahre Heilingen und Röbschütz. RHH 29 (1983), 3/4, S. 52–66

DEUBLER, H.: Zur Geschichte von Groß- und Kleingölitz. RHH 42 (1996), 9/10, S. 205–209

DOBENECKER, O.: Regesta diplomatica necnon epistolaria historiae Thuringiae. Band 1–4, Jena 1896–1939

DÖHLER, H.: Volksarchitektur in Ostthüringen (Hrsg. Bezirksfolklorezentrum Gera). Rudolstadt o. J.

DREISSIG, H.: Zur Besiedlung des mittleren Deubetales. Teil 2: Die Siedlungen im Hoch- und Spätmittelalter. RHH 21 (1975) 1/2, S. 23–27; 3/4, S. 74–79; 5/6, S. 115–120

DRESCHER, W.: Die Saale-Eisenbahn und ihre Anschlußbahnen. Berlin 1989

DUFFT, T.: Helix foetens, Spuren früherer Verbreitung. Nachrichtsblatt deutsch. Malakozoolog. Ges. 1 (1869), S. 49

EBERHARDT, H.: Bevölkerungs- und Wirtschaftsgeschichte der Stadt Teichel vom 16. bis 19. Jahrhundert. RHH 2 (1956) 2, S. 251–261

EBERHARDT, H.: Zur Bevölkerungsgeschichte schwarzburgischer Städte im 15. und 16. Jahrhundert. RHH 7 (1961) 8/9, S. 227–235

EBERHARDT, H.: Geschichte und Kirchengeschichte der thüringischen Städte Rudolstadt, Saalfeld und Arnstadt im Mittelalter. In: Thüringer kirchliche Studien IV, Berlin 1981, S. 79–120

EHRMANN, P.: Weichtiere, Mollusca. In: BROHMER, P.; EHRMANN, P.; ULMER, G.: Die Tierwelt Mitteleuropas. Band 2, Nachdruck Leipzig 1956

ENGELMANN, G.: Chronik der Gemeinde Reinstedt. Reinstedt-Geunitz 1983

ESCHER, H.: Der Uhu im Kreis Rudolstadt und seine Verluste in den letzten hundert Jahren. RHH 24 (1979) 7/8, S. 157–160; 25 (1979) 9/10, S. 199–202, S. 224–226

FEUERSTEIN, W.: Beiträge zum Vorkommen des Rauhfußkauzes, Aegolius funereus (L.), in Thüringen. Beitr. Vogelkunde 6 (1957/60), S. 408–422

FISCHER, R.: Die Ortsnamen der Kreise Arnstadt und Ilmenau. Deutsch-slawische Forschungen zur Namenkunde und Siedlungsgeschichte, Bd. 1, Halle (Saale) 1956

FISCHER, R.; ELBRACHT, K.: Die Ortsnamen des Kreises Rudolstadt. Deutschslawische Forschungen zur Namenkunde und Siedlungsgeschichte, Bd. 10, Halle (Saale) 1959

FLEISCHER, H.: Zur Frühgeschichte der Stadt Teichel. RHH 22 (1976) 7/8, S. 93
FLEISCHER, H.; KOCH, K.: (Hrsg. Rat der Stadt) Teichel – Die kleinste Stadt der DDR. Teichel 1976
FLEISCHER, H.: Vom Leben in der Residenz. Rudolstadt 1646–1816 (Hrsg. Thüringer Landesmuseum Heidecksburg Rudolstadt). Rudolstadt 1996
FÖRSTER, J.: Schloß Kochberg. Goethe-Gedenkstätte. Nationale Forschungs- und Gedenkstätten der klassischen deutschen Literatur in Weimar. 3. Auflage, Weimar 1988
Forschungen zur Geschichte Thüringens 1945–1965. Wiss. Ztschr. d. Friedrich-Schiller-Universität Jena, Ges.- u. Sprachwiss. R. 16 (1967) 2/3, S. 161–394
FREYBERG, B. v.: Die tertiären Landoberflächen in Thüringen. Fortschr. Geologie u. Paläontologie 6 (1923) 6, S. 77
FREYBERG, B. v.: Thüringen. Geologische Geschichte und Landschaftsbild. Oehringen 1937
FÜCHSEL, C. F.: Historia terrea et maris ex historia Thuringiae per montium descirptionem eruta. Act. Acad. Elect. Mogunt. Erford II, Erfurt 1761, S. 44–254
GALL, W.: Latènezeitliches Brandgrab aus Freienorla, Kr. Jena. Ausgrabungen und Funde. Berlin 8 (1963) 5, S. 250–252
GIBBONS, K.: 100 Jahre Bahnhof Rudolstadt. Ein Beitrag zur Geschichte der Saalebahn Großheringen-Saalfeld. RHH 20 (1974) 5/6, S. 95–105; 7/8, S. 147–156
GOLDFUSS, O.: Die Binnenmollusken Mittel-Deutschlands. Leipzig 1900
HAGNE, U.: Der Kampf um die Bannmeilenrechte der Stadt Orlamünde. RHH 32 (1986) 1/2, S. 21–24
HAMEL, C.: Untersuchung der historischen Entwicklung der Flächennutzung in ausgewählten Mittelstädten (Betr. Stadtfunktionsfläche Rudolstadt). Dipl. Arbeit Hochschule für Architektur und Bauwesen, Sektion Gebietsplanung und Städtebau. Weimar 1986
Handbuch der naturräumlichen Gliederung Deutschlands. 6. Lieferung. Remagen 1962
Handbuch der Naturschutzgebiete der Deutschen Demokratischen Republik. Bd. 4: Bezirke Erfurt, Suhl und Gera. Leipzig, Jena, Berlin 1974
HEEGER, W.: Petrogenetische Studien über den unteren und mittleren Buntsandstein im östlichen Thüringen. Jb. Preuss. Geol. Landesanstalt 34 (1913) II, S. 405–481
HEINEMANN, G.: Grundzüge der Waldgeschichte im Gebiet der Rudolstädter Heide. RHH 5 (1959) 3/4, S. 70–78; 93–103
HENKEL, J.: (Hrsg. Staatl. Museum Heidecksburg) Volkskundemuseum „Thüringer Bauernhäuser". Rudolstadt 1989
HERZ, H.: Ständische Land- und Ausschußtage in Schwarzburg-Rudolstadt vom 16. bis zum Beginn des 18. Jh. = Schriften zur Geschichte des Parlamentarismus in Thüringen 6/1995 (Hrsg. Thüringer Landtag). Weimar und Jena
HESS, U.: Die Anfänge des Kraftverkehrs in Thüringen. RHH 25 (1979) 5/6, S. 108–119

HEUNEMANN, G.: Ergebnisse historisch-geographischer Forschungen mit Hilfe der Methode der Kartierung von Wüstungsfluren. RHH 4 (1958) 1/2, S. 33–43; 4, S. 89–92

HEUNEMANN, G.: Ergebnisse historisch-geographischer Forschung durch Kartierung von Wüstungsfluren in Thüringen. Geogr. Ber. 4 (1959) 12, S. 151–163

HEUNEMANN, G.: Zur Entwicklung der Gemarkung von Keilhau. RHH 5 (1959) 4, S. 103–109

HEUNEMANN, G.: Historisch-geographische Forschungsergebnisse durch Geländearbeit. Wiss. Ztschr. d. Friedrich-Schiller-Universität Jena. Math. nat. R. 9 (1959/60) 4/5, S. 571–573

HIEKEL, W.: Geologische Naturdenkmale in Thüringen. Landschaftspflege und Naturschutz in Thüringen. Sonderheft 1987

HILD, J.: Kleine Chronik der Schaukelbrücke. Groß- und Kleineutersdorf 1988

Historischer Führer. Stätten und Denkmale der Geschichte in den Bezirken Erfurt, Gera, Suhl. Leipzig, Jena, Berlin 1977

HOHL, R.: Die Entstehung unserer Tertiärquarzitlagerstätten. Silikattechnik 8 (1957), S. 368–372

HOPPE, W.: Zyklische Gliederung des Unteren und Mittleren Buntsandsteins in Thüringen. Ber. Geol. Ges. DDR 4 (1959) 1, S. 3–58

HOPPE, W.; SEIDEL, P.: Geologie von Thüringen. Gotha/Leipzig 1974

HÖPSTEIN, G.: Der Brutvogelbestand im Schloßpark zu Großkochberg. RHH 28 (1982) 7/8, S. 156–162

HÖPSTEIN, G.: Zur Siedlungsdichte der Vögel am Hang des Eichberges bei Teichel, eines Felskiefernforstes in Randlage. RHH 32 (1986) 9/10, S. 202–206

Jäger, K.-D.: Eine Auelehm-Ablagerung in der Rinne-Aue bei Stadtremda und ihre Beziehung zur mittelalterlichen Besiedlung des Remdaer Landes. Jahrbuch der Staatl. Museen Heidecksburg. Rudolstadt 1961, S. 55 ff.

JOHN, J.: Quellen zur Geschichte Thüringens 1918–1945. Erfurt o. J.

JUNGWIRTH, J.; PUFF, P.: Zur saxonischen Tektonik am Südrand des Thüringer Beckens. Geologie 12 (1963) 1, S. 47–66

KAISER, E.: Landeskunde von Thüringen. Erfurt 1933

KAISER, E.: Das Thüringer Becken. Gotha 1954

KALUS, S.; BOCK, W.; GÖRNER, M.; SEIBT, E.: Zur Ökologie des Auerhuhns (Tetrao urogallus L.) in Thüringen. Acta ornithoecologica 1 (1985) 1, S. 3–46

KIRCHHOFF, A.: Erstlingsergebnisse der Beantwortung des vom Thüringerwald-Verein umgesandten Fragebogens. Mitt. Geogr. Ges. (für Thüringen) in Jena. (1884) 3, S. 170–203

KLEBE, D.: Über die Geschichte der Porzellanindustrie im östlichen Thüringer Wald bei besonderer Berücksichtigung der Stadt Rudolstadt. RHH 11 (1976) 7/8, S. 155–160; 11/12, S. 243–254

KOCH, A.: Schloß und Park Kochberg. Jahresgabe der Nationalen Forschungs- und Gedenkstätten der klassischen deutschen Literatur in Weimar. Weimar 1974

KOCH, A.: (Hrsg. Museen Heidecksburg Rudolstadt) Schloß Heidecksburg Rudolstadt. Wegweiser durch die Fest- und Wohnräume. 6. Aufl. 1980

KOCH, H. G.: Wetterheimatkunde von Thüringen. Jena 1953

KÖTSCHAU, G.: Vom Weinbau einst und jetzt im Saaletal und in den Nebentälern der Saale. RHH 14 (1968) 7/8, S. 168–169

KROHN, M.-L.: Der Marienturm bei Rudolstadt Cumbach vor seinem 100-jährigen Jubiläum. RHH 30 (1984) 11/12, S. 247–249

KRONFELD, C.: Landeskunde des Großherzogtums Sachsen–Weimar–Eisenach. Weimar 1878/1879

KÜHNERT, W.: Über die Morphogenese des mittleren Saaletalgebietes bis zum Beginn der diluvialen Talbildung. Beitr. zur Geol. v. Thüringen V (1938) 1, S. 3–33

Landkreise Rudolstadt und Saalfeld (Hrsg.): Perspektiven in Thüringen. Wirtschaft und Fremdenverkehr der Region Rudolstadt/Saalfeld. Bad Blankenburg 1994

Landkreis Saalfeld-Rudolstadt (Hrsg.): Perspektiven in Thüringen. Wirtschaft und Fremdenverkehr des Landkreises Saalfeld-Rudolstadt 1991–1995 und Firmenverzeichnis des produzierenden Gewerbes und ausgewählter Dienstleistungen für Unternehmen. Saalfeld 1996

LANGBEIN, R.: Zur Petrologie des Thüringer Buntsandsteins. Geologie 19 (1968), Beiheft 19

LANGBEIN, R.; SEIDEL, G.: Zur Fazies des Zechsteinkalkes im östlichen Thüringen. Ztschr. geol. Wiss. 8 (1980) 7, S. 835–851

LANGE, P.: Die gesteinstechnisch-baustoffkundliche Eignung der Kiese des mittleren Saaletales. Wiss. Ztschr. Hochschule für Architektur u. Bauwesen 18 (1971) 5, S. 473–481

LANGE, P.: Geschichte der Prozellanfabriken Beutelsdorf und Uhlstädt. RHH 27 (1981) 11/12, S. 221–225; 28 (1982) 1/2, S. 22–25

LANGTHAL, C. E.: Die Geschichte Keilhaus in der Landesgeschichte. Leipzig 1910

LINDNER, C.: Ein Beitrag zur Biologie des Steinsperlings (Petronia petronia L.). Ornithol. Monatsschr. 31 (1906) 1, S. 46–65 und 2, S. 105–121

LINDNER, C.: Nachtrag zu meinem vorjährigen Aufsatz über den deutschen Steinsperling (Petronia petronia L.). Ornithol. Monatsschr. 32 (1907) 11, S. 398–410

LÖBE, J.; LÖBE, E.: Geschichte der Kirchen und Schulen des Herzogthums Sachsen-Altenburg mit besonderer Berücksichtigung der Ortsgeschichte. Bd. III. Altenburg 1891

LOMMER, V.: Beiträge zur Geschichte der Stadt Orlamünde–Naschhausen. Pößneck 1906

MÄGDEFRAU, K.: Geologischer Führer durch die Trias um Jena. Jena 1929

MANIA, D.: Endneolithische Grabanlagen und Siedlungsstellen auf dem Forstberg bei Orlamünde, Kreis Jena. Alt-Thüringen 5 (1961), S. 161–188

Mansfelder Land. Berlin 1982 (Werte unserer Heimat, Bd. 38)

MARTINI, H. J.: Saxonische Zerrungs- und Pressungsformen im Thüringer Becken. Geotektonische Forschungen 5 (1940) 5, S. 124–134

MAST, P.: Thüringen. Die Fürsten und ihre Länder. Graz, Wien, Köln 1992

MEY, E.; STEUER, H.: Vorkommen von Cicadetta montana (Scopoli, 1772) bei Rudolstadt/Thür. (Insecta, Homoptera, Auchenorrhyncha, Cicadidae). Faun. Abh. Museum f. Tierkunde Dresden 13 (1985) 4, S. 110

MÜHLMANN, O.: Denkmalgeschützte Bauwerke im Kreisgebiet. 3. Die Kapelle in Weitersdorf. RHH 9 (1963) 11/12, S. 264–268

MÜLLER, A. H.: „Helminthoide" Lebensspuren aus der Trias von Thüringen. Geologie 5 (1955) 4, S. 407–415

MÜLLER, A. H.: Weitere Beiträge zur Ichnologie, Stratinomie und Oekologie der germanischen Trias. Geologie 5 (1956) 4/5, S. 405–423

MÜLLER, H.: Terrassen und diluviale Krustenbewegungen im Gebiet des mittleren Saalelaufes. Mitt. d. Geograph. Ges. (f. Thüringen) zu Jena 40 (1933), S. 29–48

OPEL, H.: Aus der Chronik von Uhlstädt. Die Fischerei. RHH 13 (1967) 3/4, S. 77–82

PASSARGE, S.: Das Röt im östlichen Thüringen. Jena 1891

PASSARGE, S.: Morphologie des Meßtischblattes Stadtremda. Hamburg 1914

PÄTZ, E.: Denkmalpflegerische Arbeiten im Kreis. RHH 21 (1975) 1/2, S. 1–5

PÄTZ, E.: Zur kulturellen Entwicklung des Kreises Rudolstadt von 1949–1979. RHH 25 (1979) 7/8, S. 129–136

PÄTZ, E.: Denkmalgeschützte Objekte in Heilingen. RHH 42 (1996) 9/10, S. 197–199

PATZE, H.: Bibliographie zur thüringischen Geschichte. Köln 1965/66

PATZE, H.: Geschichte Thüringens. Köln–Graz 1968ff.

PERSCH, F.: Beiträge zur Tektonik der Remdaer Störungszone und des Rudolstädter Sattels. Beiträge zur Geologie Thüringens 2 (1929) 4, S. 161–203

PESCHEL, K.: Bronzezeitliche Brandgräber von Großeutersdorf, Landkreis Jena. Ausgrabungen und Funde 10 (1965) 5, S. 222–230

PESCHEL, K.: Ein Urnengrab der frühen römischen Kaiserzeit von Großeutersdorf, Kreis Jena. Ausgrabungen und Funde 12 (1967) 5, S. 269–272

PESCHEL, K.: Ein weiteres Brandgrab der römischen Kaiserzeit von Großeutersdorf, Kreis Jena. Ausgrabungen und Funde 13 (1968) 5, S. 267–272

PESCHEL, K.: Ein Brandgräberfeld der Bronzezeit von Großeutersdorf, Kreis Jena. Alt-Thüringen 12 (1972), S. 131–249

PESCHEL, K.: Beobachtungen an vier Bronzefunden von der mittleren Saale. Arbeits- und Forschungsberichte zur sächsischen Bodendenkmalpflege 27/28 (1984), S. 59–91

PFEIFFER, H.: Der Lederschiefer – ein rätselhaftes Gestein. RHH 17 (1971) 1/2, S. 38–39

PUFF, P.: Gliederung des Buntsandsteins im Gebiet von Rudolstadt/Thüringen. Geologie 10 (1961) 6, S. 665–673

PUFF, P.: Ein Beitrag zur Störungszone Erfurt–Blankenhain–Kleinbucha. Geologie 15 (1966) 4/5, S. 545–549

PUFF, P.: Über den unteren Buntsandstein am Südostrand des Thüringer Bekkens. Abh. Zentrales Geologisches Institut Berlin 13 (1969), S. 97

PUFF, P.; SEIDEL, G.: Zur faziellen Änderung des mittleren Buntsandsteins in Ostthüringen. Geologie 16 (1967) 3, S. 289–295

Rat der Stadt Remda (Hrsg.): Beiträge zur Geschichte der Stadt. Remda 1976

Rat der Stadt Rudolstadt (Hrsg.): Rudolstadt Beiträge zur Geschichte aus 12 Jahrhunderten. Rudolstadt 1976

REGEL, F.: Thüringen: Ein geographisches Handbuch. Jena 1892–1896

Regionaler Raumordnungsplan Ostthüringen, Teil A. In: Thüringer Staatsanzeiger Nr. 50/1995, S. 1989–2021

Rosenkranz, E.: Physisch-geographischer Überblick über das Thüringer Bekken und seine Randgebiete (Bez. Erfurt). Ztschr. f. d. Erdkundeunterricht 18 (1966) 5, S. 163–173

Rosenkranz, E.: Die geomorphologische Entwicklung am Ost- und Südostrande des Thüringer Beckens seit dem Tertiär. Habil. Schrift Universität Jena 1969

Rosenkranz, E.: Die Reliefgliederung am Ostrande des Thüringer Beckens. Peterm. Geogr. Mitt. 122 (1978) 1, S. 29–36

Rosenkranz, E.: Zur physischen Geographie des Bezirkes Gera. Ztschr. f. d. Erdkundeunterricht 16 (1984) 5/6, S. 170–180

Rosenkranz, E.: Geomorphologische Forschungen in Thüringen. Geograph. Berichte 115 (1985) 2, S. 133–149

Rosenkranz, H.: Ortsnamen des Bezirkes Gera. (Hrsg. Kulturbund der DDR). Greiz 1982

Schelhorn, W.: Zur Geschichte des Volksgutes Groschwitz. RHH 4 (1958) 7, S. 163–168

Schmidt, D.; Schwarze, W.; Walotka, K.: Wasserbewirtschaftung im Bezirk Gera. Geograph. Ber. 126 (1988) 1, S. 37–49

Schmidt, K.: Zur Ausbildung des verdeckten Ordoviziums im nördlichen Vorland des Thüringer Waldes (Raum Saalfeld-Rudolstadt). Abh. Dt. Akad. Wiss. Berlin, Klasse Bergbau, Hüttenwesen u. Montangeologie, (1964) 2, S. 129–133

Schmitthenner, H.: Die Muschelkalkstufe in Ostthüringen. Ber. über d. Verhandl. d. Sächs. Akad. d. Wiss. zu Leipzig, Math.-Phys. Kl. Bd. 91, Leipzig 1939, S. 313–332

Schneider, E.: Rudolstädter Saalebrücken. RHH 11 (1965) 1/2, S. 6–13

Schönheid, K.: Reserven an Bodenschätzen im Kreis Rudolstadt. RHH 1 (1955) 9/10, S. 223–226

Schrickel, W.: Ein Grabhügel der Schnurkeramik in der Flur Orlamünde, Kreis Jena. Alt-Thüringen 2 (1957), S. 78–91

Schultze, J. H.: Die naturbedingten Landschaften der DDR. Gotha 1955 = Ergänzungsheft zu Peterm. Geogr. Mitt. 257

Schwanecke, W.: Die standörtlichen Grundlagen für die Fichtenwirtschaft im Mittelgebirge und Hügelland der DDR. In: Die Fichte im Mittelgebirge. Radebeul 1971, S. 84–170

Schwarz, O.: Thüringen, Kreuzweg der Blumen. Jena 1952

Seeliger, R.: Zur Vergangenheit von Volkstedt. RHH 26 (1980) 11/12, S. 238–243

Seidel, G.: Das Thüringer Becken – Geologische Exkursionen. Gotha/Leipzig 1972

Seifert, J.: Das Perm am Südostrand des Thüringer Beckens. Jb. Geologie. Berlin 4 (1972), S. 97–179

Sempert, J.: Die Siedelungen in der Oberherrschaft von Schwarzburg-Rudolstadt. Rudolstadt 1862/1863

Seyfarth, K. H.: Die Schichtenfolge des Rudolstädter Sattels. RHH 2 (1956) 6, S. 148–154

Seyfarth, K. H.: Der Kalktuff im Schaalbachtal. RHH 2 (1956) 11/12, S. 311–313

SEYFARTH, K. H.: Erdrutschbewegungen im Hermannstal. RHH 3 (1957) 1, S. 41–46

SIGNUS, D.: Zur Arbeit der Remdaer Kulturbund-Ortsgruppe (Betrifft Baropturm). RHH 24 (1978) 3/4, S. 43–46

SIGNUS, D.: Kleine Gemeine – groß in der Kulturarbeit. Ein Besuch in Geitersdorf. RHH 29 (1983) 5/6, S. 100–103

SOBOTKA, B. J. (Hrsg.): Burgen, Schlösser, Gutshäuser in Thüringen. = Veröffentlichungen der Deutschen Burgenvereinigung e. V., Reihe C. Mitherausgeber: Thüringisches Amt für Denkmalpflege. Stuttgart 1995

SÖFNER, R.: Zur Entstehung des thüringischen Buntsandsteins. Chemie der Erde 11 (1937), S. 420–444

Staatliche Museen Heidecksburg (Hrsg.): Friedrich Fröbel 1782–1852. Beiträge zum Leben und Werk des großen Menschenerziehers. Rudolstadt 1977

Stadtchronik Rudolstadt 1981–1985 (Hrsg. Rat der Stadt), Rudolstadt 1986

STEINMÜLLER, A.: Die präglaziale Entwicklung des Saaletals zwischen den Remdaer Störungszonen und der Leipziger Tieflandsbucht. Diss. Universität Jena 1956

STEINMÜLLER, A.: Pleistozäne und holozäne Schwemmkegel im Buntsandsteingebiet des mittleren Saaletales. Geogr. Berichte 6 (1961) 20/21, S. 197–213

STEINMÜLLER, A.: Die Fazies und Herkunft des Lößes und die Lößwinde im Buntsandsteingebiet des südöstlichen Thüringer Beckens. Geologie 11 (1962) 10, S. 1133–1148

STÖRZNER, F.: Steinkreuze in Thüringen, Katalog Bezirke Gera–Suhl. Hrsg. Mus. f. Ur- und Frühgeschichte Thüringens. Weimar 1988 (mit ausführlicher Angabe älterer Literatur)

Thüringen im Mittelalter. Die Schwarzburger. Katalog zur Ausstellung im Schloßmuseum Rudolstadt. Rudolstadt 1995

Thüringer Landesmuseum Heidecksburg Rudolstadt (Hrsg.): Thüringen im Mittelalter. = Beiträge zur Schwarzburgischen Kunst- und Kulturgeschichte Bd. 3. Rudolstadt 1995

Thüringer Ministerium für Umwelt und Landesplanung (Hrsg.): Landesentwicklungsprogramm Thüringen. Erfurt 1993

Thüringer Ministerium für Wirtschaft und Infrastruktur (Hrsg.): 1. Raumordnungsbericht. Erfurt 1994

TRÄGER, R.: Das Amt Leuchtenburg im Mittelalter (mit ausführlicher Quellenangabe). Jena 1941

UNGER, K. P.: Klimamorphologische Untersuchungen an pleistozänen Schotterkörpern der Saale. Diss. Universität Jena 1955

WALTHER, H.: Namenkundliche Beiträge zur Siedlungsgeschichte des Saale- und Mittelelbegebietes bis zum Ende des 9. Jh. = Deutsch-slawische Forschungen zur Namenkunde und Siedlungsgeschichte, Bd. 26. Halle (Saale) 1971

WEBER, H.: Einführung in die Geologie Thüringens. Berlin 1955

WEIGEL, H.: Die Pörzquelle zwischen Schaala und Eichfeld. RHH 2 (1956) 10, S. 267–272

WEIGEL, H.: Die Saalebrücke bei Rudolstadt-Volkstedt. RHH 28 (1982) 5/6, S. 98–101

WEIGEL, H.: Neue Saalebrücke bei Rudolstadt-Volkstedt. RHH 30 (1984) 5/6, S. 101
WEIGEL, H.: Geologische Naturdenkmale im Kreise Rudolstadt. RHH 34 (1988) 3/4, S. 56–57; 5/6, S. 84–86
WEISS, F.: Vorkommen und Entstehung der Kaolinerden des ostthüringischen Buntsandsteinbeckens. Ztschr. praktische Geologie 8 (1910), S. 353–367
WERNER, G.: Der ehemalige Flügelaltar der Kirche von Keilhau – ein Werk des Saalfelder Bildschnitzers Hans Gottwald. RHH 16 (1970) 9/10, S. 202–208
WOLLMANN, G.; ROOB, H.: Bibliographie zur thüringischen Siedlungskunde. Veröff. d. Landesbibliothek Gotha 11. 1967
WÜST, E.: Untersuchungen über das Pliozän und das ältere Pleistozän Thüringens nördlich des Thüringer Waldes und westlich von der Saale. Abh. naturforsch. Ges. Halle. 23 (1900) 1, S. 17–368
ZIESSLER, R.: Die Stadtkirche zu Rudolstadt. Das christliche Denkmal, H. 133. Berlin 1987
Zwischen Rennsteig und Sonneberg. Berlin 1983 (Werte unserer Heimat, Bd. 39)

IV. Periodica

Alt-Thüringen. Museum für Ur- und Frühgeschichte Thüringens, Weimar 1956 ff.
Ausgrabungen und Funde. Berlin 1955 ff.
Das Thüringer Fähnlein. Monatshefte für die mitteldeutsche Heimat. Jena 1932–1939. (Beilagen: Thüringer Heimatschutz, Thüringer Sippe, Der Spatenforscher)
Deutsch-slawische Forschungen zur Namenkunde und Siedlungsgeschichte. Halle 1956 ff.
Gewässerkundliches Jahrbuch der DDR. Hrsg. Institut für Wasserwirtschaft. Berlin 1971 ff.
Rudolstädter Heimathefte. Rudolstadt 1955 ff., im Literaturverzeichnis = RHH
Schriften des Vereins für Rudolstädter Geschichte und Heimatschutz. Rudolstadt 1912–1914
Schwarzburgbote, Blätter für Thüringer Volks- und Heimatkunde. Rudolstadt 1926–1934 (Wochenbeilage zur Rudolstädter Landeszeitung)
Thüringen. Eine Monatsschrift für alte und neue Kultur. Jena 1925 ff.
Thüringer Kalender. Eisenach 1903–1926
Thüringer Monatsblätter. Verbands-Zeitschrift des Thüringerwald-Vereins. Eisenach 1893 ff.
Zeitschrift des Vereins für Geschichte und Altertumskunde zu Kahla und Roda. Kahla 1876 ff. (1871–1874 nur für Kahla)
Zeitschrift des Vereins für Thüringische Geschichte und Altertumskunde. Jena 1852–1942

ANHANG

A: Einwohnerzahlen vom 18. bis 20. Jahrhundert

Ort/Ortsteil	1787	1840	1880	1910	1925	1939	1964	1971	1981	1988	1993	1995
Altremda	126	150	137	144	155	163	138	141	zu Remda 1974		128	134
Ammelstädt	85[x]	106	121	151	140	146	166	172	141	139	195	200
Beutelsdorf	107	143	165	176	146	202	229	227	216	208	276	268
Bibra	108	130	131	162	155	156	186	185	287	292	304	291
Breitenheerda	82	110	163	186	181	185	230	200	307	318	304	291
Catharinau	147	155	145	145	139	160	172	174	185	197	207	zu Kirchhasel 1994
Cumbach	260	268	427	971	zu Rudolstadt 1923							
Dienstädt	80	210	229	225	246	216	zu Eichenberg 1950		201	218	112	105
Dorndorf	106	160	154	167	155	152	252	228	173	140	133	130
Ehrenstein	108	152	181	196	194	196	210	196	421	426	433	449
Eichenberg		180	213	203	223	207	539	479				
Eichfeld	131	184	237	245	270	259	zu Keilhau 1950		375	380	361	365
Engerda	302[x]	350	366	346	364	359	410	395	90	86	73	76
Eschdorf	54	58	64	50	56	73	104	89				zu Kirchhasel 1994
Etzelbach	246[x]	279	245	374	321	325	471	414	396	379	346	369
Freienorla		230	296	314	315	288	380	391	409	392	362	
Friedebach		164	163	126	130	124	143	111	94	103	254	190
Geitersdorf		102	87	86	71	79	101	101	100	102	94	85
Groschwitz	9	13	zu Lichstedt									
Großeutersdorf	270	360	360	437	406	459	442	428	393	343	319	322
Großgölitz	75	118	98	82	89	70	78	72	155	165	zu Bad Blankenburg 1993	
Großkochberg	279	341	380	362	377	330	583	539	656	664	662	664
Heilingen	170	210	265	258	238	247	372	370	345	339	340	341
Heilsberg	186	220	257	242	246	232	272	252	245	237	232	226
Herschdorf		202	208	209	195	197	356	356	324	337	315	334
Hütten		123	120	121	127	119	zu Herschdorf 1950					
Keilhau	83	154	177	223	225	97	499	448	439	320	zu Rudolstadt 1993	
Kirchhasel	387	352	467	444	418	656	668	617	603	689	1839	1918
Kirchremda	71	65	77		79	72	zu Remda 1957					
Kleinbucha		80	91	101	87	86	zu Eichberg 1950					

223

(Fortsetzung)

Ort/Ortsteil	1787	1840	1880	1910	1925	1939	1964	1971	1981	1988	1993	1995
Kleineutersdorf	333ˣ⁾	430	400	437	448	485	510	499	437	441	429	422
Kleinkochberg	22	59	64	63	69	67	76	64	72	71	63	zu Großkochberg 1994
Kolkwitz	182ˣ⁾	237	209	182	222	221	300	299	257	269	238	zu Kirchhasel 1994
Kuhfraß	27	42	53	32	44	32	zu Neusitz 1950					
Langenorla	207	350	373¹⁾	446	534	521	1702	1634	1515	1477	1594	1720
Lichstedt	117	172	167	177	171	176	222	220	194	221	186	194
Milbitz/T.		120	124	104	109	97	106	102	82	76	85	85
Mörla		89	117	200	184	226	zu Rudolstadt 1950					
Mözelbach	120	142¹⁾	126	130	117	111	109	90	102	99	92	zu Kirchhasel 1994
Naundorf		54	61	51	50	44	zu Kolkwitz 1957					
Neusitz	143	145	148	126	132	114	322	307	200	308	299	zu Kirchhasel 1994
Niederkrossen		190	313	356	398	427	454	426	355	332	310	319
Oberhasel	140	100	101¹⁾	89	81	84	zu Kirchhasel 1950					
Oberkrossen	37	150²⁾	101	116								
Oesteröda		53		54	69	50	zu Dienstedt 1950					
Orlamünde	565ˣ⁾	1100	1212	1671	1797	1799	1962	1869	1629	1534	1417	1388
Partschefeld	136ˣ⁾	150	196	161	169	161	164	158	zu Uhlstädt 1972			
Pflanzwirbach		168	177	262	287	316	zu Rudolstadt 1950					
Remda	729	935	1116	987	1001	913	1273	1192	1212	1203	1186	1149
Röbschütz	51ˣ⁾	84	85	92	86	91	zu Heilingen 1950					
Rödelwitz	84	117	110	93	89	93	zu Dornndorf 1950, ab 1990 Gemeinde					
Rückersdorf	86ˣ⁾	120	130	149	zu Uhlstädt 1923						86	103
Rudolstadt	4101	5145	8747	12937	15711	19331	30087	31437	31386	32109	29536	28691
Schaala	138	206	348	600	584	741	zu Rudolstadt 1956					
Schmieden	43ˣ⁾	64	70	50	57	63	47	42	47	46	51	55
Solsdorf	218	297	325	370	375	344	332	320	300	288	278	zu Rottenbach 1994
Sundremda	230	270	256	250	273	237	293	283	264	267	243	260
Teichel	268	432	504	455	489	513	622	618	562	561	540	522
Teichröda	205	296	300	265	285	293	332	303	296	319	301	313
Teichweiden	176	253	261	242	248	245	260	250	231	223	211	215
Thälendorf	135	173	160	142	159	157	140	137	120	114	144	zu Rottenbach 1994
Uhlstädt	466ˣ⁾	550	820	1276	1480	1571	2000	1934	1910	1737	1591	1953

Ort/Ortsteil	1787	1840	1880	1910	1925	1939	1964	1971	1981	1988	1993	1995
Unterhasel		102	Zu Kirchhasel									
Volkstedt	115	299	751	1753[3]	zu Rudolstadt 1923							
Weißstedt	218	101	102	88	86	85	zu Weißen 1950					
Weißen		247	233	229	243	243	464	467	420	384	359	zu Uhlstädt 1994
Zeutsch	263[x]	143	333	305	225	353	421	383	374	367	358	376
Zweifelbach		59	62	69	83	61	67	zu Reinstädt 1970				

x) 1814   1) 1867   2) mit Kleinkrossen   3) 1905

Nachweis der Einwohnerzahlen:

Acten des Herzoglichen Sächs. Landrathsamtes für den Verwaltungsbezirk Roda. Volkszählung 1880
Adressbuch aller Länder, Band 5 Königreich Sachsen 1883–1886, Nürnberg o. J.
AMENDE (1902), BRÜCKNER (1853), KRONFELD (1878/79), LÖBE, J. und LÖBE, E. (1891), SEMPERT (1909), SIGISMUND (1862/63) (im Literaturverzeichnis).
Amtliches Verzeichnis der Orte des Landes Thüringen, 2. erw. Auflage, Weimar 1928
Ergebnisse der Volks-, Berufs-, Wohnraum- und Gebäudezählung, Berlin 1964, 1971, 1981
Gemeindekatalog zum Zentralspeicher Städtebau. Bauakademie der DDR, Berlin 1988
Ortsverzeichnis der Thüringischen Staaten auf Grund der Volkszählung vom 1. Dezbr. 1910
Ortsverzeichnis der Orte des Landes Thüringen nach den Ergebnissen der Volkszählung vom 17. 5. 1939, Weimar 1940
Schwarzburg-Rudolstädtisches Wochenblatt vom 27. 3. 1817
Statistik des Herzogtums Sachsen-Meiningen, hrsg. v. statist. Bureau im Staatsministerium, Abt. Inneres, Meiningen o. J.
Thüringer Landesamt für Statistik: Statistischer Bericht Bevölkerung der Gemeinden Thüringens am 30. 6. 1994 und 30. 6. 1996

B. Gliederung des Buntsandsteins bei Rudolstadt
(nach P. PUFF, 1961)

Oberer Buntsandstein

so3/4	Oberer Röt (Myophorienschichten); fossilreiche Kalksteinplatten und graue dünnblättrige Mergelsteine, 20 m mächtig
so2	Mittlerer Röt; rote dünnblättrige und bröcklige Mergel- und Tonsteine mit Faser- und Knollengipshorizonten, etwa 60 m mächtig
so1	Unterer Röt; graue dünnblättrige Mergelsteine mit Dolomit- und Sandsteinbänkchen, örtlich Gipseinschaltungen, 15–20 m mächtig
so X	Chirotheriensandstein; graue, z.T. karbonatische mittel- bis feinkörnige Sandsteinbänke mit Karneolführung, an der Basis grobkörnig, 8–10 m mächtig

Mittlerer Buntsandstein

sm3ts	Dünnschichtige rote, feinkörnige Sandsteine und dünnblättrige Tonsteine, etwa 5 m mächtig
sm3st	Bausandstein; dickbankige rote, fein- bis mittelkörnige Sandsteine mit roten Tonbestegen und einzelnen Geröllen, etwa 45 m mächtig
sm2st	Rothensteiner Schichten; verschiedenkörnige bunte Sandsteine mit dünnen Tonsteinzwischenlagen, etwa 25 m mächtig
sm2s	Rothensteiner Konglomerat; grobkörnige Sandsteinbänke, mürbe Feldspatsandsteine und einzelne Geröllagen, 5 m mächtig
sm1ts	Gervilleienschichten; ebenplattige feinkörnige, helle Sandsteine mit Glimmer- und Tonsteinlagen und Führung von Fossilien wie *Avicula murchisoni* GEIN. und *Chonchostraken*, 25–35 m mächtig
sm1s	Basissandstein; bankige gelbe mittelkörnige, feldspatführende Sandsteine, 50 m mächtig

Unterer Buntsandstein

su3st	Obere Sandstein-Tonstein-Wechselfolge; feinkörnige rote, feinporige Sandsteine mit ausgelaugten Karbonatooiden, 70–90 m mächtig
su2/3s	Geröllführende Sandsteinfolge, 130–150 m mächtig, lokal untergliederbar in:
	su3s Obere Sandsteinfolge
	su2ts Sandige Tonsteinfolge
	su2s Untere Sandsteinfolge
su2st	Untere Sandstein-Tonstein-Wechselfolge; feingebänderte, ebenschichtige, feinkörnige Sandsteine mit Tonsteinzwischenlagen, 20–30 m mächtig
su1	Bröckelschiefer; rote Tonsteine mit roten Sandflaserlagen oder dünnen Sandsteinlagen, an der Basis eine hellgraue mittelkörnige Sandsteinbank, 25–30 m mächtig

Die einzelnen Schichten werden der heute üblichen Gliederung wie folgt zugeordnet:

soX	= Solling-Folge
sm3	= Hardegsen-Folge
sm2	= Detdurth-Folge
sm1	= Volpriehausen-Folge
su3	= Bernburg-Folge
su1 + 2	= Nordhausen-Folge

C. Gliederung des Muschelkalks in der Umgebung Rudolstadts
(nach P. LANGE, 1990)

Hauptmuschelkalk (mo)	Grenzschichten	7 m	Mächtigkeit
	Obere Tonplatten	17 m	Mächtigkeit
	Cycloidesbank	0,3 m	Mächtigkeit
	Untere Tonplatten	30–40 m	Mächtigkeit
Mittlerer Muschelkalk (mm)	Anhydrit-Folge, vielfach ausgelaugt oder verkarstet	50–80 m	Mächtigkeit
Wellenkalk-Folge (mu)	Schaumkalkzone	9–10 m	Mächtigkeit
	Oberer Wellenkalk	17–18 m	Mächtigkeit
	Terebratula-Bänke	4– 6 m	Mächtigkeit
	Mittlerer Wellenkalk	19–23 m	Mächtigkeit
	Oolith-Bänke	6– 7 m	Mächtigkeit
	Unterer Wellenkalk	38–40 m	Mächtigkeit

D. Verzeichnis von spätmittelalterlichen Ortswüstungen
(Zusammenstellung: H. DEUBLER, 1989)

Benndorf, nördlich von Kirchhasel; 1350 als Ortschaft, 1363 ein Pfarrer erwähnt, später Vorwerk, im 17. Jh. unter Wald

Bunstal, westlich von Ehrenstein; 1140 *Bunsdorf*, 1417 *Unnstal*, im 15. Jh. verlassen, Flur zu Ehrenstein

Clöswitz, westlich von Großkochberg; um 1200 *Kloskewiz*, seit 15. Jh. kochbergische Schäferei, nach 1945 Neubauerndorf

Groschwitz, nördlich von Lichstedt; 1334 *in villa Groyzwitz*, im 16. Jh. allmählicher Übergang zum Vorwerk, nach 1945 Neubauernhäuser

Hermirsdorf, westlich von Pflanzwirbach; 1417 *Hermirsdorf*, 1487 *Syffersdorff*, Anfang 16. Jh. verlassen, Agrarrelikte unter Wald

Hohe Fahrt, westlich von Teichweiden; Agrarrelikte unter Wald, selbständiger Waldbezirk

Korsitz, westlich von Sundremda; 1133 *Cursitz*, 1417 *Korscytz*, im 15. Jh. verlassen, später Schäferei, 1980 abgerissen

Limberg, östlich von Breitenheerda; 1411 *Lymberg* als Dorf, später bei wiederholtem Wechsel Forstaufsicht, Vorwerk und Dorf, seit 17. Jh. Tännich genannt

Lositz, südlich von Engerda; 1350 *villa Losicz*, seit Mitte 15. Jh. verlassen, Flur zu den Gemeinden Engerda und Neusitz, 1972 zwei Keller aufgefunden

Mandelhausen, südwestlich von Teichel; Agrarrelikte unter Wald, Keramikfunde, Erwähnung im 8. Jh. *Malnhusun*, wohl auf anderen Ort zu beziehen

Martinsroda, nördlich von Kleinbucha; 1414 zur Herrschaft Schauenforst, später Vorwerkssiedlung

Nauendorf, südlich von Zeigerheim; 1367 *Nuwendorf*, Anfang 16. Jh. verlassen

Nauendorf, südöstlich von Tännich; Gelände 1534 als Dorfflur bezeichnet, kurzlebige Siedlung, alter Brunnen im Wald

Pritschroda, südöstlich von Freienorla; 1062 *Predesrod*, seit 15. Jh. Vorwerk

Ramstal, nordöstlich von Tännich; 1326 Dorf mit Kirche, im 15. Jh. verlassen, 1954 Keller aufgefunden

Redwitz, südwestlich von Kirchhasel; 1404–1574 wiederholt als Dorf erwähnt, im 16. Jh. wegen Saalehochwassergefahr nach Kirchhasel umgesiedelt

Salzworgel, südwestlich von Milbitz; 1417 als Dorf erwähnt, im 15. Jh. verlassen, Flur zwischen Milbitz und Heilsberg geteilt

Spaal, nördlich von Schmieden; um 1200 *spayl*, 16. Jh. bis 1910 Vorwerk, Gelände im 19. Jh. aufgeforstet, selbständiger Waldbezirk

Strumpilde, nordwestlich von Orlamünde, ehemaliges Weinbauerndörfchen, 1083 *Strumpilde*

Töpfersdorf, südlich von Zeutsch; 1497–1503 als Dorf mit Kirche erwähnt, im 16. Jh. verlassen, im 17. Jh. wieder zwei Häuser, 1860 verlassen, Keramikfunde, Keller

Unterhasel, südlich von Kirchhasel; 1417 *Nydernhasla*. Seit 1867 wegen Saalehochwassergefahr allmählich nach Kirchhasel umgesiedelt, noch zwei Häuser bewohnt

Weitersdorf, nördlich von Teichweiden; 1451 und 1404 Rudolstädter Bürger namens *Wyberstal*, 1417 Dorf *Wiserstal*, später Vorwerk, nach 1945 Neubauernhäuser

Würzbach, nördlich von Langenorla; 1387 *Werzcebach* als Dorf, angeblich 1450 zerstört, Flur unter Wald, 1860 Grundmauern der Dorfkirche aufgefunden

Wüsteborn, nördlich von Lichstedt; 1334 *villa Wüsteborn*, wohl nur kurzlebige und sehr kleine Ansiedlung

Wüstebuch, nördlich von Großkochberg; nach Flurbeschreibungen des 17. und 18. Jh. wüste Dorfsiedlung, alter Dorfbrunnen im 18. Jh. erwähnt, 1851 Schäferei, nach 1950 abgerissen.

E. Verzeichnis von Steinkreuzen
(nach: DEUBLER, H., KÜNSTER, R., OST, G. 1976 und 1978 und STÖRZNER, F. 1988)

Ort/Nr. Meßtischblatt	Lage[1]	Kreuzform[2] Größe in cm[3]	Bemerkungen
Altremda 5233	H 25440 R 43880	L 80 × 84 × 29	abgebrochen, 1974 neu gesetzt
Dienstädt 5235	H 28290 R 65350	L +162 × 62 × 18	restauriert, ursprünglich etwa 80 m weiter östlich
Eichfeld 5233	H 20500 R 49090	M 153 × 54 × 25	18. Jh.: *bey den dreyen Crutzen*, angeblich aus der Flur umgesetzt
Engerda 5234	H 28880 R 57600	L 78 × 91 × 28	Schaft abgebrochen, Krückenkreuzform, 1966 etwa 100 m nördlich neu aufgerichtet
Etzelbach 5234	H 22850 R 59180	St 118 × 45 × 30	nach der Überlieferung Kreuz, dessen Arme fehlen
Friedebach 5235	H 21150 R 65360	M +160 × 84 × 23	1974 neu gehoben
Großgölitz 5233	H 18840 R 45180	M 48 × 45 × 21	abgebrochen, neuer Kreuzstamm 113 cm
Herschdorf 5235	H 19540 R 67820	L 96 × 66 × 28	ursprünglicher Standort weiter nach SSO
Kirchhasel 5234	H 21620 R 57270	L 89 × 80 × 25	abgebrochen, aus der Flur in die Ortslage umgesetzt, 1976 neu aufgerichtet
Kirchhasel 5234	H 21360 R 56050	L 99 × 87 × 30	1526 in der *awe bey den Creutzen*, Sühnevertrag 1443? nach 1945 verschwunden
Kleinbucha 5234	H 28080 R 62200	K 98 × 55 × 20	an der Hohen Straße
Kolkwitz 5234	H 20900 R 58980	L 51 × 36 × 13	ursprünglicher Standort etwa 500 m südlich der Ortslage, in die Kirchhofsmauer eingefügt
Lichstedt 5233	H 22100 R 47720	L 194 × 75 × 34	*Frawen Creuz*, aus der Flur in die Ortslage umgesetzt
Milbitz 5233	H 28380 R 48400	L 68 × 42 × 18	Vermutlich aus der Flur nördlich Heilsberg in die Ortslage umgesetzt, abgebrochen
Mötzelbach 5234	H 24260 R 57760	M 93 × 66 × 27	am oberen Dorfteich
Mötzelbach 5234	H 24260 R 57760	L 92 × 74 × 32	am oberen Dorfteich
Mötzelbach 5234	H 24190 R 57730	L +185 × 62 × 28	nahe dem oberen Dorfteich am ehemaligen Marktweg nach Oberhasel, 1975 gehoben

(Fortsetzung)

Ort/Nr. Meßtischblatt	Lage[1]	Kreuzform[2] Größe in cm[3]	Bemerkungen
Oberhasel 5234	H 22180 R 56000	L 98 × 95 × 31	1735 das *steinerne Creutz oder Todten Mahl*, an ehemaliger Landesgrenze
Partschefeld 5234	H 24740 R 60730	L 135 × 47 × 22	ein Arm abgebrochen
Pflanzwirbach 5233	H 22500 R 52640	L +215 × 105 × 25	1486 *bey dem alten Crutze*, 1971 um 2 m zurückgesetzt
Röbschütz 5234	H 26500 R 63800	L +100 × 68 × 30	1982 neu aufgerichtet, nahe der Kreisgrenze Rudolstadt/Jena-Land, Sühnevertrag von 1514?
Schaala 5253	H 20180 R 50200	L 46 × 35 × 15	in der Eingangsbewehrung der Kirche, vermutlich aus der Flur Eichfeld
Schmieden 5134	H 29800 R 56340	M 95 × 75 × 21	nahe Ortswüstung Spaal, 1630 *beym Kreutzstein*
Schmieden 5134	H 29800 R 56380	L 145 × 106 × 28	nahe Ortswüstung Spaal, 1630 *beym Kreutzstein*, mehrmals umgestürzt und wieder aufgerichtet
Schmieden 5134	H 29800 R 56380	St 48 × 50 × 35	angeblich verstümmeltes Steinkreuz, wohl ehemaliges Wolfskreuz 600 m östlich
Sundremda 5233	H 24020 R 44870	L +120 × 98 × 29	ursprünglich etwa 50 m südöstlich, wiederholt neu gesetzt
Uhlstädt 5234	H 23050 R 62280	M 69 × 79 × 20	aus der Flur, etwa 900 m westlich in die Ortslage versetzt, verschwunden
Weißbach 5234	H 20200 R 61560	L +140 × 74 × 19	1985 vom ursprünglichen Standort im Wald an den Waldrand nahe der Kirche umgesetzt
Weißen 5234	H 22450 R 61540	L 72 × 57 × 19	mehrmals wieder aufgerichtet, ein Seitenarm fehlt
Weißen 5234	H 22450 R 61540	L 72 × 34 × 19	seit 1961 verschwunden
Weitersdorf 5234	H 25260 R 54400	G 250 × 101 × 28	nahe der romanischen Kapelle, Kreuz mit halbplastischer männlicher Gestalt

1) Hoch- und Rechtswert des Standortes
2) G = Gotisches Kreuz; K = Kleeblattkreuz, L = Lateinisches Kreuz, M = Malteserkreuz, St = Stamm, Stumpf
3) Höhe, Breite, Stärke; + = wirkliche Höhe einschließlich Kreuzbasis

F. Herausragende, ausgewählte Kulturdenkmale im Raum Rudolstadt
(nach: Unterlagen des Thüringischen Landesamtes für Denkmalpflege, 1996)

Stadt/Gemeinde/ Ortsteil/Straße	Bauwerksname	Kurzbeschreibung/Bauzeit
Rudolstadt	Schloß Heidecksburg	dreiflügelige Schloßanlage auf den Grundmauern des ab 1573 errichteten und 1735 abgebrannten Renaissanceschlosses, 1743 nach Plänen von H. KROHNE, mit Schloßpark
Rudolstadt, Kirchgasse	Altes Rathaus	1524, 1603 mit Turm
Rudolstadt, Burgstraße 1	Stadtschloß Ludwigsburg	Palais mit Torhaus ab 1734 dreiflügelige Anlage, Sanierung 1996
Rudolstadt	Stadtkirche	1227 Pfarrkirche, Neubau 14. und 15. Jh., dreischiffige Hallenkirche mit Chorraum, 1634-36, 1975 und 1981 Sanierung
Rudolstadt-Volkstedt	Kirche mit Flügelaltar	um 1500 gefertigter Schnitzaltar einer Saalfelder Werkstatt
Rudolstadt-Schaala	Dorfkirche	älteste Teile 13. Jh., 16. Jh. Anbau des Chores, mit Teilen eines spätgotischen Schnitzaltars der Saalfelder Schule
Rudolstadt-Volkstedt, Teichröda, Sundremda, Lichstedt	Gedenksteine „Leidensweg der Buchenwaldhäftlinge"	1985 aus Lausitzer Granit errichtete Gedenksteine zum Gedenken an den Todesmarsch der Häftlinge des KZ Buchenwald April 1945
Rudolstadt, Heinrich-Heine-Park	Volkskundemuseum „Thüringer Bauernhäuser"	1914 wiederaufgebaute Häuser aus Unterhasel und Birkenheider Haus mit Fachwerk
Rudolstadt-Keilhau	ehemalige Fröbel'sche Erziehungsanstalt	von 1817–23 die alte Schule (Unterhaus), 1817–21 Oberhaus, Anbau, Sprachheilschule
Remda	Stadtbefestigungsanlage	aus dem 14. Jh. mit Ecktürmen
Engerda	Kirche mit Doppelflügelaltar	Anlage 12. Jh., Umbau 14. Jh., Erneuerung Langhaus 16./17. Jh., mittlelalterlicher Flügel- und Schreinaltar
Großkochberg	Schloß mit Liebhabertheater und Park	kemenatenartiges „Hohes Haus" 1380, frühbarocker Bau als dreiflügelige Anlage 17. Jh., Goethe-Gedenkstätte und Liebhabertheater, Landschaftspark
Großkochberg	Kirche mit Schnitzaltar	Kirche um 1200, heutiger Bau Ende 17. Jh., 1980 Restaurierung Innenraum, um 1500 entstandener Altar

(Fortsetzung)

Stadt/Gemeinde/ Ortsteil/Straße	Bauwerksname	Kurzbeschreibung/Bauzeit
Kirchhasel	Kirche	runder Wehrturm 14. Jh., gotisches Langhaus
Oberhasel	Kirche mit Schnitzaltar	Altarschrein um 1490/1500 einer Saalfelder Werkstatt
Kolkwitz	ehemaliger Edelhof	mittelalterlicher Adelshof in Stockwerkbauweise mit Fachwerk
Neusitz	Kirche mit Flügelaltar	spätgotisches Altarwerk der Saalfelder Schule 1515, Kirche von 1732, 1763 und 1832 erneuert
Teichweiden	Kirche mit Schnitzaltar	romanischer Ursprung, spätgotischer Umbau, Schnitzaltar Anfang 16. Jh. einer Saalfelder Werkstatt
Weitersdorf	Romanische Kapelle	12. Jh. als Missionskirche, Umbau 17. Jh.
Weißen	Schloßanlage Weißenburg	Wiederaufbau der 1344 angelegten und zerstörten Anlage nach 1796

G. Herausragende Kulturdenkmale im Raum Orlamünde
(nach: Unterlagen des Thüringischen Landesamtes für Denkmalpflege, 1996)

Stadt/Gemeinde/ Ortsteil/Straße	Bauwerksname	Kurzbeschreibung/Bauzeit
Eichenberg, Dorfstraße 1, 2, 2a	Ritterliche Gutsanlage	Herrenhaus nach dendrochronologischer Baualtersbestimmung 1596 datiert
Eichenberg, Dorfstraße 31	Dorfkirche	im Kern 14. Jh.; 1691 überformt, 1826 repariert, 1875 Erneuerung des Inneren
Dienstädt	Dorfkirche mit Kirchhof, Umfriedungsmauer	15.–18. Jh., Wetterfahne „1787"
Kleinbucha	Dorfkirche	im Kern 12. Jh., 1768 Neubau (lt. Inschrift)
Großeutersdorf	Dorfkirche mit Kirchhof	1194 erwähnter, noch weitgehend romanischer Bau, 1819 restauriert
Orlamünde, Burgstraße	Kirche St. Maria	erster Bau 1504, 1767/68 Umbau Langhaus, 19. Jh. Umbau
Orlamünde, Burgstraße	ehem. Burg mit Kemenate	ottonisch, vermutlich 9. oder 10. Jh., 1994 Sanierung
Orlamünde, Burgstraße 5	Rathaus	1493, Uhrturm 1670, Umbau 1690, Erneuerung 1864
Orlamünde, Burgstraße 65	Pfarrhof mit Resten der alten Klostermauern	um 1800, später zeit- und funktionsbedingte Veränderungen
Orlamünde, Hardter Weg	Gottesackerkirche	1714 Neubau
Orlamünde, Markt 29	sog. „Altes Kloster" (ehem. Wilhelmiten)	1259 gegr., besetzt ab 1331, 1521 Brand
Orlamünde, Markt 33	sog. „Neues Kloster" (ehem. St. Jakob)	Anlage 14. Jh., 1892
Orlamünde, Markt 35	Stadttor und Stadtmauer	mittelalterlicher Kern, spätes 13. Jh., im 18. Jh. verändert

H. Vorschläge für landeskundliche Exkursionen

Exkursionsrouten mit dem Auto/Autobus (Kartenbeilage)
(Die Standorte sind mit den Suchpunktnummern angegeben)

Route 1: Raum Remda-Teichel-Rudolstadt (ca. 50 km)
Ausgangspunkt Rudolstadt (U 1)

Von **Rudolstadt**, Bahnhofsplatz mit Theater (U 1.6) in Richtung Saalfeld auf der B 88 (Schwarzburger Chaussee), abbiegen in die Schaalaer Chaussee bis **Schaala** (U 1.4, T 3 – Kirche und Ortsrundgang), durch das Schaalbachtal bis zur **Pörzquelle** (T 2 – Karstquelle am Pörzberg, Pörzmühle), **Eichfeld** (T 1 – Kirche mit freistehendem Glockenturm) – von der Hauptstraße abbiegen, weiter durch das Schaalbachtal bis nach **Keilhau** (S 2 – Sprachheilschule mit Fröbelmuseum, Wanderungen sind von hier entsprechend Wegemarkierungen zum Fröbelblick oder zum Baropturm – S 4 – oder ins NSG Dissau und Steinberg – S 5 – möglich), zurück nach Eichfeld bis **Lichstedt** (S 1 – mit Kirche und Parkanlagen des 18. Jh.), weiter Hauptstraße (Deutsche Alleenstraße) Richtung Nahwinden vorbei am Flugplatzgelände **Groschwitz** (K 5), abbiegen Richtung N über das **Schöne Feld** (J 4) mit Aussicht auf das Rinnetal, **Sundremda** (J 3 – mit Dorfkirche, Ehrenmal am Ortsausgang Richtung Remda), Tal der **Remdaer Rinne** (K 2) mit **Riesenquelle** (K 4), **Remda** (K 1 – mit Stadtrundgang), **Altremda** (J 2 – mit Kirche und Steinkreuz), **Ehrenstein** mit Burganlage (J 1) zurück nach Remda und Abstecher nach **Breitenheerda** (A 2), **Tännich** (B 1), **Oesteröda** (A 3), Durchfahrt **Kirchremda** (B 2), **Eschdorf** (K 3), **Teichröda** (L 1 – das denkmalgeschützte Dorf), auf der B 85 Richtung Weimar bis **Teichel** (C 2 – Stadtrundgang mit Rathaus, Markt und Kirche), zurück in das Rinnetal bis **Teichröda** (L 1 – Gewerbegebiet), **Ammelstädt** (L 4 – Gewerbegebiet und Ortsdurchfahrt), **Pflanzwirbach** (M 5) zurück nach **Rudolstadt** (U 1.6 – Stadtschloß Ludwigsburg und Stadtkirche).

Route 2: Raum Rudolstadt-Großkochberg-Hexengrund-Orlamünde (ca. 50 km)
Ausgangspunkt Rudolstadt (U 1)

Von **Rudolstadt-Ost** (U 1.4 – Gewerbegebiet), auf der B 88 Richtung **Kirchhasel** (V 1 – Gewerbegebiet und Ort), abbiegen in Richtung **Oberhasel** (N 4) durch das Haselbachtal mit Abstecher **Teichweiden** (M 3 – Angerdorf mit Fachwerkgebäuden, Kirche mit Schnitzaltar), **Kuhfraß** (N 1 – mit Park und Schloß Hirschhügel), **Neusitz** (E 5 – Dorfanlage, Kirche mit Schnitzaltar), **Großkochberg** (D 2 – Ort, Park und Schloß mit Goethe-Gedenkstätte), zurück nach Neusitz, nach **Kleinkochberg** (D 3), von hier Fußwanderung zum **Hummelsberg** mit Luisenturm (D 4) möglich, über Neusitz in den **Hexengrund** (F 1) nach **Schmieden** (E 1), Wanderung von hier zur Wüstung Spaal im **Spaaler Forst** (E 2) möglich, zurück auf der Straße in Richtung Zeutsch bis **Flächennaturdenkmal Löwichen** (E 3 – etwa 0,5 km südlich Schmieden, oberer

234

Teil des Hexengrundes, eine artenreiche Naß- und Waldfläche), **Engerda** (E 4 – eine der ältesten Siedlungen in diesem Gebiet, Gehöfte mit Fachwerk, Kirche und Steinkreuz), Straße durch das Wiedbachtal im mittleren Teil des Hexengrundes nach **Rödelwitz** (F 2 – Dorfanger und Kirche), von hier aus ist Fußwanderung zur **Burgruine Schauenforst** (F 3) und zurück möglich, **Dorndorf** (F 6 – Steinwölbbrücke über den Wiedbach und Kirche), **Heilingen** (F 7 – Anger mit Gehöften, Wohnstallhäuser, Kirche), **Röbschütz** am Wiedbach (F 8 – Fachwerkgehöfte, Steinwölbbrücke), **Beutelsdorf** (P 1 – Straßendorf am Wiedbach, ehemalige Porzellanfabrik), **Zeutsch** (P 3 – Kirche), abbiegen auf die B 88 nach **Orlamünde** obere Stadt (G 4 – Altstadt mit Markt, Rathaus, ehemalige Grafenburg-Kemenate), untere Stadt im Saaletal von hier B 88 Richtung Rudolstadt bis **Uhlstädt** (O 3) Richtung Saale abbiegen, Saalebrücke überqueren nach **Ober- und Kleinkrossen** (O 6), **Weißen** (O 5 – mit Fachwerkbauten, Steinkreuz), **Weißenburg** (W 1 – Burganlage, Interdisziplinäres Therapiezentrum) mit Ausblick auf das Saaletal (V 2), **Kolkwitz** (V 5 – Ortslage mit Landgasthof Edelhof), Richtung Rudolstadt über **Catharinau** (V 7) nach **Rudolstadt-Cumbach** (U 4 – Stadtpark, Freilichtmuseum Thüringer Bauernhäuser zur Besichtigung).

Fußexkursionen im Raum Rudolstadt können individuell zusammengestellt werden. Dazu wird die Wanderkarte 1:50000 Thüringen: Saalfeld-Rudolstadt, herausgegeben vom Landkreis Saalfeld-Rudolstadt, 1996, empfohlen.

Die Stadtexkursion durch die Altstadt Rudolstadt sollte folgende Punkte berühren:
Bahnhof Rudolstadt – Mauerstraße – Saalgasse – Markt – Töpfergasse – Stiftsgasse – einer der Schloßaufgänge zum Barockschloß Heidecksburg mit Museen und Staatsarchiv – über Schloßaufgang VI zurück in die Altstadt zur Kirchgasse – Schulplatz – Stadtkirche – Schloß Ludwigsburg.

I. Autorenverzeichnis

Dr. Bernd-Bodo Beyer, Erfurt (Siedlungsstruktur 1989)
Dipl.-Agrarökonom Herbert Breitrück, Oberpreilipp (Vegetation)
Dipl.-Geograph Edgar Dally, Gera (Industrie, Landwirtschaft, Verkehr, Erholungswesen bis 1989)
Dr. Heinz Deubler, Rudolstadt (Ur- und Frühgeschichte, Geschichte, Volkskunde Überschau und alle Ortsbeschreibungen)
Prof. Dr. Frank-Dieter Grimm, Leipzig (Physische Geographie, Hydrogeographie, Landnutzung)
Dr. Luise Grundmann, Leipzig (Gebietsstruktur Überschau, Aktualisierung Gesamtmanuskript)
Dr. Gotthard Heidenreich, Weimar (Siedlungsstruktur 1989)
Dr. Günter Heunemann, Weimar (Aktualisierung Gebietsstruktur 1995, Überschau und Ortsbeschreibungen Blätter Rudolstadt und Rudolstadt-West)
Dr. Walter Hiekel, Jena (Natur- und Landschaftsschutzgebiete, Flächennaturdenkmale)
Dipl.-Kunsthistoriker Alfred Koch, Rudolstadt (Bau- und Kunstdenkmale, Museen)
Dr. Dietrich von Knorre, Jena (Zoologie)
Dr. habil. Peter Lange, Orlamünde (Geologie, Geomorphologie, technische Denkmale, Aktualisierung Ortsbeschreibungen Orlamünde, Freienorla, Etzelbach, Niederkrossen, Uhlstädt, Zeutsch, Eichenberg, Dienstädt)
Dipl.-Geograph Michael Sehrig, Gera (Gebietsstruktur bis 1989)
Heinrich Schmidt, Schwarzburg (Forstwirtschaft, Jagd)

Material stellten zur Verfügung: Volker Deubler, Rudolstadt, Dr. Klaus Wolotka, Gera

Redaktionelle Bearbeitung: Dr. Luise Grundmann, Institut für Länderkunde Leipzig

Neubearbeitung des Manuskriptes abgeschlossen: 30. 11. 1996
    Stand der administrativen Zuordnung: 1. 1. 1997

J. Namenverzeichnis

ADALBERT VON GLEICHEN 126
AEMILIE JULIANE, Gräfin 160
AGRICOLA, BENEDIKT 160
ALBA, Herzog 15
ALBERT VII. VON SCHWARZBURG 179
ALBERT ANTON, Graf 160
ALBRECHT VII., Graf 160
ALBRECHT DER BÄR, Markgraf 74
Altremda 11, 12, 33, **91–92**, 93, 94
Altremdaer Bach 91, 99
Ammelstädt 11, 20, 23, 33, 43, 100, **107–109**, 113, 201
ANNO II., Erzbischof 13, 73, 150, 198, 205
ARNDT, ERNST MORITZ 137

BALTHASAR 83
BAROP, JOHANNES ARNOLD 143, 147
Baropturm 143, 147
Benndorf 27, 49, **119**
BERGNER, HEINRICH, Pfarrer u. Kunsthistoriker 68
BERGNER, NIKOLAUS, Bildhauer 160, 179
BERNHARD VON KOCHBERG 68
Beutelsdorf 17, 24, 61, 121, **130–131**, 132
Biberbach 82
Bibra **82–83**
Bieler-Turm 31, 64, 80
Bierstraße 23
Blassenberg 45, 53
BODENSTEIN, ANDREAS, genannt KARLSTADT 15, 75, 77, 79
Bohr 140
Bornberg 131
Brand 113
BRECHT, Baurat 142
BREHM, CHRISTIAN LUDWIG 144
Breitenheerda 21, 23, 33, **34–35**, 36, 91, 101
Briese 145
BRUNO, Pfarrer 158
Buchberg bei Keilhau 145
Buchberge bei Orlamünde 64, 71, 72, 80
Buchenberg bei Ehrenstein 90, 91, 93
Bunstal, Wüstung 27
Burgberg bei Ehrenstein 93
Burgenstraße 23

CARL GÜNTHER VON SCHWARZBURG-RUDOLSTADT, Graf 64
Catharinau 2, 21, 22, 31, 126, 179, 186, 189, **198–199**
Clöswitz 12, 21, 27, 30, 44, **45**
Cumbach 21, 24, 30, 31, 164, 166, 167, 168, 169, **180–183**, 189, 195, 198
CUNRADUS DE ORLA 136
Cursitz (Korsitz), Wüstung 12, 27, 90

DANNECKER 200
Dehnabach 72, 84, 85
Dehnamühle 84
DEISINGER, LORENZ 175
Deutsche Alleenstraße 23
Dienstädt 11, 30, 71, **72–73**, 75, 77, 84
DIETRICH, CHRISTIAN WILHELM ERNST 161, 176
Dissau **148–150**
Dissauer Berg 148
DOELL, F., Bildhauer 176
Doktorbörnchen 100
Dorndorf 11, 12, 24, 31, 56, 61, 62, **65–67**, 69, 75
Drebabach 135

Ehrenstein 14, 15, 33, **89–91**, 93, 94
Eichberg **39–40**, 43
Eichenberg 11, 22, 65, 71, 73, 77, **83–84**, 85
Eichfeld 12, 24, 31, 141, 144, 148, **150–151**, 152
Engerda 11, 12, 22, 24, 25, 31, **56–59**, 60, 61, 62, 75
ERLEBACH, PHILIPP HEINRICH 161
ERNST II. VON SACHSEN-ALTENBURG, Herzog 87
Eschdorf 23, 33, 99, **100–101**
Eschenbach s. Remdaer Rinne
Etzelbach 1, 3, 23, **125–126**, 185, 189, 201, 202
EZZO, Pfalzgraf 13

Feldmühle 101
FISCHER, MARTHE RENATE 67
Floßbach 135
Forstberg 82, 140, 141
Freienorla 1, 11, 16, 17, 22, 23, 75, 77, **87–89**, 134, 135, 136, 207
Friedebach 15, 23, 204, **205–206**, 207

Friedrich II., Landgraf 13, 74
Friedrich Carl, Prinz 161
Friedrich von Sachsen, Kurfürst 14, 68
Fröbel, Friedrich Wilhelm August 142, 143, 144, 147, 151, 161, 163
Fröbel, Julius 163
Füchsel, Arzt und Geologe 161
Füchsel, Georg Christian 161

Galerieberge 1, **183–184**, 199
Galgenberg 127
Gebel, Georg 161
Geiersberg 140
Geiersleite 146
Geitersdorf 15, 23, 33, 43, 49, **106–107**
Georg von Schönfeld 179
Gölitz 12, 24, 145
Gölitzberg 140
Gölitzwände 3, 7, 145, **146–148**
Goethe, Johann Wolfgang von 1, 16, 23, 31, 32, 38, 49, 50, 161, 201
Göttling, Karl Wilhelm 161
Gornitzbach 41, 100, 103
Graf, Johann 161
Greifensteingraben 5
Griesbach 138
Groschwitz 12, 21, 22, 27, **101–102**, 140, 142
Großer Kalmberg 33, 91, 96, 141
Großeutersdorf 11, 19, 30, 31, 77, 84, **85–86**, 87, 188
Großgölitz 10, 22, 30, 140, **145–146**
Großkochberg 15, 16, 21, 22, 23, 24, 31, 32, 45, **46–51**, 53, 55, 60, 106, 111, 116
Grundbach 111
Grundmühle 111
Günther XXI. 14
Günther XXXII. 14
Günther XXXIX. 15
Günther XL. 159
Günther, Friedrich, Fürst 162
Günther von Schwarzburg, Graf 159
Günther von Schwarzburg-Rudolstadt und Sondershausen 17, 164
Günthersberg 54
Guntramus de Orla 136

Haardt 209
Hain 7, 29, 154, **155**
Hainbach 81
Hainberg 171
Haingraben 79
Hans von Geunitz 65
Hartknoch, Johann 161
Haselbach **111**, 116, 119, 184, 187
Heidecksburg 1, 151, 155, 160, 168, 169, 171, 173-176, 180, 183
Heidenberg 46
Heiliger Born (Bonifatiusquelle) 38
Heilingen 11, 12, 24, 25, 56, 60, 61, 62, 65, **67–69**, 75, 120, 122, 130
Heilingen-Röbschütz 11
Heilsberg 12, 23, 33, **38**, 39, 101
Heilsberger Mühle 101
Heinrich, Graf 159
Heinrich, Pfarrer 158
Heinrich I., König 158
Heinrich I., Herzog 13
Heinrich II., Kaiser 13
Heinrich IV., Graf 13, 74
Heinrich V. 13, 74
Heinrich von Arnstadt 14
Heinrich von Leutenberg 14
Heinrich Wilhelm von Schönfeld 34
Heinsius, Johann Ernst 176
Hengelbach 138
Hermann, Pfarrer 158
Hermann II., Graf 64
Hermann von Bibra, Dechant 82
Hermann vom Tor 71
Hermannstal 28, **109**, 155
Hermirsdorf, Wüstung 27
Herms, Gerhard 179
Herschdorf 15, 205, 206, **207–208**
Hexengrund 3, 7, 12, 29, 32, 54, 56, **61–62**, 68, 69, 71, 76, 130, 133
Hirschgrund 111, 119, 187
Hirschhügel 116
Hirtenberg 132
Höfelbach s. Griesbach
Hölzertal 114
Hönniger, Friedrich Karl 17, 163
Hohe Fahrt **113–115**
Hohefahrtskopf 114
Hohe Straße 15, 54, 55, **64**, 71
Hohe Warte s. Hohe Fahrt
Hopfgarten, Wüstung 27, 104, **105–106**
Huber, Jakob 177
Hütten 15, 23, 30, 205, 206, **207**, 208
Hüttener Bach 131
Hüttener Grund **206–207**, 208
Humboldt, Wilhelm von 16, 161
Hummelsberg 46, 51, **52–54**

Johann Ernst von Sachsen-Weimar, Herzog 64
Johann Friedrich der Grossmütige, Herzog 79
Johann Siegfried von Schönfeld 34
Johann von Sachsen, Herzog 15
Junghans, Christoph, Baumeister 160

Kalmberg (s. a. Großer Kalmberg) 34, 44
Karl der Grosse 12, 157
Karlstadt s. Bodenstein
Katharina von Schwarzburg 15
Katzelstein 152
Kauzgrund 188
Keilhau 23, 24, 28, 141, **142–145**, 148, 151
Kessel 56
Kesselberg 146
Ketelhodt, Christian Ulrich von 141
Kienberg bei Uhlstädt 121, 122
Kirchberg bei Kirchhasel 187
Kirchberg bei Rödelwitz 62
Kirchhasel 1, 2, 20, 21, 24, 29, 59, 111, 119, 169, 173, **184–188**, 191, 193, 196, 199
Kirchremda 33, **37**, 94
Kirschberg bei Keilhau 147
Kirschberg bei Teichel 44
Klassikerstraße 23
Kleinbucha 5, 30, 64, 65, **71–72**, 77, 84
Kleindembach 136, 137
Kleineutersdorf 22, 77, 85, **86–87**, 188, 189
Kleingölitz 10, 22, 23, 145, 148
Kleinkochberg 31, 49, **51–52**, 53
Kleinkrossen 122, **129**
Knöffel, Johann Christoph 160, 174
Knorzelberg 62
Kochberg, Schloß 1, 47, 49, 116, 201
Kolkwitz 12, 23, **196–198**, 200, 201
Kolm 143
Korbisch 100
Korsitz s. Cursitz
Kossau 23, 138
Krebsbach 131, 205
Krebsmühle 131, 132
Kretzberg 5, 40, 43
Kreuwel, Johannes, Lehnsmann 70
Kreuzenberg 121
Krohne, Gottfried Heinrich 49, 160, 174, 176
Krossen 12

Krossener Berg 204
Kugelberg 72, 73
Kuhfraß 21, 23, 111, **116–117**
Kuhfraßer Bach 111
Kulmsen 5, 67, **120–121**, 125
Kupferborn 61
Kupferstraße 14, 41, 64, 103, 107, 116

Lammers, Seivert 161
Langendembach 135, 136, 137
Langenorla 20, 23, 30, 31, 87, **136–138**
Langenthal, Heinrich 143
Lengefeld, Carl Christoph von 161
Lengefeld, Charlotte von 126, 161
Leopold I., Kaiser 160
Leubengrund 85, 87
Lichstedt 9, 11, 12, 21, 22, 23, 24, 31, 101, 102, **141–142**
Lienberg 145
Lindenberg bei Niederkrossen 132
Lindenberg bei Tännich 36
Lindigtal 81
Linzigberg 91, 92
Liske 147, 148
Liszt, Franz 163
Löwichen **56**, 59
Lohberg 92, 99
Lohfraubach 150, 152
Lohholz 59
Lohr, Hans Gottwalt von 60
Lositz, Wüstung 12, 27, 57, 60
Ludwig VI., Landgraf 64
Ludwig Friedrich I. 160
Ludwig von Gleichen 14
Ludwig Günther II. von Schwarzburg 176
Ludwigsburg 176, 177
Luisenturm 53, 54, 116
Luther, Martin 15, 75, 77, 201

Macheleidt, Georg Heinrich 155
Mandelhausen, Wüstung 11, 27, 41
Mariengrund 135
Marienturm 1, 169
Martinsroda 27, **65**, 84
Marx, Jenny 104
Matthes von Dölzig 85
Mechtildis von Rudolstadt 158
Merboth, Klaus 147
Methfessel, Albert 161
Meyer, Johann 82
Middendorff, Wilhelm 143

Milbitz 12, 15, 25, 31, **40–41**, 43
Mittelsberg 140
Mörla 2, 15, 24, 29, 32, 109, 116, 141, **154–155**, 169, 179
Mörlabach 191
Mötzelbach 25, **117–118**, 119
Mordberg 56, 64, 67
MORGENSTERN, JOHANN CHRISTOPH 161
Mühlberg 128, **199–200**
Mühllache 122
MÜLLER, TOBIAS 177

NAPOLEON I., Kaiser 161
Naschhausen 12, 73, 75, 76, 79, 81
Nauendorf, Wüstung 27, 36
Naundorf **200–201**
Neschnitz, Wüstung 75
Neuendorf, Wüstung 27
Neusitz 21, 22, 45, 47, 57, **59–60**, 111
Niederkrossen 20, 21, 24, 83, 88, **131–132**, 206, 209

Obercatharinau 183, 198, 199
Oberer See **198**
Oberhasel 111, **119–120**, 186, 187, 201
Oberkrossen 20, 122, 124, 125, **129**, 193
Obermühle 16
Oberpreilipp 24, 122
Österöda 33, **35-36**, 90
Orla 1, 8, 11, 14, 27, 73, 87, **134–135**
Orlagau 13
Orlamünde 1, 2, 5, 10, 11, 12, 13, 14, 15, 16, 17, 20, 23, 24, 29, 30, 31, 32, 54, 55, 57, 64, 65, 70, 72, **73–82**, 84, 87, 88, 89, 122, 132, 135, 136, 137, 189, 194, 196, 208, 209
Orlatal 1, 7, 27, **134–135**, 136, 137
OTTO, Bruder König HEINRICH I. 158
OTTO I., Graf 17
OTTO VON ORLAMÜNDE, Graf 65

PAGANINI, NICOLO 162
PARRY, JAMES PATRICK VON 53, 116, 117
PARRY, LUISE VON, geb. FREIIN VON STEIN 53, 116, 117
Partschefeld **121–122**
PASSARGE, S., Geograph 145, 191
Paulinzella 139
PEDROZZI, GIOVANNI BATTISTA 175
PERTHES, FRIEDRICH CHRISTOPH 161
PERTHES, GEORG JUSTUS 161
PESTALOZZI, JOHANN HEINRICH 142

Petzlartal 81, 82
Pfeffermühle 200, 201
Pflanzwirbach 15, 29, 100, 107, 109, **115–116**, 155, 169
Pörzberg 151, 152, 154
Pörzmühle 150, 151, 152
Pörzquelle **151–152**
Porzellanstraße 23
Preilipper Weinberg 11
Pritschroda 23, 27, 88, 89
Pulverholzkopf 109

Ramstal, Wüstung 36
Ratzdorf, Wüstung 45
Raubschloßwand **111**
Redwitz 191, 195
Reinstädter Grund 70, 71, 82
Remda 2, 5, 9, 10, 11, 12, 13, 14, 15, 16, 17, 19, 20, 21, 22, 23, 24, 27, 30, 32, 34, 37, 71, 91, **94–99**, 100, 154, 195
Remdaer Rinne 29, 38, 41, 96, **99–100**, 103, 104, 106, 114, 115
Remda-Teichel 1, 24, 41
RICHEZA, Königin von Polen 13, 73
RIEMENSCHNEIDER, TILMAN 60
Riesenquelle 99, 100, **101**, 183
Rinnetal 105, 108
Ritschenberg 67
ROBIN, GEORGE, Baumeister 160, 173
Röbschütz 12, 61, 68, **69–70**
Röbschützer Mühle 16, 121
Rödelwitz 12, 15, 24, 59, 61, **62**, 64, 65
Roter Berg 43, 44, 53
ROUSSEAU, JOHANN JACOB 176
Rudolstadt 1, 5, 7, 10, 11, 12, 13, 14, 15, 16, 17, 19, 20, 21, 22, 23, 24, 25, 28, 29, 30, 31, 40, 44, 69, 100, 101, 103, 107, 108, 111, 115, 125, 142, 144, 151, 155, **157–179**, 180, 181, 184, 186, 187, 188, 189, 191, 192, 193, 194, 195, 196, 201
Rudolstädter Heide 7, 27, 28, 203
Rudolstädter Riviera 200
Rückersdorf 23, 122, **129–130**

Saale 1, 3, 7, 8, 9, 10, 11, 13, 14, 19, 61, 73, 85, 87, 100, 111, 119, 122, 123, 127, 129, 131, 132, 150, 157, 163, 180, 182, **188–195**, 196, 199, 201, 209
Saaletal 1, 2, 5, 7, 8, 15, 19, 22, 23, 24, 27, 29, 30, 31, 73, 75, 79, 81, 84, 111, 117, 121, 124, 125, 126, 135, 144, 154,

156, 158, 169, 183, 184, 186, 187, 188, 189, 193, 195, 197, 198, 203, 205, 206, 208, 209
Saalmühle 75, 81
Salzenberg 14, 103
Salzworgel, Wüstung 27, 40
Schaala 11, 12, 21, 30, 141, 150, **152–154**, 158, 168, 169
Schaalbachtal 29, 141, 144, 150, 151, 152, 153, 169
Schadebach 196, 200
Schauenforst 13, 31, 56, **62–64**, 65, 72, 74
SCHEINPFLUG, CHRISTIAN GOTTHELF 161
SCHELLSCHLÄGER, PETER CASPAR 176
SCHIEK, HERMANN 83
SCHILLER, EMILIE 126
SCHILLER, FRIEDRICH VON 15, 16, 31, 126, 157, 161, 179, 200
Schillershöhe 157, 163, 169, 200
Schimmels Bruch 200
Schimmersburg 23, 135, **136**
Schirmebach 150, 152
Schloßberg 10, **179–180**
Schmieden 24, **54–55**, 56, 59, 61
Schönes Feld 5, **93–94**, 102, 138, 139, 140
SCHÖNHEIT, CHRISTIAN HEINRICH 104
SCHURICHT, CHR. F. 176
Schwarza (Fluß) 3, 9
Schwarza (zu Rudolstadt) 11, 19, 20, 21, 24, 29, 156, 164, 166, 167, 168, 169, 173, 195, 196
Schwarzer Berg 99
Seifersmühle 137
Siedlung (zu Orlamünde) 81
SIEGFRIED II. 74
SIEGFRIED VON MAINZ, Erzbischof 67, 73
SIEGFRIED VON SCHÖNFELD 179
SIGISMUND, BERTHOLD 163
SIGISMUND VON ORLAMÜNDE, Graf 65
SIZZO III., Graf 74
Solsdorf 11, 21, 22, 31, **138–140**
SOMMER, ANTON 163
Sorbenholz 12, 67
Spaal, Wüstung 27, 49, 54, 55, 64
Spaaler Forst **55–56**
SPANGENBERG, Chronist 158
Spansberg 29
Steiger 143, **146–148**
STEIN, CARL VON 50
STEIN, CHARLOTTE VON 49, 50, 53, 116

STEIN, CHRISTIAN FRIEDRICH LUDWIG VON 49
STEIN, FELIX VON 49
Steinberg bei Keilhau 147, **148–150**
Steinberg bei Teichel 43, 44
STIELER, CASPAR, Sprachforscher 160
Stockberg 128
Strumpilde, Wüstung 11, 27
Studnitz 45
Stutenrand 182, 183, 189, 191
Sulzbach 91, 138
Sundremda 11, 12, 22, 23, 27, 90, **92–93**, 94, 99
Sundremdaer Quelle s. Riesenquelle

Tännich 5, 9, 23, 34, **36–37**, 101, 103
Tännichsberg 34, 36
Talgrube **39–40**
Tannberg 183
Teichel 11, 12, 14, 15, 16, 20, 21, 22, 23, 24, 30, 31, 40, **41–45**, 55, 100, 104, 154
Teichröda 14, 20, 21, 22, 24, 40, 43, 99, 100, **103–105**
Teichweiden 2, 21, 24, 25, 103, **111–113**
Tell, Wüstung 27, 139
Tellbachtal 28, 138, 140
Teufelsberg 56, 64
Teufelsschanze 64
Thälendorf 30, 101, **140–141**
Thälendorfer Bach 140
THEODERICH VON BLANKENBERG 83
THÜNA, FRIEDRICH VON 126, 201, 203
Töpfersdorf, Wüstung 27, 130, 131, 132, **133–134**, 203

Uhlsbach 121, 122, 125
Uhlstädt 1, 11, 14, 15, 17, 20, 24, 31, 47, 55, 57, 65, 68, 112, 121, **122–125**, 129, 130, 131, 132, 185, 188, 193, 194, 196, 203, 205, 207
Uhlstädter Heide 7, 9, 127, 130, **203–205**
ULRICUS DE ORLA 136
Untercatharinau 198, 199
Unterhasel 183, 186, 191, 193, **195**
Untermühle (Freienorla) 88
Untermühle (Langenorla) 137
Unterpreilipp 24, 122

VEIL, THEODOR 179
Viehberg 38
Viehtreiber 132

242

Volkstedt 11, 12, 19, 20, 24, 29, 30, 31, **155–157**, 158, 163, 164, 166, 167, 168, 169, 173, 188, 189, 193, 194

Wache (Wachberg) 138, 140
Wachtelberg 152
WAGNER, RICHARD 31, 163
Walpersberg **84–85**
Weintal s. Schaalbachtal
Weißbach (Bach) 127, 202, 203
Weißbach (zu Uhlstädt) 127, **202–203**, 206
Weißen 1, 12, 21, 23, **127–128**, 194, 201, 202
Weißenberg 187
Weißenborntal 102
Weißenburg 1, 3, 13, 14, 23, 117, 126, 127, **201–202**
Weißer Born 135, 136, 140
Weitersdorf 21, 27, **110–111**
Wiedbach (Wiedabach) 56, 57, 58, 59, 61, 65, 66, 67, 69, 130, 132, 133
WILHELM I., Graf 13
WILHELM ADOLPH VON BAMBERG 42
WILHELM VON ORLAMÜNDE, Graf 65
WILHELM VON SACHSEN, Herzog 14, 68

Winzerla 27, 29, 75, 81, 82, 132
WITTEN, HANS 72
WOLDEMAR VON SCHWERIN 49
WOLF VON EICHENBERG 83
Wolfstal 43
WOLLE, A. B., Lithograph 163
Würzbach (Bach) 135, 136
Würzbach, Wüstung 27
Wüstebach s. Remdaer Rinne
Wüstenborn, Wüstung 27
Wüste-Cumbach-Tal 183, 199
Wüstenbibra 75
Wüstenbuch, Wüstung 27
Wüstenhofsmühle 205, 206
WYBERSTAL, JACOFF VON 110
WYBIRSTAL, HEYNRICH 110

Zeigerheim 10
Zeigerheimer Berg 156
Zeutsch 1, 12, 21, 24, 28, 61, 75, 125, **132–133**, 194, 196
Ziegenleite 34, 36
Zöthenbach s. Kuhfraßer Bach
Zweifelbach **70–71**
Zwölf-Säulen-Höhle 200

K. Sachverzeichnis

Abgaben und Dienste 41, 51, 54, 57, 73, 106, 126, 137, 140, 159, 184, 196
Abwasser 77, 193
Ackerbau 21, 22, 25, 30, 43, 107, 122, 126, 132, 144, 185, 186
Agrargenossenschaft, -gesellschaft 22, 34, 43, 45, 47, 57, 60, 62, 68, 71, 72, 84, 85, 88, 90, 95, 102, 104, 112, 127, 138, 140, 141, 144, 146, 150, 186, 199
Ahorn-Eschen-Wald 149
Alte Straßen und Wege 14, 15, 16, 28, 40, 41, 64, 71, 103, 107, 116, 118, 123, 155, 158, 195, 201, 208
Amt 14, 82, 85, 103, 137, 150, 159
Angerdorf 24, 56, 112, 115, 118, 155, 199
Arzneikräuter u. a. Sonderkulturen 22, 29, 107, 126, 145, 154
Aue, -lehm 2, 9, 27, 29, 125
Aussichtspunkt, -turm 54, 64, 80, 88, 147, 157, 169, 183

Bäuerlicher Wiedereinrichter 22, 38, 43, 51, 65, 68, 70, 71, 72, 87, 88, 101, 107, 112, 119, 122, 126, 137, 138, 197, 199
Barock 46, 79, 111, 113, 161, 174, 176, 177, 181
Bauern-, Bürgerunruhen 15, 17, 127, 130, 159, 162
Bauwirtschaft 21, 124, 127, 131, 137, 183, 186
Blaugrasfluren 45, 149
Bodenreform 21, 116, 131, 132, 138, 141
Braunerde 9
Bronzezeit 10, 11
Brückenbauwerk 66, 68, 81, 86, 125, 127, 129, 132, 157, 187, 194
Buchenwald 9, 142
Bungalowsiedlung 23, 47, 77, 124, 155
Buntsandstein 2, 44, 45, 46 53, 67, 73, 81, 111, 113, 114, 118, 120, 127, 134, 138, 140, 142, 147, 155, 199, 208
Burg, Burgbezirk 13, 14, 49, 62, 73, 74, 79, 89, 111, 124, 158, 180, 201

Campingplatz 206

Denkmal, Gedenkstätte 41, 49, 81, 85, 87, 88, 93, 104, 105, 129, 136, 144, 147, 157, 162, 171, 200, 203

Deponie 85
Dienstleistungen, Handel 15, 83, 84, 87, 92, 95, 105, 116, 123, 124, 130, 132, 137, 138, 142, 151, 167, 168, 186, 187, 199
Domäne 138
Dreißigjähriger Krieg 16, 77, 160

Edelhof 79, 81, 196, 198
Eichenmischwald 9, 37, 56
Eisenbahn 19, 75, 81, 122, 124, 125, 129, 135, 156, 164, 195, 196
Elsterkaltzeit 128, 135, 189
Erholungsheim, Pension 23, 36, 47, 72, 88, 122, 124, 136, 142, 155, 198, 201, 207
Erholungswesen, Tourismus 1, 23, 29, 36, 65, 76, 88, 91, 105, 109, 130, 137, 146, 168, 206
Erlen-Eschen-Wald 9
Erosion 27, 125, 147, 189
Erster Weltkrieg 36, 164

Fachwerk 25, 34, 38, 52, 58, 66, 68, 69, 84, 91, 108, 111, 112, 116, 122, 126, 129, 133, 137, 139, 141, 146, 155, 187, 197, 198, 201, 208
Feierabend-, Pflegeheim 116, 126, 181
Fischfang 131, 194, 195
Flößerei 14, 86, 123, 127, 135, 193, 194
Flugplatz 102
Forsthaus, Försterei 36, 62, 65, 124, 127, 201
Forstwirtschaft 28, 35, 131, 167, 196
Fossilien 93, 148

Gärtnerei 21, 29, 95, 132, 152, 181
Geflügelhaltung 21, 111
Gemeindeverband 65, 132, 136
Gemüseanbau 1, 22, 30, 69, 76, 153
Geologische Störung 3, 5, 33, 58, 59, 71, 93, 99, 100, 113, 120, 125, 135, 148, 151
Germanen, germanische Zeit 11, 24, 27, 101
Gewerbe, -gebiet 1, 20, 24, 47, 71, 75, 76, 83, 85, 87, 88, 96, 105, 108, 112, 116, 123, 129, 131, 151, 153, 155, 156, 163, 166, 167, 168, 169, 181, 182, 185, 186, 187, 199

Glockengießerei 87, 160
Gotik 79, 88, 107, 130, 177, 181
Grenzstein 119, 120
Grundherrschaft 15, 27, 40, 46, 49, 51, 62, 64, 68, 74, 82, 83, 85, 87, 90, 105, 106, 107, 115, 118, 123, 129, 131, 132, 136, 138, 141, 152, 201, 208
Grundwasser 86, 132
Gut, Gutshaus 16, 34, 38, 102, 110, 116, 133, 142, 158

Handwerk 15, 17, 34, 41, 75, 76, 91, 92, 95, 105, 115, 116, 122, 124, 137, 140, 150, 152, 156, 160, 184, 195, 197
Haufendorf 24, 40, 46, 55, 91, 92, 141
Hochwasser 27, 29, 135, 145, 191, 192, 193, 195, 199
Höhle 128, 200

Insektenfauna 10

Jagd 87, 126, 140
Jugendherberge 23, 36, 88

Kalkabbau 30, 43, 73, 100, 152
Kapelle 62, 110, 116, 117, 158
Karolinger, -zeit 11, 73
Karst 5, 38, 39, 59, 72, 100, 101, 148, 151, 152
Kaserne 19, 152, 164
Kelten 11
Kemenate 49, 75, 79
Keuper 33
Kiefernforst 99, 109, 142, 149, 203, 205, 206
Kies-, Sandabbau 21, 31, 84, 85, 126, 137, 189, 197, 199
Kindergarten 92, 132, 142, 144, 147, 208
Kirche 24, 34, 35, 37, 46, 52, 57, 58, 59, 62, 66, 72, 82, 86, 90, 93, 100, 101, 107, 110, 118, 119, 126, 127, 131, 133, 138, 141, 142, 151, 153, 155, 164, 171, 177, 181, 184, 197, 199, 203, 205, 207
Kirchenorganisation 13, 38, 57, 73, 84, 130, 131
Klassik, Klassizismus 16, 49, 50, 144, 161, 176
Kleingartenanlage 182
Klima 7, 28, 39, 85
Klinik, Kureinrichtung 126, 202, 207
Kloster 38, 77, 91, 94, 103, 129, 130, 138, 140, 150, 157, 205, 208
Kulturlandschaft 1, 25

Landesausbau, mittelalterlicher 12, 14, 25, 27, 36, 139
Landesteilung 15, 158, 160
Landschaftsschutzgebiet 109, 148
Landwirtschaftliche Produktionsgenossenschaft (LPG) 21, 34, 37, 43, 51, 55, 57, 60, 65, 68, 69, 72, 82, 85, 90, 92, 95, 100, 102, 104, 111, 115, 116, 118, 119, 124, 127, 130, 131, 138, 140, 141, 144, 145, 150, 153, 185, 199, 200, 208
Latènekultur 11, 86, 87, 92, 138, 156
Lausitzer Kultur 10, 67, 83, 86
Lesesteinwall (Steinritsche) 105, 109, 114, 118, 139

Merowinger, -zeit 11
Mittelalter 46, 77, 107, 111, 171
Molkerei 41, 168
Moor 33
Mühlgraben 122, 125
Mühle 16, 27, 46, 65, 75, 81, 86, 99, 101, 107, 121, 124, 125, 127, 132, 136, 150, 151, 152, 156, 194, 199, 200
Münzfund 11
Muschelkalk 2, 39, 43, 46, 52, 59, 71, 93, 138, 140, 142, 144, 146, 147, 148
Museum 16, 25, 49, 176, 183

Naturdenkmal, Flächennaturdenkmal 33, 56, 59, 82, 148, 180, 204
Naturlehrpfad 203
Naturschutzgebiet 9, 39, 40, 148, 149, 203, 204
Neolithikum 10
Neubauern, -siedlung 34, 45, 110, 131
Neugotik 116
Neurenaissance 77, 91, 171
Neuromanik 101, 142

Obstanbau 1, 2, 29, 30, 43, 53, 65, 69, 140

Paläozoikum 1
Park 47, 49, 141, 142, 155, 171, 180, 181, 182
Partei 17, 36, 164
Pendelwanderung 20, 22, 40, 77, 104, 108, 119, 123, 130, 166, 208
Pertinenz 117
Pleistozän 2, 7, 84, 135, 188, 206
Porzellan, -herstellung 16, 17, 20, 30, 82, 84, 88, 121, 124, 125, 130, 137, 152, 155, 156, 163, 164

Quelle 2, 3, 38, 56, 59, 61, 72, 73, 99, 101, 109, 135, 136, 148, 151, 154, 187

Rathaus 42, 78, 171, 179
Reformation 75, 77, 79, 80, 159
Renaissance 49, 78, 107, 174, 179
Rendzina 9, 39
Residenz 1, 16, 17, 74, 160, 173
Rinderhaltung 38, 43, 60, 65, 69, 81, 82, 95, 101, 104, 112, 118, 138, 140, 199, 208
Rittergut 16, 207, 123, 126, 131, 132, 136, 141, 152, 208
Rodung 65, 89, 118, 191
Römische Kaiserzeit 86, 92, 156
Rokoko 174, 175, 176
Romanik 90, 93, 107, 110, 111
Rundling 59

Saalekaltzeit 127, 189, 198
Sächsischer Bruderkrieg 14
Sägewerk 137
Schafhaltung, Schäferei 43, 45, 62, 70, 71, 72, 101, 102, 110, 118, 126
Schloß 1, 47, 49, 116, 127, 155, 158, 159, 160, 169, 173, 177, 180, 201
Schmalkaldischer Krieg 15
Schmiede 76, 104, 137, 142, 150
Schnitzaltar (Flügelaltar) 38, 47, 58, 60, 72, 113, 119, 151, 185
Schule 60, 77, 79, 80, 96, 125, 137, 142, 143, 160, 205, 208
Schweinehaltung 45, 82, 95, 112, 118, 126, 127, 131, 208
Schwemmkegel, -fächer 125, 128, 183, 188, 197
Siedlungsband 1, 24, 166, 169
Slawen, -zeit 12, 51, 65, 67, 86, 90, 91, 127, 129, 138, 141, 156, 157, 184
Sportanlage 38, 43, 47, 57, 66, 81, 124, 169, 199
Stadtbefestigung 42, 77, 94, 96, 158, 169
Steinkreuz 55, 70, 91, 111, 116, 119, 122, 127, 146, 185, 203
Straßendorf 34, 104, 126, 127, 131, 180, 199, 201

Talsperre, Speicherbecken, 29, 37, 57, 62, 136, 191, 192
Teich 109, 116, 118, 208

Terrassen 1, 3, 7, 81, 125, 128, 144, 156, 183, 188, 189, 198, 209
Tertiär 2, 5, 71, 118, 120, 121, 147, 180, 188, 208
Theater 49, 168, 171
Thüringer Grafenkrieg 13, 14, 173
Trinkwasserversorgung 75, 101, 102, 154, 183, 207
Trockenrasen 8, 9, 39, 45, 149, 154

Universität 95

Verein, Freundeskreis 51, 60, 64, 87, 96, 105, 124, 163, 206
Verwaltungsgemeinschaft 23, 34, 36, 43, 55, 57, 68, 90, 100, 107, 108, 112, 122, 130, 131, 132, 141, 142, 184, 208
Verwaltungsreform, -veränderung 1, 17, 20, 23, 24, 36, 41, 167, 169
Völkerwanderung 11, 25
Vogelfauna 10, 39, 51, 94, 139, 140, 144, 145, 150, 198
Vogelherd, -fang 34, 141, 150, 154
Volksfest 31, 46, 67, 81, 105, 112, 123, 126, 154, 193
Vorwerk 27, 35, 36, 45, 55, 62, 65, 81, 89, 90, 110, 118, 121, 136

Waid 47
Waldgewerbe 17, 28, 203, 205
Waldrodung 25, 27, 35
Wanderweg 109, 130
Wasserschutzgebiet 38
Weichselkaltzeit 183, 189
Weidewirtschaft 69, 70, 101, 107, 118, 126, 206
Weiler 91, 94, 116
Weinbau 7, 29, 40, 61, 62, 69, 75, 82, 96, 115, 126, 141, 144, 152
Wehr 81, 124
Wild 30, 37, 53, 56, 204, 205, 206
Wüstung 14, 27, 36, 45, 57, 60, 65, 82, 102, 104, 105, 109, 110, 133, 154

Zechstein 2, 3, 5, 113, 155, 179, 183, 188, 198
Ziegelei 30, 46, 73, 81, 156, 160
Zisterne, Brunnen 79, 133
Zweiter Weltkrieg 19, 95, 115, 127, 157, 164, 166, 182, 199